「野豬已在香港落地生根，香港野豬精神不死！」

戴耀廷，2019年2月18日。

未竟的
快樂
時代

香港民主回歸世代
精神史

徐承恩 著

Tsui Sing Yan Eric

NEVERLAND
NEVER MORE

The Intellectual History of
Hong Kong's "Democratic Reunion" Generation

推薦語

一個世紀前，大德國種族－國族主義將種族、文化與國家等同，視一切德裔足跡所到之地為德國神聖領土，連鎖引發慘絕人寰的侵略、大戰與種族清洗。今天，大中華種族－國族主義為印太地區帶來不安與衝突的陰霾。徐承恩的新作《未竟的快樂時代》，勾畫了過去香港部份華裔精英怎樣被大中華種族主義召喚與利用，成為極權葬送自由的共犯，當中的慘烈教訓，臺灣讀者必須銘記。

——孔誥烽，《邊際危城：資本、帝國與抵抗視野下的香港》作者、美國約翰・霍普金斯大學社會學系講座教授

一國兩制已經徹底坍塌。現在要考慮的問題是：一開始怎麼會有人相信中共會履行一國兩制的承諾？徐承恩的新書《未竟的快樂時代》爬梳香港民主運動的世代史，為我們找出令人信服的答案。從「文化中國」到「民主回歸」，本書仔細地描述與批判近代香港社會一系列離地的「中國幻想」。同時，此世代史精彩地解釋

一種曾被徹底排斥的概念——香港獨立——如何逐步變成了唯一出路。誰想了解香港民主自治運動的歷史與將來，都應該仔細研究這部新書。

——凱大熊（Kevin Carrico），澳洲蒙納士大學中國研究系系主任

2015年時，香港本土思潮在大學校園裏興起，自此以後，幾乎每間大學的學生會均由本土派學生執掌，當中轉變之大、兩方怨懟之深，使不少學運份子與傳統泛民決裂。當年固然有種種分歧，但正如徐承恩《未竟的快樂時代》末章所論，在赤色陰霾下，民族、自決、民主等光譜不同位置的抗爭者終於放下昔日成見、合而為一。本書重提舊事，並非出於派系私怨之緣由，而是為了讓後來的抗爭者緊記「兄弟爬山，各自努力」的格言，為自由到來的那天做好準備。

——羅子維，香港中文大學學生會第51屆外務副會長

目　錄
Contents

左岸中國因素系列

洪水之後

吳叡人
中央研究院臺灣史研究所副研究員

1

所謂「民主」(democracy)，在語意上指的是人民(demos)的自我統治(kratia)。這個概念預設了一個擁有共同邊界、名稱與認同，能夠進行自我組織、自我統治的「民」／共同體的存在，因為我們根本無法以「全人類」為範圍進行民主治理，而一個沒有明確邊界、一盤散沙，任意聚合的人群更是無法進行有效的自我統治。所謂「民主運動」，就是推動實現這樣一個具有明確邊界的「民」在特定疆界領域上進行自我統治、自我決定的政治運動。作為特定疆域內的住民自我統治的制度形式，民主（和推動其實現的民主運動）必然是在地／本土導向的，必然是自決的(self-determining)，也必然是自律的(autonomous)。換言之，民主的概念預設了一個不受外部指令，自我統治的政治主體／人民(political subject/sovereign people)。講的更白話一點，「民主」預設了主權，沒有主權就沒有民主[1]。偉大的歷史社會學家查爾斯・蒂利(Charles Tilly)說得更明白——獨立國家是民主制的一

個「同義反覆的必要條件」（a tautological necessary condition for democracy）[2]。

然而誕生於八十年代初期，並主導了其後三十餘年民間追求民主化之方向的香港民主運動，其核心論述主張卻不是追求以香港住民為主體，在香港本土邊界內實現自我決定和自我統治權，而是「民主回歸論」——以中國的民主化作為香港民主化的目的與手段的主張。這是一種以領土復歸和母國民主化為前提的，外部的、他律的（heterogeneous，受他人決定、繫於他人之意志的，類似於日本佛教用語所說的「他力本願」）、非主體，甚至自我解體的（使香港消融於中國之內）的政治論述。這個特異的「民主回歸」論述很明顯地和「民主」的本意相互矛盾（oxymoronic），但它卻能主導了三十多年香港民主運動的方向，直到2010年代才遭遇到新世代的本土主義挑戰，並逐漸為之取代，使民主運動回歸本土正軌。無奈「本土回歸」為時已晚，2020年港區國安法與隨之而來的紅色恐怖不只摧毀了新世代主導的本土民主自決運動，也將民主回歸派的民主中國夢徹底粉粹。

1　關於主權獨立作為民主必要條件的深入闡釋，參見吳叡人，〈人間的條件：論台灣獨立之必要〉，收於林秀幸、吳叡人主編（2020），《主權獨立的人間條件：台灣如何成為一個自由平等、團結永續的國家？》，臺北：經濟民主連合。頁35-53。

2　Charles Tilly (1995). "Democracy is a Lake," in George Reid Andrews and Herrick Chapman ed. *The Social Construction of Democracy, 1870-1990.* London: Macmillan, 1995. p.375.

2

　　獨力開拓了香港民族史寫作的醫生學者徐承恩，在新作《未竟的快樂時代》中，以史家之眼對這段複雜而令人困惑的歷史進行了細膩的審視、重建，同時也從（民族的）醫者角度，對其功過作出了率直的診斷、解剖。這是一冊具有深度歷史社會學視野的戰後史著作，以鮮明的理論意識組織全書敘事，同時反映了徐承恩長年積累的香港史功力和中大社會學碩士的背景訓練。我們可以將本書論證扼要整理如下。

　　徐承恩運用社會學的「世代」（generation）概念作為本書的主要解釋變項，主張八十年代以來這波香港民主運動的推動者是所謂二戰後的「嬰兒潮世代」（baby boomers，亦即社會學家呂大樂所說的「第二代香港人」），這個世代因獲益於戰後香港急速發展所創造的教育與向上社會流動機會，取得社會精英地位與強大發言權，最終主導了八十年代以來香港的民主論述[3]。然而這個世代

3　社會科學所謂戰後嬰兒潮（baby boomers）世代大致指涉在1946-64年之間出生者，不過這段漫長的時間事實上包括了兩個世代，他們的成長經驗和價值觀明顯有差異，難以構成單一的集體行動主體。第一個世代是1946-1955出生的所謂 leading edge boomers。這是一般理解的嬰兒潮世代，他們成長於豐裕的1950年代，在1960-70年代成為資本主義先進國學運和反戰運動的主體，深受新左翼思潮影響。第二個世代是1956-1965之間出生的late boomers，他們沒有反戰運動經驗，在1970年代後期到1980年代前期的新自由主義和保守主義氛圍（雷根、柴契爾）中長大成人，和前期嬰兒潮世代的經驗完全不同。換言之，所謂「嬰兒潮」其實是一個跨世代現象。徐承恩在本書中所討論的香港「嬰兒潮世代」，主要是以經驗了保釣運動的第一個嬰兒潮世代為主，不

11

的成長經驗也形塑了一種強烈的中國認同或作者所說的「中國情意結」（China complex）使他們深信只有經由中國民主化，香港才能真正民主化。

香港嬰兒潮世代之所以會形成中國情意結，有積極與消極的因素。所謂積極因素指涉冷戰期的教育與政治經驗。首先，冷戰期（五、六十年代）港英政府和美國為防共而聯手在香港推動的保守主義中文教育，塑造了這個世代的「文化中國」情懷。其次，六十年代中後期以後，「文化中國」情懷轉化為在地政治實踐的動力（反殖民、反資本、政治社會改革），遂無法再滿足文化民族主義內藏的政治保守主義。經過一番社會運動的歷練與轉折，這群純真的愛國者終於在保釣運動之後歸納出「認（識）祖（國），關（心）社（會）」的基本主張，把「文化中國」的情感投射到「政治中國」──也就是將香港政治社會改革的前景連結到實際存在的中華人民共和國。

所謂消極因素指的是本土歷史傳承的斷裂，包括了文化與政治兩方面。二戰中與1949年以後，先後兩波從中國大陸赴港避難的「南來文人」佔據了香港意識形態場域，全面壓抑了本土文化的發展、傳播和傳承。1960年代以後傳入香港的西方新左翼意識形態（法蘭克福學派），視香港剛萌芽的新本土粵語通俗文化與其中包含的本土意識為一種資本主義炮製的虛假意識（false consciousness）。南來文人的大陸文化霸權與新左翼思潮的共同影

過也包含了呂大樂、羅永生等部份late boomers。

響，造成香港嬰兒潮世代蔑視本土文化，將這些駁雜、生猛而生動的在地新生事物視為「雜取文化」，棄之如敝屣。從政治面而言，戰前、戰後曾短暫出現過的上一世代民主運動（如香港革新會、馬文輝的香港民主自治黨等）也未能與嬰兒潮世代連結，造成了政治傳承的斷裂。

基本上，嬰兒潮世代的「民主回歸論」似乎可以視為一種由「文化中國」式的抽象情感所驅動的互利交換（social exchange）論證，而其背後的理論根據則是戰後社會科學的現代化理論（modernization theory）。這個論證包含兩個相互關聯的主要命題：1）原則——中國現代化必然會帶來中國的民主化，而在中國民主化的條件下香港才能獲得完全的民主化；2）實踐方法——剛開始改革開放的中國缺乏對現代資本主義的理解，而具有豐富資本主義經驗的香港可以協助中國進行資本主義現代化，以此為誘因說服中國在主權移交後給予香港城邦自治（也就是與中國進行務實的利益交換），而中國主權下自治的香港將會進一步促成全中國的民主化。這個論證不是在真空中出現的，1980年代中國改革開放的自由氛圍，促成了香港知識份子對中國民主化前景的樂觀態度。當然，1984年中英談判後大勢已定的局面，或許也造成某種試圖減少認知不一致的社會心理效應（reduction of cognitive dissonance，亦即酸葡萄效應），使這些知識份子沒有嘗試去追求中國主權外民主化的選項。

1989年的六四屠殺，創造了某種相互矛盾的效應：一方面，中國學生的犧牲在許多香港民主派心中激發了對中國民主運動的

強烈責任感，但另一方面，軍隊的鎮壓則使更大多數港人對中國產生恐懼與疏離之感。因倖存者的罪惡感而重燃的中國熱情，使民主派目光完全集中於中國，因而未能把握六四後國際譴責中共、香港人心思變的契機，為香港人重新爭取國際支持香港自決。當時機稍縱即逝，棋局難以翻盤，民主派只能在彭定康營造的去殖民嘉年華夢幻——最後的快樂年代——盡情演出，同時等待九七夢醒，以及最終那個「真實的時刻」（moment of truth）的來到。

　　九七年主權移轉後，中國逐步加速吸收整合香港，這個過程深刻地影響了八十、九十後新世代對中國的態度。這兩個新世代受到七十年代以來香港興起的本土意識影響，本土認同較強，沒有嬰兒潮世代那種中國情意結，而且還親歷中港整合的種種負面效應，因此對中國入侵香港產生厭惡與防衛心態，這個態度轉變為民主運動帶來本土轉向（local turn）的契機。八十後世代率先於2006年在天星、皇后碼頭展開「本土行動」，以抗拒中港融合導致的環境和文化、歷史的破壞；他們迴避中港邊界與政治認同的根本問題，但開啟了本土的政治想像。2010年代之後，九十後世代接續其後，把區隔中港邊界問題提上檯面，在不到十年之間將本土論述一口氣推進到了城邦自治、命運自決、乃至香港獨立的民族主義高度。新世代本土主義的興起造成民主運動內部的世代衝突，要等到2019年反送中的「流水革命」爆發，嬰兒潮世代民主回歸夢徹底破滅後，不同世代的香港人才開始全面和解，香港民主自決運動終於回歸本土正軌，但惜哉時不我予，因為香港本土

意識的爆發，驚動了北方那個巨大的、陰鬱的宗主國。

3

如果和徐承恩一樣從香港本土觀點來看，嬰兒潮的民主回歸論確實是一種充滿矛盾漏洞的主張，也是一種異常天真的幻想，而這群受過高等教育的知識精英為何會如此天真，也確實令人百思不解。

邏輯上，就其「他律」的特性而言，「民主回歸論」不論其原始動機如何，必然會導致以回歸為主，民主為從的後果：在這個論述中香港的民主不只繫於中國的善意，而且最終只是回歸中國的（一廂情願的）預期後果而已（wishful thinking）。換言之，民主回歸論在實踐上必然會變形或扭曲成回歸論──或用香港話來說，必然會被回歸論所「騎劫」（hijacked），而回歸論是一種領土復歸主義（irredentism），也就是領土統一的民族主義，不是民主論。一言以蔽之，「民主回歸論」本質上是一種自由派的中國民族主義（liberal Chinese nationalism），香港自身的民主只能是第二義的，乃至衍生性的存在（derivative），缺乏主體性的意義。

如果現實中中國確實展現了民主化的可能性，那麼此種基於自由民族主義而對中國寄予的期待，或許還算是有若干現實基礎。1980年代改革開放初期中國確實經歷了一段自由化的時期，而香港大學生也獲得了趙紫陽總理的親筆保證，因此在此時期待「民主回歸」尚可理解。但1989年六四之後，原本應該出現的幻滅竟然「辯證地」轉化成倖存者的罪惡感（survivor's guilt），於是原

先合乎理性的期待轉化成毫無任何經驗根據的，純粹情感性的道德信念，為此之故這批一度受挫的愛國者們（frustrated patriots）不僅沒有抓住後六四國際制裁的機會之窗，為香港前途另尋出路，反而更堅信在一國兩制內被許諾的前途。這種對新宗主國扭曲的信任（perverted trust），或者相信《聯合聲明》和《基本法》保障下香港民主「有險可守」、「事有可為」的幻想，竟然持續到了2010年代。直到今日，後期香港嬰兒潮世代的代表呂大樂——也就是本書使用的香港世代分期的始作俑者——還為年輕世代回歸本土的「莽撞」感到「尷尬」。回歸派對中國的一往情深，確實令人費解，乃至令人憤怒。

　　然而如果從外部角度思考，或許會得到稍稍不一樣的結論：香港原為中國（清帝國）割讓及租借給英國的領土，長期處於英國殖民統治之下，香港的民主運動會把香港民主和回歸中國掛鉤，其實並不特別奇怪，因為這個同時追求民主和回歸（去殖民化）的運動，本來就可視為一種源自殖民地的反殖民的（中國）民族主義運動。

　　問題在於，領土復歸主義並非殖民地反殖民運動的唯一型態，十九世紀末興起的「最後一波」亞、非等地的殖民地民族主義，大多是直接將殖民地邊界想像為日後國家邊界的民族主義，其中也包括1920年代在日本殖民統治下出現的臺灣民族主義。這就是已故的英國學者安東尼・史密斯（Anthony Smith）所說的「從殖民地變成了民族」（colony into nation）的民族形成路徑：殖民統治常見的不預期後果之一，就是經由長期制度化殖民邊界的過

程，使被殖民者（至少是精英階層）逐漸內化、接受這個邊界，並產生以此為邊界的共同認同，最終形成一個追求政治自主的共同體（民族）。這些殖民地在二戰後大多能依照殖民邊界獨立成為主權國家[4]。臺灣雖然因二戰後東亞地緣政治制約而沒有獲得自決權，但臺灣為主體的民族主義在1947年二二八事件之後持續在海外發展，並在1980年代與島內民主運動合流，匯聚為1990年代的新國家形成運動[5]。基於以上思考，我們可以為對本書的主題——香港的民主回歸論——重新提問：臺灣只受日本統治五十一年就發展出臺灣民族主義，香港受了英國殖民統治一百五十多年，為何沒有發展出香港民族主義，反而在殖民統治末期出現了復歸中國的民族主義，而且如此深刻地影響（或干擾、誤導）其後香港人民追求本土民主自由的努力？

這是一種比較政治學的提問方式，需要宏觀、結構性的回答，無法在這篇簡短的序文中處理。不過顯然香港在英國統治下沒有出現本地的民族主義，和香港本土社會的晚熟（住民長期流動性過大），以及英國治理香港的方式（「積極的不介入」的政策，以及拒絕賦予港人自治權）有密切關係。與此相對，臺灣在清帝國統治末期（1860年代）已初步形成整合的本土社會，這個本土

4　Anthony Smith (1991). *National Identity.* Reno: University of Nevada Press.

5　關於臺灣的民族主義與民族國家形成的制度論分析，參見 Rwei-Ren Wu (2020). "Nation-state Formation at the Interface: The Case of Taiwan," in Dunch and Esarey ed. *Taiwan in Dynamic Transition: Nation-building and Democratization in a Global Context.* Seattle: University of Washington Press. pp.47-79.

社會在日本統治下成熟，並且在日本對臺灣社會積極侵入性的差別／同化統治下被政治化，最終於1920年代初期在這個社會基礎上誕生了以臺灣為主體的民族主義[6]。在上述圖像之中，香港民族主義的遲遲無法現身，以及港版「祖國派」（即民主回歸派）的登場與活躍，即使不是必然，也是可以理解的。從結果觀之，民主回歸派或許錯失了一些為香港另尋出路的歷史契機，但如果進入歷史脈絡中，依循當時歷史進程方向去觀察，我們會發現他們不管在情感上和理智上或許都別無選擇。二戰後逐漸衰弱、喪失自信的大英帝國，為了防範共產主義而在香港推行文化保守主義教育，結果塑造出一整個世代充滿中國情意結的香港後生仔，但也因為畏懼中共入侵而長期拒絕在香港引進英式殖民地自治，使香港住民遲遲無法形成一個自決的政治主體。最終，這些帝國之子在失去了他們痛恨（但也私下熱愛的）帝國庇護之後，再也無力「靈根自植」，只能順理成章地飄落在那個陌生、可怕、可疑，帶著令人不安的笑臉的、巨大的「祖國」懷中。從歷史角度看，眾多港人至今依然深深眷戀的前宗主國，早在半世紀之前就為拋棄香港子民的結局預先寫好劇本了。

　　兩個解釋版本，各有其理，本文作者無力也無意在此評斷是非，只想指出歷史評斷之困難。美國史家查爾斯‧麥爾（Charles Maier）在討論1980年代德國著名的「歷史家的論爭」（*historikerstreit*，德國不同立場史家關於德國史如何處理納粹與

6　參見前引註。

猶太浩劫的論爭）時，曾語重心長的說：「過去無法被掌控，只能
被質問。」（The past cannot be mastered; it can only be interrogated）[7]
請容我在本文之中以另一種質問，向香港悲劇致意，也向這冊勇
敢的當代史著作致意。

4

　　這是徐承恩寫的第五本書，在臺灣出的第三本書，但卻是流
亡之後撰寫的第一本書。流水革命尚未及化成沖垮暴政的洪水，
就被來自北方那場交織了瘟疫與暴力的巨大洪水所吞噬。大洪水
席捲一切，中斷歷史，也將無數熱愛自由的勇敢香港人從土地連
根拔起，讓他們隨風飄向四方。洪水之中，有眾多的香港自由人
御風破浪，航抵福爾摩沙，徐承恩也是其中一人。他是香港中大
醫學院訓練出來的醫者，卻決心棄醫就文，以歷史的研究與書寫
獻身於光復香港、保衛臺灣，乃至建構東亞海洋城邦的自由抗共
戰線。兩年多來他閱讀、思考、寫作不輟，同時進行持續的階段
性成果發表，與聽者交流、檢證，這本書是他交出的第一個實踐
成果。我很榮幸在中研院臺史所參與了這個計劃的發想和實現的
過程。

　　這本書是「洪水之後」的書寫，它在浩劫之後，驚魂甫定之
時，思索這場悲劇的起因。換句話說，這是一本關於失敗的反省

7　Charles S. Maier (1998). *The Unmasterable Past: History, Holocaust, and the German National Identity*. Cambridge, Massachusetts: Harvard University Press.

之作。當然，浩劫不可能化約成單一因素，這本書提出了導致浩劫發生的一個關鍵因素——香港戰後嬰兒潮世代的知識份子主導的「民主回歸」路線。他在書中詳述了這個世代價值觀與政治路線的形成，以及這條路線如何逐步挫敗，貽誤歷史契機，乃至最終完全覆滅的過程。徐承恩提出的論證不是對這段歷史唯一的詮釋方式：如上一節所說，同一個事實如果從結構層次切入，可能得到相當不同的詮釋——屆時問題將不再是泛民為何會對中國一往情深，而是香港政治本土主義為何如此遲發？而不同的詮釋，也會導致相當不同的歷史評價。

　　徐承恩這冊書不是對這段歷史的蓋棺定論，而是歷史反省的開端，而且是一個勇敢的，甚至是挑釁的開端。挑釁的勇氣是必要的，因為此刻的香港——包括本土與海外香港——需要經歷一次由全體香港人參與的「史家的論爭」，不是為了操控、擁有這段歷史，而是為了理解，為了前進。如上所說，這是一冊「洪水之後」的書寫。法國諺語有云：「在我之後，就是洪水。」（*Après moi, le déluge*）意味著在我死後，則即使來日大難也已與我無干。然而洪水之後的倖存者沒有無知的餘裕，倖存者必須更執拗地追究洪水的起因，浩劫的根源——倖存者必須更執拗地追求關於悲劇的深度知識，這是對眾多逝者與受難者的道德責任，對如今花果飄零、四散各地的同胞手足的情感宣示，以及對來日必將茁壯長大的，我們共同的香港民族的嚴肅許諾。

2023 年 2 月 8 日 草山

自序

　　筆者過往在蒐集歷史資料時，曾看到一張令人驚訝的舊照片：在1989年六四屠殺慘案後，香港藝術家黃仁逵帶領一群藝術學生重塑曾經擺設在天安門廣場的民主女神像，並於6月18日後公開展出三個星期[1]。一眾支援中國民主運動的香港民眾，卻在女神像前露出燦爛的笑容，恍似明天仍然充滿盼望：這種天真樂觀的嚮往，與肅殺的現實形勢之間甚有落差。這個荒謬的畫面，令筆者聯想到中國畫家岳敏君的經典作《處決》：這張畫作描繪北京故宮附近的一場處決，可是當中的處決者和受刑者，面上都帶著荒謬的笑容。

　　而這種天真無邪的樂觀情緒，亦見於當時的香港民主運動。北京政權在六四屠殺後的市場化改革，使民主派基於對近代化理論的迷信，深信東歐模式的「和平演變」近在咫尺：趁機到中國

1　關於重塑女神像的過程，參：舒琪導演，舒琪、吳念真編劇，《沒有太陽的日子》，影像無盡有限公司發行，1990年。黃仁逵在紀錄片中，曾批評部份參與重塑的藝術學生，彷彿自己只是參與一場藝術界的盛會，未能深刻理解女神像背後沉重的歷史和政治。

闖天下的香港人，亦能在這大變局中謀取暴利，使過往的陰霾一掃而空。末代港督彭定康（Christopher Patten）在 1992 至 1997 年間的自由化和民主化改革，更使民主派產生被充權的幻覺。就如林夕在《我的快樂時代》的描述那樣，1990 年代對民主派以至大部分香港人來說，就如一場迷幻的極樂派對：他們「毫無代價唱最幸福的歌」，只會偶然感嘆「時間夠了，時針偏偏出了錯」。這終究是一個未竟的快樂時代。

香港民主運動的主流派在過往三十年，都主張香港應該「回歸」中國投身「愛國民主運動」，並為此與本土意識強烈的年輕世代爭論不休。北京政權始終無視主流民主派的「愛國情懷」，反倒宣稱他們是「港獨勢力」的一員，並在 2020 年《香港特別行政區維護國家安全法》通過後加以鎮壓。主流民主派之所以作出這種注定失敗的抉擇，背後固然有地緣政治的限制現實：可是前輩們卻顯然對此甘之如飴，並未有表露太多無奈之情。隨著香港全面步入黑暗的威權時代，也該是時候總結香港民主運動這段異乎尋常的歷史了。

對於一位研究歷史的民間學者來說，2019 年的香港處於最好的時代、也處於最壞的時代。能夠親身經歷世界史的關鍵時刻，並把其所見所聞書寫下來，乃每一位歷史研究者夢寐以求的事。可是民間學者作為國民，同時也必須承受社會崩壞帶來的種種惡果。他們在遭到外來的威權脅迫時，也不得不作出大時代的艱難抉擇：要麼是閉口不言、要麼是承受壓迫、要麼是離鄉別井。

筆者在 2020 年 6 月 30 日讀罷《國家安全法》全文，見到「煽

動」和「教唆」這兩組字以曖昧的姿態反覆出現，即使正值大暑天也不禁心裏發寒：而事後的局勢發展，也不幸地證明筆者當時並非神經過敏。筆者自此永遠離開那土生土長逾四十一年的家邦，踏上自由而遙遠的征途。此時有幸得到中央研究院臺灣史研究所副研究員吳叡人老師傾力襄助：他決定展開「比較東亞國族主義研究計劃」，並邀請筆者到臺史所擔任訪問學人。這個提案很快就獲得中央研究院副院長黃進興院士以及臺史所許雪姬所長批准，使筆者在過去兩年能夠在南港切磋學業。為此筆者不得不心懷感激，並督促自己勉力求學。

在等候臺灣政府發出簽證之時，筆者先到英國度過兩個月的悠長假期，偶爾會到邱園（Kew Gardens）附近的英國國家檔案館蒐集資料。筆者初抵倫敦時遇到當地典型的天氣，在陰霾下冒着綿綿細雨前往旅館，還因為溝通問題被迫在門外呆等半個時辰。旅館主人那一頭貌似胖吉貓（Pusheen）的虎斑貓，以不屑的眼神瞄了一下就不顧而去，似在嘲笑筆者這位胖漢要待人到中年才流落異鄉。之後好不容易取得鑰匙、安頓行李，就決定到肯辛頓花園散步舒展筋骨。在走到肯辛頓宮（Kensington Palace）門外的鵝湖時，天就忽然開了，筆者也手舞足蹈地在陽光下享受自由的滋味：隨後兩個月，倫敦一反常態地成天放晴，卻也迎來比體溫還要暖和的熱浪。在旅居英國的日子，筆者得蒙金士頓大學（Kingston University）政治學系副教授一条都子老師的照顧：兩位東亞人在喝茶閒聊之際，不斷抱怨這個島國軟弱乏力的空調系統。

筆者其後於2020年9月正式到臺史所擔任訪問學人，期間得

到臺史所全人的熱情招待，而與文化史研究群同工的交流更令人獲益良多。在已借調國立臺灣歷史博物館館長的張隆志副所長鼓勵下，筆者於2021年在研究所內舉行八場系列演講，期間以臺港比較研究的角度討論香港民主運動的興衰；而這系列演講的內容，其後也成為這本著作的初稿。在此必須感謝陳偉智老師和莊勝全老師在演講期間的幫助，而陳信仲同學和蕭任佑同學的幕後支援也是功不可沒。魏龍達學長在演講後的提問，則使筆者見識到東亞比較研究能帶來的視野。除此以外，筆者也得對中央研究院人文社會科學聯合圖書館的同工致謝：若然沒有他們的幫忙，筆者就無法取得撰寫這本著作所需的史料和參考文獻。而哈佛大學經濟系博士前研究員鄭紹鈺，曾與本人探討過香港去工業化的問題；這不但清楚解釋香港經濟自1990年代以來的困局，亦使筆者消除過往對經濟學的偏見。

除此以外，筆者必須感激業師陳健民教授，以及中央研究院社會學研究所研究員吳介民老師願意替拙著審稿。兩位老師和吳叡人老師都以嚴謹的態度，提出晚生未曾考慮的學術觀點。若然沒有他們的指導和評核，這本著作就無法以目前的形式呈現出來；不過拙著內那些猶如漏網之魚的錯誤，責任都必須由筆者獨力承擔。左岸文化全人在編輯過程的辛勞，筆者亦會銘記於心。總編輯黃秀如女士在筆者於臺灣申請定居這兩年，曾親自替本人解決過不少麻煩的問題，也給過不少日常生活相關的實用小叮嚀，實在是勞苦功高。

臺灣公民社會朋友的包容，則使筆者矢志要在下半生發憤圖

強，守護這個島國的自由、幸福和尊嚴。在此必須感謝江旻諺的邀請，讓本人能得見臺灣社會運動的堂奧，而他亦不時會分享有用的求學心得。台灣新社會智庫曾邀請本人演講，論及香港民主運動歷年的演變：雖然這次演講因故需改為投稿，可是預備過程還是有助本人整理思路。感謝李祐忻老師的牽線，讓本人可以向高雄的國高中社會科老師講述本書部份內容，並介紹香港主權移交後雜亂無章的教育改革。此外台灣制憲基金會的宋承恩老師，曾鼓勵筆者根據國際法確立香港國族自決的法源，令筆者獲益良多。

　　在此必須感謝留守家中的惡豚，她於這段時間的支援和忍耐乃是不可或缺。此外也必須感謝臺灣和香港朋友的傾力相助。蔡宗平同學曾千里迢迢，親自到島嶼另一邊的東港鎮海宮替本人祈福：神明必把額外的福氣，賜給誠心為朋友代禱的敬虔人。羅子維同學能突破重圍到臺灣求學，使筆者能於他鄉遇故知：除分享學術和社運的心得外，他在酒席間總能為人帶來無窮的歡樂。胡戩則在忙碌的採訪行程之間，抽空把稿件從頭到尾看一次，並用心為拙著拾遺。只是礙於雖遠必誅且通行宇宙的《國安法》，筆者只得點到即止，無法冒險在此對臺港友好逐一致謝。唯有在此衷心說聲：我願榮光歸香港，臺灣總會出頭天！

癸卯正月廿六
近畿家中

執迷不悔的前輩們

香港在 2020 年代初，遭逢前所未有的巨變。香港的主權在
1997 年 7 月 1 日從英國移交到中國後，因應中國曾於 1980 年代前
途談判時作出「高度自治、港人治港」的承諾，一直實行「一國
兩制」的間接統治制度。這種虛擬的自治制度，也於這場巨變中
被徹底摧毀。

香港特區政權在 2019 年試圖修訂《逃犯條例》，容許當局無
視人權狀況，根據中國法院的手令把香港人引渡到中國受審。這
最終觸發一場全民起義：他們起初透過和平示威促請政權收回成
命，可是行政長官林鄭月娥剛愎自用，最先一直想要如期讓立法
會表決草案。如此，一場針對個別條例的和平抗爭，就發展成透
過肢體衝突爭取民主自決權的起義。香港警察以殘忍暴虐的方式
對付抗爭者，甚至派員到各個社區挑釁民眾，使香港陷入動盪不
安的局面[1]。

---

1 關於這場起義的過程，參：Stephen Vines 著、徐承恩譯（2022），《逆天抗命：
香港如何對世界上最大的獨裁者說不》，新北：左岸文化。

在 2020 年初抗爭尚未平息之際，COVID-19 的疫情就開始自中國武漢向全球擴散。這時候抗爭者開始把焦點放在與防疫政策相關的抗爭，又動用支援抗爭的物流網絡幫助民眾搜購防疫物資。與此同時，特區政權也開始以防疫為理由頒布限聚令，禁止民眾為任何目的聚集。這樣 2019 年的起義，就因為疫情的緣故平靜下來：對北京政權而言，這場危機正好是他們想要的契機，乃秋後算帳的大好機會。中國全國人民代表大會常務委員會於 6 月 30 日修改《基本法》附件三，把早前通過的《香港特別行政區維護國家安全法》列為在香港實施的全國性法律，並於翌日凌晨正式實施。這就是說，北京政權繞過香港的立法機關，把《國家安全法》強加諸香港之上。所謂的「一國兩制」，在此之前尚算是能夠掩飾中國意圖的幌子，在這一刻正式宣布死亡。

這條從天而降的新法律，把「高度自治」的承諾視之如無物。北京政權在條例生效後，迅即成立中央人民政府駐香港特別行政區維護國家安全公署，讓中國特務堂而皇之地監視香港民眾之一舉一動。而香港警察同時成立國家安全處，讓警員在中國特務的指導下，負責《國家安全法》的日常執行。除此以外，特區政權內部亦增設維護國家安全委員會，其成員包括行政長官、主要官員和執法機關首長，而北京政權也委任中央政府駐香港聯絡辦公室（中聯辦）主任駱惠寧，擔任委員會的「國家安全事務顧問」。這個新成立的委員會，背後有著中國黨國體系的背書，儼如與特區政權平行的新架構。這意味著北京政權的代表，可以直接向特區政權的高官和執法者下指導棋，藉此落實對香港的「全面管治

權」。

《國家安全法》的實施，也侵害中國在前途談判期間承諾過的各種人身自由。這條法例列出分裂國家罪、顛覆國家政權罪、恐怖活動罪和勾結外國或者境外勢力危害國家安全罪這四大罪名。而條例對相關罪名的定義，亦是模糊不清，故意讓香港人無法確定北京政權的底線。比如關於這四大罪名的條文，規定禁止煽動、協助和教唆他人觸法。可是究竟何謂煽動和教唆？這背後須要牽涉到具體行為，還是只要能觸動他人的情緒就可以是犯法？替疑犯積極穿針引線、或是像好撒瑪利亞人那般向疑犯奉上涼水，都可以稱得上是「協助」：兩種行為都同樣觸犯法律嗎？這一切在《國家安全法》都未有清楚言明。這條法律只是告訴香港人：現在北京政權已經畫上一條看不到的界線，請各位好自為之[2]。

北京政權不單要蠶食香港的自由，同時也要奪走香港人僅有的民主權利。過往香港雖然未能全面實行普選，可是香港的立法機關自1991年起，就設有直選產生的議席。而立法會自2004年起，也有一半的議席經自由選舉產生：此後要到2016年，特區政權才想到可以運用既有行政手段，挑戰個別候選人的參選資格。這一點我們將會在第十章繼續討論。不過全國人大卻於2021年3月11日，決議讓人大常委會修改基本法的附件一和附件二，徹底摧毀香港半民主的政治制度。在人大常委會「完善選舉制度」

2　第十三屆全國人民代表大會常務委員會（2020年6月30日），《中華人民共和國香港特別行政區維護國家安全法》；Lo, Sonny (2021). "Hong Kong in 2020: National Security Law and Truncated Autonomy," *Asian Survey*, 61(1):34-42.

後，立法會中直選議席的比例，從50% 急劇削減至22.2%。任何人士參選前，都必須先讓警察國安處和候選人資格審查委員會審核資格。此後參選人必須從選舉委員會內每個界別，都找到兩位提名人，方能正式成為候選人。選舉委員會亦進行內部改組，並增設由人民大會代表、全國政協委員以及全國性政治團體代表組成的新界別：這就是說，不論是行政長官選舉還是立法會選舉，候選人都必須得到香港親共派（以及在他們幕後操控的北京政權）的首肯。雖然最終的立法會選舉，在形式上仍然有普及選舉的成份，可是這些事先篩選過的候選人，都不可能成為真正意義上的反對派[3]。

冰封三尺，非一日之寒。「一國兩制」的崩壞，在2000年代後期開始，也已經有跡可尋。我們在第九章的討論中將會提到，在2003年簽訂的《內地與香港關於建立更緊密經貿關係的安排》（CEPA），以及於同年實施的港澳個人遊（自由行）政策，使香港和中國的經濟出現不對稱融合的狀況，令香港逐漸喪失經濟政策的自主權。在中聯辦工作的御用文人，也在這個時候為北京政權進一步操控香港的方針，提供意識形態上的指引。中聯辦研究員強世功，就提出要把「一國兩制」中的「一國」，「從一個歷史文

3　第十三屆全國人民代表大會第四次會議（2021年3月11日），《全國人民代表大會關於完善香港特別行政區選舉制度的決定》；Young, Simon N.M. (2021). "The Decision of the National People's Congress in Improving the Election System of the Hong Kong Special Administrative Region," *International Legal Materials*, 60(6):1163-1177.

化的建構變成法律主權的建構」，根據「類似父子和兄弟的儒家差序格局原則」，使香港這個邊疆「服從中央的主權權威」，讓北京政權「承擔起邊疆安全與發展的道德責任」[4]。他的同事曹二寶則主張「自治不能沒有限度」，因為「完全自治就是兩個中國、而不是一個中國」。亦因如此，香港必須要由兩支管治隊伍統治，在特區政權的體制旁邊必須有另一支「中共、內地從事香港工作的幹部隊伍」，為香港政策提供指導和協助[5]。

我們倘若將這樣的提案，視為一兩位學者的個人見解，那將會是嚴重的誤判。國務院新聞辦公室在2014年6月，發表《「一國兩制」在香港特別行政區的實踐》白皮書[6]，當中的內容正好就是2000年代末強世功和曹二寶兩人的主張。白皮書第二章第一節，就主張北京政權擁有「支持指導香港特別行政區行政長官和政府依法施政」。行政長官要定期到北京述職，讓領導人就「重大事項對行政長官予以指導」，甚至實踐「向行政長官發出指令的權力」。除此之外，白皮書的第五章則預告北京政權將會「繼續完善與香港《基本法》實施相關的制度和機制」，特別是要把「屬於中央的權力行使好」。而對於特區政權的管治團隊來說，「愛國是對治港者主體的基本政治要求」：亦因如此，他們必須「接受

4　強世功（2008），《中國香港：文化與政治的視野》，香港：牛津大學出版社。

5　曹二寶（2008），〈一國兩制條件下香港的管治力量〉，《學習時報》，2008年1月28日。

6　國務院新聞辦公室（2014），《「一國兩制」在香港特別行政區的實踐》，北京：人民出版社。

中央政府和香港社會的監督」。中國要對「港人治港、高度自治」的承諾食言，讓北京政權直接指導特區各相關部門行事，就如司馬昭之心，路人皆知。

　　而中國方面在規劃珠江三角洲的經濟建設時，早已視香港的自治權如無物。北京政權在2011年公布《中華人民共和國國民經濟和社會發展第十二個五年規劃綱要》時，在未充份諮詢香港民意前，就片面地把香港和澳門納入區域規劃之中，並界定這兩個特別行政區在珠江三角洲扮演的角色[7]。最終中國國務院於2019年2月公布《粵港澳大灣區發展規劃綱要》，令香港正式「被規劃」成珠江三角洲的附庸：縱使都市規劃和經濟發展，本來都是香港特別行政區負責的內部事務。

　　這一切的發展，都有違英中兩國於1984年簽署的《聯合聲明》上的協議：英國之所以會於1997年7月1日把香港的主權移交予中國，就是出於這份國際條約上的協定。《聯合聲明》的第三條第二項，指定除了外交和國防事務外，「香港特別行政區享有高度的自治權」。而根據第三條第三項，香港的「行政管理權、立法權、獨立的司法權和終審權」都是這個特別行政區的內部事務。可是中國在取得香港之後，卻宣稱這條國際條約已經失效。中國外交部在2017年6月29日的記者會中，聲言「《中英聯合聲明》作為一個歷史文件，不具有任何現實意義」[8]。北京政權堅持

7　《中華人民共和國國民經濟和社會發展第十二個五年規劃綱要》，第57章，2011年3月16日。

8　〈2017年6月30日外交部發言人陸慷主持例行記者會〉，中華人民共和國外交

在主權移交後，香港的自治已不再是國際協議的問題，而是純粹的中國內政：這就是說中國在1980年代應許的「高度自治」，已經在2010年代偷龍轉鳳，被置換成省級自治區這種層次的「自治」。

後知後覺的政治世代

這本著作並無意探討「一國兩制」作為一種制度，是如何被構思出來，之後又怎樣隨政治局勢而演變[9]。大體而言，香港之所以要以「一國兩制」的方式被中國統治，是一場大國政治的悲劇。在1970年代末香港前途問題浮現時，西方陣營剛好轉變其應對冷戰的策略：美國決定趁中國與蘇聯交惡的機會，拉攏中國去制衡蘇聯。美國在實踐聯中制蘇的策略時，不惜放棄部份在東亞的盟友：他們決定坐視越南共和國於1975年的覆亡、並在1978年與遷佔臺灣的中華民國政權斷交。在這樣的時代背景下，北京政權於1971年取代在臺北的中華民國流亡政權，取得在聯合國代表中國的資格（並立即成為聯合國安全理事會的常任理事國）。北京政權在加入聯合國後，即提出把香港和澳門剔出《前托管和非自治

部，2017年6月30日。

9　筆名毛來由的香港歷史研究者崔永健，目前正打算運用英國國家檔案館與香港相關的檔案，重構「一國兩制」概念演變的過程。可是由於他是身為上班族的業餘學者，故只能在臉書經營名為「一國兩制的開場與收場1971-2020」（@HKOCTS19712020）的專頁，並不時分享其研究發現。參：萬學賢，〈什麼人訪問什麼人：毛來由——一場民間香港史書寫的序章〉，《明報》，2021年9月19日。

領土列表》(United Nations list of Non-Self-Governing Territories),
此議案其後於1972年在第27屆聯合國大會通過。這樣的改動,
使香港人無法像其他殖民地那樣,根據1960年通過的聯合國1514
號決議走上獨立自決的路。雖然英國其後在1976年,宣布《公民
權利和政治權利國際公約》和《經濟、社會、文化權利國際公約》
適用於香港,可是卻在聲明中把兩條公約規定的「自決權」,局限
為「助其自由政治制度之逐漸發展」[10]。

　　而中國也在與美國建交的那一年展開經濟上的改革開放,逐
漸使西方國家與中國建立起難以割捨的利害關係。亦因如此,當
英國需要與中國就香港於1997年之後的前途展開談判時,就陷入
孤立無援的境地。雖然英國在談判過程中,一直堅持要在1997年
後延續主權或治權,可是中國從一開始就堅持必須取得香港,而
且也從未想要過問徵香港的民意。最終中國把1984年9月設為死
線,宣稱兩國屆時若仍未能達成協議,即會單方面決定對香港的
安排。如此英國在中國的威脅下,只得於1984年末簽下《聯合聲
明》這份永遠改變香港命運的國際條約[11]。中國雖確認兩條國際人
權公約將仍然在香港適用,可是他們也像英國那樣,把「自決權」
定義為某種模稜兩可的「自治」。

10　王慧麟,〈周日話題:失去的自決權〉,《明報》,2016年4月24日。

11　Sheridan, Michael (2021). *The Gate to China: a New History of the People's Republic and Hong Kong*, New York: Oxford University Press. pp.97-135; 張家偉（2022）,《英國檔案中的香港前途問題》,香港:城市大學出版社。頁47至121。

　　筆者比較在意的，卻是香港民主運動對這場巨變的態度。雖然那時候香港大部份民眾都希望能夠維持現狀，或至少能讓英國繼續延續某種沒有主權的管治，可是香港民主運動的參與者，卻沒有這種抗拒中國的情緒：往後我們會看到，事實上他們對主權移交反倒充滿期望。他們認為中國必須繼續開放改革的道路，而主權移交則可以同時為香港和中國帶來契機：香港在脫離殖民地統治後，可以運用其近代化經驗促進中國的經濟發展，並同時帶動香港和中國的共同步向自由民主，從而達成「民主回歸」。

　　在《聯合聲明》簽訂後不久，事態的發展就說明「民主回歸」的想望流於一廂情願，可是民主派在隨後三十餘年，仍然堅持在愈縮愈窄的空間，對「民主回歸」繼續抱有期望。在2010年代末，事態的發展證明「一國兩制」不過只是謊言，而大部份民主派都在2019年的起義前後醒覺過來。不過事到如今，仍有一部份的（前）民主派人士死抱「民主回歸」的神主牌不放，就像過往三十多年什麼事都沒有發生過那樣。

　　當中一個比較矚目的例子，就是香港社會學家呂大樂在《國家安全法》生效前夕，出版題為《尷尬：香港社會還未進入一國兩制的議題》的著作[12]，主張香港問題的「答案『恐怕』還是一國兩制」[13]。他認為在2019年的起義塵埃落定後，「無論主觀上是否喜歡、接受，恐怕仍很難可以完全擺脫關於一國兩制的討論」。

12　呂大樂（2020），《尷尬：香港社會還未進入一國兩制的議題》，香港：牛津大學出版社。

13　前引書，頁111。

香港民眾在起義期間對「一國兩制」現狀的質疑，都只是「情緒化的叫喊，以立場劃分不同意見，要求別人表示態度」，只會導致「分析、議論淡出政治、公眾空間」[14]。他認為那些投入抗爭的民眾，都是感情用事而成事不足。

呂大樂雖然看到「一國兩制」的運作已出現嚴重的問題，他卻未有歸咎於中國威權主義的干預，反倒怪罪身受其害的香港民眾。他認為香港人在1980年代對中國過份恐慌，過份強調香港需要「維持現狀」、囿於「八十年代的香港經驗」而「應用了一種靜態的分析來面對回歸」，才是「一國兩制」未能成功的肇因[15]。而這種意圖把現狀「急凍」保存的防禦性思維，使他們無法主動應對中國崛起的大局，從而在與中國交手的過程中節節敗退[16]。

呂大樂並非沒有留意到2010年代興起的本土論述，也指出在思考「一國兩制」的過程中，並無法迴避關乎「香港獨立」的討論。可是他又會質疑主張香港獨立的人士「如何說服其他也是在香港生活的香港人，認同走向獨立才是整個社會最好的出路」，又強調港獨派「必須向公眾解釋：在實現獨立的過程之中，需要付出什麼代價」。他也認為香港獨立的支持者，對於未來「香港共和國」的族群關係、經濟民生和發展方向，都沒有任何實質的主張，仿似「只要提出『港獨』便已足夠，其他考慮都不重要」。呂大樂斷言港獨派「聽起來立場堅定」，可是實際上「對於

14　前引書，頁2。

15　前引書，頁46。

16　前引書，頁37。

『港獨』的理解，近乎空白」[17]。他亦提示港獨派要想好「怎樣面對那些持不同意見香港人」，又批評他們可能抱有「政治先鋒可以向思想落後的群眾專政」心態[18]。

呂大樂在這本著作中嘲諷其他香港人「未有進入問題」，可是為什麼其他人非得要進入他設定的問題不可呢？問題的設定，背後往往隱含預設的答案：而呂大樂提出的答案，就是香港必須「完善」一國兩制，擁抱和接受香港與中國近年的轉變，以主動方式投入香港與中國在各層面的融合，從而謀求最大的利益。可是如今「崛起」後的中國，面對香港以至全世界都擺出一副「以我為主」的姿態。香港人若然採納呂大樂的建言，恐怕最終只會陷入委曲求全的窘境。

呂大樂起初並非困於象牙塔內的學者：他在大學時期積極參與學生運動，並於1980年擔任學生報《學苑》的總編輯[19]。他在畢業後隨即投身香港民主運動，先後加入匯點和民主黨，其後又曾擔任民主派智庫「新力量網絡」的主席，是位典型的公共知識份子。可是他為何會在2020年風雲變色之際，提出「完善一國兩制」這種脫離現實的主張呢？

如果我們把時間軸再往前推，卻會發現呂大樂2020年的立場，在此以前絕非無跡可尋。特區政權於2009年末向立法會申

17　前引書，頁125。

18　前引書，頁126。

19　《新聞智庫》，Now新聞台，2015年1月15日，香港時間19:56（https://news.now.com/home/local/player?newsId=123252）。

請撥款，準備興建廣深港高速鐵路香港段。這段鐵路造價高昂且有超支之虞，興建期間需要逼遷石崗的橫台山菜園村，而且後來也被揭發涉及香港「被規劃」的問題，促使年輕抗爭者在 2009 至 2010 年發起反高鐵運動。在第九章的討論中，我們會發現這場抗爭運動，是後八九世代開始投入社會運動的轉捩點：這個生於 1989 年之後的世代，都在中國統治下從兒童長大成青少年。他們對「一國兩制」的實踐，沒有 1980 年代那種因距離而產生的憧憬：他們自有意識開始，就目睹中國不斷阻撓香港的民主進程，又動用政治和經濟的力量以「一國」侵吞「兩制」。亦因如此，他們決定透過直接行動，反對特區政權無節制向中國靠攏的政策。

反高鐵運動的年輕抗爭者，起初採用溫和的抗爭方式，表達自己的政治理念。他們以十步一跪的方式，赤腳遊走香港各大社區：這次「五區苦行」清晰地表達年輕人「身土不二」的本土理念，激起民眾對相關議題的反思，埋下 2010 年代本土抗爭的種子。可惜特區政權一意孤行，剛愎自用地拒絕收回成命。相關撥款案最終於 2010 年 1 月 16 日，在權貴主導的立法會中得以通過。抗爭者只是決定把行動升級：有大約八千名抗爭者衝入立法會大樓，而其他抗爭者則堵塞附近的道路，並要求與運輸及房屋局局長鄭汝樺對話。

呂大樂對年輕人的升級行動卻不以為然，並於 1 月 19 日在《信報》刊登題為〈衝擊立法會超出和平抗爭範圍〉的文章[20]。他指

20　呂大樂，〈衝擊立法會超出和平抗爭範圍〉，《信報》，2010 年 1 月 19 日。

出「假如今天我們可以接受以真民主之名，來衝擊視為一代表
民意的立法議會」，那麼「他朝到另一種主張的群眾……來圍堵
一個由民主派……取得多數的議會時，我們便無話可說」：他
認為有一半議席並非由直選產生的立法會，仍稱得上是「代表民
意的立法議會」，因而不宜隨意冒犯其尊嚴。可是即使在老牌的
民主國家，民選議會被民眾衝擊的事也是老生常談，甚至被視為
補充代議政制不足的民主行動。

呂大樂認為香港民意偏向保守，採取激烈抗爭行動就只會
正中政權的下懷，令抗爭者丟失民意的支持。他認為特區政權
「知道自己弱勢，就放手讓行動升級」，因為「只要爆發暴力衝
突，便可改變輿論的導向，界定行動為非理性的反社會破壞行
為」。不過事實上年輕抗爭者積極抗爭，激起不少香港民眾的同
情和支持。呂大樂卻批評同情這場抗爭的民眾，都是不負責任地
「借年輕人的理想主義去批評特區政府」：因為「當行動過了火
位的時候，他們無需承擔後果」，心底卻「沒有完全肯定行動的
形成」。

呂大樂對反高鐵運動的批判，掀起了一場激烈的筆戰。他隨
後於2月8日在《明報》刊登文章回應各種批評[21]。他雖然知道自
己的批評者，多認為香港現存制度「是一個令人覺得絕望的制
度，所以只有徹底否定才有希望」，可是他仍然認定香港的選舉
威權制度仍然算是「有限度的議會民主」，即使這樣的制度充滿

21　呂大樂，〈我的「昔日情懷」〉，《明報》，2010年2月8日。

限制，終究也是過往民主運動「得來不易」的成果：若是對之全盤否定，隨便衝擊這種制度的根基，最終將會得不償失。既然香港還算是有點民主，至少比1970年代初以前進步得多，衝擊議會這種偏激手段既有機會得罪保守民意、又會激起政權和權貴的反撲，恐怕只會令民主運動過往二十多年的努力功虧一簣。這顯然是訴諸「危害論」（Jeopardy thesis）的典型反動修辭：只要現狀有一丁點的優點、而改革又不是沒有風險的話，那麼蕭規曹隨就是毋庸置疑的上策[22]。

「一國兩制」的制度在2010年代逐漸崩壞，北京政權的政治干預日益猖獗、而香港也深陷經濟不對稱融合的泥沼，可是呂大樂未有對這種轉變太大的感嘆，反倒比較在意香港民主運動的缺失，也對2014年的雨傘革命缺乏好感。他認為這場革命「沒有細緻地討論民主化成功後，我們究竟要實現什麼樣的社會」，而相關的討論在「『後傘運』兩年間也未見進展」[23]。他亦認為本土思潮「要不含糊其詞、要不把概念不斷放大至『華夏』等概念，讓人難以反駁」，忽略「三代皆生於斯長於斯的港人屬於少數，每個人或多或少會跟內地有著千絲萬縷的關係」。他認為認同本土思潮的年輕世代，「才是要真真正正坐下想民主回歸的一代」[24]：港

---

22 Hirschman, Albert O. (1991). *The Rhetoric of Reaction: Perversity, Futility, Jeopardy*. Cambridge, MA: Harvard University Press. 中譯本由左岸文化出版。

23 〈比佔領更重要的事 呂大樂：應該談談民主化是為實現什麼樣的香港〉，《天下雜誌》，2016年8月16日。

24 〈呂大樂：第五代莫望上層退休，本土要迫自己認真一點〉，《灼見名家》，2015年12月8日（https://www.master-insight.com/ 專訪呂大樂：第五代莫望

中融合既是無可避免，年輕人也應該顧及自己的前途，學習適應並不討喜的現實。

對「一國兩制」崩壞的後知後覺，其實並非個別人士獨有的問題。在1970年代末之前出生的民主派人士，在2019年的起義爆發前，也一直迴避「一國兩制」日益崩壞的真相。當後八九世代質疑前輩們當年「民主回歸」的想望，總是會招致舊世代情緒化的回應：前輩們總是會堅持爭取「民主回歸」，在1980年代是最合理的決定。即使在2010年代的發展，早已證實這種想望已經破產，資深的民主運動參與者依舊認為爭取本土的自治或獨立並不可取。比如公民黨的前黨魁余若薇，雖然認同本土訴求與民主運動並無對立，可是卻堅持香港「在地理上與中國大陸不能切割」，繼而主張「中國大陸與香港民主發展是互動的雞與雞蛋關係」。她認為年輕世代想跳出「民主回歸」的框架，藉此「探討2047後香港前途、自決、港獨、本土等問題」，反倒「間接承認中國是迴避不了的因素」[25]。

另一些民主運動前輩，雖然早已看破「民主回歸」只是理想主義者的一廂情願，卻選擇無奈地將之視為無法迴避的宿命。比如李柱銘就表示他「不是贊成民主回歸」，可是他卻在沒有選擇的情況下，「接受了一國兩制」。亦因如此，他反對年輕世代要求香港自治或獨立的訴求。這種立場，有部份與他的家庭成長背景

上層退休-本土要逼自己認/）。

25　余若薇，〈六四和本土並不對立〉，《明報》，2016年5月29日。

有關——他父親李彥和是中華民國國軍的中將，雖然他討厭國民黨的腐敗、共產黨的專制，可是在遷居香港後仍然關心中國的發展。不過李柱銘堅持他之所以抱持反對本土派的立場，原因是現實上他沒有選擇的餘地：由於腐敗不堪的「一國兩制」是現實的唯一選項，他可以做的「就是確保這個制度可行」[26]。

也就是說，在1970年代末之前出生的民主派人士——當中大部份屬於戰後出生的嬰兒潮世代——都集體陷入「民主回歸」的迷思：他們有的會積極提倡、另一些則在消極配合。這些民主運動的前輩，雖多懷著誠實無偽的良心爭取香港的社會改革，卻不約而同地因各種理由無法放棄「民主回歸」的理念、並因此對充滿缺憾的「一國兩制」抱有期望。即使香港局勢在2010年代急轉直下，他們亦無法即時調整固有的思維，反倒與提出質疑的後八九世代爭論起來。要待2019年爆發反送中運動，民主派內大部份的前輩才覺醒起來，開始體諒何以晚輩們會反對他們過往的主張。即使世代之間的和解和交替，在起義過後已經成為香港民主運動的大趨勢，有部份前輩仍然像呂大樂那樣，未能在思索香港前路時跳出「一國兩制」的框架。

為什麼整個世代的民主派，在過往三十多年一直堅持某種成效不彰的政治策略，甚至會為求捍衛這種策略的聲譽，幾乎與他們的晚輩反目成仇？這種世代執念的形成，乃是值得我們仔細探

26　林怡廷，〈專訪李柱銘——捍衛一國兩制的最後騎士〉，《報導者》，2020年5月6日（https://www.twreporter.org/a/hong-kong-extradition-law-interview-martin-lee-chu-ming）。

究的問題。

世代的政治影響

在社會科學的討論中，會把關於世代（Generation）的問題歸入社會分層（Social Stratification）的範疇。在各種社會分層的概念中，最廣為人知的就是階級（Class）：這也是最早被提出來的社會分層概念。馬克思和恩格斯在1848年出版的《共產黨宣言》中，就宣稱「一切過去社會的歷史，都是階級鬥爭的歷史」。在經濟生產的過程中，那些不可或缺的物質、器物或機制往往會由少數人壟斷，使大多數人不得不仰賴他們以維持生計：擁有生產工具的人、與那些必須借用生產工具的人，就這樣成為兩個不同的階級。而社會的變革，則源自「生產工具不斷的革命」，與隨後「生產關係以及全社會關係」的改變。馬克思和恩格斯認為，隨著有產階級在近代初期「既急激的改良了生產機關，又不斷的開拓了交通機關」、透過城市化「壓迫鄉村使他屈服在都市支配之下」、並且運用近代工業科技把「自然力屈伏於人類、機器，工業和農業上的化學應用，輪船、航路、鐵路、電報，全大陸的開墾、河流的疏浚，好像用魔力從地下喚起似的」，最終形成近代的資本主義體系，讓資產階級達成史無前例的經濟壟斷。與資產階級相對的，則是為他們工作的無產階級：在工業化的處境下，他們「因為用機器越多、分工越細的緣故，完全失掉了個性」。除此以外又因為「工作越發簡單，工資也就越發減少」，從

而遭受前所未有的剝削。馬克思和恩格斯認為資產階級和無產階級之間的鬥爭，將會是未來社會發展的主要焦點，並且預言無產階級最終將會在困境中團結一致，透過革命取得終極的勝利[27]。

社會學大師韋伯卻認為，馬克思的階級分析流於經濟決定論，忽略社會分層可以有更複雜的表現。他認為「『由經濟條件塑造』的力量，當然並不等於『力量』的真身。與此相反，經濟力量的興起，倒有可能肇因於其他領域的力量」，而那些「純屬經濟的力量」很多時也「絕對不是備受認可的社會名譽基礎」。韋伯仍然認為階級分層是重要的社會現象：社會內不同的人在追尋「擁有商品和潛在收入的經濟利益」時，他們在「商品或勞動市場內的處境」往往南轅北轍，從而把社會分化成「人生機遇」有異的階層。可是社會各界的經濟際遇，並非把人分為尊卑貴賤的獨一機制。韋伯堅持在階級以外，「社會名譽以至是尊貴身份，甚至（反而）可以是政治或經濟力量的基礎」。

韋伯指出在社會交往的過程中，不同人會因擁有不同的地位（Status），從而在社會群體中得到差別待遇。這種身份地位的高低，雖然與個人財富的多寡相關，地位和財富卻不必然會相輔相成：而且很多時身份地位是因、個人財富是果，亦因此地位並不一定由經濟因素所決定。擁有崇高地位的社會人士通常都會組織社群，藉著分辨「我者」與「他者」、並透過「壟斷理念、物產或

27　Karl Marx 和 Friedrich Engels 著、陳望道譯（1920），《共產黨宣言》，北京：社會主義研究社。

機遇」，讓成員共享外間所無的社會名譽。除此以外，社會人士亦可基於共同的理念，組織不同的政治群（Party）[28]，並透過政治競爭一分高下。這些政治群都「以獲得社會『力量』為目標」，並藉此「影響不論是任何性質的群體行動」。各種地位身份和政治群的分野，與階級矛盾同樣都是社會分層的起源：由地位和政治群造成的社會分層，非但不一定源於經濟因素，這種分層甚至反倒會影響經濟運作[29]。

倘若我們順著韋伯的思路，我們或許能發現其他造成社會分層的面向。匈牙利社會學家卡爾·曼海姆（Karl Mannheim）指出世代與階級有若干相似之處：兩者皆會讓其成員「在社會和歷史發展過程處於共同的處境」。這樣的共同處境，會讓同一世代「可有的經歷局限於特定的範圍」、令他們傾向「某種特定的思維和經驗模式」、並使他們從事某些「造就歷史的典型行動」[30]。也就是說，世代和階級、地位、政治群一樣，都可以是一種社會分層的機制。每一個世代都生活於特定的時空之中，共同經歷塑造意識形態和社會行為的歷史事件，從而產生涵蓋整個世代的集

---

28 在通常的翻譯中，Party這個字通常會被譯為「政黨」。可是韋伯描述的Party，乃為公共目標集合的社會群體，並不必然是近代政黨。事實上韋伯認為近代前期的宗教群體，也是Party的一種。在此筆者決定把韋伯的Party翻譯為「政治群」：畢竟在隨後的章節，我們將會論及香港的近代政黨。

29 Weber, Max (2008). *From Max Weber: Essays in Sociology*. Trans. H.H Gerth and C. Wright Mills. London: Routledge. Chapter VII. 譯文出自筆者。

30 Mannheim, Karl (1952). "The Problem of Generations," in Paul Kecskemeti (ed.), *Karl Mannheim: Essays*. London: Routledge. p.291. 譯文出自筆者。

體認同。不過並不是每一種歷史事件，都會對世代有著同樣的影響：曼海姆認為「那些在年少之時的環境中潛移默化的各種體驗，通常也是個人意識中歷史最悠久的一層」，而這種原始意識往往會「固定成慣常的世界觀」[31]。不同的世代在少年時代有著不同的經歷，使他們都各自擁有獨特的性格。如此新世代和舊世代之間，或是衝突、或是合作、或有否定、或有承傳，而這各式各樣的互動和交替，則可推動社會和文化的演變。

在曼海姆的世代理論啟發下，年齡群組研究（Cohort Study）成為社會科學中的一門顯學。美國政治學家朗勞·英高赫（Ronald Inglehart）在1970年代的研究，發現當時西方政治文化正出現翻天覆地的改變：民眾不再像以前那般關心物質生活和人身安全，反倒對非物質的生活品質有越來越高的要求。這個時候在戰前出生、並曾經歷過經濟大蕭條和世界大戰的世代逐漸退下火線，其位置則逐漸由在戰後相對太平的日子出生的嬰兒潮世代補上[32]。其後英高赫積極參與世界價值觀調查（World Values Survey），將其發展成社會科學界中一個規模最大的跨國追蹤調查，並運用當中的數據補充其年齡群組研究。他在其後廣為人知的追蹤研究中，發現隨著戰前和戰後世代的交替，後物質主義亦於過去數十年成為西方文化的主流：西方民眾不再重視物質生活是否豐足，

---

31 Ibid, p.299.

32 Inglehart, Ronald (1977). *The Silent Revolution: Changing Values and Political Styles Among Western Publics*. Princeton: Princeton University Press.

並認為表達自我才是更重要的人生目標[33]。英高赫其後更把目光擴闊到西方社會以外，並透過跨文化的年齡群組追蹤研究，提出自成一家之言的演化近代化理論（Evolutionary Modernization Theory）[34]。

當擁有類似文化思想特質的同代人，開始意識到自己同屬一個群體、並把自我動員成為推動政治變遷的力量，則會轉化成能夠影響政治行為的政治世代（Political Generation）[35]。美國史密斯學院（Smith College）的社會學家南茜·惠特（Nancy Whitter），在一項對俄亥俄州哥倫布市（Colombus, Ohio）婦運團體的追蹤研究中，發現政治世代因素影響政治行動的三種主要模式。首先由於不同世代的社會政治運動參與者，在青少年時代各有不同的經歷，以致各世代都會擁有不同的思維和行為模式，這就是**年齡群組差異**（Cohort Difference）。而青少年時代的經歷，則會塑造整個世代的集體認同。在這過程中形成的思維和行為模式，不只會有異於其他世代，也會在步入壯年後形成不易搖動的信念：這種現象稱之為**世代堅持**（Generational Persistence）。而隨著舊的政治世代逐漸凋零、新生政治世代日益壯大，政治領域就會展開世代交

33　英高赫自 1980 年代起，就毫無間斷地延續關於後物質主義的研究。其中一篇比較近期的研究，參：Inglehart, Ronald (2008). "Changing Values among Western Publics from 1970 to 2006," *West European Politics*, 31(1-2):130-146.

34　Inglehart, Ronald (2018). *Cultural Evolution: Peoples' Motivations are Changing, and Transforming the World*. Cambridge: Cambridge University Press.

35　Braungart, R. G. and Braungart, M. M. (1986). "Life-Course and Generational Politics," *Annual Review of Sociology*, 12:217.

替。由於不同的政治世代各有其世代堅持，亦會有不同的思維和行為模式，這樣的世代交替必然因為舊世代退下、新世代上場，而伴隨著意識形態和政治行為演變。這個現象，我們稱之為**年齡群組轉換**（Cohort Replacement）[36]。

在這本著作中，筆者將會採用惠特提出的概念，藉此解釋香港民主運動在2019年的起義前，何以會對「民主回歸」和「一國兩制」的原則異常堅持。首先我們會分析香港民主運動中前輩們的成長史，討論其**年齡群組差異的形成**。之後我們會探討香港民主運動的歷史，從而找出前輩們的**世代堅持**，究竟對運動的發展造成怎樣的影響。最後我們會觀察2010年代的世代論爭，就是民主運動前輩與後八九世代之間**年齡群組轉換的過程**。

不過我們在探討香港的「政治世代」前，必須先了解香港社會是由那些「世代」所構成。我們若要展開進一步的分析，就須要回顧另一本備受爭議的著作：而那剛巧又是呂大樂的作品。

香港的世代及其政治影響

目前能夠簡明地描述香港世代結構的著作，首推呂大樂於2007年出版的《四代香港人》[37]。關於香港世代問題的學術或非學術討論，也大多圍繞著這本書的框架：雖然這本著作並非嚴格意

36　Whittier, Nancy (1997). "Political Generations, Micro-Cohorts, and the Transformation of Social Movements," *American Sociological Review*, 62(5):760-778.

37　呂大樂（2007），《四代香港人》，香港：進一步多媒體。

義上的學術研究，反倒像是工餘時的社會觀察隨筆。即便如此，
這本著作對不同世代的界定，還是能夠有助我們展開深層次的探
究。

就如這本書的標題那樣，呂大樂把當時的香港成年人分成四
個世代。不過我們需要留意世代是一種有助解釋現實的理想類型
（Ideal type）：世代群體之間的分野從來都不是那麼黑白分明，世
代斷層雖時有出現、但世代交替通常都比較像漸變的光譜。**第一
代香港人，就是在1945年及之前出生的戰前世代**。他們很多時也
是第一代移民香港的世代，大多是來香港避難的技術勞工，對於
在東亞大陸（主要是廣東等嶺南地區）的原鄉有較深厚的感情，
其價值觀也偏向保守。他們無法理解戰後社會的巨變，可是他們
也自知教育水平不高，因而多以隨遇而安的心態面對：後來他
們也知道社會的演變，為下一代帶來前所未有的發展機遇，也就
放手讓下一代在新形勢下不斷嘗試。第一代人習慣戰前艱苦的生
活，就默默地為子女的成長辛勤作工。他們不習慣社會價值的變
遷、也許會把戰後視為「歪曲悖謬的世代」，可是看著自己的子女
能創出一片新天地，也決定把對時代的質疑隱而不發。呂大樂認
為第一代香港人，擁有「其他幾代人所缺乏的一份平常心」[38]。

第一代人的子女，有不少都是**在1946至1965年之間出生的
嬰兒潮世代，這也就是呂大樂所指的第二代香港人**[39]。他們所擁有

---

38 前引書，頁25。
39 前引書，頁15。

的資源和機遇，都比第一代香港人來的豐富，而且也是香港首度
受過完整近代教育的世代。他們在1960至1970年代步入壯年，剛
好遇到香港經濟起飛帶來的升職機會：由於第一代香港人教育水
平不高，這些收入較高的職位自然也是第二代人的囊中物。第二
代人或是透過教育獲得專業資格、或是隨著經濟規模擴大晉升為
企業行政人員，使香港出現大規模的向上社會流動，並於1970至
1980年代形成一個有規模的中產階級[40]：雖然能成為中產階級的
始終是相對少數的幸運兒，可是事業機遇和生活水平的改善，卻
使大部份香港人認同中產階級的價值、文化和意識形態[41]。可是能
夠取得成就的第二代香港人，卻不知道自己的成就，有部份是來
自社會變革帶來的機遇，反倒自鳴得意地認為一切都是憑實力贏
得競爭的成果。第二代人不願輕易放棄自己的成就，既不願意讓
下一代人接棒、也對後輩有著百般的不放心[42]。

　　而其後第三代和第四代的香港人，都活在第二代人的陰影之
下。**所謂第三代香港人，就是於1966至1975年之間出生的世代**[43]。
與前後兩個世代相比，他們比上不足、比下有餘。他們在踏入壯
年時，通常都會擔任第二代人的下屬：由於嬰兒潮世代始終未肯
言退，第三代人向上社會流動的空間大為縮窄。香港的經濟環境

40　呂大樂、王志錚（2003），《香港中產階級處境觀察》，香港：三聯書店。頁
　　33-48。
41　前引書，頁49至65。
42　《四代香港人》，頁35至36、58至59 、63。
43　前引書，頁39。

在主權移交後，不但無法延續過往的高速增長、甚至還經歷過一段經濟迷失期。在此以後香港企業吹起「瘦身」風氣，為節省營運成本精簡結構，而企業行政人員的報酬和福利也大不如前[44]。與風光的嬰兒潮世代相比，我們也許可以把相對低調的第三代香港人稱之為**隱形世代**。而第二代香港人的子女，則多是**出生於1976至1990年之間的第四代人**：這15年剛好也是香港潮流文化蓬勃發展的年代。這種文化的各種經典和「邪典」，大都在1980年代的高峰期浮現，並成為塑造第四代人精神性格的重要元素。固此我們也可以把這個世代稱為**八十後**。第二代香港人始終堅持自己的成就，是來自優勝劣敗的競爭：因此他們會擔心子女競爭力不足，未能保住父母辛苦爭取到的社會地位。亦因如此，他們千方百計要以各種揠苗助長的方式，確保子女在童年時即在教育競爭上贏在起跑線[45]。不過這反而使第四代香港人缺乏個性，凡事都由嬰兒潮世代的父母安排規劃妥當，無法像第二代人那樣有探索和發揮自我的空間。

由於《四代香港人》這本書在2007年出版，故此其內容未有提及在**1990年之後出生的世代**：畢竟當時在1991年出生的香港人仍只是16歲的少年人。我們若把呂大樂邏輯略作延伸，這個在1991年及以後出生的世代，則可被歸類為第五代香港人：他們在公議輿論中又多被稱為九十後。我們將會在第九章詳細分析**九十**

---

44 前引書，頁43。

45 前引書，頁56。

後這個世代的背景和經歷。

呂大樂認為「香港社會曾經給予『戰後嬰兒』一代人最開放、最多元化、最多機會的一個成長環境,那麼他們似乎未有將這個環境好好保護、優化,並且傳給下一代」[46]。主導香港社會的第二代香港人,自我陶醉於一己之成就,「只記得競爭激烈的事實,忘記競爭過程中公平和公開的另一面」[47]。他們因著保守主義的心態,忘記自己曾經認為「要上街以行動來爭取權益」,在名成利就後「不斷的要求年輕人講實際」[48],未有在制度上「提供一個更開放、更公平的環境」[49]。

可是事實上,他卻對身為第二代香港人引以為傲,坦言「我也是戰後嬰兒的一份子,也難免會喜歡自我膨脹一下」[50];而他也確實無法跳出同代人窠臼。他在後來的評論文章,把九十後稱為「Now Generation」,又表示「真心佩服『Now Generation』的豪氣」。可是他同時亦與這個新世代格格不入,「總覺得『Now Generation』給自己提出一連串難題」,又認為他們對前輩的「批評其實很有共產黨之類先鋒黨的特色」、「掛著『反精英主義』旗幟來搞『精英主義』」。他認為九十後抗爭者有著「『true believer 型』的個性」,重視「表達、情感上的釋放」和「過程中

---

46 前引書,頁67。
47 前引書,頁34至35。
48 前引書,頁35。
49 前引書,頁36。
50 前引書,頁34。

的滿足感」多於「鬥爭成果」[51]，並批評他們「既然放棄（對之前幾代人的）耐性，那為什麼其他人又需要對他們有耐性呢」[52]？。呂大樂雖然嘗試提倡過世代和解，可是卻無法真正接納和理解後八九世代，還會像他的同代人那樣「要求年輕人講實際」，執著地主張「答案『恐怕』還是一國兩制」。

這種鄙視後進世代的態度，可謂嬰兒潮世代的集體盲點。《四代香港人》這本觀察筆記雖然主張「世代和解」，可是卻不脫嬰兒潮世代特有的偏見。筆名安徒的文化研究學者羅永生指出，「很多人從呂大樂的《四代香港人》中，閱讀出一種關於『第四代人』如何因為『上位』無門，心生挫敗、不滿和怨懟，以至日漸走激進之路的簡便結論」，把複雜的社會公義和意識形態問題，化約成個人化、原子化的人生機遇問題[53]。呂大樂這本小書雖然想要促進「世代和解」，卻反倒令八十後學者和社運人士異常反感，甚至在出版後引發過論戰：因為他們自覺在爭取的，是制度的變革、公平的社會，而不是個人的榮辱。年輕世代認為呂大樂的講法，是要把政權和制度對香港日益沉重的壓迫，化約成可以用金錢和仕途解決的問題：對追求變革的年輕人來說，這不啻是一種侮辱[54]。

---

51 呂大樂，〈香港四代人·十年：「呵呵！玩認真嗎？」〉，《明報》，2017年1月15日。

52 呂大樂，〈香港四代人：Now Generation 的耐性〉，《明報》，2017年1月1日。

53 安徒，〈《香港的鬱悶》與世代之戰〉，《明報》，2010年2月21日。

54 孔繁強（2016），〈四代香港人〉，《文化研究@嶺南》，第52期。

　　這本著作關心的，是世代因素對香港社會運動和民主運動的影響。也就是說，我們關注的並非香港社會整體的世代問題，而是**社會運動和民主運動圈子內部的世代矛盾**：雖然這兩者無可避免會互相影響。香港民主運動在 1980 年代興起時，其中堅份子大多是呂大樂所指的第二代香港人。在香港科技大學任教的社會學家蘇耀昌，曾指出嬰兒潮世代當中的知識階層，在 1960 至 1970 年代陸續投身學生運動，而當中部份人士則於此時立志要推動本土社會改革。他們在畢業後投身社會工作、教育、文化和傳媒等各種服務專業，成為新興服務專業階級的一員，並以專業人士的身份於各個社區動員民眾。這些原先針對地區民生議題的社區運動，其後於 1980 年代集腋成裘，成長為要求發展代議政制的民主運動。雖然香港的民主運動，有來自其他世代的成員加入——比如是在戰前出生的司徒華和李柱銘（他們可謂民主運動內的**元老世代**）[55]、以及其後多在政壇中載浮載沉的第三代人（他們最終成為永遠的第二梯隊，故可稱之為民主運動的**第二梯隊世代**）——可是民主運動的骨幹人物，始終都是以嬰兒潮世代為主[56]。而這些人身處 2010 年代時的世代偏見，在前文的討論中已

55　在其後的討論，我們會看到這兩位民主運動的領導人物，都不是典型的第一代香港人。他們都是基於某些特殊機遇，成為第二代香港人發起的社會運動之參與者。比如司徒華在 1970 年代初，是以教師工會代表的身份，與發起中文運動和保釣運動的嬰兒潮學運人士結緣。而李柱銘這位關注民權問題的資深訟務律師（香港過往稱之為御用大律師，即「Queen's Counsel」的漢譯。在主權移交後則稱之為資深大律師。），在 1980 年代開始與民主運動越走越近，隨後才逐漸成為他們的領袖。

略有論及。

在隨後的篇幅中，我們會採用世代研究的視野，透過香港民主運動那些前輩的成長史，探討其**年齡群組差異**和**世代堅持**的形成。這本著作會把研究的這群對象，稱為「**民主回歸世代**」：這個政治世代擁有**世代、地位**和**政治群**的三重屬性。民主回歸世代作為一個政治世代，其成員絕大多數都是在1946至1965年之間出生的嬰兒潮世代，也就是呂大樂論及的第二代香港人；雖然他們發起的民主運動，也吸引到少數來自其他世代的人士參與。這個政治世代的成員之出生年份，前後相距二十年，固此這個世代內無可避免會有長幼之分。不過這個「長世代」成員的成長經歷，相近之處終究是比較多。他們的政治啟蒙，都發生在1966年天星碼頭事件、到1982年香港前途問題浮現之間那17年：這正值香港社會、經濟、政治急速近代化，可以說是「漫長的七十年代」[57]。雖然香港學生運動的派系鬥爭只延續到1976年，可是直到1984年聯合聲明簽署後的低潮期，「認識祖國、關心社會」始終是學運的主旋律。而運動界鄙視本土潮流的文化論述，更要待1990年代後隨文化研究引入香港才告一段落。這個政治世代內雖長幼有序，可是其成員十居其九都是「民主回歸」的鐵桿支持者。不過民主回歸世代內於1955至1965年出生的一群，其部份成員的立場自

56　So, Alvin Y. (1999). *Hong Kong's Embattled Democracy: A Societal Analysis*. Baltimore: John Hopkins University Press.

57　於1971至1982年之間為時11年的「麥理浩時代」，亦深刻塑造著當年的時代精神。

1990年代起逐漸軟化，甚至於2010年代末促成民主回歸世代與後來世代的和解。

就地位而言，民主回歸世代的成員不論在文化水平還是身份認同，都屬於廣義的知識階層（Intelligentsia）：縱使由於大專教育尚未普及，他們不一定能考進大專院校參與學生運動。而他們的政治意識，也是首先從文化上的論爭開始。擁有知識階層地位的第二代香港人在1970年代末、1980年代初，開始為爭取民主政制組織起來，此後形成被稱為「民主派」或「泛民主派」的政治群。同時擁有上述世代、地位和政治群身份的群體，就是這本著作要探討的民主回歸世代。

本書的第一章，將會討論嬰兒潮世代知識階層的成長過程。他們在成長過程受過的教育、以及接觸到的文化，都是奠基於某種「文化中國論」的國族主義論述。而在第二章，我們會看到當這個世代的讀書人踏入青少年反叛期，會如何回應本土及國際社會的形勢。他們雖然不再認同師長和文壇前輩的教導，可是卻始終無法擺脫過往對「文化中國」的認同，最終使他們與陌生的「政治中國」建立情感上的連結。而這種「香港式愛國主義」，則成為民主回歸世代獨有的年齡群組差異。

本書的第三至第五章，則會討論何以嬰兒潮世代的知識階層，會對香港本土文化缺乏認同。我們會提到戰前和戰後兩次南來文人移民潮，使香港本土的精緻文化出現斷層，而這個斷層則剛巧落在嬰兒潮世代的成長期。雖然香港本土潮流文化在1970年代蓬勃發展，而且當中亦有頗為精緻的佳作，擁有知識階層地位

的嬰兒潮世代，卻因為意識形態的緣故無法贊同同代人的本土認同。而投身社會運動的嬰兒潮世代，則因為爭取社會改革的政壇前輩抱有精英心態，而必須運用自己的專長走自己的路：這亦意味著他們的政治參與，背後也沒有任何能稱得上是本土傳承的政治傳統。香港雖然擁有豐富的本土文化，亦有異乎中國的本土歷史，可是這些因素都未能對民主回歸世代的年齡群組差異產生影響。

在第六章和第七章，我們會討論「民主回歸世代」如何發起香港的民主運動，以及這場運動的意識形態。這個民主運動從一開始，就因為大國政治的殘酷現實，在爭取民主化改革的過程中不斷遇上障礙。民主派始終堅持「民主回歸」是確保香港民主改革的最佳出路，並對1997年主權移交後的「一國兩制」有所期待。即使北京政權在1989年殘酷鎮壓中國最後一次民主運動、在主權移交後又千方百計地拖延政制改革，可是民主派仍然基於其世代堅持，依舊期望可以透過談判說服北京政權落實「民主回歸」的承諾。

在這本著作最後的部份，我們會描述八十後和九十後如何在2000年代先後投身社會運動。因《四代香港人》與呂大樂論戰的八十後社運人士，曾借用中國流行語以「**八十後青年**」一語定義自己[58]：他們是首批打出「本土集體回憶」旗幟的抗爭者，卻大多

---

58 關於投身社會運動的八十後之自我定位，參：丘嘉熙等（2011），《八十後自我研究青年》，香港：香港基督徒學生運動。

因為意識形態上的束縛，未能像之後的世代那樣全面擁抱本土政治。而在1991年及之後出生的九十後，剛好未能親眼目睹1989年的各種大事——包括中國的天安門學生運動、以及中歐和東歐共產體系的崩潰——為此筆者會把當中的社會運動和民主運動參與者通稱為**後八九世代**。這個全新的政治世代無法認同中國國族主義，其情感結構與民主回歸世代南轅北轍。民主回歸世代因為自身的世代堅持，無法認同後八九世代對民主運動的主張，從而使民主運動內部出現世代衝突。我們會探討這些衝突如何在2010年代日趨白熱化，其後於2019年的起義前夕達成和解。其後香港在2020年《國家安全法》通過後，從半民主的自由社會淪落為由警察國家操控的威權社會。此後民主回歸世代與後八九世代共赴國難，並在亂局下完成世代交替。在三十多年的奮戰過後，民主回歸世代終於逐漸步下歷史的舞台，默默支持後八九世代迎接威權時代的艱苦挑戰。

表0.1：香港政治世代一覽表

出生年份	《四代香港人》中的稱謂	一般稱謂	政治世代之稱謂	在社會運動和民主運動中的表現
1945年及之前	第一代人	戰前世代	元老世代	附和民主回歸論，擁抱大一統的中國國族主義
1946年至1965年	第二代人	嬰兒潮世代	民主回歸世代	民主回歸論的始作俑者，在天安門學運後主張投身「愛國民主運動」。部份在1956至1965年出生的次世代，其立場於1990年底後逐漸軟化，並於2010年代推動與後八九世代的復和
1966年至1975年	第三代人	隱形世代	第二梯隊世代	永遠的第二梯隊，無法成為獨當一面的政治領袖
1976年至1990年	第四代人	八十後	八十後青年	率先提出「本土集體回憶」的概念，促成本土政治的興起，卻多因為死守意識形態教條而集體失語
1991年及以後		九十後	後八九世代	無法認同中國，本土政治的死忠支持者，2019年起義的主要參與者

文化中國孕育的一代

　　在討論第二代香港人，也就是在 1946 至 1965 年之間出生的嬰兒潮世代之前，我們必須先了解他們成長的時代背景。太平洋戰爭在 1945 年結束後，香港重新成為英國殖民地，社會也逐步踏上和平的正軌。可是同一時期的東亞大陸卻是戰雲密布：中國國民黨政權在日本投降後不久，即決定再啟被中日戰爭打斷的國共內戰，以圖剷除在戰時積極擴展勢力的中國共產黨。在其後的三年半，東亞大陸陷入一片腥風血雨，而經濟亦隨著戰爭的破壞陷入惡性通貨膨脹。

　　國共內戰的形勢在 1947 年末急轉直下，國民黨政權自此節節敗退，而勢如破竹的共產黨要取得江山則只是時間的問題。最終共產黨在 1949 年 10 月 1 日，於北京天安門廣場宣布成立中華人民共和國，隨即揮軍南下剷除西南部僅剩的抵抗力量。國民黨政權無法再於東亞大陸立足，只能流亡到臺灣這片剛到手的海外屬土，沿用「中華民國」的國號設立遷佔者國家（Settler State）[1]。大

1　若林正丈（2014），《戰後臺灣政治史：中華民國臺灣化的歷程》，臺北：臺大

批東亞大陸的民眾為逃避戰爭和飢餓，紛紛遷居到相對太平的香港：這些移民大多來自廣東等嶺南地區，他們過往一直抗拒國共兩黨的黨國威權主義，對於勢如破竹的共產黨更是異常恐懼。除此以外，亦有一些上海資本家懼怕資產被共產政權充公，而把事業都遷移到香港。

這些到香港避難的移民，以及香港逾一百萬的固有人口中的壯年人，就是呂大樂所言的第一代香港人。這些人安定下來後就在香港生兒育女，他們的子女也就是嬰兒潮世代。這個新世代自出娘胎，香港政府就已因應中國赤化而實施邊境管制，深圳河兩岸的民眾自此不能再自由往返。對於嬰兒潮世代來說，香港這片三十里袖珍江山，就是他們的原鄉、也是他們日常生活唯一的空間。他們不像父母那樣，會對在東亞大陸的某處鄉村產生特殊的感情：他們的父母雖然偶爾會帶他們到中國祭祖或拜年，可是那個被父母稱為「鄉下」的地方，對始終生活在香港的嬰兒潮世代而言，反倒更像是一個異域。

然而當嬰兒潮世代返回香港，卻會發現不論是在學校的老師、還是在報刊撰文的作家，談論的還是那個陌生的國度。這些文人談論的「中國」，卻與嬰兒潮世代在春秋二祭時的所見所聞略有不同。他們得到的印象是：在深圳河以北的那片土地已經因為某種原因而沉淪，而身處香港的反倒是承傳著正統文化的中國人，並因而肩負重建中國的重任。嬰兒潮世代對北方的異域感到

出版中心。頁101至102。

陌生，卻又同時與那個傳奇的國度有著藕斷絲連的感情：這片土地各式各樣的怪現象，都會掀起他們無窮的想像。深圳河旁邊那條守衛森嚴的邊界，「圍著老去的國度、圍著事實的真相、圍著浩瀚的歲月、圍著慾望與理想」[2]：對面的風光既是陌生、卻也牽動人心。結果這個始終保持神秘的異國，竟成為整代人認同的所在。而這一代人的政治抉擇，也建基於某一種神秘樂觀心態：他們相信也許這個名為「祖國」的謎團，就是解決香港社會困局的萬靈丹。

與「現實中國」割裂的「文化中國」

香港自1841年起就是英國的殖民地，可是殖民地政府卻從未在香港實施同化政策。香港在大英帝國的定位，乃支援英國商人在東亞大陸經商的據點：他們雖然會為本地住民提供西式教育，卻也希望他們保存固有的東亞文化，如此他們才可以擔任翻譯和買辦這類中間人的角色，幫助維持英商在東亞大陸的生意。

是以當中國國族主義在十九世紀末興起、並開始挑戰外來帝國主義的權威時，殖民地政府反倒積極宣揚東亞大陸的傳統文化，希望藉此抗衡西方各種革命思潮對香港民眾的影響。在1925至1930年擔任香港總督的金文泰（Cecil Clementi），是由官學生計劃（Cadet scheme）培訓的殖民地官員[3]。他不但曾接受過完整的

2　劉卓輝（1992），〈長城〉。

漢學教育，本身也熱衷研究東亞文化：比如他曾經把招子庸的嶺南文學經典《粵謳》翻譯成英文[4]。亦因如此，金文泰積極資助辛亥革命後因效忠清帝國、而遷居香港逃避中國民國的傳統文人[5]，讓他們以保守儒家教育對抗中國國共兩黨的革命思想。在港督牽頭下，香港大學於1927年成立中文學院，並邀請這些保守文人擔任教職員[6]。

無獨有偶，在1930年代不論是南京的蔣介石政權[7]、還是廣州的陳濟棠政權[8]，都試圖透過推廣儒家經典教育，藉此與中國共產黨的意識形態抗衡、並宣示自己比其他國民黨地方政權更為正統。香港的學校也因此順理成章地採用南京政權的課綱，並從上

3　關於官學生計劃的推行，參：Tsang, Steve (2007). *Governng Hong Kong: Administrative Officers from the Nineteenth Century to the Handover to China, 1862-1997*. Hong Kong: Hong Kong University Press. pp.13-26.

4　Chao, Tzu-yung (1904). *Cantonese Love Songs*. Cecil Clementi trans. Oxford: Clarendon Press.

5　關於香港的清帝國遺民，參：區志堅（2010），〈香港學海書樓與廣東學術南下〉，收於陳明銶、饒美蛟編，《嶺南近代史論：廣東與粵港關係，1900-1938》，香港：商務印書館。頁239至252。關於東亞大陸的清遺民，參：林志宏（2009），《民國乃敵國也：清遺民與近代中國政治文化的轉變》，新北：聯經出版。

6　Law, Wing Sang (2009). *Collaborative Colonial Power: The Making of the Hong Kong Chinese*. Hong Kong: Hong Kong University Press. pp.109-111.

7　Wakeman, Frederick Jr. (1997). "A Revisionist View of the Nanjing Decade: Confucian Fascism," *The China Quarterly*, 150:395-432.

8　陳雪峰（2008），〈陳濟棠主粵時期廣東中小學的讀經運動〉，《嶺南文史》，2008年第3期，頁97至102。

海的出版社採購中文科目的教科書[9]。這種情況一直維持到戰後初期：隨著共產黨於1949年在東亞大陸建立所謂的「新中國」，大批反共文人為逃避迫害而移居香港，並於香港的學校尋求教席。這些來自北方的老師們，自然也樂於沿用南京政權的課綱，以傳統的保守立場教授各種中文科目[10]。

不過隨著中國共產黨席捲東亞大陸，香港也成為一座位處冷戰前緣的危城。殖民地政府不欲香港捲入國共兩黨的紛爭，決定不再讓學校採用來自中國的教科書。殖民地政府於1949年成立中文科目委員會，並責成他們根據香港的特定需要，自行制訂中國語文、中國文化和中國歷史等科目的課綱。就像殖民地政府其他諮詢架構那樣，這個委員會也是由保守的商界人士主導。不過除此以外，委員會亦有來自教育界的代表：只是這些教育界人士大多抱持反共立場。他們有不少是中國各間基督教大學的畢業生，而他們的母校在共產黨掌權後都被迫停辦。此外委員會中的一些教師，在過往執教期間曾經與中國國民黨的中央或地方政權的教育部門合作。結果這個委員會推出的課綱，雖然迴避了政治史和近代史等敏感議題，但其基調還是與戰前一脈相承，仍是那種透過傳統文化反共的保守教育。這個委員會的各種提議，最終把主流的傳統文化教育轉化成白紙黑字的新課綱，並於1962年加以落

9   Luk, Bernard Hung-Kay (1991). "Chinese Culture in the Hong Kong Curriculum: Heritage and Colonialism," *Comparative Education Review*, 35(4):650-668.

10   Kan, Flora L.F. (2007). *Hong Kong's Chinese History Curriculum from 1945: Politics and Identity*. Hong Kong: Hong Kong University Press.

實[11]。香港嬰兒潮世代的學生時代，就是這樣浸淫在傳統文化的氛圍當中。

在1962年的新課綱落實後，香港大部份的學校都採用人人書局的《中國歷史》系列，作為中國歷史科的教科書。人人書局雖自稱不為任何政權背書，其政治立場卻顯然與中國國民黨比較親近：書局總經理的辦公室中掛著蔣介石的書法，上面寫著黨國意識濃厚的「親愛精誠」四字[12]。這套教科書的總編輯孫國棟，受業於傳統保守的史學大師錢穆，而錢穆本人亦有參與這套叢書的校訂。這本教科書裏面描述的中國，是在革命風潮席捲東亞大陸之前的王朝帝國：敘事者的取態，認為一連串先後主宰東亞大陸的帝國，彰顯「中華文化」最燦爛的光輝。這種敘事宣揚著一種保守的「文化中國論」，強調在東亞大陸先後執政的帝國，在以漢文化為中心的大一統體系中，承傳著文化上的道統、以及政治上的正統。雖然這套教科書既迴避政治史的議題、也略去辛亥革命以來的近代史，可是其潛台詞卻蘊含政治上的深意：中國共產黨因著背棄傳統文化，已經與中華文化的道統和正統斷裂，只能算是亂臣賊子的非法政權[13]。

11　朱維理（2016），〈香港的「中國」歷史意識：1960年代以來初中中國歷史教科書與社會論述的轉變〉，《思想》，第31期，頁97至131。

12　李寶怡，〈不為任何政權背書，我編輯了香港第一本中史教科書——專訪人人書局田文忠〉，《端傳媒》，2018年4月10日（https://theinitium.com/article/20180411-culture-historyeducationinhk2/）。

13　李玉梅（2005），〈六十至七十年代香港初中中國歷史教育：孫國棟編《中國歷史》教科書為研究個案〉，哲學碩士論文，香港中文大學。

　　錢穆這位被遷佔臺灣的中華民國流亡政權奉為上賓的史學大師，雖然未能在香港的課本上宣揚國民黨的三民主義，其保守文化主義的歷史論述和中華民國政權推廣的傳統中華文化教育，在意識形態上可謂別無二致。錢穆在1949年南渡香港後，隨即創辦新亞書院，期望能在香港發揚被共產黨摧殘的中華文明。這所大專學院有為數不少的學生，在畢業後到香港的中小學任教，並在課堂裏宣揚師長們的歷史觀。新亞書院其後於1963年，與聯合書院和崇基學院聯手創立香港中文大學。聯合書院和崇基學院，都是由中國原有的大專院校合併而成：這些院校在1949年後即受到北京政權的逼迫，不得不南遷香港。亦因如此，這兩間院校與新亞書院同樣抱有反共的文化中國論，使這種文化認同在香港教育體系中根深蒂固。

　　錢穆在創辦新亞書院後，曾提出理想的中國歷史教育，應該「限於學習東漢至清初這段時期」。他害怕學生「對較前的時期沒有清晰的概念與理解，便會有如在迷宮中迷失了一樣」，在近代史的迷霧中誤入中國共產黨的歧途，故此「不鼓勵學生去學習現代時期」[14]，以免學生在確立反共意識前，就接觸到受過革命思潮影響的近代史著述。新亞書院的老師們基於對傳統文化的信念，認為唯有建基於文化道統和政治正統的歷史書寫，方能使學生對中華文明有正確的理解。就如錢穆在新亞書院開幕典禮的演

14　摘引自：周愛靈（2010），《花果飄零：冷戰時期殖民地的新亞書院》，香港：商務印書館。

講中明言：

> **中國人應真正了解中國文化**，並要培養出自家能夠適用的建設人才……要替文化負責任，便要先把自己培養成為完人……在今日民主主義與極權主義鬥爭之下，**中國青年在思想上應有正確的認識，以免誤入歧途**，既誤其本身前途，亦遺害於國家民族以及世界和平[15]。

這種透過傳揚傳統文化、提升個人修養，藉此引導學生遠離共產意識形態的做法，也正中南來反共文人之口味。這些反共文人寄望可以在英國統治的香港，保存在中國受共產意識形態摧殘的正統文化，為未來中華文化的復興運動做好準備。新儒家學者唐君毅後來把同代反共文人的立場，歸納為「花果飄零」和「靈根自植」這兩大綱領[16]。所謂「花果飄零」，就是要認識到理想的「文化中國」，在中國赤化後已經與「政治中國」和「地理中國」無法相容。東亞大陸雖然山川壯麗、物產豐隆，可是如今已陷入共產黨的控制，已非中華文明能夠茁壯成長的地方。唐君毅指出「中共雖強而大，然其初以蘇俄為老大哥，欲繼馬列主義之宗祧……而今既已知反蘇，而仍不肯歸宗，回到中國自己之文化學

15　摘錄自：周愛靈 2010。

16　唐君毅（1974），〈花果飄零及靈根自植〉，《說中華民族之花果飄零》，臺北：三民書局。頁28至58。

術思想以立根」[17]。

亦因如此，唐君毅堅持年輕人對中國的愛，不能只停留在山河經驗這種物質層次，亦必須在形而上的精神層面了解中華文明的堂奧。他指出有些年輕人「只想那山河即等於中國，以認同於此山河，為認同中國」。不過唐君毅認為這「只是唯物的地理的觀點，不是歷史的觀點、文化生命的觀點」，勸勉年輕人對中華文明的熱情，必須要有更高的層次[18]。

唐君毅認為中華文明的基礎，並不在於「地理中國」的物質生活；他反倒採取明帝國理學「獨善其身」的進路[19]，意圖鼓勵年輕人通過「生命性情」的自我修練，堅振他們對中華文明的認同和自信心。他認為年輕人不應盲目追求外國的肯定，「以他人之認識之、承認之，為其自身之光榮」，警告這樣只會使自己淪為「他人之精神上的奴隸」。他們反倒要把自己視為中華文明的瑰寶，「自覺其理想而自信自守」，如此「即能真正認識其自己之存在、肯定承認其自己之存在，能自尊自重、自作主宰」。唐君毅認為「一人如此，則一人有自樹自立為頂天立地之人格；一民族之人皆如此，則一民族為頂天立地之民族」[20]。中國共產黨再是厲害，也不可能「使散居此各地區之中華兒女，皆對其文

---

17 〈花果飄零及靈根自植〉，《說中華民族之花果飄零》。頁40。

18 〈海外中國知識分子對當前時代之態度〉，《說中華民族之花果飄零》。頁98。

19 余英時（2004），〈明代理學與政治文化發微〉，《宋明理學與政治文化》，臺北：允晨文化。頁274至297。

20 〈花果飄零及靈根自植〉，《說中華民族之花果飄零》。頁55。

化忘本負恩」。如此包括香港人在內的海外華人，若能透過自我修養發熱發亮，就可以「形成一社會文化上的包圍圈，再形成一社會文化上之回流反哺的運動」，最終或許可以「促成大陸中之中國人民之『人』的覺醒」[21]。這樣身處香港的「中國人」，「無論其飄零何處，亦皆能自植靈根」，承擔「使中國之人文世界花繁葉茂」的大使命[22]。

這種意圖把香港當作「文化中國」復興基地的論述，隨著南來文人進駐香港各大專院校的杏壇，成為戰後各大專學院中文科系內的主流。戰後香港大專院校中文科系的第一批畢業生，其後有不少成為中文老師和歷史老師：他們拿著大學師長編寫的教材，在中小學的課堂中把「文化中國論」傳授予嬰兒潮世代。不過嬰兒潮世代在課堂接觸到的「文化中國論」，卻是一種自相矛盾的教導。這種教育一方面強調東亞大陸在共產黨統治下，已經徹底墮落並喪失人性，因此與承傳中華文明道統的香港截然不同。師長們會告誡同學，必須對現實中國的一切論述保持警惕，生怕共產主義的思潮令年輕人變得偏激：如此香港和中國之間，就被畫上一條楚河漢界。可是與此同時，嬰兒潮世代卻被告知異乎中國的香港，其實對中國背負著神聖的使命。這就像某些文藝青年老掉牙的講法：離開是為了再回來。香港如今與中國區隔，為的是要準備在遙遠的未來，把正統中華文明的薪火傳返東亞大陸。

21　〈海外中華兒女之發心〉，《說中華民族之花果飄零》。頁64。

22　〈花果飄零及靈根自植〉，《說中華民族之花果飄零》。頁58。

整個論述的邏輯就是：香港不是中國，因此香港的命運也離不開中國。

冷戰前沿栽培青年知識人

香港的嬰兒潮世代，絕大部份都是基層民眾的子女。他們的主要關注是在盡快畢業後拋下書包，在蓬勃發展的工業和服務業中找到工作，謀生之餘努力尋求向上社會流動的機會。可是隨著教育於戰後香港日趨普及，嬰兒潮世代中還是湧現了一批關注社會、文化、人生問題的青年知識人：他們雖然在同代人中只屬少數，卻因為比較有能力考上各大專院校，能在向上社會流動的過程得到更大的成就，從而比同代人擁有更多的影響力和話語權。縱使部份青年知識人因為大專教育尚未普及，而未能獲得大專學歷，可是他們若能在工作中與文字打交道（比如到報館或出版社工作，或是自行創辦雜誌），還是有機會能取得足夠的文化資本，並活躍於各種文化活動、社會運動或政治運動之中。故此這批嬰兒潮世代的知識階層，在1970年代末至1980年代初步入壯年時，能夠取得超乎比例的社會政治影響力。

這些青年知識人除了在課堂用心學習，從而受到師長的「文化中國論」薰陶之外，也會自行閱覽課外讀物，藉此讓自己有更充實的知識。可是南來避秦的文人，直到1960年代中仍然主導著香港的文壇：在戰後初期，仍然只有少數香港作家能為本土文學孤軍作戰，此後香港自身的文學要待1960年代中才能夠開始蓬勃

發展[23]。雖然青年知識人的課外讀物，其立場和風格都與保守傳統的教科書大異其趣，可是支撐著這些課外知識的立場，依舊是非本土的廣義「文化中國論」。

隨著香港成為冷戰前沿的危城，西方陣營也以各種方法協助和動員反共的南來文人，藉此抗衡中國和海外親共文人的論述。美國雖然把統治東亞大陸的中華人民共和國視為對手，可是他們同樣認為在臺灣的中華民國流亡政權不堪信任：故此他們把文化反共活動的重心放在香港，寄望能把南來文人培植成國共兩黨以外的親美第三勢力。美國新聞處透過亞洲基金會的名義，統籌香港的反共文化戰線，資助生活困難的南來文人撰寫批評共產主義的文學作品。除此以外，他們也在幕後支持亞洲出版社、友聯出版社、今日世界出版社和自由出版社的運作，讓他們出版各種反共書刊。在1950年代，香港文壇出現一批反共的文學作品，並成為當年香港文學的主流。當中最經典的著作，首推張愛玲的《秧歌》和《赤地之戀》。不過由於撰寫這些作品的文人，必須配合資助人的各種要求，比如要以說教的方式批評共產主義，為這些作品的文學水平帶來局限。文壇開始把這些作品謔稱為「綠背文學」，嘲諷反共文人在收取綠澄澄的美鈔後，卻寫不出任何有水平的作品[24]。

23　陳智德（2019），〈導論一：本土及其背面〉，《根著我城：戰後至2000年代的香港文學》，新北：聯經出版。

24　趙稀方（2006），〈五十年代的美元文化與香港小說〉，《二十一世紀》，2006年12月號，總98期，頁87至96。

　　不過亞洲基金會在青年工作方面，卻取得更為重大的成就。他們在1952年資助友聯出版社出版《中國學生周報》，藉此向海外華人青年傳播反共思想。這份刊物深受香港嬰兒潮世代歡迎，成為青年知識人的主要課餘讀物[25]。雖然香港的親共文人隨後推出《青年樂園》以作抗衡，可是這份學生刊物走的是通俗路線，對青年知識人的影響亦比不上《中國學生周報》[26]。

　　與宣揚保守傳統文化的學校課綱相比，《中國學生周報》編輯的立場比較進步開明。他們歌頌新文化運動，認為必須透過民主和科學革新中國文化，又認為五四運動是愛國的典範。這份學生刊物的文學風格，則奉白話文運動後的新文學為圭臬。他們認為「『五四』以來，中國學生對於國家確已貢獻了不少的力量；曾以高度的熱情、天真的嚮往、純潔的動機，力求國家的復興」。只可惜這場爭取改革的社會運動，卻不幸「被野心政客利用作政治工具」：他們暗示共產黨扭曲五四運動和新文化運動的精神，藉此引入布爾什維克（Bolsheviks）的國家主義，使這個愛國的改革運動誤入歧途，「間接地助長了中國的苦難」。共產黨濫用新文化運動對傳統文化的批判，在執掌政權後使中國文化「遭受到徹底的破壞」。亦因如此，《中國學生周報》的編輯希望在汲取歷史教訓後，於香港等海外華人社會重新啟動新文化運動。他們之所以

25　傅葆石（2019），〈文化冷戰在香港：《中國學生周報》與亞洲基金會，1950-1970（下）〉，《二十一世紀》，2019年8月號，總174期，頁67至82。

26　梁慕嫻（2018），〈我所知道的《青年樂園》〉，《明報月刊》，2018年5月號。

要創立這份學生刊物，是為了「再接再勵，對時代負起責任」[27]。

《中國學生周報》自創刊以來，即強調要在包括香港在內的海外華人社會，承傳五四運動和新文化運動的精神。他們高舉自由和民主的價值，鼓勵年輕讀者從事自由的文藝創作，並積極培育新世代關愛中國的情懷[28]。不過這份刊物的編輯群雖然高舉自由民主的價值，卻把討論的焦點放在「文化中國」之上，並不願意多談香港本土的社會政治問題。雖然香港當時的殖民地制度，顯然與自由民主的理想頗有一段落差，可是《中國學生周報》卻未有因此批評香港政府。他們在討論本土社會問題時，反倒會不斷強調理性和秩序，而不會關心自由、民主和公義的問題。《中國學生周報》關心的，是「文化中國」的自由民主和文藝復興，而香港等海外華人社會則是達成這個目標的復興基地；因此他們擔心若過份批判香港的建制，只會損害這個復興基地的社會秩序，從而使中國共產黨漁人得利[29]。

為求在香港推動新文化運動，《中國學生周報》鼓勵學生讀者投稿。他們認為作為新文化運動核心的新文學，雖然「在中國已有三十餘年的歷史了，可是奇怪得很，新文學之風對於香港

---

27 〈負起時代責任〉，《中國學生周報》，創刊號，1952年7月25日。

28 本章關於《中國學生周報》的討論，主要引申自這篇論文：吳兆剛（2007），〈五十年代《中國學生周報》文藝版研究〉，哲學碩士論文，香港嶺南大學。

29 葉蔭聰（1997），〈「本地人」從哪裏來？從《中國學生周報》看六十年代的香港想像〉，羅永生編，《誰的城市：戰後香港的公民文化與政治論述》，香港：牛津大學出版社。頁13至38。

的同學們似乎始終有著一層隔膜」[30]：為了促進香港學生的文學風氣，他們也不惜工本向投稿者發放獎學金。除了正式的專欄投稿外，《中國學生周報》亦設有讀者信箱，讓年輕人與編輯抒發己見。編輯在仔細閱讀投稿與來信後，會積極回應學生讀者的提問，嘗試擔當青年導師的角色。這種安排使學生讀者與《中國學生周報》的編輯之間，形成一種類似社群的關係，使這份學生刊物擔演類似社交網絡群組角色。

《中國學生周報》編輯群在解答學生的提問時，除了以過來人的身份解答人生上的疑難，也不忘對年輕人進行「政治教育」。比如在其中一篇關於戀愛問題的回覆中，負責回答的編輯提到自己「是一個戀愛至上主義者，為愛，連生命包括在內，一切都可以犧牲」。可是其後他筆鋒一轉，主張「有一樣卻萬萬不能犧牲的……就是國家」，把戀愛觀與國家認同的問題捆綁在一起。他甚至突兀地主張「一個忘掉祖國的喪心病狂者，是不值得你愛他的」[31]。

而每一期《中國學生周報》都會刊登的〈學壇〉，則是編輯群宣示立場的專欄，與一般報章的社評頗為近似。編輯群自然也會利用這個欄目，對讀者灌輸愛國思想：比如在10月10日中華民國國慶日前後，該欄目都會提醒讀者毋忘辛亥革命，以及中國自此之後幾十年的奮鬥。比如在1960年中華民國國慶日出版的〈學

30　〈邁向新文學的坦途〉，《中國學生周報》，第八期，1952年9月12日。

31　大孩子，〈再度結束戀愛的論戰〉，《中國學生周報》，第53期，1953年7月31日。

壇〉，編輯感嘆嬰兒潮世代「對於國慶似乎並沒有很親切的感情」，可是他仍然呼籲讀者「試行閉上眼睛，回想當年孫中山先生和許多先烈的偉大奮鬥」，希望他們縱使「不擁護現狀之下的政府」、仍然可以「熱愛中華民國」[32]。除此以外編輯群亦會撰寫專欄文章，表達他們對中國前景的盼望。而他們的政治取態，則寄望能透過溫和理性的手段，達成改革中國的目標。他們既承認自己「缺乏『反叛性』」、「認為社會改革是漸進的而非革命的」，主張兼顧「濃重的『理想性』與『責任感』」的中庸之道，勸喻讀者「要愛國家、愛人類、要對國家民族和人類盡責」[33]。

《中國學生周報》鼓勵學生為自由民主的中國奮鬥，可是他們卻堅決反對採取基進的手段，也認為維持香港社會穩定是必要的前提。也就是說，《中國學生周報》不太鼓勵年輕人參與社會運動、或採取政治行動。他們認為建設中國的最好方法，是要承傳中國文化美好動人的一面，以文藝復興作為救國的手段。他們鼓勵年輕人「喜歡中國文學，在中國文學作品的薰陶中承接過去的民族大生命，開啟未來的民族大生命」[34]。《中國學生周報》與抱持傳統立場的唐君毅一樣，都勸喻年輕人必須對「文化中國」抱有自信，不宜盲目追隨外國的風潮。關於「中國的月亮圓，還是外國月亮圓的問題」，他們「認為民族的特點和風格，都是文學的靈魂和土壤……土色土香才有活潑的生命力」。若然文學

32　〈學壇：慶祝雙十國慶〉，《中國學生周報》，第430期，1960年10月10日。

33　胡菊人，〈本報的基本精神〉，《中國學生周報》，第523期，1962年7月27日。

34　〈學壇：為什麼該懂中國文學〉，《中國學生周報》，第246期，1957年4月5日。

作品未能保留中國的風味,當中的人物就會變得像個「陰陽怪氣的假洋鬼子」,使其藝術水平大打折扣[35]。編輯群以這種文藝論述規勸嬰兒潮世代的香港年輕人,呼籲他們不要因為生於殖民地而「崇洋」,反倒必須以「文化中國」為安身立命之所。

與讀者的緊密互動,使閱讀《中國學生周報》的嬰兒潮世代知識青年,逐漸形成一個關懷「文化中國」的文藝社群。不論是學校的保守傳統教育,還是來自課外讀物的自由主義啟蒙,其焦點都集中在「文化中國」的重建:兩者雖有保守開明之分,可是他們關心的都是同一個虛擬的國度。當嬰兒潮世代開始踏入少年期,他們就從《中國學生周報》的「虛擬社群」獲得啟發,開始自行成立發表、分享、評論文學創作的社群。香港在 1960 年代初,開始出現組織文社的風潮。在 1962 年的高峰期,全香港大約有 200 個活躍的文社。這些文社都受到《中國學生周報》的影響,其成員的文學創作都在模仿新文化運動期間的文風,亦景仰五四運動參與者的愛國精神:他們對本土流行文化的「庸俗」深痛惡絕,因此想要透過自發文藝創作承傳中國新文學,藉此與「低俗」的主流文化抗衡。這個文社風潮到 1970 年代逐漸式微,可是這時嬰兒潮世代的知識人,已陸續開始在大專院校的校園生活,有不少甚至成為學生運動的活躍成員[36]。而此時部份文社也不在把焦點放

35　秋貞理,〈關於「保存中國文化」問題〉,《中國學生周報》,第 447 期,1961 年 2 月 10 日。

36　Chan, Siu Han (2018). "Chinese Nationality and Coloniality of Hong Kong Student Movement, 1960-1970s," *Asian Journal of Social Science*, 46:330-358.

在文藝創作之上，逐漸轉型為社會運動組織[37]。

從文藝青年到社運青年

這些活躍於課外文藝活動的嬰兒潮世代，於 1960 年代中起，焦點從文藝創作轉移到社會運動之上。他們雖然從文藝青年逐漸轉型為社運青年，可是他們背後的終極關懷，仍舊與「文化中國」息息相關。不論是《中國學生周報》還是後來的文社運動，對五四運動和新文化運動的時代同樣充滿著憧憬：簡要而言，他們認為不論是五四運動的愛國抗爭、還是新文化運動想要革新中國的努力，同樣都承傳著中國國族主義的道統。當嬰兒潮世代開始從中學畢業，正式成為在大專院校深造的知識人，他們就開始想把對「文化中國」的關懷付諸實踐。

《中國學生周報》的編輯群始終對五四運動讚譽有加。他們會質問「為什麼不能鼓起勇氣重新掀起一個新的五四運動」[38]，認為年輕世代展現「中華民族還有充沛的活力」，並期盼「二十世紀六十年代的中國青年同學們，必能繼承五四精神、堅持民主理念」[39]。雖然在 1960 年代正式來臨時，《中國學生周報》的編輯都主張溫和理性的立場，不鼓勵年輕人採取激烈的行動。可是這時

---

37 吳美筠（2020），〈青年文社熱潮與文學發展〉，黃淑嫻編，《香港‧1960 年代》，臺北：文訊雜誌社。頁 82 至 83。

38 〈學壇：要把五四復活〉，《中國學生周報》，第 41 期，1953 年 5 月 1 日。

39 〈學壇：五四與當代青年〉，《中國學生周報》，第 94 期，1954 年 5 月 7 日。

候嬰兒潮世代已經逐漸踏入反叛期：他們知道五四運動在歷史上曾掀起相當激烈的抗爭，如今也準備效法當年愛國青年的所作所為。

在 1960 年代中，嬰兒潮世代當中關心社會的知識人，開始覺得在學校弘揚中華保守傳統的師長、以及《中國學生周報》青年導師，都是思想的巨人、行動的侏儒。他們認為老師和導師們光說不練、言行不一，從而滋生抗叛的心態，決定用自己的方法促成中國的復興、並同時介入香港社會的問題。然而前輩們關於「文化中國」的教導，卻已內化成嬰兒潮世代社會運動的精神。他們的政見也許與前輩們漸行漸遠，可是對中國未來前途的終極關懷、以至五四運動和新文化運動的道統，卻始終貫徹在他們的抗爭論述。嬰兒潮世代在大專校園發起抗爭時，會堅持「五四運動同時也是學生運動，而民族自覺與香港學生運動又是相輔而生的」[40]。

即使他們想要聲討的是香港本土的社會不公，比如是加價風潮和艇戶遭遇的不公待遇，嬰兒潮世代的抗爭者會把這種本土關懷，與五四運動的精神串連起來。他們宣稱「如果我們還有著五四的血統，我們應該在這醜惡的面前清醒」[41]。當年輕教師在 1973 年發起爭取教育行業的合理待遇的抗爭時，他們還是會

40　袁燦輝編（1977），〈「五四週」展覽資料小輯〉，《五四運動六十周年紀念論文集》，香港：香港大學中文學會。

41　〈五四專輯序言——做一個新時代的五四人〉，《中大學生報》，第11卷第三期，總87期，1979年5月。

向傳媒高言五四精神的大志。他們宣稱「五四為中國學生之醒覺時期，向不合理事情挑戰。現今之教師運動亦為教師之醒覺時期」[42]。如此的立場宣示，彷彿在承認爭取合理待遇的工業行動（Industrial action），若不與五四運動以來的中國國族主義道統串連起來，就沒有自足的實踐意義。

上述種種言論，足證嬰兒潮世代當中活躍於社會運動的人士，雖然對師長的教導有所批判，可是他們仍然承傳著前輩們的「文化中國」觀念。他們都自覺地承傳中華文明的文化血緣身份，又以各種方法嘗試落實復興中國使命。對於關心社會的嬰兒潮世代知識人來說，這種認同和實踐塑造著他們的**年齡群組差異**，並成為他們**世代堅持**的一部份。

不論是學校課程的保守傳統文化觀、還是在課外讀物常見的文化自由主義，都使關心社會文化議題的嬰兒潮世代知識人，把自己視為「活在香港的中國人」。可是前輩們面對香港和中國的局面，除了鼓勵嬰兒潮世代認識和關懷，卻未能提出任何能帶來實際改變的方案。他們只希望嬰兒潮世代能認識中國文化，然後嘗試以文藝創作介入社會。然而他們也異常強調理性和秩序，不肯鼓勵年輕人透過直接行動改變社會：他們只把香港當作復興中華文化的海外基地，深怕對本土社會問題的介入和批判，將會損害這個在冷戰前沿的復興基地。保守的師長也害怕年輕人血氣方

---

42 〈教師爭取合理薪酬運動 與五四運動精神如出一轍〉，《華僑日報》，1973 年 4 月 24 日。

剛，容易受到偏激的意識形態蒙蔽，因而勸喻他們與現實的「政治中國」保持距離。對於嬰兒潮世代來說，前輩們的教導顯然是互相矛盾的：既然前輩們已經激起他們對「文化中國」的使命感，如今他們正要踏入壯年、不再是懵懂的青澀少年，就覺得是時候要通過實際的行動，證明自己是「堂堂正正的中國人」。

就在這個時候，不論是香港的社會形態、還是國際社會的天下大勢，都已不再是戰後初期的那種模樣。香港的社會經濟在戰後急速發展，可是到1960年代卻陷入中等收入國家的典型困局：香港人的生活水平已有一定的改善，卻因此對生活有更大的期待。傳媒和教育的普及，使他們對社會的狀況有一定的認知，對分配不均、社會不公的狀況日益敏感[43]：特別是當時香港殖民地制度，仍然具有威權政治和種族歧視的色彩。如此社會的不滿亦與日俱增，越來越接近爆發的臨界點。

中華人民共和國成立以來，雖然經歷過各種慘絕人寰的社會動盪，可是他們對東亞大陸的統治卻日益穩固，甚至成為與美國和蘇聯鼎足而立的世界強權。反共人士重返東亞大陸光復中華文明的期望，也淪為可望不可即的遙遠夢想。中國共產黨的對外宣傳，也能有效掩飾國內的問題，並把自己包裝成第三世界反殖民運動的先驅。西方國家的左翼知識人，有不少都對共產黨的宣傳信以為真，使對共產中國的關注成為國際學界的風潮。

43　Huntington, Samuel P. (1968). *Political Order in Changing Societies*. New Haven, CT: Yale University Press. p.471.

　　當嬰兒潮世代的知識青年步入大專校園，就發現他們要面對的社會，早已超越師長和導師們的理解。他們仍然抱持著復興「文化中國」的大使命，可是他們的使命感，卻使他們不得不正視香港社會的問題、以及面對已經改換形象的現實中國。只要他們還是關心社會、追尋知識的一群，就不得不與他們的前輩們說再見，成為火紅歲月裏的叛逆世代。

「新中國」這顆「天外救星」

　　香港在1950年代過後展開急促都市化和工業化的過程，並於1960年代進入急速的成長期。根據國際銀行的數據、並按現時的美元價值計算，香港的人均國民生產總值在1961年為437元、到1971年則增長至1,106元，在10年間增加了150%。香港在1971年的人均國民生產總值，大約等於日本在1966年的水平[1]、也大概是英國在1950年代的水平[2]。也就是說，香港於1960年代已經晉升中等收入國家的行列。

　　可是此時香港殖民地制度的架構，卻無法應付中等收入工業社會的需求。英國在1841年開始管治時，就把香港設定為自由港，期望這個商埠可以成為英國發展東亞貿易的據點。殖民地政府從未預計會有太多人會選擇在香港定居：他們認為這畢竟只是個做生意的地方，其華洋居民都是為從商或工作而暫時居留，總

---

[1]　按照現今的美元價值計算，日本於1966年的國民生產總值為1,069美元。

[2]　世界銀行的數據只能追溯到1960年。按照現今的美元價值計算，英國於該年的國民生產總值為1,398美元。這一段引用的數據，都摘引自世界銀行的公開數據網站（https://data.worldbank.org）。

有一日會返回自己的家鄉。亦因如此，殖民地政府未有制定嚴謹的社會福利政策，只會間接地扶持民間團體和宗教組織的救濟工作。殖民地政府顯然低估了香港人對這個殖民地的認同：在英國開始管治香港後不久，已經開始有清帝國移民把香港視為定居之所，而定居者佔人口的比率其後亦與日俱增[3]。不過由於香港在戰前仍然有比較多的流動人口，而定居者因為能享有東亞大陸難見的安穩，也對政府的服務未有太大的期望，使香港的殖民地官僚抱著多一事不如少一事的態度，未有為社會未來的潛在問題超前部署[4]。

可是隨著國共內戰在太平洋戰爭結束後再度爆發，大批逃避戰亂和政治迫害的難民紛紛逃亡香港：他們大多來自鄰近香港的嶺南，不過也有少部份像南來文人和上海工業家那樣，來自與香港關係較疏離的地區。根據聯合國的估算，在1945年9月至1949年12月之間，有128萬人遷居香港：英國在戰後恢復對香港行使主權時，香港的人口大約只有60萬。雖然這128萬人中，有部份是在日本佔領期間被迫離開的民眾，可是當中大部份都是首次抵達香港的移民。香港人口在1950年超越200萬的關口，到1961年香港進行戰後首次人口普查時，香港人口更增長至逾312萬人[5]。

3　Carroll, John (2007). *Edge of Empires: Chinese Elites and British Colonials in Hong Kong*. Hong Kong: Hong Kong University Press.

4　Tsang, Steve (2007). p.49.

5　Saw Swee-Hock and Wing Kin Chiu (1975). "Population Growth and Redistribution in Hong Kong, 1841-1975," *Southeast Asian Journal of Social Science*, 4 (1):123-131.

在1950年代增加的100萬人口，除了來自剛出生的嬰兒潮世代，也有一大批是因為共產黨施政失誤釀成饑荒，而被迫逃亡香港的難民[6]。急速增長的人口，為這片英國殖民地帶來沉重的社會壓力。

殖民地政府對這突然其來的人口增長，反應卻是相當遲鈍。當國民黨政權在國共內戰逐漸失勢時，英國情報部門的局勢評估，推斷東亞大陸將會回復過往地方政權林立的局面[7]。即使在中華人民共和國成立後，殖民地政府仍然期望中國會回復過往的日常，而在香港的難民也會一如既往，在局勢平穩後返回故鄉。根據這樣的判斷，署理布政司彭德（K.M.A. Barnett）在1950年論及香港寮屋問題時，便不近人情地主張「盡可能令那些新來者感到不舒服，從而誘導他們離開這個殖民地」[8]。

可是中華人民共和國其後卻穩固地延續下來。移居香港的民眾大多對這個政權沒有信心，於是決意在香港永久定居。香港政府到1950年代末，終於意識到過往的政策規劃出現問題，遂著手改善香港的社會政策[9]。可是香港的殖民地官僚，卻因為迷信不干

6　關於這場饑荒，參：楊繼繩（2008），《墓碑——中國六十年代大饑荒紀實》，香港：天地圖書；Dikötter, Frank (2010). *Mao's Great Famine: The History of China's Most Devastating Catastrophe, 1958-62*. London: Bloomsbury.

7　林孝庭著、黃中憲譯（2017），《意外的國度：蔣介石、美國、與近代台灣的形塑》，新北：遠足文化。頁104至106。

8　Hong Kong Public Records Office, HKRS 163/1/779, *Minute from Deputy Colonial Secretary*, 16th November 1950.

9　Mak, Chi-Kwan (2007). "The 'Problem of People': British Colonials, Cold War Powers, and the Chinese Refugees in Hong Kong, 1949-62," *Modern Asian Studies*, 41(6):1145-1181.

預政策而偏好小政府，不願意為社會福利改革預留更多的財政預算。香港政府自1950年代起，就因應人口急劇增長推動舉世無雙的公營房屋計劃，然而在醫療、教育和社會救助等範疇卻依然不孚眾望[10]。而香港向來也有實行間接管治的傳統：倫敦的殖民地部通常都會尊重港督在地的決策，港督雖是由倫敦派任，可是傳統上會尊重在地公務員的慣例，施政時亦會諮詢香港工商界精英的意見。工商界精英受惠於既有的低稅率政策，極其抗拒可能導致加稅的社會福利政策，也因此與迷信不干預政策的官僚聯手，一同反對設立全民社會保險制度[11]。

　　這樣香港民眾的各種社會需求，就必須仰賴本地慈善團體和國際援助組織提供。香港政府要待國際援助組織於1960年代，逐漸把資源轉移到更危急的國家時，才能夠說服官僚和權貴接受以公幣延續援助組織昔日展開的服務[12]。此時原先活躍於東亞大陸的基督宗教傳教組織，不論是公教的還是新教的，都被北京政權的宗教政策驅逐往香港。這些宗教團體既在理念上反對共產主義、又親歷過中國共產黨的迫害，使香港政府認為他們是足堪信賴的合作夥伴。各種基督宗教教派營運的社會組織，乃香港社會服務的主要提供者，其對教育的貢獻更是特別顯著：香港有接近

10　Scott, Ian (1989). *Poliical Change and the Crisis of Legitimacy in Hong Kong*. Honolulu: University of Hawaii Press. pp. 75-76.

11　顧汝德（Leo F. Goodstadt）著、顏思敏譯（2015），《富中之貧：香港社會矛盾的根源》，香港：天窗出版。頁226至227。

12　香港社會服務聯會（1987），《四十周年紀念特刊：1947-1987》，香港：香港社會服務聯會。

一半的中小學是由基督宗教的團體經營[13]。在大專教育方面，嶺南書院、浸會書院[14]、明愛教育服務部[15]，以及後來加盟香港中文大學的崇基學院，都是由基督宗教的團體籌辦。

香港政府在1950和1960年代，既不能提供民眾必須的社會服務，也無法維持社會的公平公正。香港工業的急速發展雖然為民眾帶來大量的工作機會，可是勞工的安全和權益卻未有受到法律的保障，而僱主剝削勞工的情況也是司空見慣：工業發展帶來的經濟收益，大部份都轉移到僱主的口袋中：香港的勞工生產力在1960至1967年上升了207%，可是同期的薪資增長卻只有71.5%。而當時香港的政策，既不鼓勵工人參與工會、也會殘酷鎮壓工業行動[16]。令情況雪上加霜的是，當時的主要工會都是國共兩黨在香港的外圍組織：他們關注的是海峽兩岸的政治鬥爭，而不是香港工人的勞工權益[17]。而最令民眾憤恨的，則是政府人員貪污腐敗的問題。由於殖民地的法律偏袒建制、又過份著重社會秩

13　Leung, Beatrice and Shun-hing Chan (2003). *Changing Church and State Relations in Hong Kong, 1950-2000*. Hong Kong: Hong Kong University Press. pp.23-46.

14　這兩家大專學院，後來先後升格為嶺南大學和浸會大學。

15　後來發展成明愛社區書院和明愛專上學院，後者正準備升格為聖方濟各大學。

16　Owen, Nicholas C. (1971). "Economic Policy in Hong Kong," in Keith Hopkins (ed), *Hong Kong: The Industrial Colony: A Political, Social and Economic Survey*. Hong Kong: Oxford University Press. pp. 141-260.

17　潘文瀚、黃靜文、陳曙峰、陳敬慈、蒙兆達（2012），《團結不折彎：香港獨立工運尋索40年》，香港：進一步多媒體。

序，使執法人員能夠擁有不受限制之權力[18]：既然體制上並無讓民眾申訴的機制，公職人員的權力也就缺乏制衡，使他們能夠編造各種理由向民眾苛索賄款。香港警察的貪污腐敗更是令民眾怨聲載道：他們經常恐嚇要拘捕民眾、或是要向民眾開罰單，藉此索取金錢報酬。路上的流動小販和職業司機，則經常遭受警員針對，大大損害了他們的生計。而警隊高層則貪贓枉法，在收取贓款後與黑幫份子互相勾結，包庇涉及色情、賭博和毒品的各種不法活動。警黑勾結使社會治安急速敗壞，並危害到民眾的日常安全[19]。

　　嬰兒潮世代成長期間的社會環境，充斥著上述種種的矛盾和不公義。雖然與大部份東亞國家相比，戰後香港社會相對太平、經濟也持續穩定發展：與經歷過動盪不安的第一代香港人相比，嬰兒潮世代的生活水平無疑已獲得根本上的改善。可是嬰兒潮世代既受過完整的近代教育，亦有機會閱覽各種立場的報章雜誌。他們比上一代見多識廣，亦因而對社會進步有一定的期望。有期望就會有失望，為嬰兒潮世代帶來前輩欠缺的相對剝奪感，使他們無法像戰前世代那樣相信沉默是金[20]。隨著嬰兒潮世代逐漸步入青少年的反叛期，部份關心社會的年輕人，也按捺不住怒火而

18　Wong, Max W.L. (2011). "Social Control and Political Order: Decolonisation and the Use of Emergency Regulation in Hong Kong," *Hong Kong Law Journal*, 41(2):449-480.

19　葉健民（2014），《靜默革命：香港廉政百年共業》，香港：中華書局。頁55至65。

20　Huntington 1968, p.471.

走上街頭。

苦尋出路的抗爭世代

香港在 1960 年代中迎來公共服務加價潮，使升斗市民的日常生活百上加斤。天星小輪在 1965 年 11 月，向交通諮詢委員會申請加價，在民間惹起極大的爭議。天星小輪提供的渡輪服務，連接中環和尖沙咀這兩個處於香港島和九龍半島的商業中心。尖沙咀天星碼頭旁邊，則是九廣鐵路的火車總站，並設有九龍其中一個主要的公車總站。在地鐵尚未興建的年代，天星小輪乃白領勞工每天乘搭的交通工具。民眾普遍反對天星小輪申請加價，也擔心交通諮詢委員會若然批准這次申請，將會使公共服務加價潮進一步惡化。民間很快就發起反對天星小輪加價的簽名運動，並成功蒐集到逾兩萬名民眾的簽名。

可是交通諮詢委員會卻未有採納民意，於 1966 年 3 月批准天星小輪的申請。天星小輪頭等艙的單程票價從港幣兩毫增加至兩毫五仙、而成人月票的價格則從 8 元加至 12 元：不過二等艙的單程票價仍然維持在港幣一毫。雖然這次加幅並未有影響搭乘二等艙的普羅大眾，可是交通諮詢委員會漠視民意的傲慢態度，還是令民眾感到氣憤難平：委員會內的成員以權貴為主，並沒有來自民間的代表，當中的決策過程既是黑箱作業、也對民間疾苦漠不關心。

在 1966 年 4 月 4 日，25 歲青年蘇守忠在中環天星碼頭靜坐絕

食，抗議天星小輪罔顧民意加價的作為。當時他身穿的外套，以中文和英文寫上「反加價潮」和「要求民主」的口號。大批年輕支持者紛紛來到現場集會，聲援蘇守忠的絕食抗爭。警察於4月5日到場拘捕蘇守忠後，聲援抗爭的盧麒率領在場民眾搭乘小輪渡海，再沿彌敦道遊行抗議。其後抗爭者與警察在九龍各區爆發警民衝突，發展成持續五日的騷動，市面要到4月9日才逐漸回復平靜。這次衝突釀成1死26傷，並有1,465名抗爭者被捕。這次警民衝突其後被稱為「天星小輪加價事件」或「1966年九龍騷動」[21]。在4月5日發起遊行的盧麒，其後屢被警察騷擾，甚至曾因被指「偷竊」而一度入獄。他於1967年3月23日於佐敦谷徙置區的住宅倒斃，警察在現場發現「遺書」，並斷定他上吊自殺。事實上盧麒的死乃是一宗懸案：比如他雖然被繩索纏頸，可是其雙腳卻從未離開過地面。我們無法得知警方是否故布疑陣，藉此毀滅刑求致死的證據[22]。

此時香港的殖民地體制，顯然已經無法洞察民情，並已經釀成社會不公的狀況。可惜不論是學校那些維護保守傳統的師長、還是扮演青年導師的「自由主義者」，都受制於以社會和諧為圭臬的秩序情結。譬如《中國學生周報》雖然秉持反對加價的立場[23]，

21　Lam, Wai-man (2004). *Understanding the Political Culture of Hong Kong: The Paradox of Activism and Depoliticization*. New York: M.E. Sharpe. pp.116-120.

22　關於盧麒的生平，以及他離奇死亡前各種蛛絲馬跡，請參考香港文學家黃碧雲自昔日報章報導拼貼／整理出來的「非虛構小說」：黃碧雲（1961-）（2018），《盧麒之死》，臺北：大田出版。

23　少銘，〈就「九龍事件」向當局進言〉，《中國學生周報》，第718期，1966年4

可是卻不同意嬰兒潮世代的年輕人上街抗議。他們堅持「反對一切類似的暴亂和騷動事件，因為他破壞了社會的安寧」。即使制度不義、社會不公，他們真正要堅持的是「社會安寧、社會安寧、第三個還是社會安寧」，認為穩定壓倒一切是必須的前提[24]。

那些關心社會的嬰兒潮世代，既然未能從前輩那邊得到想要的支持，就只得從其他地方尋找思想資源。學校那些堅持傳統文化的師長，深受儒家倫理的秩序情結影響，也自然不會為社會公義的問題帶來什麼啟示[25]。不過《中國學生周報》的前輩們，畢竟算是國共兩黨以外的第三勢力：嬰兒潮世代若沿著這條思想線索，或許能從臺灣的第三勢力那邊得到啟示。

雷震和殷海光原為中國國民黨內部的自由派，在國共內戰時曾採取「擁蔣反共」的立場。可是到1950年代初期，蔣介石遷佔臺灣的中華民國政權站穩陣腳後，他即與國民黨內部的自由派疏遠，並開始整肅黨內非直屬的派系。蔣介石在1960年透過國民大會修改《動員戡亂時期臨時條款》，繞過《中華民國憲法》的任期限制第三次當選總統，更使自由派全面與中華民國流亡政權決裂。身處臺灣的自由派在《自由中國》雜誌批判時局，並主張在國共兩黨的框架外建立自由民主的制度。雷震在1960年將理想付

月22日；〈學壇：方興未艾反加價運動〉，《中國學生周報》，第719期，1966年4月29日。

24　〈學壇：一齊為了社會安定〉，《中國學生周報》，第717期，1966年4月15日。

25　參：張德勝（1989），《儒家倫理與秩序情結——中國思想的社會學詮釋》，臺北：巨流圖書。

諸行動，先是與在臺灣和香港自由派人物聯署反對蔣介石連任總統，其後又計劃籌辦中國民主黨：雷震雖然是來自中國的移民，可是他很早就察覺到民主必須與本土有所連結，故此不惜觸犯自國民黨政權遷佔臺灣以來的禁忌，積極與臺灣本土派政治人物串連。有名的自由主義學者殷海光，則答允擔任中國民主黨的顧問。堅持一黨專政的蔣介石自然不會容忍反對黨的出現：雷震最終被軍事法庭以「包庇匪諜、煽動叛亂」的罪名，遭判處十年的刑期；殷海光以後亦受到國民黨政權的監視，並在政治干預下失去在國立臺灣大學的教席，到晚年甚至遭到當局軟禁；《自由中國》則於1960年9月被中華民國流亡政權查禁[26]。

　　活躍於1960年代的歷史學者許冠三，曾先後於香港浸會書院和香港中文大學任教，也與殷海光素有交情。他在1986年編纂《新史學九十年：1900—》一書時，為近代中國的歷史學家分門別派，並特意替自己和殷海光「自立門戶」為「史建學派」[27]。他於工餘時間出版《人物與思想》雜誌，向香港讀者引介自由主義的思想，並開辦名為「自由大學」的讀書會[28]，與嬰兒潮世代的學生一起研讀自由主義的經典著作：那當然少不了殷海光等人的著述。這個讀書會裏面比較知名的成員，包括何俊仁和麥海華，他們在升讀大學後積極參與學生運動，並於1980年代投身社會運動，

26　吳乃德（2013），《百年追求：臺灣民主運動的故事・卷二：自由的挫敗》，新北：衛城出版；薛化元（2020），《民主的浪漫之路：雷震傳》，臺北：遠流出版。

27　許冠三（1986），《新史學九十年：1900—》，香港：中文大學出版社。

28　何俊仁（2010），《謙卑的奮鬥》，香港：香港大學出版社。頁8至11。

成為民主黨和支聯會[29]的活躍成員。他們在1970年代曾組織名為「民主自由派」的非主流學運派系，並與社會派締結反對國粹派的聯盟[30]。

珠海書院在1969年爆發的學潮，乃嬰兒潮世代受臺灣自由主義啟發的案例。這間私立大專院校原為設址廣州的私立珠海大學，並於中國赤化後遷到香港。由於這所院校的創辦人皆為粵系的國民黨人，所以縱使該校未能在香港以大學的名義營運，其學位仍能獲得臺灣的中華民國流亡政權承認。而這家大專院校的營運，亦與當時臺灣的大學如出一轍：珠海書院採取中華民國流亡政權的黨國標準監控學生言論，對學生的操控遠比香港其他大專院校嚴厲[31]。在1960年代，該校非但沒有由選舉產生的學生組織，而且除卻《社教之聲》投稿欄外，校內刊物都不容許學生自由投稿。1969年5月，部份珠海學生的學生想於《社教之聲》投書〈一

29　香港市民支援愛國民主運動聯合會的簡稱。該組織於1989年成立，原先是要支援北京的天安門學運。他們在天安門學運遭殘酷鎮壓後，除了支援日趨式微的中國民主運動，亦會定期悼念1989年6月4日的大屠殺。這些悼念活動，對香港民主運動的發展影響深遠。我們將會在第七和第十章詳細討論。

30　麥海華、劉麗凝（2015），〈民主自由派‧反國粹大聯盟‧香港前途問題〉，《思想香港》，第8期。

31　珠海書院後來更名為珠海學院。可是諷刺的是，這座原本親國民黨的院校於2010年代中被中國企業收購後，就瞬即與中國共產黨親近。這間院校的新聞系本來頗具盛名，可是隨着親共份子逐漸主導教務，其教育質素也如江河日下。珠海學院非但未能如願升格為珠海大學，更因名聲敗壞而面臨收生不足的危機。參：林奧莉，〈海外升學急增加劇自資學士學位過剩　3間院校收生不足100人〉，《香港01》，2022年4月4日（https://www.hk01.com/article/742704）。

個典型的知識份子——殷海光〉等四篇文章，藉此為於軟禁期間病危的殷海光抱打不平[32]。可是珠海書院校方卻突然干預《社教之聲》的運作，禁止學生編輯刊登此文，為此編輯決定於刊物「開天窗」抗議。

此時珠海書院的學生，剛好正在爭取成立由自由選舉產生的學生會。可是校方堅持反對通過直接選舉選出學生會會長，堅持會長一直必須透過70至80名「學生代表」間接選出。深受自由主義影響的數學系學生吳仲賢仗義執言，以「伊雲」為筆名自稱為珠海書院畢業生，在校外刊物《大學生活》發表題為〈從夢想到絕望〉一文，抨擊校方威權治校的劣跡。面對學生接二連三的挑戰，惱羞成怒的校方決定秋後算帳，在同年8月底要求12位學生退學，當中包括吳仲賢和決定「開天窗」的《社教之聲》學生編委。雖然吳仲賢為保護同學，想要獨力承擔在《大學生活》抨擊校方的責任，可是教務處卻認為其他同學同情吳仲賢，就是觸犯校方對學生紀律的底線，因而拒絕收回成命[33]。

香港專上學生聯會[34]其後介入聲援，並於9月13日在珠海書院門外靜坐集會，使「珠海事件」發展為整個香港大專學界的大規模抗爭。最終珠海書院校方礙於公眾壓力，開始對被開除的學

32　當時殷海光不幸罹患胃癌，於同年9月16日逝世。

33　羅永生、劉麗凝（2015），〈「珠海事件」：由一篇悼念殷海光文章而起的香港學生運動〉，《思想香港》，第8期。

34　專上學生聯會於1958年成立，是由大專院校學生會組成的聯校平台。簡稱「學聯」。

生稍作讓步：校方承諾只要該12位同學願意簽署悔過書，就可以重新取得學籍。此時部份同學開始膽怯退縮，決定顧全學業而向校方認錯，其他不願讓步的同學則只能黯然退學。這次學生運動雖然曾有一定的聲勢，可是如今卻因為部份當事人未敢堅持，只得在未竟全功的情況下落幕[35]。

　　不過在「珠海事件」之後，第三勢力的自由主義對嬰兒潮世代的學生運動，再也未能帶來重大的影響。位處臺灣的所謂「自由中國」，早已無法勾起嬰兒潮世代對「文化中國」的想像：畢竟「自由中國」就如「神聖羅馬帝國」那樣，毫不自由、亦非中國，只是中華民國流亡政權自吹自擂的說辭。國際社會在1960年代，已不再把中華民國流亡政權當成中國的代表。即使國民黨政權如何扭曲教育政策，透過洗腦教育向臺灣人灌輸基於「三民主義」的中國認同，臺灣終究是個異乎中國的島嶼社會。而當時臺灣國內和海外的本土政治思潮，對於深受「文化中國論」影響的香港年輕世代來說則相對陌生。此時中國共產黨的中華人民共和國，已被國際社會視為中國的當然代表。由於香港與這個國家只有一河之隔，嬰兒潮世代對共產中國崛起的現實自是一目了然。

　　香港在1967年的局勢，亦曾遭遇來自共產中國的衝擊。執掌北京政權的毛澤東，認為黨國官僚有意阻撓其鴻圖大計，遂於1966年煽動群眾「炮打司令部」、讓他們發動暴亂從官僚手上「奪

35　香港專上學生聯會（1983），《香港學生運動回顧》，香港：廣角鏡出版社。頁18至19。

權」，引發所謂的「無產階級文化大革命」。中國各地的群眾都躍躍欲試，想要追隨「偉大舵手」的「最高指示」，以各種手段替毛澤東奪取各級機關的主導權；而共產黨潛伏在香港的地下黨員，亦同樣因為這股狂潮而蠢蠢欲動。澳門的地下黨在1966年12月3日發起暴動，成功迫使葡萄牙殖民政府讓步，驅逐當地的國民黨勢力，又答應在決策前諮詢親共團體的意見。雖然葡萄牙的殖民地統治此後一直延續到1999年，可是里斯本已決定對澳門採取放棄態度，容讓這片殖民地淪為與共產黨共治的「半解放區」[36]。此後香港地下黨就想按圖索驥，趁機挑戰香港的殖民地政府。

在1967年4月，位處新蒲崗的香港人造花廠爆發勞資糾紛，而親共工會亦趁機介入並取得主導權。工潮其後蔓延至其他行業，其焦點亦從勞資糾紛轉化為對「英國帝國主義」的批判。他們在發起多場街頭抗爭後，於6月底發動罷工和罷市，可是因成效不如預期而惹來「欲『罷』不能」的訕笑。其後親共派的策略日趨激進，他們除了於香港各區發動無差別的恐怖襲擊，還恐嚇或殺害意見不合的社會人士。深圳河以北的民兵亦受其激勵，於7月8日越過邊界入侵沙頭角，5名香港警員則在其後的槍戰中遇害[37]。由於親共份子的作為已經危及普羅大眾的人身安全，即使是

---

36 葡萄牙在1974年爆發康乃馨革命，其後成立的新政府決定放棄旗下所有殖民地。不過由於北京政權方面的堅持，里斯本只得不情願地延續對澳門的統治。最終葡萄牙與北京政權在1987年簽署《聯合聲明》，決議於1999年12月20日把澳門的管治權交予中國。

37 張家偉（2012），《六七暴動：香港戰後歷史的分水嶺》，香港：香港大學出版社。

對殖民地制度素有積怨的香港民眾，此時也都支持香港政府採取緊急手段鎮壓暴動[38]。不過嬰兒潮世代的反叛青年，卻目睹「政治中國」深不可測的力量，並意識到這或許是一股能夠抗衡殖民地政府的力量。

1960年代中，第一批出生的嬰兒潮世代亦到了考慮升學的年紀。關心社會的年輕知識人，在這個時候考上香港各大專院校，並開始接觸到西方學界的進步思潮。美國自1960年代起，即陷入越南戰爭的泥沼。由於美國在法理上並非這場代理人戰爭的參戰方，軍方無法像在之前的戰爭那樣，控制與戰情相關的資訊流通。西方媒體紛紛湧往越南，把未經刪剪的戰爭影像轉送到世界各地的電視台。而影像媒體的屬性，則比較容易放大戰場上的血腥與無常，並忽略戰爭背後的歷史和政治脈絡。美國民眾在家中看到越南戰場的畫面，也傾向覺得自己的國家正在參與一場不義之戰[39]。西方社會的嬰兒潮世代，曾在成長期間親眼目睹1960年代初的民權運動，如今他們就想以類似的手法反對不義的越南戰爭。這些年輕抗爭者在大學校園和社會投身反文化運動（Counterculture Movement），並質疑西方社會的主流思想：曾經被視為西方進步思想的自由主義，如今則被視為維護帝國主義

38　葉健民，〈1967年：我們曾經站在政權暴力的一邊〉，《明報》，2017年3月24日。筆者雖然認為這篇文章的論調，未能體諒當年香港民眾惶恐不安的心情，可是當時香港政府濫用政權暴力，確是不爭的事實。

39　Hallin, Daniel C. (1986). *The "Uncensored War": The Media and Vietnam*. Berkeley: University of California Press.

意識形態。他們看見越南戰爭的畫面，就斷定西方帝國主義死而不僵，是第三世界國家無盡痛苦的根源。而美軍在越南戰場出師不利，則使西方的抗叛青年相信第三世界已經找到對抗帝國的良方：那就是源自共產中國的游擊戰戰略。

　　西方嬰兒潮世代社會運動的參與者在這種背景下，積極從世界各地尋求能與西方主流抗衡的新思潮。他們認為西方社會的自由主義只是一種假象，是對自身帝國主義野心的掩飾。蘇聯雖在名義上是社會主義的老大哥，可是主導蘇聯的俄羅斯歸根究柢也是西方帝國主義的一員：蘇聯曾在1956和1968年，派兵鎮壓匈牙利和捷克斯洛伐克的民眾運動，使人懷疑他們是以社會主義之名、行極權主義和霸權主義之實。中國在文化大革命期間的對外宣傳，觸碰到對中國社會完全沒有概念的西方進步青年，就讓他們因距離而產生美感：進步青年認為中國既然與西方沾不上邊，就有資格擔當第三世界反殖運動的領導者。他們認為北越河內政權和越南南方民族解放陣線能夠令美國焦頭爛額，是因為他們實踐了毛澤東的游擊戰思想。在這種思想氛圍下，西方學界的年輕進步學者亦把中國的文化大革命視為社會主義的楷模[40]。簡單來說，這種對中國共產黨和文化大革命的浪漫詮釋，正好就是一種**左翼版本的「東方主義」**（Orientalism）：西方進步青年把自身抗逆的想望，投射到陌生而神秘的共產中國身上，這無疑也是透過對

40　Lovell, Julia (2016). "The Cultural Revolution and its legacies in International Perspective," *The China Quarterly*, 227:632-652.

「東方」的刻版印象，確立自己身為「進步派」的道德優越感[41]。

香港嬰兒潮世代在 1967 年的暴動中，就已經見識過文化大革命的力量。於 1970 年代參與學生運動的「民主回歸論」理論大師曾澍基，認為當年的事件令「社會內的深刻矛盾、資本家和勞動者的矛盾、殖民地政府和受壓迫市民的矛盾，通通被暴露出來」，從而啟發他參與反對殖民主義和資本主義的社會運動[42]。部份剛升上大專院校的嬰兒潮世代，就開始採用西方進步思潮的論述，正式與學校的師長和《中國學生周報》的導師決裂：他們認為前輩們推崇的「文化中國」，只不過是虛擬的幻象。如今他們執意要接觸真實的中國，認為「地理中國」和「政治中國」並不像前輩所講那般墮落：就如西方的進步前衛思潮所言，中國在共產黨的帶領下早非吳下阿蒙，如今已經轉化成帶領第三世界抵抗帝國主義的先驅。他們堅持唯獨「回歸」由共產黨執政的「現實中國」，方能實踐生而為中國人的使命、並為香港的社會改革帶來生機。即使部份參與社會運動的嬰兒潮世代，像吳仲賢那樣對中國共產黨懷有戒心，心底仍對社會主義中國抱有一定的憧憬[43]：吳仲賢本人亦放棄過往篤信的自由主義，投身托洛斯基主義的社會運動[44]。

41　Said, Edward W. (1979). *Orientalism.* New York: Vintage Books. p.60.

42　曾澍基（1974），〈香港社會的形態和文藝的任務〉，收錄於：曾澍基（1984），《香港與中國之間》，香港：廣角鏡出版社。頁 24 至 33。

43　何俊仁等人組成的「民主自由派」乃少數的例外，可是他們在參與學生運動時，還是無法避免要與仰慕社會主義的社會派合作。何俊仁 2010，頁 18 至 21。

44　《吳仲賢的故事》，莫昭如、陳耀成編劇，陳耀成導演，影意志影院發行，2002 年首映。

「回歸中國」作為方法

　　如今關心社會議程的嬰兒潮世代，已決意以行動復興中華文明，卻認定前輩們的「文化中國論」只是浪費時間的虛假情結。那麼他們剩下的唯一出路，就是「回歸」深圳河以北的「現實中國」，支援毛澤東政權的無產階級文化大革命。為這場「回歸運動」揭開序幕的第一槍，卻是某種臺港互動的結果。筆名包錯石的包奕明出生自臺灣的外省家庭，他父親包華國原為代表重慶市選區的第一屆立法委員，在東亞大陸赤化後隨中華民國流亡政權遷居臺灣，其後除擔任流亡議會的立委外[45]、亦曾擔當若干黨國要職[46]。包奕明雖然出身自黨國權貴家族，可是他與弟弟都對遷佔臺灣的流亡政權沒有好感。他弟弟包奕宏後來投身臺灣黨外運動，並以包青天為筆名撰文批判時局。在此以前，包奕明就已經因為批評時政而遭流亡政權追緝，其後憑籍家人的蔭庇得以遷居香港[47]。此後

45　包華國於1958年3月24日的第一屆立法院第21會期第7次會議中，提出他在議會生涯中的最後一次動議。參：《立法院公報》，47卷21期04冊，頁14至15。

46　包華國卒於1963年聖誕日。關於其生平，參：文守仁（1964），〈包華國先生事略〉，《四川文獻》，第18期，頁14至16。

47　關於包氏兄弟的生平，參：臺灣省諮議會（2005），《臺灣省參議會・臨時省議會暨省議會時期口述歷史訪談計畫——蘇俊雄大法官訪談錄》，臺北：行政院研究發展考核委員會。頁47至48；王尚勤（2005），《四十年來雲和月》，紐約：柯捷出版社；關平，〈被遺忘的名字〉，《書與人》，2011年1月19日（http://ckwan2007.blogspot.com/2011/01/blog-post_19.html）；劉健威，〈狂狷一生〉，《信報》，2018年8月6日。

他接觸到共產黨的宣傳，就覺得「現實中國」的文化大革命，正是抵抗臺港兩國的威權政治的良機。

包奕明在1967年於《盤古》雜誌投稿：這份雜誌的讀者主要為嬰兒潮世代的知識青年。他在文中主張香港的知識人必須正視中華人民共和國建國以來的發展，並警告如果繼續將提倡「文化中國論」的前輩那樣迴避「現實中國」，就必然無法追上浩浩蕩蕩的世界大勢。他指出「大陸的一黨專政似乎已經變成一個思想的挂帳了；大陸的人口問題也早在倡導節育和遲婚了；大陸的貧窮問題最近已被西方國家公認為進展到工農業和科學研究均已自足而脫離匱乏國的範疇了……而更重要的，文化革命以來，中共大陸的變革更加變本加厲今非昔比，中國似乎是世界上第一個不斷革命的社會成第一個實行自我革命的社會了」。是以時人不應再輕視中國共產黨治下的中國，反倒應該意識到「今天正當一個大變革的時代，一再遲延不去研究，我們就會離了隊落了伍……淪為『不知今日何日，今世何世』的白癡了」。包奕明認為世界局勢早已天翻地覆，「西方專家已經對中國產生巨大興趣，特別對中共十七年的工業化科學化視為一個『支那奇蹟』。這就是說中國大陸的國情在工業化科學化這兩方面，已經脫離了時髦名詞所謂的『起飛』階段而步入『成熟』時期了」[48]。

---

48 包錯石，〈研究全中國——從匪情到國情（續）〉，《盤古》，第九期，1967年10月。

　　在隨後那一期《盤古》，包奕明率領其他知識青年合撰另一篇文章，主張包括香港人在內的「海外中國人」，都必須設法「回歸」中國的懷抱。他們主張「人生只是一個回歸的運動……每個人協助他的鄉愁、他的貢獻、他的需要，回歸到他應該歸屬的人間世」。那個必須回去的「人間世」，就是位於「地理中國」的「政治中國」。香港人既然都是「命定的中國人」，那麼在脫離「現實中國」的情況下討論「文化中國」，都只可能是毫無意義的傷多悲秋。香港人倘若抗拒由中國共產黨統治的「現實中國」，那樣他們不論是抱著「花果飄零」的心態感懷身世、還是想要提出「分裂」或「獨立」的訴求，這些作為都只是對「不能回歸的反動」。這些替代方案最終只會使香港人墮入「一個個人生的虛位」，使他們無法尋索生而為人的意義。

　　那麼香港人的唯一出路，就是正面回應身為中國人的召命，加入「政治中國」這個「應該主動參與的社群」。包奕明等人認為個體的人生意義，必須在集體中才能得以實踐：把個體的力量集腋成裘、結合成強而有力的集體，如此憑著由集體力量帶來的威榮，個體方能體驗生而為人的尊嚴：「只當一個民族動員起來了，民眾們才知道自己的需要和自己的功能是多麼強大，有了這種自尊自信，他們才能積極地歸屬自己的社會」。用基督宗教的術語來說，香港人都是「蒙中國揀選的人」，其中國身份也是「無法抗拒的恩典」：那麼生而為人的唯一責任，就是回應中國的「呼召」，加入政治中國這個「蒙召」的「屬靈群體」。而能夠帶領這群「蒙召的人」渡過苦海的「摩西」，自然就是統治現實中國的

中國共產黨。包奕明等人指出「**在中共之下，大陸民眾達到中國有史以來最大規模的社會動員**」，而這種社會集體的形成正正就是「**現階段的現代化**」：如此香港人支持中國共產黨復興中國的大業，不但是為了尋求個人的人生意義，也是為了讓人類社會走向真正的文明開化[49]。

包奕明等人的文章引起議論紛紛，並激起香港嬰兒潮學生運動的中國關懷。陳婉瑩、馮可強、莫壽平和劉迺強[50]這四位學生運動領袖，其後也一起發表文章響應包奕明等人的言論。他們大體上都認同香港人必須「**在個人心理和符號層次**」與「**現實中國**」融合，承認「**回歸的主體是當代中國走向現代的巨大民眾和土地**」，並為將要開展的「回歸運動」定下「**放棄玄談**」、「**走入群眾**」和「**團結、容忍和了解**」這三大原則。不過他們對包奕明等人的文章，也不是毫無意見。他們認為包奕明的文章，花上太多篇幅去批判國民黨的中華民國流亡政權：雖然包奕明渴望「回歸」位處東亞大陸的「現實中國」，可是他還是無法完全擺脫臺灣這片成長地的影響。不過更微妙的是，這四位學生領袖批評包奕明的論述，忽略香港「四百萬中國人」在「回歸」運動中的角色，也未有就香港人該如何行動提出指引[51]。這樣的提問，反映出嬰兒潮世代關心社會的知識人，在中國身份認同和本土政治議程之間的

49　包錯石等，〈海外中國人的分裂、回歸與反獨〉，《盤古》，第十期，1968 年 1 月。

50　筆名艾凡。

51　陳婉瑩、馮可強、莫壽平、劉迺強，〈第一塊石頭：我們對回歸運動的一些建議〉，《盤古》，第十三期，1968 年 5 月。

矛盾糾結[52]。

　　嬰兒潮世代知識青年的鬱悶，背後源自思想與現實之間的互不協調。他們生於與「現實中國」相對隔絕的香港，可是他們的師長和導師整天在談論的，都是理想中的「文化中國」而非香港本土社會。當他們真的對中華文明心生嚮往，前輩們卻告訴他們「現實中國」既危險又墮落：可是年輕人覺得脫離「地理中國」的「正統中國」、「自由中國」或「文化中國」，都只是虛無飄渺的空中樓閣，只能出現在文章和課堂之中。亦因如此，「現實中國」對於這一代知識人而言，就如分辨善惡樹上那些豐盈結實的果子，乃是無法抗拒的禁忌和慾望。不過即或如此，他們在生命歷程中遇到的所有事物，都源自香港的三十里袖珍江山。他們生活上各種實際的困擾，都是源自這個殖民地之內的經濟不公和政治壓制。從這個角度開始思考，「現實中國」雖然是陌生的強鄰，卻或許是能夠打破現有困局的「天外救星」（deus ex machina）。

　　這樣對於嬰兒潮世代來說，「回歸中國」既是目標、也是方法。「回歸中國」作為一個目標，可以消弭「文化中國」觀念與現實世界的不協調。而「回歸中國」也可以是一種方法：倘若文化大革命真的能使中國走上復興之路，也許「政治中國」就能成為一股輾壓香港殖民地制度的力量。這樣嬰兒潮世代的知識青年，就可以透過「愛國」的行動，誘使「政治中國」以「天外救星」的

52　羅永生（2011），〈六、七十年代香港的回歸論述〉，《思想》，第19期，頁117至140。

姿態「解放」香港，從而達成改革殖民地制度的目標[53]。

關心社會的嬰兒潮世代知識青年，對於究竟應該把「回歸中國」當成目標、還是視之為改革香港的手段，始終未能達成共識：他們在1960年代末到1970年代發起的學生運動中，提出「放眼世界、認識祖國、關心社會、爭取權益」的口號[54]，可是他們對於重點應該放在「放認」還是「關爭」卻莫衷一是。這兩條路線，1970年代分別發展成「國粹派」和「社會派」兩大主流派系，在學生運動的圈子內激烈競爭。

部份關心社會的嬰兒潮世代知識青年，在1960年代後期考入大專院校後，即開始透過學生運動介入社會。他們首先在1968年介入爭取中文成為法定語文運動[55]，並在取得運動的主導權後把行動升級，並於1971年成立「公事上使用中文問題研究委員會」。他們最終成功讓香港政府於1974年讓步，承諾把中文列為香港的法定語文。不過語言政策的落實過程卻相對緩慢，使中文運動的參與者不得不持續施壓和監督，最終促使香港政府於1987年規定所有法例都必須中英文並列。其後嬰兒潮學生運動在1971年，與

53　Leung, Shuk Man (2020). "Imagining a national/local identity in the colony: the Cultural Revolution discourse in Hong Kong youth and student journals, 1966-1977," *Cultural Studies*, 34(2):317-340.

54　簡稱「放認關爭」。參：葉健源，〈終身教樂：放・認・關・爭〉，《成報》，2018年11月5日。葉健源曾經在1983年擔任香港大學學生會外務副會長，畢業後投身民主運動和教師工運。

55　中文運動的開展，涉及嬰兒潮世代與政治運動前輩之間的承傳問題。我們將在第五章有更詳細的討論。

海外香港和臺灣留學生發起的保衛釣魚台運動串連：這場運動是
1970年代香港學生運動的高峰，不過也是國粹派與社會派決裂的
分水嶺[56]。

在嬰兒潮學生運動的內部矛盾浮出水面之前，他們首先開
始向提倡「文化中國論」的前輩們對罵叫陣。劉美美於1971年在
《中國學生周報》發表文章，猛烈抨擊作為保守「文化中國論」搖
籃的新亞書院，公開否定高舉傳統文化的教育體系。劉美美指出
「新亞創校以來一直標榜的，是教育學生做一個堂堂正正的中
國人」，可是新亞書院的師長卻消極看待學生的愛國運動。自保
釣運動爆發以來，她曾經寄望老師們憑著「知識分子的良心，會
對此事有所表示，並會詳細闡析、指導學生」，可是換來的卻只
是失望。劉美美甚至翻起舊帳，指責新亞書院校方未有支持學生
聲援中文運動：當時學生想借用農圃道校舍的誠明堂，舉行與中
文運動相關的論壇，卻被校方一口拒絕[57]。

曾經是嬰兒潮知識青年「開明導師」的《中國學生周報》，
此時亦陷入兩面不是人之困局。那些積極參與學生運動的年輕
人，認為《中國學生周報》在天星小輪事件和1967年暴動期間既
未有採取積極的行動、也未能提出能因應社會困局的論述。支持
學生運動的嬰兒潮世代，自此不再訂閱這本曾經陪伴他們成長的

---

56 羅永生（2017），〈「火紅年代」與香港左翼激進主義思潮〉，《二十一世紀》，
　　總161期，頁76至80。

57 劉美美，〈給新亞書院校長及各位師長的公開信〉，《中國學生周報》，第1002
　　期，1971年10月1日。

刊物，改為閱讀《盤古》、《七十年代》和《70年代雙周刊》等立場左傾的新雜誌[58]。同時未有積極投身學生運動的一般讀者，卻覺得《中國學生周報》空談編輯理想中的「文化中國」、盡是風花雪月與高言大志，與他們在香港的日常生活毫不相干：這些「一般讀者」對陌生的中國沒有強烈的認同，反倒渴望觀賞與本土生活息息相關的文化產品。《中國學生周報》雖然在1960年代末嘗試調整編採立場，但要同時討好兩批漸行漸遠的讀者，卻幾乎是不可能的任務。而美國在1960、1970年代之交，也開始調整對待中國的外交立場，不再熱心支援國共兩黨以外的第三勢力，當然也不會願意支援因為銷情欠佳而長年虧蝕的雜誌。最終內外交困的《中國學生周報》只得於1974年停止出版[59]。

　　嬰兒潮學生運動認為「文化中國」只是虛妄的情意結，而為求保存傳統文化而抗拒「政治中國」的論者，都不過是與時代脫節的「腐儒」。在香港大學學生刊物《學苑》1973年2月號的文章中，嬰兒潮學生運動的參與者雖然「承認認同國家並不等於認同政權」，可是他們依然強調「現在統治中國絕大部份領土的是中國共產黨」，是以他們的北京政權亦能夠「領導新中國自力更生、雙腳站起來」。拒絕前輩對「文化道統」和「文化中國」的執迷、擁抱位處東亞大陸的「政治中國」，並趁著文化大革命的形勢

58　羅永生 2017，頁76至78。

59　龐浩賢（2020），〈「中國人」與「香港人」：從《中國學生周報》分析1960-1970年代香港青年人身份認同意識的轉變思潮〉，《香港社會科學學報》，第56期，頁19至50。

實踐「放認關爭」，已經成為嬰兒潮世代的學生運動參與者之共識。然而當他們要把「放認關爭」付諸實踐時，卻因實際操作的問題遇到重重挫折。而這種處境正正也就是派系鬥爭的溫床。

「背靠祖國」與「在地反殖」的二元對立

在太平洋戰爭結束後，日本於 1951 年與同盟國簽訂《舊金山和約》，重新恢復主權國家的身份，條約卻把原為日本屬土的琉球群島交予美國託管。此後美軍不斷擴張在琉球群島的基地，以此作為向東亞各地投射力量的樞紐。軍事基地的運作既帶來環境上的公害、亦衍生出林林總總的軍民衝突，使琉球民眾不勝其擾。琉球民眾為擺脫美國的管治苦尋出路：起初他們曾考慮過獨立建國，可是到 1950 年代中期以後，主流民意開始認為「回歸」日本會是比較穩妥的做法[60]。其後復歸日本運動聲勢日益浩大，其成員也於地方選舉大獲全勝，最終促使美國和日本在 1971 年就琉球群島主權問題展開談判。

這一場嘗試把琉球政治正常化的談判，卻觸動到香港和臺灣大學生過敏的神經。爭議的來源，在於美國和日本都把基隆以東 186 公里的那堆無人島，視為琉球群島的一部份。這個被日本稱為尖閣諸島的群島，在臺灣被稱為釣魚台列嶼：根據臺灣方面的

---

60 小熊英二（2013），《「日本人」的國境界──從沖繩、愛奴、台灣、朝鮮的殖民地統治到回歸運動（下卷）》，臺灣文化研究中心經典研讀會譯，嘉義：國立嘉義大學人文藝術學院臺灣文化研究中心。頁 33 至 89。

紀錄，釣魚台列嶼是宜蘭縣頭城鎮的離島，並非日本在《馬關條約》簽訂前的固有屬土。當時港臺兩國的學運人士基於大中華情結，認為被中華民國流亡政權遷佔的臺灣及其離島，都算是中國自古以來的神聖領土：如此釣魚台列嶼這個臺灣宜蘭縣的外島，其主權也理所當然應該屬於中國。他們認為沖繩返還的談判是黑箱作業，而日本則意圖在中日戰爭結束26年後再次陰謀侵吞中國的土地。在海外留學的香港和臺灣留學生率先發難，於1971年1月29日在美國發起大遊行，為保衛釣魚台運動掀開序幕[61]。

香港的大專學生於4月10日自發舉行遊行集會，率眾到日本駐香港總領事館外抗議，期間曾與警察爆發衝突。其後美國在6月17日正式和日本簽署《沖繩返還協定》：美國將於翌年5月15日結束托管琉球群島，讓日本在接收主權後於當地設置沖繩縣。至於有主權爭議的尖閣諸島／釣魚台列嶼，則被正式列為沖繩縣石垣市的離島。為此由嬰兒潮社運及學運人士組成的保釣行動委員會，就準備於7月7日在維多利亞公園舉行抗議集會。警察雖然容許學生於當天舉行集會，可是負責管理維多利亞公園的市政局，卻於7月6日突然向保釣行動委員會發出禁令。雖然香港大學學生會因不願觸犯法律而選擇退出，保釣行動委員會的大部份成員

61 關於保衛釣魚台運動在海外的發展，參：謝小芩、王智明、劉容生（2010），《啟蒙·狂飆·反思：保釣運動四十年》，新竹：國立清華大學出版社；邵玉銘（2013），《保釣風雲錄：一九七〇年代保衛釣魚台運動知識分子之激情、分裂、抉擇》，新北：聯經出版；郭松棻（2015），《郭松棻文集：保釣卷》，臺北：印刻文學；李雅明、謝小芩、國立清華大學圖書館編著（2021），《保釣風雲半世紀：保釣運動領軍人士的轉折人生與歷史展望》，臺北：時報出版。

都堅持按照原定計劃舉行集會。當日有約 6,000 名抗爭者到現場和平靜坐，警方卻根據市政局的禁令強行暴力清場。事件中有 25 名抗爭者被捕，並有 6 人被警察打傷。

　　年輕抗爭者在維多利亞公園的集會中表現溫和，卻被警察用警棍打得頭破血流，連在場採訪的記者亦慘遭波及。當現場的畫面在翌日的報章刊登後[62]，民眾都對警方濫用暴力的行徑憤慨不已。香港政府礙於群情洶湧，只得宣布放寬對示威集會的限制，其後於 8 月在香港各區設置五個容許合法集會的場所。此後保釣行動委員會於夏天舉行多次集會，不過在 9 月 18 日的集會過後，保釣運動就歸於沉寂。嬰兒潮世代的保釣運動參與者，亦對運動的發展方向出現分歧。比如有些年輕人認為抗爭不能違反法律，另一些人則認為集會不應受到殖民地制度的局限。

　　在此背後，還有另一種更難調和的深層次矛盾：究竟香港學生這次參與的，是一場「反殖」運動、還是一場「愛國」運動？部份抗爭者不滿的對象，是運用警察暴力壓制抗爭的香港政府：他們認為政府的作為剝奪了香港民眾的自由集會權利。這些學生因此想要改革殖民地制度，藉此爭取香港民眾應得的人權和自由。可是另一些抗爭者，卻認為這種想法只會轉移焦點：他們堅持保衛釣魚台運動，由始至終都是本於「愛國情操」去「守護國土」的中國國族主義運動。如此當部份年輕抗爭者在 8 月和 9 月的抗爭

---

62 〈維園示威激起東區大騷動〉，《工商日報》，1971 年 7 月 8 日；〈和平示威不和平〉，《華僑日報》，1971 年 7 月 8 日；〈反對美日勾結侵我釣魚島列嶼 學生青年昨和平示威〉，《大公報》，1971 年 7 月 8 日。

高舉「反殖」旗幟時，另一些學生則跟隨海外保釣運動的腳步，把「保衛釣魚台運動」轉化成中國的「統一運動」。這些堅持「愛國」比「反殖」重要的抗爭者，開始淡出街頭的抗爭重返大專校園，根據北京政權的文宣推動「認識中國」的意識形態宣傳[63]。

在1973年的「反貪污、捉葛柏」運動後，堅持「背靠祖國」的「國粹派」終於與提倡「在地反殖」的「社會派」正式割蓆。香港政府在1960年代後期的社會衝突後，意識到警察貪污問題是民怨主要來源之一，就決心透過內部調查整治警隊。香港警方在1973年4月收到來自加拿大的情報，發現擔任九龍副指揮官的英籍警官葛柏（Peter F. Godber）已把大筆款項匯到海外，就開始對他展開調查。警方於6月4日向葛柏出書面通知，表示高層正考慮向他提出檢控，並要求他交代海外財產的來源。可是警方並未有要求葛柏即時停職，也未有沒收他的委任證和旅遊證件。後來葛柏於6月8日使用委任證進入機場禁區，並登上離開香港的航機，取道新加坡出逃英國。葛柏畏罪潛逃的消息使香港民眾極其憤慨：他們甚至認為葛柏能夠成功逃亡，是警方暗中故意縱容的結果[64]。

此後屬於「社會派」的大專學生運動參與者，馬上順應民情發起「反貪污、捉葛柏」運動。他們首先在7月發起聯署運動，並蒐集到逾五萬名民眾的簽名。學生其後把行動升級，首先於8月26日舉行千人大集會，又於9月2日發起遊行示威。由於抗爭學

63　Lam 2004, pp.148-154.
64　葉健民 2014，頁98至103。

生既沒有預先向警方申請、也未有在政府的指定集會場地集合，這次遊行遭遇到警方的鎮壓，並導致12名參與者被捕。

　　這場遭受打壓的遊行最終觸發學生運動不同陣營之間的論爭。起初他們爭論的，只是公民抗命應否違法這類老掉牙的問題，可是其後焦點就轉移到學運策略的問題。「國粹派」的成員批評「反貪污、捉葛柏」運動，只會使香港的學生運動失去焦點：他們認為學生運動唯一的目標，就是促成中國的統一，其他事項都只是無關宏旨。結果大專學生的反貪污運動，就隨著連場論戰沉寂下來[65]。而「國粹派」則裝作反貪運動從未發生，在10月開始舉辦「中國周」，於各大專院校舉辦宣傳親中意識形態的展覽和活動[66]：他們不願再關心香港的社會事務，反倒與北京政權的統戰組織過從甚密，並不時到中國出席「交流團」和「考察團」。令人諷刺的是，此時普羅大眾已經被「反貪污、捉葛柏」運動動員起來，並持續向香港政府施加壓力。最終香港政府對民意讓步，在修訂《防止賄賂條例》後，於1974年成立獨立於警隊的廉政公署[67]。

　　「國粹派」與「社會派」割蓆後，就不斷對「社會派」學運人士冷嘲熱諷，並宣稱任何「關心社會」的行動都只會歸於徒勞。根據香港專上學生聯會後來的觀察，當時「國粹派」學生「感到關社並不能根本解決問題，解決問題唯有繫於中國、唯有社會主義道路」。基於這樣的判斷，「國粹派」認為「當前急務不是改

65　Lam 2004, pp.156-161.

66　香港專上學生聯會 1983，頁79至81。

67　葉健民 2014，頁109至119。

革社會,而是認識中國」[68]。比如在「社會派」學運人士投身「反加價運動」時,「國粹派」即嘲諷他們,指出「在資本主義制度下,通脹是救不了的」。他們認為香港如要解決通貨膨脹的問題,就必須知道中國已經在「社會主義經濟制度下……獨立自主、自力更生、自給自足,所以不受世界性通脹影響」。亦因如此,在香港實行「中國的社會主義」,是解決香港經濟民生問題的唯一出路[69]。

部份「國粹派」的論者甚至訴諸陰謀論,他們不只批評「在地反殖」只是鋸箭療傷的「改良主義」,甚至誣指「過份」關心香港的社會派暗中支持「香港獨立」[70]。在《盤古》一篇回顧中文運動的文章中,論者指出參與中文運動的學運人士,關注的「明顯地不是在『中文法定』本身,而是香港的醒覺青年反殖民地主義的表現」。然而他對這種「反殖民地主義」,非但毫不讚賞、反倒盡情冷嘲熱諷。他認為主張「反殖」的學運人士,心底都認為「一個接一個的本土社會運動可以逐步地推翻這有新設備的老殖民地」,如此的社會運動最終也只能是鼓吹「官民溝通、繁榮安定」的改良主義。而文章的結論則指責關注香港本土的「社會關懷」,只是「片面與孤立地看香港的說法」,絕非香港社會運動的正途。他們強調抗爭者「不應忘記香港是中國的地方」,而「香

68　香港專上學生聯會 1983,頁79。

69　香港專上學生聯會 1983,頁86。

70　令人諷刺的是,這些曾被指責為「港獨」的社會派學生,在2010年代大多對後八九世代的本土政治主張持否定態度。參本書第九章的討論。

港的社會運動必須是『中國取向』」。言下之意，論者認為學運人士若不專注支援中國的文化大革命，就是「不愛國」的表現。而關心香港殖民地制度的改革，就是要把社會運動推往「『港獨』或『擁殖』」的方向：如此香港的社會運動，就會像臺灣獨立運動一樣「被外國勢力所利用」，成為「香港回歸中國的過程中」之「絆腳石」[71]。而在四年後另一篇同樣刊登在《盤古》的文章，則高舉「認祖」、貶低「關社」，宣稱社會派的「本土反殖」容易被殖民地政府「帶引上『香港人決定自己的命運』的港獨方向去」。論者認為社會派「時常把自己的眼光局限在小小的香港，而『胸無祖國、目無世界』」，批評他們「跳不出『我是一個香港人』的心態」，並呼籲他們「腦中不要只有『四百萬』這個數字，而要把『七億』和『三十億』這兩個數字時刻放在心中」[72]。

雖然不是每一位「國粹派」都會對「社會派」作出這般嚴厲的指控，可是他們確實相信任何本土改革，都只可能是小修小補的「改良主義」：故此「社會派」的「社會關懷」只會徒勞無功，無法真正解決香港的困局。他們認為香港的各種不公不義，歸根究柢都是因為香港脫離中國這個母體，使社會出現病態的發展。香港撥亂歸正的唯一指望，就是盡快讓中國強大起來，從而獲得趕走殖民者的力量：而無產階級文化大革命，就是讓中國能在短

71　劍青，〈還未蓋棺的定論——半年來「中運」的一個報告〉，《盤古》，第39期，1971年7月。

72　馬塞，〈怎樣看待有關「認中關社」的一些問題〉，《盤古》，第86至87期合刊，1975年10月。文中列舉的三個數字，分別代表香港、中國和世界的人口。

期內興盛的獨門秘方。香港社會運動的目標，首先是要「認識祖國」，然後設法配合文化大革命的復興大業[73]。

不過風頭一時無兩的「國粹派」，卻於1976年文化大革命結束後迅速崩潰。在四人幫倒台後，文化大革命的真相亦逐漸公諸於世：那非但不是中國復興的偉大時刻，反倒是扭曲中國社會的十年浩劫。雖然有些「國粹派」成員此後仍然繼續擁護中國共產黨、甚至在主權移交後成為親中權貴[74]，不過大部份的成員此後決定遠離政治：比如率先提倡「回歸運動」的包奕明，就決定專注發展自己的古董生意[75]。此外也有一些「國粹派」支持者改換立場：比如是後來成為經濟學家的練乙錚[76]、以及親共刊物《七十年代》的總編輯李秉堯（筆名李怡）[77]，後來都成為堅定的反共派。不論如何，「國粹派」已經隨中國政局丕變壽終正寢，再也不是具有政治影響力的派系。

73　羅永生（2017），〈冷戰中的解殖：香港「爭取中文成為法定語文運動」評析〉，《思想香港》，第六期。

74　參：何良懋，〈細數香港國粹派前世今生，親共政府修例一役全露底〉，《關鍵評論網》，2019年10月21日（https://www.thenewslens.com/article/126297/）。

75　王尚勤 2005。

76　〈讜論侃侃廿五載，不折他錚錚鐵骨──專訪練乙錚〉，《新報人》，2016/17年第八期，2017年6月。頁30至33（http://spyan.jour.hkbu.edu.hk/wp-content/uploads/2017/08/SPY_478.pdf）。

77　李怡（李秉堯），〈失敗者回憶錄88：1979年與中共關係觸礁〉，《Matters》，2021年11月17日（https://matters.news/@yeeleematter/失敗者回憶錄88-1979年與中共關係觸礁-bafyreidaglvvylvvxajw2cu2h5nfddlrpegnxdwpjhgpgryz2qtwrsfsqu）。

　　當「國粹派」告別街頭運動，並在大專校園扮演「工農兵宣傳隊」的角色時，「社會派」的嬰兒潮世代學運人士卻積極就各種民生議題發起抗爭。1973年初石油危機爆發前夕，香港出現經濟過熱的現象，隨之而來的通貨膨脹則帶來民生物資和公共服務的加價潮。此後「社會派」學生發起反加價運動，反對政府公營事業帶頭加價的同時、也對作為罪魁禍首的「自由放任」經濟政策作出批判[78]。他們於1975年參與反對電話公司加價的抗爭[79]，並與社會上的公民團體串連起來，為未來的長期合作奠定基礎。雖然香港政府最終還是批准電話公司的加價申請，可是也同時規定電話公司以後須向政府交代帳目，又決議設立營運基金以穩定價格[80]。他們其後於1977年，與香港教育專業人員協會一起關注寶血會金禧中學的舞弊風波，並抗議教育當局專橫武斷的應對方式：金禧事件引起的抗爭，則是把未來民主運動參與者凝聚起來的關鍵時刻[81]。

　　除此以外，「社會派」也親自走進各大小社區，為基層民眾提供各式各樣的社會服務。香港在1972年6月連日暴雨，各區都出現土石流淹沒民居的災禍，當中又以6月18日在觀塘雞寮和半山區寶珊道的災情最為嚴重，故此這次天災也被稱為六一八雨災。「社會派」學生除了積極參與救災工作，亦意識到徙置區和寮屋之

78　香港專上學生聯會1983，頁84。
79　香港專上學生聯會1983，頁93。
80　Lam 2004, pp.163-169.
81　Lam 2004, pp.172-178；香港專上學生聯會1983，頁151至155。

所以蓋在地質不穩的山區，是因為香港政府缺乏完善規劃的徙置政策。他們除了就徙置問題向政府持續施壓，也開始動員同學服務貧困社區的民眾：香港中文大學的學生在六一八雨災後，率先成立中大社工隊趕赴災場，此為「社會派」學生的「社區運動」之濫觴[82]。他們在1970年代持續不斷地服務貧困社區，比如為社區失學青年舉辦識字班、關懷露宿者的生活狀況、並在災情爆發時動員賑災[83]。

當「國粹派」因文化大革命無以為繼而銷聲匿跡時，「社會派」學運人士卻通過踏實的社區工作，為社會運動奠定穩固的根基。隨著「社會派」學運人士相繼畢業，他們繼續沿用過往「社區運動」的方式，在自己的專業範疇把社會運動延續下去。「社會派」學運人士當中，有不少是修讀社會工作系的學生：他們畢業時剛好遇上香港公共服務的擴展潮，就到香港各個社區的服務機構擔任社會工作者，並於工作期間動員地區民眾關注自身權益。另一些「社會派」學運人士，有的成為各大傳媒的記者或編輯、有的則投身法律和教育等專業。他們投身社會後，就積極以傳媒人或專業人士的身份月旦時事，藉此鼓勵民眾關心社會事務。這些有「社會派」背景的社運人士，在1970年代末、1980年代初意識到民生議題與代議政制發展息息相關，就開始投身香港民主運動[84]。

82　香港專上學生聯會 1983，頁72至74。

83　香港專上學生聯會 1983，頁74、83、140。

84　So 1999, pp.43-54.

　　這些即將投身民主運動的社運人士，雖然以香港在地社會議題為主要關懷，卻絕對不是激進「國粹派」所描述的「港獨份子」。「社會派」並不像「國粹派」那樣盲從中國共產黨，可是他們對「現實中國」仍然有一定的認同和期望。他們關心香港在地社會，卻認為「本土」是中國其中一塊缺失的拼圖。此外他們也對社會主義中國的改革抱有期望，甚至覺得香港的民主改革，可以有助中國走出文化大革命的歧途。這個出生自嬰兒潮世代、並關注香港民主發展的**政治群**，也就是這本著作所要討論的主角：**「民主回歸世代」**。

CHAPTER 3

進步精英的身份認同

嬰兒潮世代受到中國文化大革命的影響，從而投身激進社會運動，這並非香港特有的社會現象。文化大革命對全球嬰兒潮世代的社會運動和反殖抗爭，同樣也是影響深遠[1]。派系分歧和教條主義，則是這類社會運動的共同特徵：這些運動的參與者都在社會主義的理論裏轉圈，為著不同的詮釋爭論不休。香港的嬰兒潮學生運動，也因為類似的路線之爭分裂為「國粹派」和「社會派」兩個陣營。當運動的參與者在理論上各走偏鋒，其實踐也必然會日趨偏激，從而與民眾日益疏離。海外各國的部份嬰兒潮社運人士，甚至像日本赤軍和德國紅軍派（Rote Armee Fraktion）那樣，走上恐怖主義的不歸路。這一切的發展損害了其他左翼運動的名聲，使西方和日本左翼政治於1980年代陷入全面衰退[2]。

香港的嬰兒潮社會運動，也像全球的左翼青年那樣脫離民眾。「國粹派」全面擁抱文化大革命，又與北京政權的統戰組織過

1　Lovell, Julia (2019). *Maoism: a Global History*. New York: Vintage Books.
2　Lovell 2016.

從甚密，完全漠視香港民眾在1967年暴動後的反共情緒，使他們在中國的政治風向改變後即陷入無以為繼的窘境。「社會派」選擇正視社區議題，令他們在學生運動進入低潮後，仍然能以社區運動的形式延續下去。實際上他們在深層次的意識仍舊與民眾有所距離：「社會派」在國族身份上，仍然堅持對「文化中國」和「現實中國」的認同，而普羅大眾卻未對此有所共鳴。

對於參與社會運動的嬰兒潮世代來說，前輩那套「文化中國論」之不足，正好是驅策他們擁抱「現實中國」的力量。可是對於大部份的同代人來說，「文化中國」的不切實際，只會促使他們把目光從中國移向本土。即使在《中國學生周報》這個「文化中國論」的大本營，也有越來越多的投稿者對這份刊物的中國論述感到厭煩。那些抱有愛國情懷的投稿者，也發現他們的文章越來越難得到讀者的認同[3]。根據他們的觀察，「生長在香港的中國青少年，他們的『鄉土感情』並不來自土地」，大部份在香港出生的人若要認同中國，就「必須運用想像」。由於這種對中國的想像與現實生活格格不入，「他們的感情就消沉了」，對中國的事物再也提不起勁[4]。

3　龐浩賢 2020。筆者其後的討論，主要參考龐浩賢這篇刊登在《香港社會科學學報》的論文。這篇改篇自碩士論文的文章，對《中國學生周報》編輯與一般讀者在身份認同上的分歧，有詳盡的描述和分析。可惜在執筆之時，藏有這份論文的香港浸會大學圖書館僅提供論文撮要，令研究者只能管中窺豹。參：龐浩賢（2020），〈負起時代責任：《中國學生周報》與「文化中國」在香港之建構〉，香港浸會大學歷史系哲學碩士論文。

4　于坪，〈談鄉土感情之生根〉，《中國學生周報》，第696期，1965年11月19日。

　　後來成為評論家和傳媒人的岑逸飛，則清醒地指出包奕明等人發起的「回歸運動」，其實反而是普羅民眾對中國感到厭煩的原因。他認為左傾的嬰兒潮學生運動，經常把「造反」和「革命」等術語掛在口邊，只是盲目跟隨潮流的「時髦愛國」，並無法令民眾對中國產生真實的感情。至於保守派和自由派的前輩，「他們腦海中的中國已是不復存在的」，如此他們的愛國主張也不可能會有說服力。他痛心疾首地指出在香港流行的中國論述，已經使「愛國」兩個字失去應有的莊嚴。縱使岑逸飛終究是位中國國族主義者，卻因時下這種歪風而「不敢說自己愛國」[5]。

　　隨著編輯與讀者在身份認同上的分歧越演越烈，《中國學生周報》決定於1970年1月2日的第911期，刊登題為〈個人？香港？中國？世界？香港華籍青年何去何從〉的專輯。編採人員於專輯中讓多位大學生對談，讓他們表達對身份認同的看法。當中只有已經投身學生運動的周魯逸[6]堅定認同自己的中國人身份，並以「在座都是中國的同學」這句話作開場白。不過與他對話的其他大學生，並未有像這位學運健將那樣對中國有堅定的認同。其中一位大學生把身份認同的問題，視為純粹效益主義的理性考量。他宣稱「那種歸屬感對我而言有利，我便屬於那一個」，並認為「認同只是一個功能問題，而非價值問題」。另一位同學則提出自己對同代人的觀察，頗有洞見地指出「他們對中國土地是

5　岑逸飛，〈反『時髦愛國』〉，《中國學生周報》，第816期，1968年3月8日。

6　周魯逸（1948-2022）於1970年代積極參與社會運動，後來以魯凡之為筆名撰寫評論，是「民主回歸論」的主要推手。這點在後文將會論及。

沒有感情的，他們實際上沒有獲在中國土地居留的人認同」[7]。不論是以效益角度看待中國，或是把中國視為事不關己的鄰國，恐怕同樣都是嬰兒潮世代的主流觀點。**相比之下學生運動和社會運動的中國情結，不過是小圈子內的次文化認同。**

這一期的《中國學生周報》也收錄了兩篇討論身份認同問題的投稿。其中一篇投稿從世界主義的角度，批判鼓吹「愛國」的國族主義觀點。作者質疑「除了你有中國血統，曉得讀與講中國語言外，又有什麼事實足以支持你是必須歸依中國的」[8]？另一篇投稿則開宗明義，講述作者對中國的厭煩和疏離。她形容「中國地圖對我就只像一塊桑葉」，在學習中國歷史時只覺得「好像讀著人家的歷史」，又覺得毛澤東和蔣介石這類中國政治人物令人討厭。這位作者與住在東亞大陸的民眾，也沒有同為國人同胞的親切情感。她直接了當地指出「他們又不會說廣東話，我又聽不懂國語（按：華語）」，也因此根本無法把中國人當成是自己人。所謂的中國，對於香港土生土長的作者而言只是「模糊又極之模糊的意象」，使她根本無法滿懷自信地說聲「我是中國人」[9]。

當嬰兒潮學生運動正如火如荼，並宣稱大學生都有責任「放認關爭」之時，另一位作者卻於1972年12月投書《中國學生周報》，向高言大志的學運人士叫陣。這位作者指出香港人的「精神

7　〈我是香港人嗎？幾位大學生談「歸屬感」問題〉，《中國學生周報》，第911期，1970年1月2日。

8　陳國華，〈何處是吾家〉，《中國學生周報》，第911期，1970年1月2日。

9　凌杞若，〈我是中國人嗎？〉，《中國學生周報》，第911期，1970年1月2日。

依藉」，早已不是在東亞大陸的所謂「組織」，反倒是在「不同文
化氣息中成長」的生活習慣，其性格也因此與中國難以融和。那
些狂熱愛國的學士，會把香港人的獨特性格視為被殖民地制度扭
曲的「畸型」；對於作者而言，學運人士如此貶斥自己與生俱來的
脾性，只是目中無人的狂妄自大。他呼籲學運人士不要再把中國
國族情懷，視為理所當然的大義名分，反倒應該「讓每一個人都
有選擇的權利」。那些不願受中國黨國體系宰制的香港人，應該
有「留戀個體自由」的基本權利：香港人為求保障自己的自由，
即使要選擇「殖民地的蔭庇」也亦無不可。高舉「愛國」旗幟的
學運人士，固然也有擁抱中國的權利：可是他們應該坐言起行，
離開香港到他們朝思暮想的中國服務，而不是留在香港透過貶低
別人自抬身價[10]。

　　厭棄中國、擁抱香港，不只是《中國學生周報》大部份讀者
的觀點，也是1960年代後期的社會氛圍。特別在1967年的暴動過
後，香港整個社會氛圍都對中國極為反感[11]。與此同時他們也察覺
到，他們的生命歷程與深圳河北岸的中國人截然不同，使香港這
三十里袖珍江山變成異乎中國的生活場景。當他們獨特的生活經
驗，逐漸累積成各種文化活動，就會開始感到香港人是異乎中國

10　陳浩恩，〈請讓每一個人都有選擇的權利〉，《中國學生周報》，第1065期，
　　1972年12月15日。

11　Turner, Matthew (1994). "60's/90's: Dissolving the People," in Irene Ngan and
　　Matthew Turner (eds), *Hong Kong Sixties: Designing Identity*. Hong Kong: Hong
　　Kong Arts Centre.

的獨特族群：香港主流社會認同的對象，亦顯著地從中國轉移到香港本土[12]。參與社會運動的嬰兒潮世代唯中國馬首是瞻，可是他們不論在整個社會、還是在自己的世代，其實都只是意見奇特的少數人士。

自成一格的準城市國家

在天星小輪加價事件和1967年暴動後，香港殖民地政府重思過往的香港政策，意識到自己必須回應各式各樣的民生狀況。此時英國外交及聯邦事務部關注起香港的情況，並指示香港政府實行社會及政治改革。雖然在1971至1982年擔任總督的麥理浩（Murray MacLehose），始終顧慮香港保守權貴的反應，既沒有推行民主化改革、在社會福利和勞工政策上也未有完全跟隨倫敦的建議。可是香港的公共服務和社會福利的規模，在1970年代仍然急速膨脹[13]。香港政府於1973年發表《香港社會福利未來發展計劃白皮書》，落實以公帑資助志願團體的社會福利政策，使社會福利開支急速增長：相關款項在1970年為3,563萬港元、到1981年則急劇增加至8.1億港元（圖3.1）。而公營房屋的急速發展，也是政府當年值得稱頌的成就：香港公營房屋出租單位的數目，從1967

---

12 冼玉儀（1994），〈六十年代──歷史概覽〉，顏淑芬、田邁修編，《香港六十年代：身份、文化認同與設計》，香港：香港藝術中心。頁80至83。

13 Yep, Ray and Lui, Tai-lok (2010) 'Revisiting the golden era of MacLehose and the dynamics of social reforms,' *China Information*, 24(3): pp. 249-272.

年的21.9萬戶、增加到1981年的42.6萬戶（圖3.2）。居住於公營房屋的人口，則從1966年的26.35%、增加到1981年的38.73%（圖3.3）[14]。教育當局亦於1971年推行6年小學免費義務教育，其後又於1980年實行涵蓋小學和初中的9年免費義務教育[15]。

香港的經濟在1970年代持續急速發展。若按照執筆時的美金價值計算，香港的人均國民生產總值從1971年的1,106美元、增加到1980年的5,700美元，增幅為415%。香港在1980年代前夕的經濟水平，大概等如1976年的日本、或是1978年的英國（圖3.4）[16]。隨著香港政府在社會政策上日趨積極，使經濟急速增長的成果能夠雨露均霑，令香港人的生活水平在1970年代獲得根本的改善。

14　在1970年代初，由電梯大樓構成的集合住宅在香港尚未普及：當時新建的樓宇，都是比較擠迫的獨棟華廈。在租屋市場上可以租得到的住宅單位，大部份更是舊公寓（在香港稱為唐樓）內的分租房間，其居住環境比不上新蓋的公共房屋。要待中產階層於1970年代末、1980年代初興起後，品質勝於公營房屋的集合住宅，才開始成為私營住宅市場主流。相關數據見於歷年香港統計年刊和香港房屋委員會年報。

15　香港教育委員會學校教育檢討小組（1997），《九年強迫教育檢討報告》，香港：香港政府印務局，第四章。不過與其他東亞沿海國家相比，香港的教育建設仍是相對落後：諮詢體制內的權貴多希望年輕人在完成基礎教育後，即盡快投身勞動市場。殖民地政府也許顧慮到權貴的意見，將九年免費教育拖延到1980年實施，並拖慢香港大專教育的普及化。參：A Perspective on Education in Hong Kong, November 1982. Hong Kong: Hong Kong Government Printer. p.49.

16　數據來自世界銀行公開數據網站（https://data.worldbank.org）。

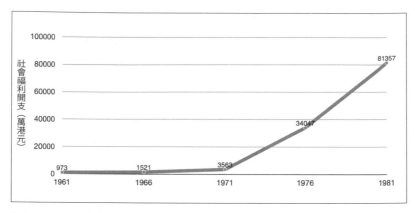

圖3.1：香港政府的社會福利開支，1961至1981年。

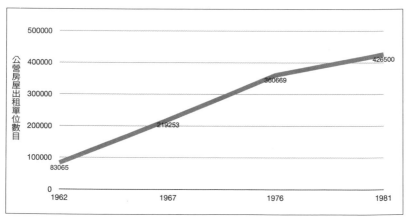

圖3.2：香港公營房屋出租單位數目，1962至1981年。

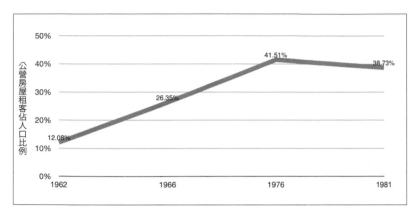

圖3.3：公營房屋租客佔香港人口比例，1962至1981年。

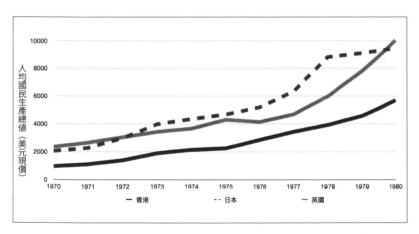

圖3.4：香港、日本和英國的人均國民生產總值，1970至1980年。

　　香港政府在1967年暴動之後，亦嘗試以民政署為橋樑諮詢基
層民眾的民意：雖然這背後依舊是由上而下的政策過程[17]。不過政
府官僚願意派到社區與基層民眾互動，在這個英國殖民地乃前所
未見的大事：這種互動雖然仍是由當權者主導，卻還是能夠使民
眾放下心防，逐漸化解他們過往的政治無力感。香港民眾雖然對
殖民地制度不甚滿意，可是官民之間於1970年代的互動過程，卻
使民眾開始把香港政府當成是「**自己的國家政府**」。雖然香港政府
的作風依舊稱不上是民主，可是如今民眾意識到向政府陳情，不
論是爭取自身的權益、還是抗議社會不公的現象，都有可能換來
哪怕是再微小的改善[18]。至少過往貪污濫權的狀況，於1970年代中
開始逐漸銷聲匿跡；民生事務的改善雖然緩慢，卻再也不是昔日
叫天不認、叫地不聞的狀況。香港雖然沒有民主，然而香港政府
在1970年代的管治，卻相當貼近東亞固有「以民為本」的政治理
想。「香港人」一語所指涉的，也從特定地理空間內純粹的住民、
演化成擁有法定權利的公民。

　　就在政府逐漸擴展和改進公共服務之際，香港也加強在深
圳河邊境的出入境管制，並實施日趨嚴格的身份證制度。起初
當局仍然容許未有在郊區被攔截的偷渡客，在市區內的人事登記
處登記資料後在香港居留：可是他們的身份證上，隨後七年都會

17　King, Ambrose Yeo-chi (1975). "Administrative Absorption of Politics in Hong
　　Kong: Emphasis on the Grass Roots Level," *Asian Survey*, 15(5):422-439.

18　呂大樂（2012），〈無關痛癢的1974〉，《那似曾相識的七十年代》，香港：中華
　　書局。頁13至35。

有特殊的標記。這種情況一直延續到這個漏洞於1980年完全堵塞為止。身份證上面的印記，把新到埠的移民與其他香港人區隔起來：唯獨擁有永久居民身份的香港人，方能獲得整全的公共服務。雖然香港當時尚未展開民主化，可是公共服務供應之有無，卻還是把「市民」與「非市民」區別起來：於香港定居多年、以至是土生土長的人，就是有權利享用公共服務的「香港市民」[19]；「新移民」在融入社會前本是外來者，亦因此沒有享用社會福利的「公民權益」[20]。「香港人」因此成為一個「準城市國家」的「準國民身份」。

在香港人逐漸獲得「準國民身份」之時，香港的本土文化產業亦急速崛起。香港電視廣播有限公司（TVB，亦稱無綫電視）於1967年成立，並開始無線電視廣播：此後香港人只需儲錢購買電視機和接收器材，毋須再向電視台繳付任何費用，就可以安坐家中收看各式各樣的節目。電視機在家庭住戶的普及率，短短幾年間從1968年初的13%，急速增長至1971年的61%。過往提供有線電視廣播的麗的電視（RTV，後來更名為亞洲電視〔ATV〕），也於1973年從月租模式轉型為免費無線廣播。香港的電視文化自

19　香港市民的英文為Hong Kong Citizen，在字義上為「香港公民」的意思。可是殖民地政府卻在文告和宣傳品中，故意把Citizen誤譯為「市民」或「居民」，藉此廻避「公民」一語潛藏的公民權意涵。不過就如吳叡人所提出那樣，隨著香港在1970年代逐漸演進為一個「準國家」，「香港市民」一語亦隨即發展出「國家公民」的意涵。參：吳叡人(2014)，〈The Lilliputian Dream：關於香港民族主義的思考筆記〉，《香港民族論》，香港：香港大學學生會。頁84至85。

20　鄭宏泰、黃紹倫（2004），《香港身份證透視》，香港：三聯書店。

此進入黃金時代，無綫電視和麗的電視的劇集和綜藝節目，亦成為香港民眾茶餘飯後的共同話題[21]。香港民眾不單能從電視接收同樣的新聞資訊，電視台播放的長篇電視劇亦在1970年代中開始擺脫原鄉文化的陰影，改為拍攝反映本土社會實況的題材：這種新興潮流文化使香港人進化成擁有「共時感」（synchronicity）的族群[22]。除此以外，電視文化的普及也奠定香港粵語成香港人的共同語：雖然過往香港一直都是以粵語為主流，可是香港也有講客家語和閩語族語言（潮汕話、閩南話、福州話）的族群，在戰後更來了一批講華語的中國移民。不過隨著廣播文化的普及，香港粵語逐漸成為媒體唯一的廣播語言，使這種共通語變成凝聚香港族群的向心力[23]。隨著電視廣播的普及，廣播媒體就像安德森（Benedict Anderson）論及的印刷資本主義那般，為香港未來國族意識的發展奠定基礎[24]。

香港的粵語流行曲和粵語電影，在經歷1960年代末期的低潮後，於1970年代再次復興。雖然流行音樂的本質始終以市場為導向，可是也無意識地造就一批文學奇才。雖然詞人必須遷就市場

---

21 Wang, Klavier J. (2020). *Hong Kong Popular Culture: Worlding Film, Television abd Pop Music*. London: Palgrave Macmillan. pp.232-239.

22 梁款（吳俊雄），〈小箱子的故事：看看電視長篇劇〉，《明報月刊》，1981年3月號。

23 韋佩文等（2004），《從一九八二年說起：香港廣播七十五年專輯》，香港：香港電台。

24 Benedict Anderson 著、吳叡人譯（2010），《想像的共同體：民族主義的起源與散布》，臺北：時報出版。頁87。

而未能自由發揮，他們還是一邊工作、一邊鍛鍊文學技巧，嘗試在市場的狹縫中抒發對世道人生的情懷。部份出色詞人的作品日趨精緻，逐漸演變成近似現代詩的粵語文學[25]。他們嘗試突破商業市場的各種框架，在狹縫中表達自己的人生觀和世界觀，甚至會展露不滿社會現狀的抗叛精神[26]。就如筆名林夕的詞人梁偉文所言：

> 蘇東坡時代流行大江東流亂鴉送日的意象，而我們流行的是跳舞和風雨……不要誤會蘇東坡定然比現代詞人清高得多，雙方不過都是用切合自己時代的表達模式創作而已[27]。

在1970年代冒起的香港粵語電影，不再像過往的粵語電影那樣受制於原鄉文化，開始把目光放在國際的電影文化潮流。他們甚至打破好萊塢的既有制式，開創功夫電影這類前所未見的新題材。而武俠電影這類來自中國文化的題材，也為香港電影工作者所轉化，展現著重本土身份與近代關懷的新風格[28]。美國電影理論家大衛·博維爾（David Bordwell）認為香港電影工業的創意澎湃，

25　朱耀偉（1998），《香港流行歌詞研究：70年代中期至90年代初期》，香港：三聯書店。

26　朱耀偉（2020），《詞中物：香港流行歌詞探賞》，香港：三聯書店。

27　林夕（梁偉文）（1986），〈一場誤會：關於歌詞與詩的隔膜〉，《文與藝八六：中文歌詞在香港》，香港：香港大學文學院。

28　葉曼丰（2020），《武俠電影與香港現代性》，香港：手民出版社。

「盡皆過火、盡是癲狂」，甚至反過來衝擊好萊塢的電影工業[29]。到1970年代末期，一群負笈海外的年輕電影人決意引入前衛電影風格，開始用寫實手法拍攝以香港社會處境為題材的電影。這一批被稱為「新浪潮電影」的作品，既提升香港電影的藝術層次，亦把電影中的敘事與香港本土社會緊緊扣連起來[30]。

香港本土的民間思想，亦隨著流行文化的影響逐漸成形。過往香港的民間文化，一方面受到原鄉文化的影響、另一方面也著重儒家價值觀的尊卑和孝道。他們看重傳統的家庭關係，強調在困難的經濟環境下，必須在家和萬事興的前提下掙扎求存。可是到1980年代初，他們的價值觀變得更著重稱為「義氣」的手足情誼[31]：香港社會自此發展出有異於儒家「孝文化」的「義文化」，並看重中國所忽視的公義觀念[32]。香港人不再把自己看成是掙扎求存的小市民，反倒為自己取得的成就感到自豪。除此以外，香港民眾的抗叛意識亦從對權貴的不信任，進化成對社會不公的情緒反彈[33]。在1986年上映的《英雄本色》，小馬哥（周潤發飾）的一句

29　Bordwell, David (2000). *Planet Hong Kong: Popular Cinema and the Art of Entertainment*. Cambridge, MA: Harvard University Press.

30　卓伯棠（2003），《香港新浪潮電影》，香港：天地圖書。

31　吳俊雄（2002），〈尋找香港本土意識〉，吳俊雄、張志偉編，《閱讀香港普及文化，1970-2000》，香港：牛津大學出版社。頁86至93。

32　陳弱水，〈「義文化」與香港抗爭的精神〉，《立場新聞》，2019年12月22日。收錄於網民收藏的電子備份；陳弱水（2020），《公義觀念與中國文化》，新北：聯經出版。

33　吳俊雄 2002。

對白把這種抗叛精神發揮得淋漓盡致：

> 我等一個機會，爭番口氣。唔係要證明話比人聽我威，只係想話比人聽，我唔見咗嘅野我想自己攞番[34]！

　　在1970年代興起的流行文化，伴隨著社會的急速發展，使香港人逐漸把活在這三十里袖珍江山的鄰舍，想像成一個與別不同的共生社群。流行文化成為香港社會共同關注的焦點，當中的內容又日趨精緻，使香港人獲得異乎其他國家的精神特質。筆名黃霑的詞人黃湛森，在1979年為香港電台電視劇《獅子山下》的同名主題曲填詞時，捕捉到香港人這種新興的社群想像：

> 人生不免崎嶇 難以絕無掛慮
> 既是同舟 在獅子山下且共濟
> 拋棄區分求共對

　　當香港人意識到自己是共同活在家邦的社群，自然也會知道自己和中國人有所區別：必須加上冠詞的「中國人」，又豈會是真正的中國人呢？長期在香港從事研究的人類學家休・貝克（Hugh D. R. Baker），在1980年代初期發現香港人「熱愛這個憑藉決心和

34　華語翻譯：我等一個機會！我要爭一口氣，不是想證明我有什麼了不起！我是要告訴人家，我失去的東西我一定要拿回來！

努力一手創建的社會，並引以為傲」，既「不會歸功於米字旗的
庇護」、也「未必樂見活在五星紅旗下的前景」，早已是「自成
一格」(*sui generis*) 的族群[35]。由於當時民意調查發展尚未成熟，
我們無法得知香港人在 1970 年代具體上有著怎樣的身份認同[36]。
不過在 1985 年首次進行這樣的調查時，其結果則顯然是完全一面
倒：該調查要求受訪者在香港身份和中國身份二擇其一，結果有
59.5% 的受訪者選擇香港身份。除此以外，有 67.9% 的受訪者認為
香港人的特質使他們難以與其他中國人相處，也有 86% 的受訪者
認為他們與其他香港人享有共同的命運[37]。他們甚為珍惜香港的
自由空間，認為自身的成就都是自由的恩賜[38]。

---

35 Baker, Hugh D. R. (1983). "Life in the Cities: The Emergence of Hong Kong
    Man," *The China Quarterly*, 95:469-479.

36 香港觀察社在 1982 年的民意調查，曾經問及香港人的身份認同問題。可是這
    次調查的卻出現自相矛盾的結果。當受訪者被問及他們究竟是香港人、還是
    中國人，有 61% 的受訪者表示自己是中國人，只有 33% 的受訪者說他們是香
    港人。可是當受訪者被問及他們根在何方，則有 65% 的受訪者認為他們根在
    香港，只有 24% 的受訪者認為他們根在中國。此外在問及受訪者對香港的歸
    屬感時，則有 89% 的受訪者認為香港是自己的家。

    筆者的理解是，當時的受訪者其實應該大多偏向認同香港。受訪者之所以在
    香港人和中國人身份二擇其一的問題，會給出與其餘兩條問題互相矛盾的答
    案，比較可能是出於問卷設計的毛病。

    參：香港觀察社（1982），〈香港觀察社關於一九九七問題之民意調查〉，《觀
    察香港：香港觀察社言論集》，香港：《百姓》半月刊。頁 74。

37 Lau, Siu-kai and Hsin-chi Kuan (1988). *The Ethos of the Hong Kong Chinese*.
    Hong Kong: The Chinese University Press. p.178.

38 Lau and Kuan 1988, pp.46-48.

　　香港本土身份認同的確立，背後亦有其陰暗面：香港人會透過貶低他人，藉此抬高自己的族群優越感。而於1970年代中之後自中國遷入的「新移民」，則成為香港人族群歧視的對象。於1979年播放的無綫電視劇集《網中人》，當中一位名為阿燦（廖偉雄飾）的新移民角色，把香港人對中國移民的偏見活靈活現地展現出來：阿燦在劇中不修邊幅、衣著老套，好吃懶做卻又死要面子，與精明能幹的主角大異其趣。此劇播出後，「阿燦」一語就成為中國人和中國移民的代名詞[39]。不過1970年代中以後抵港的中國移民，也確實有異於過往的南來移民：他們既不是逃避共產黨的政治難民、也不是因食不果腹而冒死偷渡的經濟難民。他們在相對平穩的日子渡過羅湖橋，只是為求提升自己的生活水準。他們與中國仍舊保留比較密切的關係，有不少在中國展開經濟改革後，就憑著與原鄉的關係成為首批於中國營商獲利的人[40]。除此以外，香港人亦會以外來者的凝視（alien gaze）歧視東亞沿海和東南亞的國家：唯有在面對日本時，香港人才會把這種凝視轉化成崇敬之情[41]。比如在香港電影中，臺灣往往會被描述成黑道橫行、

39　Ma, Eric Kit-wai (1999). *Culture, Politics, and Television in Hong Kong*. London: Routledge. pp.62-96. 在中國經濟起飛後，中國人開始用這個詞彙去形容他們看不起的窮人。如今他們碰到來自基層的香港人，也會嘲笑他們為「港燦」。

40　Siu, Helen F (1986). "Immigrants and Social Ethos: Hong Kong in the Nineteen-Eighties," *Journal of the Hong Kong Branch of the Royal Asiatic Society*, 26:1-16.

41　吳偉明，〈香港人的日本觀〉，《主場新聞》，2013年3月11日。收錄於網民搜集的備份。

秩序混亂的落後國家：相比於講究兄弟「義氣」、懂得「食腦」智取的香港黑社會，香港電影中的臺灣黑幫若非血腥殘忍的歹角、就是輔助香港黑社會大哥的小弟[42]。

隨著界限街以北的租約於1997年到期，香港的前途問題也於1970年代末至1980年代初浮現。不過香港人起初仍然抱著樂觀心態，認為英國統治的現狀將維持不變。可是中國領導人在1982年，陸續接見香港的顯要權貴，並提出要「收回主權、制度不變、港人治港、保持繁榮」。其後英國首相柴契爾夫人於9月出訪北京，展開兩國就香港前途問題的談判，香港社會自此就瀰漫著忐忑不安的氣氛[43]。香港主流顯然無法接受中國的統治，根據香港革新會於1982年進行的民意調查，有70%的受訪者希望香港在1997年後維持現狀、另外有15%的受訪者希望香港成為英國的托管地，只有4%的受訪者希望接受中國統治[44]。

由嬰兒潮專業人士組成的議政組織香港觀察社，亦於同年展開民意調查。這項調查的發現，與香港革新會的民調沒有顯著的分別：有87%的受訪者，認為香港於1997年後維持現狀是「幾好」或「非常好」的選擇。有53%的受訪者則認為根據澳門模式「主權換治權」，讓英國在承認中國主權的前提下繼續管理行政事務，也

42　倪炎元（2021），《臺灣人意象：凝視與再現，香港與大陸影視中的臺灣人》，臺北：時報出版。

43　Roberti, Mark (1994). *The Fall of Hong Kong: China's Triumph and Britain's Betrayal*. New York: John Wiley & Sons. pp.41-51.

44　Reform Club of Hong Kong (1982). *Future of Hong Kong: Summary of a Telephone Survey*. Hong Kong: Survey Research Hong Kong Limited.

是個可取的選擇。此外有31%的受訪者認為香港可以獨立。能正面看待中國於1997年後取得香港管治權受訪者，則只有12%。香港民意抗拒中國管治，乃是清晰不過的事實[45]。不過香港觀察社其後就調查內容發表的新聞稿，卻顯然視調查展現的民意如無物。他們「承認中華人民共和國的正式立場」，主張香港「將來會重新成為中國的一部份」。香港觀察社明知「維持現狀」才是香港的主流民意，可是這個素來主張民主的議政組織，卻面不紅、氣不喘地辯稱他們主張民主回歸，是「希望現狀應更有改善」[46]。

香港觀察社如此漠視自己調查出來的民意，反映主張民主改革的嬰兒潮社運人士，其政見與普羅大眾的真實想法出現嚴重的斷裂。也就是說，民主回歸世代爭取民主的社會運動，是在違背主流民意的情況下展開的。我們必須要問：這個以民主政治為目標的嬰兒潮世代政治群，何以會抱有這種違背主流的態度？

否定本土的社會運動次文化

問題的關鍵，在於嬰兒潮世代的教育背景，使他們會以中國傳統文化、或是新文化運動後的中國近代文化，作為判斷本土文化優劣的準繩。嶺南民眾自14世紀起，為求運用明清帝國的戶口制度謀取最大的土地利益，紛紛透過攀附華夏古文明掩飾其原住

---

45 〈香港觀察社關於一九九七問題之民意調查〉，頁75至81。

46 香港觀察社（1982），〈關於一九九七問題香港觀察社的立場〉，《觀察香港：香港觀察社言論集》，香港：《百姓》半月刊。頁82至85。

民背景[47]。以嶺南人為主的香港民眾,也繼承著這一種趨炎附勢的陋習:在粵語隨流行文化普及成香港的通用語後,民間就一直流傳著粵語本為唐宋帝國「雅言」的都市傳說[48]。嬰兒潮世代參加社會運動後,他們的文化審美觀也滲入反殖民主義、反資本主義的元素。他們先驗地認為香港既與中國割裂,其資本主義體制又在殖民地制度的庇護下從事赤裸的剝削,因而不可能孕育出值得稱頌的文化:拿撒勒還能出什麼好的嗎[49]?

　　包奕明於1960年代中提倡「回歸運動」時,曾以不屑的態度貶抑香港本土文化。他認為香港作為一個殖民地社會,正處於「社會解體過程」,並出現「人格解組」和「人格分裂」的現象。他認為在這樣的一個社會,從價值觀、生活習慣、社群關係,乃至是本土的知識和文藝,都必然呈現病態的扭曲。而香港本土文化,亦只可能是「**一個虛偽、雜亂、互輕、模擬、失離、爭奪的雜取文化**」[50]。其後刊登包奕明等人投稿的《盤古》轉型為「國粹派」的地盤,並聘請藝名文樓的雕塑家文寶樓負責設計版面:這位雕塑家其後一直堅持親中媚共的立場,並曾多次擔任中國人民政治協商會議全國委員[51]。這位戰前世代的版面設計師,也完全認

47　Faure, David (2007). *Emperor and Ancestor: State and Lineage in South China.* Stanford: Stanford University Press. pp.67-108.

48　比較近期的例子,參:陳雲(陳云根)(2015),〈自序〉,《廣東雅言》,香港:次文化堂。

49　《聖經》和合本,〈約翰福音〉,第一章46節。

50　包錯石 1967。

51　關於文樓之生平,參國立臺灣師範大學的傑出校友簡介(https://pr.ntnu.edu.

同嬰兒潮社會運動對本土文化的批判，指斥「雜取文化看似多姿多彩，實質缺乏原創性，為有識者所譏」。他甚至更進一步，指責本土文化都源自英國殖民主義不懷好意的虛構，目的是要把香港人塑造成「沒有國家觀念、沒有民族感情、缺乏社會人文歸屬的一群」[52]。

在嬰兒潮社會運動參與者眼中，香港既然沒有真正自立自足的文化，也就沒有爭取自治或獨立的能力和權利。在1965年《學苑》的一篇投稿中，論者附和部份外國人對香港的惡評，認為「香港沒有自治的意識」，不論未來如何發展也「永遠不會有」。而香港本土文化「根本就是受西方文化衝擊而呈現混亂的中華文化」，純粹是在怪異時空下精神錯亂的產物。本土文化作為混沌狀態下的病態，既不可能有骨氣、亦不可能有理想。透過振興中華文化修正本土文化，則是香港「重步正軌」的唯一出路：「香港人」這個異乎中國的族群既然不應存在，也就沒有必要以本土身份爭取政治上的自治[53]。

即使是著重本土社會抗爭的「社會派」，對於在1970年代興起的本土文化也沒有什麼好說話。他們認為除卻新亞書院那些曲高和寡的「腐儒」外，香港「根本談不上什麼『高文化』的『大傳統』」，而目前的文化潮流也只是「**文化性的『結構解體』現**

---

tw/archive/file/102傑出校友1-文樓(2).pdf）。

52 黎明海、劉智鵬（2014），〈文樓談訪錄〉，《與香港藝術對話：1960-1979》，香港：三聯書店。頁26至39。

53 徬徨，〈我也談自治〉，《學苑》，1965年1月號。

象」[54]。這種本土文化不過是資本主義剝削的幫兇，當中充斥著可惡的「性商品化和性氾濫的現象」，除了使香港社會的性暴力和性罪行日益猖獗，還使「社會上充滿敵意，人間充滿罪惡」[55]。他們認為新興起的本土文化，都因為利潤掛帥而變得膚淺浮薄，也是社會崩壞的徵兆。

當香港在1974年受到石油危機衝擊時，學生運動的參與者曾寄望經濟衰退能夠突顯殖民資本主義的「內部矛盾」，從而促使更多香港民眾參與他們的抗爭行動。事與願違，學生運動始終未將香港民眾連結起來。學運人士發現「狂熱的愛國護土、激進的反資反殖（，）與大眾的思想行動似乎背道而馳」，並認定民眾是受到「意識形態霸權」的影響，從而「窒息了他們將切身的痛苦轉化為武裝的力量」。他們指出「意識形態傳播機構裏的工作者……依照自己安排世界的理念去製造和推出文化產品」，把其「理念滲透入每一個學生，以及看電影、電視、書刊的民眾思維中」，從而使民眾失去對抗不合理制度的意志：而這種「意識形態再造的過程」，亦隨「近年來大眾傳播媒介的蓬勃發展」而惡化。面對這種「社會制度的客觀陰謀」，學生運動意識到「開展意識形態批判工作的獨特意義」，決定對誤導民眾的「大眾文化」展開反擊[56]。比如在1977年，就有剛從大學畢業的「學運老

---

54 魯凡之（周魯逸）（1982a），〈「油脂無產階級」與「玩暴動」狂潮〉，《香港：從殖民地到特別行政區》，香港：廣角鏡出版社。

55 曾澍基（1976），〈香港的最後探戈：新資本主義性的商品化和性氾濫現象〉，《香港與中國之間》，香港：廣角鏡出版社。原文刊登於1975年。

鬼」把兩間學校的預科學生組織起來，展開批判分析時下電視節目內容的「大眾傳播探討計劃」，其後更把焦點放在影像文化的「裸露及色情問題」。這個計劃最終在社會運動圈中掀起風潮，促使大專學生團體在1978年12月與其他社會團體成立「反色情文化聯合委員會」，他們除了呼籲香港政府加強管制傳媒、還會透過請願運動檢舉「失格」的電視節目[57]。

　　嬰兒潮世代社會運動在評論本土文化時，喜歡套用前衛的馬克思主義理論，把潮流文化標籤為資產階級謀求私利的工具。他們根據法蘭克福學派的大眾文化理論（Mass Culture Theory），認為香港殖民地政府推動本土文化，是為求動用文化的力量克服資本主義的內部矛盾，延續香港這種殖民主義與資本主義合流的體制之動力。他們指摘香港政府為鼓勵資本主義入侵文化領域，「便加強對輿論媒介的控制」，從而「以電視、廣告、和其他大眾傳播媒介為先鋒……將生活各方面商業化」。資本殖民體系透過傳媒宣揚大眾文化，讓普羅大眾「將生命視作與經濟同義」，從而壓抑他們的抗爭意志[58]。1970年代興起的本土潮流文化，在本質上只是一種「消費文化」，把鼓勵消費當成「資本主義生產方式自我延續下去的『救命單方』」：這樣的本土文化，只會令「日常

56　孟浪秋、遵文，〈談文化批判〉，《學苑》，1978年11月號。

57　呂大樂（1983），〈關於普及文化研究〉，呂大樂編，《普及文化在香港》，香港：曙光出版社。

58　曾澍基（1976），〈香港社會的形態和文藝的任務〉，《香港與中國之間》，香港：廣角鏡出版社。原文刊登於1974年。

生活（『生活文化』）亦進一步更全面性地被『規格化』、『合模化』、『商品化』」，使香港淪落為「物化」和「非人化」的惡托邦[59]。參與社會運動的嬰兒潮世代引經據典，把戰後香港輝煌的文化成就一筆勾銷，振臂高呼「**大眾文化不是文化**」[60]。他們對包括電視和電影在內的影像文化尤其反感，他們指出「電視畫面是轉瞬即逝的、形象的、要求迅速回應的，亦正與70年代以後香港社會的趨於『動態』相統一」，也與1970年代中期「『新資本主義』及消費主義潮流在香港的興起」息息相關。而在「70年代後半期渡過由15歲至20歲這一年齡階段的一代」，亦因此成為「香港『電視文化』與新資本主義『消費商品文化』匯流下模鑄第一代」[61]。

嬰兒潮世代社運人士未有留意到伯明翰學派（Birmingham School）自1960年代起展開的左翼文化研究，已在強調民眾並非被動接受文化商品的受眾，反倒會主動選擇和挪用潮流文化的符號為自己充權和發聲：這套理論要到1990年代，才開始成為香港潮流文化研究的顯學[62]。他們反倒根據對法蘭克福學派的死板詮釋，認為「電視文化」正是所謂「青少年問題」的根源：嬰兒潮社運人士認為塑造當代青少年的「『油脂文化』或其他新潮商品文化」，正遭受「貼上『反政治』商標的典型政治控制」，而這種控

---

59 魯凡之（周魯逸）（1982b），〈「代溝」、電視與「消費資本主義」〉，《香港：從殖民地到特別行政區》，香港：廣角鏡出版社。

60 鄺慕儀，〈大眾文化的九大特色〉，《學苑》，1978年4月號。

61 魯凡之1982b。

62 陳嘉銘、吳子瑜、海邊欄（2022），《給下一輪廣東歌盛世備忘錄：香港樂壇變奏》，香港：突破出版社。頁50至53。

制「就是對新一代『虛其心』而『縱其慾』、『滿』其感官而『空』其大腦的現代愚民／弱民政治」。雖然這類批判有時會承認潮流文化產品有凝聚社群的潛能，最終「必然自發產生脫離其背後策劃者的強烈傾向」，可是他們亦會強調「大眾文化」（pop culture）的洗腦本質。如此「社會底層青少年『反社會』破壞力」的爆發，也因為他們潮流文化影響而「被做了『割腦手術』」，只能「表現為盲目性的發洩情緒行為」。這樣時下青少年的「自主抗爭」就有如「義和團」，「雖對『建制』的安定有損，但卻對『建制』的根本無阻」[63]。

嬰兒潮社運人士對本土文化一臉不屑，卻在面對中國時自慚形穢起來。他們認為與香港相比，中國才算是真正有精神生活的國度。「社會派」出身的社運人士有異於「國粹派」的對手，他們未有因文化大革命以失敗收場而對中國失去信心。他們反倒認為中國走出文化大革命的陰影後，未有迴避「對自身社會、制度的反省」，說明這個國家在精神上仍然豐盛。相比之下，香港人因為經濟條件較為優厚，便「安於逸樂」和「自誇自耀」，實際上只有「精神生活的空虛」和「生命的虛無」[64]。嬰兒潮社會運動斷定香港的本土文化都是「雜取文化」，缺乏「一套完整的、獨立的精神或文化系統」，因而「沒有獨立的精神條件」。他們把香港普羅大眾「突然而來對香港的熱愛」，貶斥為「個人主義或是自利主

63　魯凡之 1982a。

64　王卓祺（1982），〈地球不是繞著香港轉的〉，曾澍基等編著，《五星旗下的香港──香港前途問題探討》，香港：曙光圖書公司。

義的最新變種」[65]。他們因此認定「五百萬人的意願」，就只不過是「抽象的概念而已」。這群後來投身民主運動的社運人士，以高高在上的姿態鄙視「香港人極端現實的性格」，片面斷定香港人沒有動力為國族自決而抗爭，以先鋒黨心態否定民眾對香港前途問題的想法[66]。

　　偏好民主回歸的嬰兒潮社運人士，認為普羅民眾抗拒中國的本土意識，不過是出自殖民資本體系灌輸的「虛假意識」(false consciousness)，純粹「只是偷安心理作祟」。他們想要「維持現狀」、或是爭取某種形式的香港獨立，只是為求迴避「制度變換的代價」。這些要求民主改革的社運人士，認為抗拒中國的民意只是「放諸四海而皆準的『絕對保守論』」[67]。社運人士知道民眾想要以「維持現狀」的方式，使香港能脫離中國的政治影響，可是他們卻認定這只是「沒有組織、沒有形式、沒有具體內容、沒有行動綱領、沒有領袖人物的一種自發無政府的心態潮流」[68]。既然民眾受到殖民資本體系的誤導、其想法又不符合政治現實、

65　曾澍基（1984），〈民族主義、回歸與改革〉，《巨龍口裡的明珠・政經論文集》，香港：廣角鏡出版社。原文刊登於1982年。

66　吳默然（1982），〈「九七」思索〉，曾澍基等編著，《五星旗下的香港——香港前途問題探討》，香港：曙光圖書公司。

67　吳南山（1982），〈回歸與挑戰〉，曾澍基等編著，《五星旗下的香港——香港前途問題探討》，香港：曙光圖書公司。

68　艾凡（劉迺強）（1982），〈論一九九七〉，曾澍基等編著，《五星旗下的香港——香港前途問題探討》，香港：曙光圖書公司。原文刊登於1980年。原句並無分段，筆者為方便理解而加上標點符號。

而且還缺乏行動的能力，那麼嬰兒潮社運作為民主運動的先鋒，就必須為民作主替香港人作出抉擇：他們認為香港若要走上民主之路，就必須先背離民意去爭取民主回歸。

香港民主運動的先鋒之所以會有如此的判斷，部份原因是出於他們的抗爭經驗。他們雖然在1970年代已經植根社區，可是能使民眾一呼百應的大多是個別社區的特定民生議題。在香港前途問題浮現前，民眾對爭取民主改革也未有太大的熱情。即使到1980年代中期，香港人對民主的理解仍是比較粗淺，甚至會把諮詢政治誤認為民主政治[69]。即或如此，我們還是不能忽視歷史學家科大衛（David Faure）的忠告：香港人的政治冷感，其實只是表面的假象。他強調香港政府在戰後未有引入民主政制，反倒把政治議題包裝成行政上的技術問題，使香港人無法「界定自身的政治議題」，從而「造成香港人政治冷感的形象」：也就是說香港人對民主改革的「漠不關心」，純粹是出於缺乏話語權的緣故。若然我們反過來推論，就會知道在衝擊社會輿論空間的重大變革出現後，香港人就能馬上確立其政治主體，在短時間內從「政治冷感」進化成「政治狂熱」。嬰兒潮社運人士似乎採信殖民地政府推搪之辭，認定香港人因著某種「東方文化」而注定只能保守反動[70]。倘若我們要應用「虛假意識」這種目中無人的概念，那就必須指出嬰兒潮社運矢志「啟蒙無知大眾」的自信，恐怕也是出自殖民

69　Lau and Kuan 1988, pp.70-80.

70　Faure, David (2003). *Colonialism and the Hong Kong Mentality*. Hong Kong: Centre of Asian Studies, University of Hong Kong. p.2.

資本體系灌輸的「東方主義」（Orientalism）意識形態：這些為民前鋒、夙夜匪懈的社運人士，認定香港人就像其他「東方人」那樣，都是必須仰賴受過西式大專教育的「有識之士」保護的「天生弱者」[71]。

「畢全功於一役」的民主回歸

嬰兒潮社會運動早在學生運動時期，就認定改革殖民地制度、推動民主改革的唯一出路，是「回歸祖國」與中國民主運動合流。出生自「社會派」的曾澍基，於1975年就開始提倡「民主回歸」的政治路線。他認為：

> 香港只有一條道路可走，就是徹底地改變殖民地主義和壟斷資本主義的制度……反殖的目標應是與中國復合，反資則是融入中國民主化運動內[72]。

在曾澍基開始探索「民主回歸論」之後那年，毛澤東逝世、四人幫倒台，文化大革命這場十年浩劫終告落幕。「社會派」出身的社運人士，雖然對中國社會主義的發展抱有期望，卻始終對文化大革命有所保留。依據他們的判斷，北京政權正處於歷史的十

71　Said 1979.

72　曾澍基（1976），〈香港往何處去〉，《香港與中國之間》，香港：廣角鏡出版社。原文刊登於1975年。

字路口，急切需要找出把社會主義延續下去的道路。而這正是香港社會運動與北京政權談判的良機：香港可以向中國傳授自己近代化的經驗，為中國的社會主義改革排除障礙，藉此換取北京政權支援香港的反殖民主運動。如此香港和中國都可以透過香港的「民主回歸」，以「畢全功於一役」的方式互相救贖。曾澍基指出「民主的中國才是民主的香港的最佳保證」[73]，而在文化大革命結束後推動「回歸」，亦會「對中國現代化有利」。這樣香港就可以爭取到一個「過渡時期」，首先「實行半民主的、改良了的資本主義制度」，繼而輔助中國全面邁向民主[74]。

同為「社會派」出身的周魯逸則認為，文化大革命結束後的中國若要落實改革，就必須實施以市場經濟輔助社會主義規劃的混合制度。可是由於中國計劃經濟的積習難改，他們對於引入市場經濟的元素始終「存在著難以踰越的結構性限制與主體性限制」。倘若香港能夠成為中國的一部份，就可以成為中國經濟改革的「重大調整器」，「在中國朝著『混合經濟化』的改革『磁場』擔任要角」。隨著香港對社會主義中國的經濟改革作出貢獻，也就能爭取以互惠互利的條件「回歸祖國」。他相信「如果中國或多或少地珍惜香港所可能作出的經濟貢獻的話」，就「要容許民主自治的出現」，達成中國繁榮、香港民主的雙贏局面[75]。周魯逸

---

73 曾澍基，〈民族主義、回歸與改革〉。

74 曾澍基（1982），〈改造現狀的考慮——考慮範圍的改造〉，曾澍基等編著，《五星旗下的香港——香港前途問題探討》，香港：曙光圖書公司。

75 魯凡之（周魯逸）（1982），〈「五星旗下的資本主義！」〉，《香港：從殖民地到

甚至認為在中國主權下自治的香港，將會成為世上首個「相當程度的發達資本主義社會」以和平演變的方式，「自我超越而進入『後資本主義社會』」的案例。這種「香港發展模式」將會垂範天下，向世界展示一條從資本主義過渡到社會主義的可行出路[76]。

嬰兒潮世代的社運人士，甚至會認為香港「回歸祖國」將會改變中國政治形勢。他們認為香港若能成功爭取「民主回歸」，這個在中國主權下的自治政體將會成為中國民主政治的實驗室：倘若香港的民主政治運作良好，就「大有可能喚起國內人民走向民主化之路」，此後中國的民主化就會成為香港民主自治堅實的保證[77]。而民主自治的香港亦會成為「中國有史以來的第一個『城邦』」，推動中國實行地方自治或聯邦制的改革：在中國實行聯邦制後，「『香港城邦』變成為『中國聯邦共和國』的第一邦」的示範作用，將會促使臺灣選擇加盟，從而達成海峽兩岸的和平統一[78]。

香港民主運動在1980年代開始踏入歷史舞台時，社運人士念念不忘的，始終是1960年代末至1970年代的第三世界反殖運動思潮，而這類進步思潮在當年都受過中國文化大革命的鼓舞。嬰兒潮世代的學運人士也跟隨西方的進步潮流，把社會主義中國當

特別行政區》，香港：廣角鏡出版社。

76　魯凡之（周魯逸）（1982），〈創立「特區學」芻議〉，《香港：從殖民地到特別行政區》，香港：廣角鏡出版社。

77　吳南山，〈回歸與挑戰〉。

78　魯凡之（周魯逸）（1982），〈「特別行政區」充分認識──中國主權的「香港城邦」芻議〉，《香港：從殖民地到特別行政區》，香港：廣角鏡出版社。

成拯救香港的「天外救星」。雖然後來投身民主運動的嬰兒潮社運人士，大多來自懷疑文化大革命的「社會派」，可是他們始終對社會主義中國抱有期望。這個世代的社運人士都在「文化中國論」的影響下成為知識人、其後又浸淫於極其「中國化」的社會主義理論，使他們無法接受和理解任何排除中國因素的思想資源。他們抱著知識階層的傲慢，以各種半桶水的「進步理論」否定普羅大眾的本土文化和本土認同。即使民意對中國的抗拒極其清晰，嬰兒潮世代的民主運動卻依舊堅持「回歸祖國」是香港民主化的唯一出路。他們矢志要為香港人爭取民主，卻又鄙視民眾對民主政治的無知，決定要以「為民作主」的方式推動「民主回歸」。

　　雖然從事後的發展來看，「民主回歸」並未有為香港帶來理想的結果，可是這種構思背後確實也承載著對香港的良好盼望。就如在導論提到那樣，1970年代的地緣政治形勢不利於香港獨立建國，而透過民主自治達成「內部自決」，在當時乃同時兼顧住民自決和現實政治的方案：真正的抉擇，在於香港要成為英國的自治領土、還是要變成中國的特別行政區。「民主回歸世代」主張在中國主權下推動去殖民化和民主化，本是出於良好的動機，卻反映他們對中國共產黨的權力運作一無所知：嬰兒潮社運人士只是基於其「進步情懷」而對北京政權一廂情願。在社會運動圈子以外的人，亦早已察覺到這樣的盲點。吳靄儀在香港前途問題談判期間，就清楚地指出「**地位不對等的兩方，絕不可能真正坐下來講條件**」。她提醒提倡「民主回歸」的社運人士，中國最終只會答允給予香港一個「過渡時期」，「**要是你老是不踏上社會主義的**

路，那就失去『過渡時期』的用意了」。這位以心思細密著稱的民主派訟師，嚴正呼籲嬰兒潮社運人士「不要騙自己，更不要騙取別人的支持」[79]。1970年代末亦有一些清醒的聲音呼籲香港人不要圍於中國情意結，要以「身土不二」的決心自謀出路：

> 香港人必定要摒棄「借來的時間，借來的地方」這個意識死結，建立起**「吾土吾民」的精神**，放開「香港始終是中國的」的感情包袱，在行動上積極求生存。香港人必須認識到中南海及唐寧街都不知道香港出路的答案！……香港人應該徹底認識到北京及倫敦的香港政策的精粹是一個「拖」字。到此，香港人應該明白**「自謀出路」**是保存香港人利益的唯一辦法……[80]

可惜一士之諤諤，不敵千人之諾諾。嬰兒潮世代的社運人士猶如被魔神仔召喚，堅持要把「民主回歸」奉為香港民主運動的主流論述。在第六章的討論中，我們會看到嬰兒潮世代的民主運動參與者，在中英兩國就香港前途問題展開談判後就一直高舉著「民主回歸」的旗幟。他們雖然曾經被中國共產黨背信、甚至曾目睹北京政權血腥殘忍的暴行，可是在隨後30年依然未有偏離「民主回歸」的路線。不過在探究香港民主運動其後的發展前，筆者

79　吳靄儀，〈妥協與頑抗：擺在眼前的路〉，《明報月刊》，1983年12月號。

80　史嘉娜，〈解開意識死結，尋求香港人的出路〉，《信報財經月刊》，1978年5月號。

將會先在後面兩章討論香港的文化傳承和政治傳承：難道在「文化中國」和「社會主義中國」以外，香港本土就沒有自己的思想資源嗎？

CHAPTER 4

斷裂的本土文化傳承

在之前那幾章，我們探討過香港嬰兒潮世代社運人士的生命歷程，如何使他們與香港普羅大眾出現身份認同上的斷裂。他們曾經在學校受過傳統的中國文化教育，其課外讀物又多是自由派南來文人的著作。當他們的同代人踏入社會，對香港本土的認同日趨強烈之時，嬰兒潮社運人士卻以知識人先鋒的姿態自鳴清高。社運人士在大學校園或運動圈子中，接觸到貌似進步、本質上卻不脫「東方主義」的西方左翼潮流，就對社會主義中國和文化大革命產生遐想。他們的師長曾經鼓勵他們要關心「文化中國」，如今他們決定更進一步，立志要以「認識祖國、關心社會」的姿態接觸「現實中國」。

在1960年代末至1970年代的社會運動經歷，使部份嬰兒潮社運人士凝聚成主張「民主回歸」的**政治群**，而推動「回歸祖國」也成為「民主回歸世代」這個**政治世代**的**世代堅持**。他們認定讓香港成為中國的特別行政區，是推動香港民主的唯一可行方法，因而決定背離抗拒中國的主流民意「為民作主」，堅持通過「民主回歸」的進路為民眾爭取民主。香港嬰兒潮社運乞靈於「文化中

國」和「現實中國」，使他們對普羅民眾的本土認同有著先驗上的抗拒。不過這樣的發展，是歷史上的必然嗎？香港本土真的完全沒有其他可資應用的思想資源？ 若然香港還是有一定的本土思想源流，那為何嬰兒潮世代又會對之未有所聞？

他山之石：拆解中國結的臺灣嬰兒潮社運

可是香港的情況，卻不是世界獨有的孤例。在黑水溝另一邊的臺灣，1946至1955年出生、於1970年代初開始投身社會運動的「保釣世代」，也有著相若的經歷。中華民國流亡政權在遷佔臺灣後，即在學校引入歌頌黨國體系和中國傳統文化的課程，並把中國國民黨的黨組織延伸至校園，藉此監督思想教育的推行[1]。曾經經歷日治時期的戰前世代，則因為1947年二二八事件和其後清鄉行動，或是選擇對他們的子女保持緘默、或是以隱晦難明的方式講述其所思所聞。亦因為這種暴政的影響，在二二八事件和清鄉後出生的「四年級」、「五年級」和「六年級」[2]，成長期間，接觸到

---

1 參：蔡佩娥（2008），〈由國中小教科書看戒嚴時期台灣之國族建構——以國語文科和社會類科為分析中心〉，國立政治大學台灣史研究所碩士論文；陳俊傑（2010），〈戰後臺灣國民教育社會科教科書與國家形塑(1952-1987)〉，國立政治大學歷史學系碩士論文；張必瑜（2010），〈有國無家的地理想像：戰後初期臺灣小學地理教育中的家鄉與異鄉、我族與他者〉，《臺灣文學研究集刊》，第八期，頁85至124；湯梅英（2016），〈台灣公民教育的轉變歷程 (II)：戰後的變動與挑戰(1945-1949)〉，《台灣人權學刊》，第三卷第四期，頁51至68。

2 分別指在民國紀年40、50和60年代出生的臺灣人。換成公曆，那就是1951

的都是傳統保守的「文化中國論」。他們在逐漸長大成人時，也大多認同自己是「中華民國」的正統中國人，並懷著對中國的愛國熱情投身社會運動。他們對臺灣本土的認同，若非付諸闕如、就是在深層意識內沉睡。身為「五年級」的臺灣本土派歷史學家陳翠蓮，就如此憶述她的少年時代：

> 從小，我就是黨國教育的成功例證。曾經因為說得一口標準的國語被認為是外省人，而沾沾自喜；台美斷交時，將當局印發的「只要有我在，中國一定強」標語貼在案頭，晨昏惕勵……學校教育與家庭教育嚴重衝突著，每每在晚飯時與父親激烈爭辯，弄得全家人食不下嚥；父親幾次脫口提到我從未聽過的二二八，都被母親急急制止；看著女兒充滿政治熱情，母親憂心之餘總是交代「有耳無嘴」、「人多的地方不要去」……[3]

筆者認識的臺灣本土派前輩同仁，大多屬於「五年級」和「六年級」，他們都曾經有過類似的經歷。他們有的懷著愛國熱情參與黨國舉辦的徵文活動，書寫對「南海血書」的讀後感。其中一位前輩在寫作過程中，卻發現這封宣稱是由越南難民撰寫的「遺書」，內容充斥著難以自圓其說的矛盾。另一位前輩則花費心力鑽

至1960年、1961至1970年、1971至1980年這三段時期。
3　陳翠蓮（2008），〈自序：在困惑中前行〉，《台灣人的抵抗與認同：一九二〇—一九五〇》，臺北：遠流出版。頁5。

研中國傳統文學，能夠寫得一手漂亮的文言文，他在投身本土運動後，卻反過來運用這種文學才華戲謔主張與中國統一的政敵。也有些前輩甚至曾經加入中國國民黨，要待遭遇黨組織的內部紛爭時，才展開漫長的本土覺醒。這樣在1970年代的時空，投身社會運動的臺灣戰後世代，亦會像同一個世代的香港社運人士那樣對「現實中國」充滿遐想。

　　1971年1月爆發的保釣運動，啟蒙的除了香港民主回歸世代，還包括以「三年級末段」[4]和「四年級」為主的臺灣留學生：這些臺灣學生成為保釣世代的骨幹，並於1月29日與香港留學生並肩向前，在美國各地發起「保衛釣魚台」的大遊行。參與這場運動的臺灣人，雖多為王曉波、錢永祥這種抱有中國情懷的外省人，可是郭松棻和林孝信等本省左翼人士亦有參與其中。後來身處臺灣的大學生亦響應這次運動，並於同年6月發起反對《沖繩返還協定》的千人校外大遊行。中華民國流亡政權於同年10月失去在聯合國的代表權，以致此後管治臺灣的政府或政權都無法得到聯合國的認受。翌年2月，美國總統尼克森訪問中國，並與北京政權簽署《上海聯合公報》。臺灣猶如樹枝孤鳥的景況，使受過黨國愛國教育的大學生聯想起近代中國飽受欺凌的歷史：西方國家在19世紀中至20世紀，恃著船堅炮利侵略清帝國及其後的中華民國；如今這些國家又與「匪偽」聯手，誓要把「播遷」臺灣的「正統中國」趕盡殺絕。抱有愛國意識的大學生，認為身處臺灣的「中國

4　他們出生於1946至1950年，即民國35至39年。

人」理應「莊敬自強」，為「正統中國」的獨立、自主和富強而奮鬥[5]。這種主張「中國人」必須發憤圖強的論調，可追溯王曉波為1971年6月遊行而起草的《告全國同胞書》：

> 一百二十年來，帝國主義對中國的侵略，已使我們欲哭無淚。我們也知道這不是該哭的時候，我們必須忍著淚把所有的侵略者擊敗，光復大陸，重整山河，才是我們哭著祭黃陵的時候[6]！

不過臺灣大學生在團結抵抗外侮之餘，也不忘「正統中國」的自立自強，**必須伴隨著國內的政治體制改革**。張俊宏和許信良聯同其他社運人士，於《大學雜誌》發表〈臺灣社會力的分析〉，剖析臺灣社會不公的問題：值得留意的是，這篇文章其中一位作者是筆名包青天的包奕宏，他剛好是香港「回歸運動」推手包奕明的弟弟。在這篇文章的其中一段，作者指出中華民國流亡政權的制度與臺灣的社會現實脫節，使年輕人深感失望：

> （年輕世代）所看到本國的一切典章制度與種種落伍的現實形態，卻與他們心目中的理想完全隔閡，內心裏形成

5　蕭阿勤（2010），《回歸現實：台灣一九七〇年代的戰後世代與文化政治變遷》，臺北：中央研究院社會學研究所。頁104至120。

6　茅漢（王曉波）（1971），〈六一七學生示威紀實〉，《大學雜誌》，第43期，頁24至27。

一道難以彌補的差距[7]。

臺灣保釣世代學生運動認為，中華民國流亡政權已「播遷」逾二十年，而「反攻大陸」的「宏願」亦無法於短期內實行。如此，專注於臺灣勵精圖治，就是當局無法迴避的責任。他們指出「不管我們所擁有的土地有多少，起碼我們在這塊自由的土地上是屬於共患難的一群人。大陸未復之前我們只有同心在此建立一個真正民主憲政體制的開化國家，然後再談其他期遙之圖，才不致本末倒置而無所措手足」[8]。經歷過1971至1972年的風波，「青年學子們經過了這兩次淚的洗禮」，就決定要成為「『洗滌社會、擁抱人民』的先鋒隊」[9]，積極關心社會的民生和政治議題。這最終發展成要求民主改革的全面改選中央代表運動：1947年和1948年選舉產生的國民大會和立法院，在1949年隨中華民國流亡政權「播遷」臺灣後，直到1991年都未曾舉辦過換屆選舉。這兩個議會要待1969年才首次舉辦增額選舉，讓臺灣民眾補選少數出缺的議席。部份比較勇敢的社運人士，更於1970年代中期開始挑戰中國國民黨一黨專政的權威，以「黨外」之名投身政治反對運動[10]。

---

7 包青天（包奕宏）、張景涵（張俊宏）、張紹文、許仁真（許信良）(1971)，〈台灣社會力的分析（中）〉，《大學雜誌》，第44期，頁14至19。

8 臺大大學新聞社 (1972)，〈「革新」從「革心」做起〉，《台大人的十字架》，臺北：臺大大學新聞社。頁29至30。

9 王復蘇 (1972)，〈台大社會服務團成立始末〉，《大學雜誌》，第49期，頁62。

10 蕭阿勤 2010，頁132至140。

　　就像香港嬰兒潮社會運動那樣，臺灣保釣世代的社運人士起初也嘗試把自己的運動，與中國新文化運動和五四運動的「抗爭道統」串連起來。他們在這個過程中，開始探索臺灣本土的文化和歷史，並嘗試將其置入中國國族主義的框架中去理解。比如後來成為臺灣出版界大老的林載爵，就曾指出日治時期的「台灣新文學運動」，「是受到祖國新文學運動的影響而產生的」，故此也可以視為新文化運動一條支流[11]。政治學者陳少廷於戰前出生，剛好是保釣世代的直屬學長，後來於1970年代擔任《大學雜誌》的創刊社長。他認為臺灣在日治時代的抗爭史，也是中國「國民革命」抗日運動的重要一環。他指出「本省同胞不斷地以武力抵抗日本統治者」，也是中華民族「一頁悲壯而光榮的歷史」，證明臺灣人昔日雖然被日本管治，卻仍然是「最優秀的中華兒女」[12]。

　　此後臺灣保釣世代社運的論述，在1970年代一直充斥著中國國族主義的語言。這在表面看來與香港嬰兒潮世代的社會運動不無相似之處，可是臺灣其後卻走上迥然不同的道路。社會學家吳介民認為臺灣文人在1970年代那些充滿中華情結的言論，並不都是真誠的由衷之言。他指出「即便我們承認台灣本土派文人的文化民族主義，具有落後於政治反對運動（政治性的民族主義）的後進性質」，也不代表「他們在權力面前的公開言行具有真確性」、而當中真實的部份也不必然「有普遍的性質」。如果我

11　林載爵（1974），〈日據時代台灣文學的回顧〉，《文季》，第3期，頁134。

12　陳少廷（1972），〈五四與台灣新文學運動〉，《大學雜誌》，第53期，頁97。

們認為1970年代的臺灣文人都真誠認同中國，這種邏輯最終會以1980年代中的政治演變「切割同一個論述主體的兩種相互矛盾的論述內容」，從而先驗地否定當代臺灣思潮內部連續的特性[13]。

　　部份保釣世代的社運人士在1980年代開始脫下「中華」的偽裝，鼓起勇氣主張臺灣的政治和文化都必須以本土為基礎。陳樹鴻在1983年撰寫〈台灣意識──黨外民主運動的基石〉一文，主張自1970年代中期興起的黨外運動不應滿足於反威權、爭民主，也必須是建基於本土意識的臺灣國族主義運動。他認為臺灣在日治時期在與東亞大陸相對區隔的情況下，已經發展出「整體化的社會生活和經濟生活」。臺灣既然已經進化為一個自成一格的社會，「就必然地產生了全島性休戚與共的『台灣意識』」，促成「**政治經濟的共同體**」之確立。臺灣事實上已經成為自成一格的國族，而這就是「黨外民主運動的基石」：為此黨外運動必須下定決心告別殘存的中國意識，以爭取臺灣的獨立自主為己任[14]。這篇文章一石激起千層浪，使臺灣本土派和親中派之間的論戰越演越烈：這場一直延續到1984年的臺灣意識論戰，其後被稱為「臺灣結與中國結論戰」。

　　陳芳明、彭瑞金和高天生等抱有社會關懷的文學家也加入戰

13　吳介民（2004），〈鄉土文學論戰中的社會想像──文化界公共領域之集體認同的型塑與衝突〉，李丁讚編，《公共領域在臺灣：困境與契機》。臺北：桂冠圖書。頁311。

14　陳樹鴻（1988），〈台灣意識──黨外民主運動的基石〉，施敏輝（陳芳明）編，《台灣意識論戰選集》，臺北：前衛出版社。頁191至205。

圈，把論爭從政治領域延伸到文化領域[15]。陳芳明於 1983 年秋投書
〈現階段台灣文學本土化的問題〉一文，清晰地表達本土派文人在
臺灣意識問題上的立場。後來創辦城邦文化事業和電商企業 PC
Home 的詹宏志，曾撰文嘲諷臺灣本土文學，認為這些作品最終
都會淪為被歷史遺忘的「邊疆文學」[16]。陳芳明認為詹宏志誤以為
臺灣文學只是近代中國文學一支只有「三十年的歷史標尺」的小
支流，才會得出如此結論。歸根究柢，詹宏志只是以近百年近代
中國文學史的標準，審視「將近四百年的台灣歷史，因此也只能
了解台灣歷史的浮光掠影」。把臺灣文學視為中國文學的邊疆或
支流，根本無法「幫助了解台灣文學」，反倒促成輕視本土的偏
見[17]。

　　陳芳明指出「身在台灣的作家，他們所面臨的問題遠比中
國作家複雜」。這個島國不但要面臨發展型國家需要面對的難
題，也要面對因中華民國外來政權遷佔臺灣所帶來的矛盾，這也
就是所謂的「省籍問題」。「這些問題並不是中國作家所能理解
的，只有生於台灣、長於台灣、關心台灣的作家才會對這些問
題產生切膚之痛」。把臺灣和中國這兩個截然不同的國家，都不

15　蕭阿勤（1999），〈1980 年代以來台灣文化民族主義的發展：以「台灣（民族）
　　文學」為主的分析〉，《台灣社會學研究》，第 3 期，頁 24。

16　詹宏志（1981），〈兩種文學心靈——評兩篇聯合報小說獎得作品〉，《書評
　　書目》，第 93 期，頁 23 至 32。

17　溫萬華（陳芳明），〈現階段台灣文學本土化的問題（中）〉，《美麗島》，第 158
　　期，1983 年 10 月 8 日。陳芳明也許為了避開出版審查，曾用其他筆名多次投
　　稿。投稿在《美麗島》這篇，是筆者目前能找到的最早版本。

分青紅皂白地貼上「第三世界」的標籤，藉此把兩國視為一體，「這種理解不只是粗糙的，而且是粗暴的」。他亦批評陳映真這位親中左傾的文壇前輩雖然長期體現出「對中國社會的誠摯關心」，卻無法真正在作品中「表現出中國社會的傷痕」。在陳映真的文學作品中，「台灣社會的傷痕應該比中國社會的受創還要來得迫切、焦急」：雖然陳映真附和中國的立場，否定臺灣自立自主的權利，可是其文學作品的關懷都是以臺灣為中心；雖然他擁抱「中國人」的政治立場，可是他卻有著「臺灣人」的靈魂，只是這種真性情最終因錯亂的認同而遭自我否定[18]。像陳映真這樣的親中派，縱使可能有著善良的動機，卻也未有誠實地面對自己：親中派的中國國族認同、以及推動兩岸統一的政治主張，終究只是建基在**自我欺騙**的顛倒夢想。

在 1980 年代，中華民國流亡政權的威權統治尚未結束，可是來自保釣世代的新思潮卻已觸發臺灣的社會運動風潮。如今臺灣既處於不利的國際環境，即使執政的獨裁者再專橫霸道，也會憑著僅有的工具理性向民眾妥協，略為放寬對社會的監控。隨後公民社會在新的空間來蓬勃發展，對黨國威權構成更大的壓力，使臺灣社會踏入社會空間持續擴張的正回饋循環。中華民國流亡政權於 1987 年 7 月 15 日，宣布解除為時 38 年的戒嚴令[19]，而蔣經

18　溫萬華（陳芳明），〈現階段台灣文學本土化的問題（下）〉，《美麗島》，第 159 期，1983 年 10 月 15 日。

19　胡慧玲（2013），《百年追求：臺灣民主的故事‧卷三：民主的浪潮》，新北：衛城出版。頁 239 至 282。

國亦於掌權十三年後在 1988 年初逝世。接任總統的李登輝在鞏固權力後，於 1990 年代推行自由化和民主化的改革：李登輝政府在 1991 年廢除《懲治叛亂條例》、之後於 12 月 21 日透過全民普選選出新一屆的國民大會、又在 1992 年 12 月 19 日舉行立法院換屆普選、其後更在 1996 年實施首次總統全民普選。中華民國流亡政權在這幾年透過憲制改革**轉型為自由民主的臺灣政府**，並以「中華民國在臺灣」的姿態放棄「反攻大陸」的妄想，從而把臺灣確立為事實獨立的主權國家[20]。黨外運動也呼應此時的社會大勢，開始籌備組織反對黨，最終於 1986 年 9 月 28 日於臺北圓山大飯店創立民主進步黨[21]。在民主進步黨成立後，本土運動與民主運動進一步合流，並於 1991 年成功爭取把「**建立主權獨立自主的臺灣共和國**」的目標寫進民主進步黨黨綱中[22]。主張臺灣自立自主的本土運動，也逐漸從部份保釣世代社運人士的險途，在其後幾十年轉化成臺灣政治的主流。

臺灣保釣世代在 1970 至 1980 年代的轉變，與香港社會運動在同一時期的發展大異其趣：部份臺灣保釣世代期間改而擁抱本土、抗拒中國，而香港同代社運人士卻始終鄙視本土，又對中國主權下民主自治抱有幻想。可是臺灣保釣世代和香港民主回歸世代的社會運動，基本都是以 1971 年的保衛釣魚台運動為起點。為

20　若林正丈著，洪郁如、陳培豐等譯（2014），《戰後臺灣政治史：中華民國臺灣化的歷程》，臺北：國立臺灣大學出版中心。頁 247 至 266。

21　胡慧玲 2013，頁 292 至 300。

22　陳佳宏（2006），《台灣獨立運動史》，臺北：玉山社。頁 336 至 346。

什麼臺灣保釣世代的社運主流，會在短短十幾年間從親中轉變成拒中？為此我們必須探究保釣世代的社運人士在1970年代，究竟能從哪裏獲得思想資源，使他們能於1980年代步入壯年時鞏固其年齡群組差異。

臺灣知識階層在1920年代，已經確立以臺灣為主體的意識。不論在文學還是藝術的層面，戰前臺灣都曾經掀起過本土化的浪潮。而在政治層面上，他們亦意識到臺灣是被夾在中國和日本之間的獨特族群，從而發起以臺灣為本位的自治運動[23]。值得留意的是，雖然臺灣知識階層曾經接觸過源自中國國族主義的思想資源[24]，可是由於臺灣與中國的地理區隔、以及日本殖民地政府的同化政策，戰前臺灣社會亟亟在念的還是「應否／如何成為日本人」的問題[25]：亦因如此，臺灣早期的本土主義主張臺灣應當透過推動近代化，從而發展成能與日本平起平坐的「**無國之國族**」(nation without state)[26]。為求達成民主自治的近代化改革，不論臺灣的主

---

23 Wu, Rwei-ren (2003). "The Formosan ideology : oriental colonialism and the rise of Taiwanese nationalism, 1895-1945," PhD Thesis, University of Chicago.

24 關於戰前臺灣知識階層與中國國族主義的交流，參：簡明海（2019），《五四意識在台灣》，臺北：民國歷史文化學社有限公司；羅詩雲（2022），《重寫中國：臺灣日治時期知識分子的中國敘事（1920-1945）》，臺北：翰蘆圖書。筆者的觀察是：不論戰前的臺灣知識人是否認同中國，他們對中國始終帶著外來者的凝視（alien gaze）。

25 Ching, Leo T.S. (2001). *Becoming "Japanese": Colonial Taiwan and the Politics of Identity Formation*. Berkeley: University of California Press.

26 陳培豐著，王興安、鳳氣至純平譯（2006），《「同化」的同床異夢：日治時期臺灣的語言政策、近代化與認同》，臺北：麥田出版。關於「無國之國族」此

權最終是歸於日本還是中國，知識階層大體上都會設法適應[27]。不過在1947年二二八事件爆發前，本土主義者對在1945年10月起「劫收」臺灣的中國大失所望，部份像廖文毅那樣的基進派更率先提倡獨立建國。在目睹中國軍隊在二二八過後的血腥屠殺後，本土主義者對中國主權下的民主自治徹底死心，矢志要令臺灣脫離中國獨立、成為自由自主的國族國家。不過此時中華民國政權也加緊清鄉，並於1949年流亡臺灣前正式實施《臺灣省戒嚴令》，使臺灣國族主義運動不得不轉化為海外運動[28]。

其後中華民國流亡政權在臺灣施行黨國教育，嘗試令「四年級」及以後的世代與上述各種思潮斷裂。在臺灣開始實施戒嚴後，中華民國流亡政權曾多次針對「臺獨份子」發起大搜捕：縱使相關指控及情節大都是特務機關自編自導的誣蔑。在1970年2月8日發生的泰源監獄事件中，則有政治犯乘管理鬆散之機起義越獄，並嘗試在臺灣東部山區展開游擊戰。這些零星事件並未對中華民國流亡政權構成太大威脅，可是當局以撲朔迷離的手法對付這類抗爭，卻使「臺獨案件」演變成威權社會中的都市傳說：雖然中華民國流亡政權積極打壓，可是與臺灣國族主義有關的消

一觀念，參：Guibernau, Montserrat (1999). *Nations Without States: Political Communities in a Global Age*. Cambridge: Polity Press.

27　吳叡人（2016），〈三個祖國：戰後初期台灣的國家認同競爭，1945-1950〉，蕭阿勤、汪宏倫編，《族群、民族與現代國家：經驗與理論的反思》，臺北：中央研究院社會學研究所。頁42至62。

28　陳翠蓮（2008），《台灣人的抵抗與認同，一九二〇一一九五〇》，臺北：遠流出版。頁373至386。

息，卻還是以隱蔽文本（Hidden Transcripts）[29]的方式流傳下來[30]。而抗拒中國外來政權的草根本土意識，亦自於1950、1960年代之交成為民間精神面貌的一部份。彭明敏、謝聰敏和魏廷朝在1964年起草〈臺灣人民自救運動宣言〉，開宗明義主張「一個中國，一國台灣」的獨立建國論：可是這份宣言在正式發表前，流亡政權的情治單位率先採取行動，彭明敏也因而被迫喬裝流亡海外[31]。這類事件對臺灣國內的本土運動，無疑會有一定的鼓舞作用。

　　戰前世代的前輩在保釣世代的認同尚未穩固之時參與論爭，以間接而隱晦的方式立德、立功、立言，成為臺灣本土意識得以承傳的一大助力。臺灣文學家葉石濤在1977年於《夏潮》投書〈臺灣鄉土文學導論〉一文，開宗明義主張「臺灣的鄉土文學應該是以『臺灣為中心』寫出來的作品」，內容「應具有根深蒂固的『臺灣意識』」，也必須建基於「『反帝、反封建』的共通經驗」[32]。吳介民強調這篇投稿，是葉石濤對威權體系的直球對決，可以說是本土政治意識強烈的「**告臺灣同胞書**」[33]。親中左傾的陳映真也立即意識到葉石濤的本土意識，並直斥其為「用心良苦的分離主義」[34]。而親近中華民國流亡政權的「御用文人」，則認為鄉土文

29　Scott, James C. (1990). *Domination and the Arts of Resistance: Hidden Transcripts.* New Haven: Yale University Press.

30　陳佳宏 2006，頁96至106。

31　陳佳宏 2006，頁115至119。

32　葉石濤（1977），〈台灣鄉土文學史導論〉，《夏潮》，第14期。

33　吳介民 2004。

34　許南村（陳映真）（1977），〈「鄉土文學」的盲點〉，《台灣文藝》，革新第二期。

學兼具「分離主義」與「左傾思想」，而對其口誅筆伐。比如詩人余光中就含沙射影，驚呼：「『工農兵文藝』，台灣已經有人在公然提倡了！」[35] 他在論爭期間，也很可能曾經向國防部總政戰部主任王昇寫過告密信。不論告密之事是否屬實，余光中以「工農兵文藝」一語把對手抹紅，顯然想要把異見文人置於死地[36]。

受到這場由戰前世代參與的本土文學論戰影響，那些想在臺灣歷史尋索思想資源的保釣世代，也跳出「五四新文化運動」這個文化道統的框架。就如吳介民所言，這場發生於 1977 年的論戰促成「從『鄉土』到『本土』的概念轉折」[37]，並為其後保釣世代的臺灣意識論爭鋪平道路。而到 1983 年爆發臺灣意識論爭時，戰前世代的文人也積極參與，為保釣世代的本土派論者辯護。比如在 1934 年出生的李喬在臺灣意識論爭期間，曾發表文章為台灣本土意識辯護，當中的文字則猶如本土派的論戰宣言：

> 「所謂台灣文學，就是站在台灣人的立場，寫台灣經驗的文學。」所謂「台灣人的立場」，是指站在台灣這個特定時空裡，廣大民眾的立場是同情、認同，肯定他們的苦難、處境，希望，以及追求民主自由的奮鬥目標——的立場。

35　余光中，〈狼來了〉，《聯合報》，1977 年 8 月 20 日。

36　吳介民，〈隱微與毒辣之間：葉石濤、陳映真、余光中在鄉土文學論戰中的位置〉，《上報》，2017 年 12 月 16 日（https://www.upmedia.mg/news_info.php?-Type=2&SerialNo=31998）。

37　吳介民 2004，頁 343。

這個立場，與先住民，後住民，省籍等文化、政治、經濟因素無關。所謂「台灣經驗」，包括近四百年來，與大自然搏鬥與相處的經驗，反封建，反迫害的經驗，以及反政治殖民，經濟殖民，和爭取民主自由的經驗[38]。

也就是說，戰前世代先隱蔽地保存中華民國遷佔臺灣前的本土集體記憶，再於1970至1980年代的論爭中，趁機把這些本土記憶傳承予年輕世代。此外戰前的思想資源向保釣世代的傳播，亦不只有完全隱蔽的秘密傳承。中華民國流亡政權在丟失東亞大陸的領土後，一直處於極其尷尬的國際地位：隨著北京共產黨政權的管治日趨穩固，其自詡為中國正統政權的宣稱無異於痴人說夢。為確保美國願意繼續提供軍事保護，這個「播遷」到臺灣的獨裁政權必須善待基督教，而蔣介石和宋美齡亦要裝扮成模範的基督徒：畢竟美國直到今時今日，仍然是一個基督教意識濃厚的國家。活躍於臺灣教會的歐美傳教士，亦使中華民國流亡政權投鼠忌器，使他們無法以整頓其他宗教的方式來控制教會[39]。在這種

38　李喬（1983），〈我看台灣文學──台灣文學正解〉，《臺灣文藝》，第83期，頁7。

39　台灣基督長老教會的宗教儀式，以及用臺語溝通的堂會文化，使不信教的情報人員無法有效滲透。雖然長老教會部份成員願意為情治單位服務，可是他們身為基督徒的良心，卻使他們對被監視的主內弟兄留有餘地。最終中華民國流亡政權決定借助以外省人為主的「國語教會」、以及保守基要派教會的力量，藉宗派鬥爭抗衡長老教會。參：曾慶豹（2016），《約瑟和他的兄弟們：護教反共、黨國基督徒與臺灣基要派的形成》，臺南：台灣教會公報社。需要留意的是，曾慶豹的主要關懷是教會的合一、而非臺灣的本土政治，故此傾

微妙的形勢下，台灣基督長老教會逐漸發展成臺灣本土意識的重鎮[40]：該教會於1951年起即以臺灣為完整自足的教區，其核心成員亦多為本省人。由會眾選舉長老治理堂會的傳統，在形式上則與代議民主甚為相似。而長老教會強調「仰望上主」的史觀，著重基督教四百年來在臺灣島上傳播的歷史，與以政權興替為重心的黨國宣傳大異其趣。

　　台灣基督長老教會的會眾，既擁有獨特的宗教和族群背景、亦處於黨國體系無法予取予攜的環境。他們因為可以獲得相對的自由，從而享有探索政治理想的想像空間：這些基督徒根據教會治理的經驗，把臺灣想像成一個實踐代議民主的政治實體，到後來更發展出本土化的鄉土神學。這種處境神學（Contextual Theology）主張臺灣民眾就像亞伯拉罕那樣，能憑藉上帝的應許承受地土、並獲得天賦的國家主權，從而履行祝福世界各國的屬靈使命[41]。長老教會在1971年發表《台灣基督長老教會對國是的聲明與建議》，譴責美國總統尼克森訪中背棄臺灣民眾而與北京政權交好，並建議中華民國流亡政權在風雨飄搖之際，「把握機會伸張正義與自由並徹底革新內政以維護我國在國際間的聲譽與地位」，為此推動「中央民意代表的全面改選，以接替二十餘

　　　向淡化長老教會在臺灣本土政治的角色，並認為他們是在中華民國流亡政權和保守基要派教會的雙重壓迫下，才「迫上梁山」與黨外運動連結。

40　這兩段關於台灣基督長老教會的討論，內容主要參考這篇碩士論文：李偉誠（2009），〈A Tale of Two World：台灣基督長老教會與戰後台灣民族主義〉，國立清華大學社會所碩士論文。

41　王憲治，〈論台灣鄉土神學〉，《台灣教會公報》，1979年3月4日，頁8。

年前在大陸所產生的現任代表」[42]。而在1977年美國與流亡政權斷交後，長老教會則在《台灣基督長老教會人權宣言》中更進一步要求流亡政府「達成台灣人民獨立及自由的願望」，並主張以行動「使台灣成為一個新而獨立的國家」[43]。長老教會除善用難得的自主空間為本土政治帶來啟蒙，亦與新興的黨內運動展開各種互動，甚至在1979年的美麗島事件中伸出援手、承受逼迫[44]。

在臺灣保釣世代開始投身社會運動之時，他們因為受到黨國主義教育的「中華意識」影響，而採取「在臺中國人」的身份參與保衛釣魚台運動。可是隨著「播遷」臺灣的「自由中國」在1970年代初接連遇到外交上的挫折，保釣世代的社運也開始嘗試透過爭取內政改革去「復興中國」。為此他們嘗試從臺灣本土的歷史和文化尋索思想資源，而戰前世代則在當時的論爭中，重新發掘戰前的本土集體記憶。台灣長老教會則憑藉基督宗教在戰後臺灣的特

42　台灣基督長老教會，〈台灣基督長老教會對國是的聲明與建議〉，1971年12月29日（http://www.pct.org.tw/ab_doc.aspx?DocID=001）。在此聲明發表之後，出身自台灣基督長老教會、並於倫敦任職普世基督教協會神學教育基金會總幹事的黃彰輝牧師，與海外臺裔基督徒領袖發起臺灣人民自決運動，並沿用〈國是聲明〉的邏輯主張「我們願意為處在風雨飄搖中的一千五百萬臺灣人民發言，堅決聲明我們對臺灣前途自主自決的神聖權利」。參：王昭文（2015），〈回看「臺灣人自決運動」〉，《歷史學柑仔店》（https://kamatiam.org/回看臺灣人自決運動/）。

43　台灣基督長老教會，〈台灣基督長老教會人權宣言〉，1977年8月16日（http://www.pct.org.tw/ab_doc.aspx?DocID=005）。

44　胡慧玲（2013），《百年追求：臺灣民主運動的故事・卷三：民主的浪潮》，新北：衛城出版。頁153至156、186至187。

殊角色，在教會內部實踐世代承傳與民主啟蒙，繼而支援教內教外的保釣世代抗爭者。保釣世代因此能夠在「臺灣意識」和「中國意識」的爭論中，以各種方式從戰前世代繼承本土既有的思想資源，從而確立其**年齡群組差異**。部份偏向本土的保釣世代社運人士，於 1980 年代成功推動民主運動與本土運動合流，形成臺灣認同與民主改革同肩並進的**世代堅持**。隨著臺灣於 1990 年代走向自由化和民主化，這種世代堅持亦逐漸從偏鋒的險途，進化成臺灣其中一種社會主流。

　　臺灣保釣世代的社會運動之所以能成功脫華，並發展成根植本土的民主運動，背後有兩項不可或缺的先決條件。首先臺灣在日治時期，已經發展出某種自成體系的本土文化。除此以外，曾經接受本土文化薰陶的戰前世代，也努力守護這種本土集體記憶，並設法將其傳承予「四年級」、「五年級」和「六年級」的後輩。在隨後的討論中，我們會看到香港在戰前曾經也有過孕育本土文化的土壤，卻因東亞大陸文化的入侵而無疾而終。這次文化入侵為戰後香港帶來文化斷層，使嬰兒潮世代對香港本土歷史無法產生共鳴，繼而未能從中汲取有益於社會抗爭的本土思想資源。

戰前香港與嶺南自治意識

　　在審視香港戰前是否曾經擁有本土文化之前，我們必須定義界定本土文化的準繩。當我們發現香港嬰兒潮社會運動未有發展成香港國族主義運動，就自然會把成功發展出本土國族主義的社

會當作參照組。可是如此我們就**必須避免陷入「以成敗論英雄」的謬誤**，高估這些社會過往的本土意識。比如臺灣雖然在1920年代已經出現自身的國族認同，可是其社會運動卻一直以爭取地方自治為目標，而直到戰後初期，獨立建國的主張亦非社會運動的主流：當時社會的主流民意，是在中華民國的主權下實踐臺灣人的民主自治[45]。1947年二二八事件演變成血腥屠殺前，二二八事件處理委員會提出的〈三十二條處理大綱暨十項要求〉，主要目標仍是在中國統治的前提下實施民主自治改革[46]。獨立建國的主張要待中國於3月初派兵鎮壓後，才開始於反對陣營內部站穩陣腳。即或如此，當時臺灣知識階層的認同，大體上仍然在臺灣本土、中國國民黨和中國共產黨這「三個祖國」之間遊移不定[47]。

西諺有云：「往昔猶如異國。」（The past is another country）即使國族主義蓬勃發展的國家，歷史上都曾經歷過跌跌碰碰的階段。就如韓國社會學家申基旭（Shin Gi-Wook）所言，當代韓國正受困於國族意識過剩的問題：雖然高舉「民眾」普羅主權的國族主義運動曾促成韓國的民主化，卻也同時帶來侵蝕個人自由的集體主義心態[48]。可是有異於韓國國族史觀的敘事，日本殖民時期韓半島的國族主義運動，其實並未有帶來持續的抵抗：雖然在

45　陳翠蓮 2008，頁333至335。

46　陳翠蓮（2017），《重構二二八：戰後美中體制、中國統治模式與臺灣》，新北：衛城出版。頁238至239。

47　吳叡人，〈三個祖國：戰後初期臺灣的國家認同競爭〉，頁24至82。

48　Shin, Gi-Wook (2006). *Ethnic Nationalism in Korea: Genealogy, Politics, and Legacy*. Stanford: Stanford University Press. pp. 229-232.

1919年的三一運動過後，文化國族主義曾於1920年代有過短暫的興盛[49]，可是此後國族主義運動在1930年代起即陷入低潮。面對法西斯主義全球崛起的大勢，運動的參與者對韓半島獨立前景變得悲觀，部份國族主義者甚至跟隨李光洙、崔南善和崔麟等人的腳步，轉向擁護日本殖民政權：他們認為「東升西降」已是無法扭轉的天下大勢，韓民族若要尋得近代化的出路，就只能獻身於大日本帝國的「大東亞共榮圈」構想[50]。韓半島在戰後陷入韓國政府與朝鮮平壤政權南北分治的局面，而定都首爾的大韓民國亦面臨難以克服的困境：海外運動出身的領導人因去國多年而與社會脫節，使他們必須仰賴的地方精英和軍警協助管治，而這些人大部份都曾經向日本殖民政權協力效勞[51]。親日派在韓國轉型為權貴的黑歷史，使韓國社會的階級矛盾添上國仇家恨的色彩。在1962年至1979年鐵腕統治韓國的獨裁者朴正熙，曾經在日本扶植的滿洲國從軍擔任少尉、其管治風格亦深受日本軍國主義的影響[52]，使「親日／反日」的糾結在當代韓國社會仍然無法化解。

49　Robinson, Michaek E. (2014). *Cultural Nationalism in Colonial Korea, 1920-1925*. Seattle: University of Washington Press.

50　Chae, Ou-Byung (2010). "The 'Moment of the Boomerang' Never Came: Resistance and Collaboration in Colonial Korea, 1919-1945," *Journal of Historical Sociology*, 23(3):398-426.

51　Bruce Cumings著、黃中憲譯（2022），《朝鮮半島現代史：一個追尋驕陽的國度》，新北：左岸文化。頁236至256。

52　Eckert, Carter J. (2016). *Park Chung Hee and Modern Korea: The Roots of Militarism, 1866-1945*. Cambridge, MA: Harvard University Press.

考慮到東亞國族主義發展史的真實狀況，我們要判斷戰前香港是否有過本土的認同和文化，就可以採取較為寬鬆的評核標準。只要香港在戰前曾經出現過**異乎中國**的身份認同和文化特徵，我們就可以判定香港曾存在過若干的本土傳承。我們不可忘記根據**社會科學的定義**，中國國族主義乃19世紀末才開始出現的近代思潮：清帝國知識階層要在日清戰爭敗北帶來的衝擊過後，才開始模仿國族國家的模式[53]，嘗試建立名為「中國」的近代國家[54]。雖然香港與清帝國或中華民國的邊界在中國赤化前一直維持開放，其華人民眾亦懷抱著濃厚的原鄉意識，可是這並不代表香港居民過往都抱有「中國認同」：在中國國族主義演化為成熟和普及的意識形態前，關於香港人身份認同的問題，我們必須以開放的態度予以審視。

我們斷不能採信北京政權的「自古以來論」，誤以為東亞大陸在19世紀末之前，就已經流傳著連綿不絕的文化、而其民眾亦早就是「多元一體」的「中華民族」。中國歷史學家葛兆光雖然偏向認同中華文化的連貫性，可是仍客觀公正地指出「中國古代的歷史說明中國文化是複數性的，古代中國文化中曾有多種族群與多種文化因素」。而東亞大陸帝國亦曾多次由內亞民族入主，

53　筆者同意白魯恂的觀點：雖然中國一直在模仿國族國家的樣式，歸根究柢卻仍然是一個文明帝國。這樣所謂的「中國國族主義」，也只不過是對帝國權威的服從和認可。參：Pye, Lucian W. (1990). "China: Erratic State, Frustrated Society," *Foreign Affairs*, 69(4):56-74.

54　Zarrow, Peter (2012). *After Empire: The Conceptual Transformation of the Chinese State, 1885-1924.* Stanford: Stanford University Press.

其版圖亦於這段時期不斷擴張。如今日中國那些所謂「不可分割」的領土，當中有不少乃出自蒙古人的元帝國、以及滿洲人的清帝國之征伐。歷史研究也因此「一定要承認中國文化的複數性」[55]。專長中國近代史的印度裔歷史學家杜贊奇（Prasenjit Duara），更毫不客氣地指出20世紀初東亞大陸的內部分歧，足以讓所謂的「中國」裂解成不同的國家：

> 在「硬邊界」定義的群體內部，永遠會有各式各樣的「軟邊界」。這些「軟邊界」可以有轉型成「硬邊界」的潛力。除此以外，新的「軟邊界」也可以隨時出現，並有機會進一步演化成「硬邊界」[56]。

不過直到戰後初期，香港與中國之間的國際邊界，卻始終只是一條「軟邊界」：深圳河邊界要待1949年中華人民共和國成立後，才演變成一條守衛森嚴的「硬邊界」。雖然英國自1841年起即在香港實施殖民統治，可是香港貼近東亞大陸、而且也是一個自由港，使其邊界在戰前一直維持相對開放。而殖民地政府亦沒有像臺灣總督府那樣推動同化政策：雖然部份西方教育家試圖在香港推動英式教育，可是西式教育在戰前並未有普及化，反倒成

55　葛兆光（2014），《何謂中國：疆域、民族、文化與歷史》，香港：牛津大學出版社。頁143。

56　Duara, Prasenjit (1995). *Rescuing History from the Nation: Questioning Narratives of Modern China*. Chicago: Chicago University Press. p.66.

為少數華人精英的禁臠。殖民地政府到20世紀,更明確宣示香港不適合推動同化政策:香港作為一個港口殖民地,需要的是一群熟悉東亞風俗的華裔商人,而香港住民的「同化」或「西化」反倒對大英帝國沒有好處[57]。1907至1912年擔任港督的盧吉(Frederick Lugard, 1st Baron Lugard)乃間接統治政策的提倡者,他認為倘若讓殖民地的民眾「學習西方的哲學理論、政治經濟學,或是西方歷史中受壓迫民眾獲得解放的經典案例」,將會促使他們「摧毀支撐著社會體系的家庭風俗、以至是一切的既有權威」[58]。殖民地教育的目標應該讓學生「盡其所能促進社群的進步……而非嘗試顛覆既有權威」,也不可以鼓勵學生「盲目模仿歐洲人的作風」,反倒要鼓勵他們「以自己的族群為榮,並為此立定志向、認清未來的目標」[59]。筆者在第一章就曾提及在1925至1930年擔任港督的金文泰,主張以傳統文化抗衡共產革命思潮,並認為「動用資源讓中華族群的保守理想深植年輕人的腦海,將會適得其所,也會為社會整體帶來最穩固的保障」[60]。

殖民地政權既無意讓民眾同化,在戰前也沒有想過要確立香港的本土認同。英國在香港保衛戰敗北後曾深切反省,認為民

57 Law 2009.

58 Perham, Margery Freda (1968). *Lugard: The Years of Authority, 1898-1945*. Hamden, CT: Archon Books. p.172.

59 Lugard, Frederick John Dealtry (1914). *Education in the Colony and Southern Provinces of Nigeria*. Lagos: S.n. p.4; quoted in Law 2009.

60 The National Archive: CO 129/455-456; quoted in Pennycook, Alastair (1998). *English and the Discourse of Colonialism*. New York: Routledge.

眾對香港缺乏歸屬感，是當時無法有效迎戰日本的原因之一。在
第五章的討論中，將會提到殖民地政府於戰後曾嘗試透過民主改
革，令香港民眾透過參與公共事務建立歸屬感。可是相關改革其
後卻在權貴的抵制下不了了之。此後香港政府要到1967年親共派
暴動後，才嘗試透過文宣鼓勵民眾確立「香港是我家」的意識[61]。
雖然親中論者認為香港的本土意識，出自殖民地政府當時陰謀推
動的「洗腦教育」。可是事實上香港政府在1967年之後發表的文
宣，不過是把香港人於戰後早期已逐漸確立的認同和特質[62]，以有
系統的方式再次複述而已。

　　不論如何，直到中華人民共和國成立之前，香港和中國的邊
界始終是一條「軟邊界」。除卻少部份本土華人精英，大部份香
港民眾都與位處嶺南的原鄉維持密切的關係。即或如此，這並不
代表戰前香港民眾缺乏有異乎中國的本土認同：只是那條有機會
「硬化」的邊界並不位於深圳河，而是**把嶺南和長江流域區隔起來
的分水嶺**。這條「軟邊界」在20世紀初，正好是整個東亞大陸中
最有潛力「硬化」的一條。在東亞歷史中，嶺南向來是中原或江
南帝國的化外之地。自公元前111年劉徹下令漢帝國侵吞南越國
後，嶺南一直都是帝國名義上的屬地：可是中央朝廷真正能控制
的，就只有少數城市、軍事據點和交通幹道。直到公元七世紀，

61　許崇德，〈「六七暴動」與「香港人」身份意識的萌生〉，《二十一世紀》，2018
　　年10月號，總169期，頁77至94。

62　陳冠中（2012），〈九十分鐘香港社會文化史〉，《中國天朝主義與香港》，香港：
　　牛津大學出版社。頁165。

嶺南實際上是由壯侗族的小王國分治，對北方的帝國只有名義上的服從[63]。雖然唐帝國其後嘗試推動中央集權，但實際上朝廷只能從原有的皇族和貴族中遴選地方官員，延續地方精英的執政[64]。除此以外，在主要的港口城市番禺（廣州府府城，於1921年正式改稱廣州市），則有以十萬計的南亞和西亞海商定居，並曾經發展成一股武裝勢力[65]。

　　直到12世紀前，嶺南鄉郊仍是由講壯侗語的原住民主導，而廣州府城內仍住著大批南亞和西亞住民[66]。宋帝國在1126年失去黃河流域的領土，而長江流域又恆常受到金帝國的軍事威脅，朝廷才不得不把中央集權體系延伸到嶺南，並開始透過水利工程填海造陸[67]。這為嶺南主流原住民帶來涵化(acculturation)為帝國一員的誘因：他們必須登記戶籍成為「編戶齊民」，才能獲得購置田產的權利。明帝國在1368年開始統治東亞大陸後，沿用元帝國留下的戶籍制度，並根據朱子理學的保守詮釋建立禮治社會。帝國的統治者透過尊卑有序的意識形態，把地方社會的家族轉化成

63　Churchman, Catherine (2016). *The People Between the Rivers: The Rise and Fall of a Bronze Drum Culture, 200-750 CE*. Lanham, MD: Rowman and Littlefield.

64　曾華滿（1973），《唐代嶺南發展的核心性》，香港：香港中文大學。

65　《舊唐書‧波斯國》：「乾元元年，波斯與大食同寇廣州，劫倉庫，焚廬舍，浮海而去。」

66　Faure, David (2007). *Emperor and Ancestor: State and Lineage in South China*. Stanford: Stanford University Press. p.28.

67　吳建新（1987），〈珠江三角洲沙田若干考察〉，《農業考古》，1987年第一期，頁198至209。

父權秩序的守護人。這樣朝廷就能夠避免官僚體系的過度膨脹：他們只需要利用社會上的尊卑觀念，再透過戶籍制度預防有機會導致「以下犯上」的社會流動，就能以最少的資源鞏固地方的秩序[68]。

東亞大陸帝國的戶籍制度，亦於14世紀開始在嶺南全面推行：而這剛好碰著珠江三角洲填海造陸運動的高峰期。嶺南原住民為求在土地利益上分一杯羹，就利用國家意識形態掩飾自己真正的族群身份，原有的部族也根據《朱子家禮》的規矩以漢人宗族的形象登記戶籍[69]。嶺南原住民透過編撰譜牒和地方志，謊報自己為南遷漢人的後代，又經常「攀附達官之家甚至皇室」[70]：地方部族透過撰寫「家譜」和祭祀「祖先」，以禮教的力量把地區小部族凝聚成大宗族，藉此集中資源和人力以求在土地開發、分類械鬥和科舉考試中取得優勢[71]。

可是不論嶺南人如何「漢化」，他們與東亞大陸其他地方的族群，在語言、文化和風俗都有顯著的差異。起初嶺南文人想要

68　Farmer, Edward L. (1995). *Zhu Yuanzhang and Early Ming Legislation: The Reordering of Chinese Society following the Era of Mongol Rule.* Leiden: E.J. Brill；馬驪著、莫旭強譯（2018），《朱元璋的政權及統治哲學：專制與合法性》，長春：吉林出版集團。頁195至204。

69　Faure 2007, pp.67-79, 86.

70　葉漢明（2000），〈明代中後期嶺南的地方社會與家族文化〉，《歷史研究》，2000年第三期，頁15至30。

71　Faure, David (1989). "The Lineage as a Cultural Invention: The Case of Pearl River Delta," *Modern China*, 15(1):4-36.

淡化這樣的差異，比如活躍於17世紀的學者屈大均，就聲稱「今粵人大抵皆中國種：自秦漢以來，日滋月盛，不失中州清淑之氣」[72]。其後到19世紀，嶺南文化與清帝國其他地方的差異卻成為當地知識階層優越感的來源：他們開始搜集原先被視為庸俗的本土文化，並將其陸續結集成書[73]。嶺南文人認為自己之所以與別人不同，是因為他們承傳著正統的華夏文化。比如活躍於19世紀中的語言學家陳澧，就主張粵語是最正宗的漢語系語言，「蓋千餘年內中原之人徒居廣中，今之廣音實隋唐時中原之音」[74]。這正好就是宋怡明（Michael Szonyi）描述的「**接受統治的藝術**」（the art of being governed）[75]：嶺南人透過承認帝國的權威，藉此**利用體系中的價值符號自抬身價**。

可是嶺南人之所以對帝國順服，是因為他們能夠利用帝國的體系，獲得物質上的利益以及符號上的名譽。當帝國的體系出現巨變、甚至出現認受性問題，這種有條件的順服就無可避免會動搖。慈禧太后於1898年9月21日發動政變，架空正著手推動近代化改革的光緒帝：可是她意圖罷黜光緒帝的舉動，卻招來西方國家的抗議。清帝國於1900年嘗試利用義和團的民氣，以暴力手段驅逐西方國家的勢力，卻反倒招來八國聯軍的干預。而東南各省

72　屈大均，〈真粵人條〉，《廣東新語》卷七。

73　程美寶（2006），《地域文化與國家認同：晚清以來「廣東文化」觀的形成》，北京：三聯書店。頁112至133。

74　陳澧，《廣州音說》。

75　Szonyi, Michael (2017). *The Art of Being Governed: Everyday Politics in Late Imperial China*. Princeton: Princeton University Press.

亦無視朝廷的諭令而袖手旁觀，為清帝國帶來前所未見的認受性危機。名譽掃地的清帝國在 20 世紀初，也不得不開始仿照西方國族國家的模式，推動全方位的近代化改革[76]。

近代化改革的推行，使清帝國的知識階層為帝國的未來動向爭論不休：究竟清帝國未來應該成為世俗國家，還是應該把儒家思想革新為國家意識形態？究竟未來「中國」的國民身份，應該是以血緣種族來定義、還是以文化認同來定義？究竟帝國應該成為中央集權的國家，還是應該轉型為地方自治政體的邦聯或聯邦？究竟帝國應該延續，還是應該走向共和[77]？唯一可以肯定的是，直到 1949 年中國共產黨一統東亞大陸之前，這片土地上面的民眾對「何為中國」**並無一致的共識**。

清帝國於 1900 年代推行的改革，廢除過往的科舉制度，改而採用地方選舉來吸納地方精英，並於 1909 年在各省設立經選舉產生的省諮議局[78]。隨著選舉政治的引入，嶺南社會也於 1900 年代中展開各種地方自治的試驗[79]，使知識階層與新興的商人階級獲得

76　Rhoads, Edward J. M. (2000). *Manchus and Han: Ethnic Relations and Political Power in Late Qing and Early Republican China, 1861-1928*. Seattle: University of Washington Pres. pp.70-76；Wakeman, Frederic Jr. 著、廖彥博譯（2010），《大清帝國的衰亡》，臺北：時報出版。頁 260 至 268。

77　Duara 1995.

78　Hill, Joshua (2019). *Voting as a Rite: A history of Elections in Modern China*. Cambridge, MA: Harvard University Asia Center. pp.52, 63-64, 89.

79　Rhodes, Edward J.M. (1975). *China's Republician Revolution: the Case of Kwangtung, 1895-1913*. Cambridge, MA: Harvard university Press. p.98.

參與地方政治的機會。政治改革的氛圍，也促進嶺南人的地方自治意識，甚至催生出現獨立建國的主張。比如歐榘甲於1902年在《大同日報》的連載文章，指出「廣東地勢有獨立性質」、「與中原聲氣邈絕」，固此「廣東為廣東人之廣東，非他人之廣東」，也必須「以廣東之人，辦廣東之事，築成廣東自立之勢」[80]。這種獨立意識，在辛亥革命爆發後尤其強烈。在革命後被推舉成民團總長的劉永福，在當時就宣稱「夫吾粵，東接閩、西連桂、北枕五嶺、南濱大洋，風俗語言嗜好與中原異，**固天然獨立國也**」[81]。而在民國初年，透過成立民選政府推動「粵人治粵」的地方高度自治，一直都是嶺南民眾的共識[82]。

80　歐榘甲（1981），〈新廣東〉，張玉法篇，《晚清革命文學》。臺北：經世書局。雖然歐榘甲亦聲稱各省在達成近代化後，「將來聯合，亦自容易」，似乎只是把獨立和自治，視為構建統一中國的暫時階段。可是這種詮釋，卻忽視人類學家詹姆斯‧斯科特（James C. Scott，1990）的提醒：在抗衡強權提出的霸權論述時，提出異議的弱者往往需要在公開文本虛應強權的敘事，藉此掩飾真實的動機。（香港粵語稱這種做法為「戴頭盔」。）

程美寶（2006）曾詳盡分析嶺南文人於19世紀到20世紀初的身份認同，可是她的結論卻認為「在最『地方』的文本中，處處見到『國家』的存在」（頁317），認為他們始終認為自己與清帝國或中華民國無法割裂。程美寶的問題，在於她完全根據字面意義詮譯文本中的「頭盔」，並宣稱那代表論者的真實認同。可是這種做法，只是透過文字遊戲把清末民初關於獨立和自治的言論「解釋掉」（explained away），而未有說明（explain）嶺南文人何以會突然提出相關的論述。

81　羅香林編（1947），《劉永福歷史草》，南京：正中書局。

82　陳惠芬（2011），〈民初桂系治粵時期的廣東省議會〉，《臺灣師大歷史學報》，第45期，頁109至170。

　　此時香港的社會賢達，大多會遊走港粵兩地經商，亦積極參與推動嶺南的地方自治[83]。雖然他們會參與蔓延全國的政治運動，比如有的會投身立憲運動、另一些人則投身於共和革命；可是他們在參與運動時，都會透過「接受統治的藝術」利用這些運動為香港和嶺南謀取地方利益[84]。香港的殖民地政府亦多次嘗試介入嶺南政治，並在香港和廣東支援友好的公眾人物；雖然倫敦的殖民地部從不認可香港政府「自作主張」[85]。儘管此時香港民眾多懷抱濃烈的原鄉意識，卻也對全國性的政治運動興趣缺缺[86]：他們關心的顯然不是當代中國國族主義定義的「中國」。雖然民眾仍未有把香港視為認同的對象，但他們懷抱的是異乎中國的本土認同：他們的本土就是包括香港在內的嶺南地區。

　　陳炯明於1920年末到1923年初主政廣東時，嶺南的本土意識也同時邁向高峰。由於陳炯明其後與孫文的中國國民黨鬧翻，過往中國國族史觀多誣衊他是擁兵自立的軍閥，並略去他對嶺南政治思想的貢獻。可是陳炯明絕非刻板印象中的軍閥：他出身自

83　Chung, Stephanie Po-yin (1998). *Chinese Business Groups in Hong Kong and Political Change in South China, 1900-25*. London: Macmillan Press. pp. 6-12.

84　蔡榮芳（2001）。《香港人之香港史，1841-1945》，香港：牛津大學出版社。頁61至66，92至100；Law, Wing Sang (2009). *Collaborative Colonial Power: The Making of Hong Kong Chinese*. Hong Kong: Hong Kong University Press. pp. 91-100, 103-104.

85　Chan Lau, Kit-ching (1990). *China, Britain and Hong Kong, 1895-1945*. Hong Kong: Chinese University Press. pp.48-52, 114-115, 122-123, 157-158, 197-201.

86　Chan Lau 1990, p.4.

知識階層，並於21歲時通過童試成為生員。在科舉制度被廢除後，陳炯明改到廣東法政學堂（該校後來在1924年與高等師範學校和農業專門學校合併為廣東大學，並於孫文離世後更名為中山大學[87]）進修，並於畢業後當選廣東諮議局議員。不過此時他開始同情共和革命，先是運用議員身份掩護革命派，其後更乾脆投筆從戎。陳炯明首先是一位知識人，到後來才因應時局變化展開軍旅生涯[88]。

陳炯明在1910年代的戎馬生涯中，仍不忘與東亞大陸其他地方主張近代改革的知識人交流，並在各駐地資助和投書文化刊物。他在主政廣東後，甚至曾無視嶺南當時相對保守的民風，邀請陳獨秀到當地推動教育改革。雖然陳炯明與投入新文化運動的知識人有密切的交流，可是他卻堅持走自己的路：也許出於對無政府主義的嚮往，他頗為抗拒當時中國國族主義的風潮。當陳獨秀開始擁抱布爾什維克時，陳炯明卻對共產黨的黨國主義極其抗拒：他主張通過本土民眾自治達成社會主義，反對讓黨國由上而下改造社會[89]。兩位陳先生之間的深刻友誼，也因為對黨國主義的

---

87 與高雄的國立中山大學並無傳承關係。

88 Chen, Leslie H. Dingyan (1999). *Chen Jiongming and the Federalist Movement: Regional Leadership and Nation Building in Early Republican China*. Ann Arbor: University of Michigan Press. pp.9-16.

89 Guo, Vivienne Xiangwei (2020). "Not Just a Man of Guns: Cheng Jiongming, Warlord, and the May Fourth Intellectual (1919-1922)," *Journal of Chinese History*, 4(1):161-185.

歧見而畫上句號[90]。此外陳炯明亦積極推動「聯省自治」運動[91]：有異於其他擁兵自重的軍閥，他主張「**人民有權管自己的事，以村、縣的直接民主政權來消滅大小軍閥**」[92]，希望能透過民主政權的平等協商團結東亞大陸，藉此建立能保障各地自治權益和文化特色的「聯邦」體系。可是這時候東亞大陸的年輕知識階層，卻開始傾向加入以集權手段推翻既有秩序的政黨[93]，並採用先鋒黨模式由上而下「製造」理想中的「中國」[94]。

陳炯明在 1920 年代被時人視為政治思想家，而非單純的軍事和政治領袖。《字林西報》（*North China Daily News*）的美國記者羅德尼・吉伯特（Rodney Gilbert），在 1921 年特意抱著朝聖的心態，就聯省自治的政治理念到廣州求教於陳炯明。這位「嶺南哲王」在訪問中清晰地闡述自己一生持守的政治信念：

> 我們已經開始把不同的村落，組織成由委員會管治的鄉。我們在把鄉這個層級組織好、在其中落實地方自治，

90　李達嘉（1984），〈民初聯省自治運動之研究〉，國立臺灣大學歷史學研究所碩士論文。頁 169。

91　李達嘉 1984，頁 147 至 159。

92　陳志讓（1980），《軍紳政權：近代中國的軍閥時期》，北京：三聯書店。頁 67。

93　呂芳上（1994），《從學生運動到運動學生：民國八至十八年》，臺北：中央研究院近代史研究所。頁 245 至 305。

94　Fitzgerald, John (1996). *Awakening China: Politics, Culture, and Class in the Nationalist Revolution*. Stanford: Stanford University Press. pp.30-46.

讓它們能夠自行維持治安、徵收稅項後，將進一步倡議普選縣長、地方官員以至省議會的代表……那些在北方的領袖，都想用君主制的老黃曆平定天下：他們都想依照君主制的傳統，成為乾坤獨斷的國家元首、為壓制對手而集大權於一身，想用這樣的方式去統一中國……袁世凱扭曲民國的制度，想藉此實現君主制的古老典範，不過他失敗了……孫逸仙醫師（按：孫文）不時想要興兵統一中國，可是他每一次的嘗試都以失敗收場。時局已清楚顯明這樣的真理：**我們不應信任那些想用武力南征北討的個人或群體，不能夠讓他們掌權**[95]。

不過這種反對暴力征討、尊重地方多元的進步理念，卻預示陳炯明與孫文終究會勢成水火。孫文在 1921 年就任所謂的「中華民國非常大總統」時，曾經宣布會改轅易轍，主張「使各省人民，完成自治……中央分權於各省」[96]，可是事實證明這不過是回應時代風潮的緩兵之計。孫文始終不肯放棄使用暴力統一東亞大陸，並且因為北征湖南的計劃受挫而與陳炯明反目[97]：最終陳炯明的部下因不滿屢遭孫文針對，於 1922 年 6 月 16 日把孫文逐出廣

95　Gilbert, Rodney, "A Pilgrimage to Canton: an Interview with General Chen Jiongming," *South China Morning Post*, 23rd February 1921.

96　孫文（1973），《國父全集：第一卷》，臺北：中國國民黨中央委員會黨史委員會。頁842。

97　李達嘉 1984，頁164。

州[98]。此後孫文一方面把陳炯明抹黑為擁兵自重的軍閥，卻又同時為重返廣州而與廣西和雲南的軍閥合謀：這些外來軍事勢力就如典型的軍閥那樣，做盡巧取豪奪的惡行[99]。歷史的諷刺，莫過於此。

其後孫文決定尋求蘇聯的援助，一方面按第三國際的建議改組中國國民黨、另一方面又與中國共產黨攜手合作。在孫文於1925年逝世後，國共合作的廣州政權日趨左傾[100]。就在北伐戰爭如箭在弦之際，中國共產黨在廣州發起反帝國主義運動。在6月23日的遊行釀成租界駐軍與民眾的流血衝突後，中國共產黨依照計劃憑藉廣州政權的力量，發起針對香港的大罷工[101]。雖然國共兩黨在「省港大罷工」初期，曾一度動員香港勞工的參與，可是香港基層民眾的支持卻只如曇花一現。在罷工展開後三個星期，勞工開始逐漸返回工作崗位：雖然罷工確實造成可觀的經濟損失，可是香港並未因此而崩潰，社會秩序和商業運作也能夠得以維持[102]。

這次罷工帶來的衝擊，使香港民眾在1920年代後期開始對中

98　趙立人（2010），〈護法運動中的孫中山與陳炯明〉，陳明銶、饒美蛟編，《嶺南近代史論：廣東與粵港關係，1900-1938》，香港：商務印書館。頁74至79。

99　段雲章（2006），〈六一八兵變後的孫陳關係〉，段雲章、沈曉敏、倪俊明編，《歷有爭議的陳炯明》，廣州：中山大學出版社。頁341。

100　李達嘉（2015），《商人與共產革命，1919-1927》，臺北：中央研究院近代史研究所。頁278至281。

101　李達嘉 2015，頁285至299。

102　蔡榮芳 2001，頁142。

國共產黨感到厭惡[103]。即使「國民革命」已經米已成炊，而蔣介石的南京政權也決意清除中國共產黨的影響力，香港民眾卻始終未有對勝利者心悅誠服。香港人仍然懷抱著異乎中國的嶺南認同，懷念著「粵人治粵」這個早已消逝的夢想，認為「追源禍始，皆由好大喜功者妄欲以粵省一省之力征服全國」，並要求「取消黨治，集全粵之人才財力，以共圖粵省之治理」[104]。國民黨的粵籍軍閥陳濟棠其後於1929至1936年期間主政廣東，並達成實際上的自治[105]：不過如今支撐嶺南自治的意識形態，已經從陳炯明那種具有民主社會主義色彩的進步近代思潮，墮落為保守反動的傳統文化觀[106]。即或如此，香港人還是偏好廣州的陳濟棠政權，並選擇與南京的蔣介石政權保持距離。即使在抵抗日本帝國主義的重大時刻，香港人仍然傾向支援陳濟棠那個由粵人主導的廣州政權，未有像東南亞華人那樣親近蔣介石的南京「中央」政權[107]。

---

103 蔡榮芳 2001，頁162至163。

104〈所貴乎粵人治粵者〉，《工商日報》，1928年1月14日。

105 Lin, Alfred H. Y. (2002). "Building and Funding a Warlord Regime: The Experience of Chen Jitang in Guangdong, 1929-1936," *Modern China*, 28(2):177-212.

106 陳雪峰（2008），〈陳濟棠主粵時期廣東中小學的讀經運動〉，《嶺南文史》，2008年第3期，頁97至102。嶺南自治的政治思潮於1930年代出現斷層，並淪為與南京政權爭奪「正統」的保守思想，為此後香港人的本土政治觀帶來局限。當本土政治於2000、2010時代之交在香港興起時，第一套出現的意識形態竟是訴諸「華夏道統」的虛擬本土主義：這也許是自陳濟棠時期一直流傳下來的歪風。參第八章的討論。

107 Kuo, Huei-Ying (2014). *Networks Beyond Empires: Chinese Business and Nationalism in the Hong Kong-Singapore Corridor, 1914-1941*. Leiden: E.J. Brill. pp. 131-132, 146-165.

被消音的戰前本土文化

隨著嶺南認同在19世紀後期逐漸從鄉土文化意識演變成政治自治意識，粵語文化的發展也同時邁向高峰。嶺南的政治人物學效海外傳教士的做法，以本土語言向民眾解釋政治問題、並同時引入西方進步思潮。他們在政論刊物中以粵語入文，並創立混合粵語、白話和文言體裁的「三及第」文學風格。粵謳這種具有嶺南特色的詩詞，過往只是風流文人在花街柳巷玩弄的文字遊戲，此時也開始轉型為精緻文化的一部份。從北方傳入的戲曲被填上粵語曲詞變成粵劇，而近代本土題材的劇目也日趨普及[108]。

香港在這場嶺南文藝復興中，執演著關鍵的角色。雖然從現今的觀點來看，19世紀殖民地政府實行的審查制度頗為高壓，但香港的言論空間卻始終比清帝國來得廣闊。至少身處英國統治下的文人，在批評嶺南及東亞大陸的政治事務時，毋須懼怕清帝國會越境執法。在《華字日報》和《循環日報》先後在1872年和1874年創辦後，香港就成為嶺南地區的主要出版地，繼而發展為粵語文學運動的重鎮。隨著印刷資本主義的興起，香港的通俗文學也開始蓬勃發展，本地文人則偏好採用通俗手法，透過親民又風趣的民間語言探討本土社會議題。不過**通俗並不必然等於低俗**；就如香港樹仁大學的新聞學學者黃仲鳴所言，在香港撰寫通俗文學的作家，有堅實「純文學根底」的不在少數、其作品亦多做到「雅

---

108 李婉薇（2011），《清末民初的粵語書寫》，香港：三聯書局。

與俗互相滲透」。直到如今這仍然是香港文化的主要特色。

　　香港社會於19世紀末逐漸變得多元，城內住著立場迥異的各色人群，各界文人報人在豐盛的嶺南文化以外，亦從四通八達的交通接觸到來自東亞大陸、東北亞和西方的各種思潮。這樣社會內流通著各種多元文體，有純粹的粵語文學、有混集白話和文言的三及第文學、也有一些眷戀清帝國的遺民堅持書寫舊體文學；另一些人則向外地學習各種新穎的文體，比如香港作家在20世紀初，曾嘗試學習上海文人鴛鴦蝴蝶派的文風，創作過好一批深受歡迎的作品。當新文化運動在1910年代末至1920年代興起，香港文人也開始採用語體文創作[109]。不過他們並未有盲目模仿新文化運動的風格：他們出於自身的文藝理想，對新文化運動早期提倡的個人自主甚為嚮往，也喜歡歌頌新世代文人的青春覺醒。可是當新文化運動在1920年代日趨政治化後，香港文人卻無意模仿那種煞有介事的「憂國憂民」：這正好反映在政治身份意識上，香港文人未有與中國保持步伐一致[110]。

　　在1910年代末開始活躍的黃天石，是語體文轉型期間的香港文學代表人物。他的作品以愛情小說為主，可是字裏行間卻不乏對香港社會的關懷。在1922年出版的短篇小說〈一箇孩童的新

109 黃仲鳴（2016），〈拒絕遺忘：極具特色的香港通俗文學〉，陳國球、陳智德等，《香港文學大系，1919－1949：導言集》，香港：商務印書館。頁317至340。

110 鄭樹森、黃繼持、盧偉鑾（1998），〈早期香港新文作品三人談〉，鄭樹森、黃繼持、盧偉鑾編，《早期香港新文學作品選（1927-1941）》，香港：天地圖書。頁11至14。

年〉中，黃天石描述一對兩小無猜的小情人的愛情，並藉此批判傳統家庭內部的封建父權。小說女主角娟兒的一句話，反映作者早已跳脫同代東亞大陸文人的國族觀：「我不知道世界上為什麼要分出這許多國。我最喜歡的是紅色。假使全世界這許多國，統插著紅旗，豈不有趣[111]？」根據文本上的證據，黃天石已經把自己定位為世界公民，也對五四運動後的中國國族主義運動缺乏興趣。那些自命不凡的先鋒黨，聲言要喚醒民眾，藉此集中力量復興中國。可是黃天石卻高舉兒女情長的人性，認為人與人之間真摯的感情，遠勝偽善政客高舉的中國國族主義。他從人情和人性的角度主張社會平等，認為高言大志的宏圖大計，無法為人世間帶來微小而確實的幸福[112]。

　　為追求平等幸福的世道，黃天石曾於1923年投身反蓄婢運動。當時保守派人士以「防範虐待婢女」的幌子，宣稱「改良」過的蓄婢制度對貧苦女性利大於弊，以暗度陳倉的方式延續這種事實上的奴隸制度。義憤填膺的黃天石奮筆疾書，投書駁斥保守傳統派的謬論。他在文中指出：

　　　　其他若誤解自由之意義，在引車賣漿，情猶可恕。若不平子（按：一位主張維持蓄婢制度的論者）者，固所謂能

---

111 收錄於：謝曉紅編（2015），《香港文學大系，1919-1949：小說卷一》，香港：商務印書館。

112 謝曉虹（2016），〈時間遊民：一九一九至一九四一的香港小說〉，《香港文學大系，1919-1949：導言集》，香港：商務印書館。頁114至116。

> 文之士，乃猶不明自由為何物，記者又安有冗筆浪墨，為
> 無謂之辯論，取厭於閱者耶[113]？

　　在這次論戰之中，黃天石顯露出他對人性的關懷，繼而奉自由與平等之名與吃人禮教抗衡。有異於1920年代其他的香港社會運動，即使中國國族主義者如何扭盡六壬[114]，也不可能將反蓄婢運動描述成中國國族主義的先聲：畢竟這場運動是由一對善心的英國夫婦[115]發起，其過程也是由華人基督徒、華人勞工與開明的西方人合作推動[116]。也許正因如此，這場舉足輕重的社會運動，往後一度遭到歷史學家有意無意的忽視。

　　而在香港活躍的本土文人，亦於20世紀初期與香港建立深厚的感情：他們開始擺脫前輩的原鄉意識，並把香港的三十里袖珍江山視為自己的家鄉。筆名侶倫的李觀林在1930年搬家，遷到當

---

113 黃天石（1923），〈我亦討論蓄婢問題〉，麥梅生編，《香港蓄婢問題》，香港：反對蓄婢會。頁22。

114 親中歷史學家往往會把1922年的海員大罷工，描述成反帝國主義的中國國族主義運動，並視之為1925年至1926年「省港大罷工」的先聲。可是事實上這場運動，卻是一場爭取勞工權益的本土運動。參：Chan, Wai Kwan (1991). *The Making of Hong Kong Society: Three Studies of Class Formation in Early Hong Kong.* Oxford: Clarendon Press. pp. 174-177.

115 他們分別是曾派駐香港的皇家海軍少校休‧希士活（Hugh Lyttleton Haslewood），以及其夫人克拉拉（Clara Blanche Haslewood）。

116 Smith, Carl T. (1981). "The Chinese Church, Labour and Elites and the Mui Tsai question in the 1920s," *Journal of the Hong Kong Branch of the Royal Asiatic Society*, 21: 91-113.

時尚屬市郊的九龍城。由於這個在海邊的新居,隔著維多利亞港與香港島上的市中心遙遙相望,故被侶倫命名為「向水屋」。他在遷居後寫了一篇散文慶賀新居入伙:

> 距離都市的彼岸,僅是一條江水,這邊卻是另一天地……在目前,這小天地裏的幽雅,都市的輕淡的筆觸,祇能點綴她的和諧,不會破壞她的古樸雅淡……那一切無言之美啊,以心會境,有時使你覺得生命的美麗,有時使你覺得人生的渺茫。讚美與哀怨,都會感應地在你清靜的心靈激戰……所以,我愛我的新居[117]。

可是經歷過新文化運動的中國文人,卻對這種不失精緻的本土文化看不上眼。他們認為救國是文學的首要任務,而文筆也就是打倒舊世界武器。文學作品若不能與波瀾壯闊的中國國族主義合流,就是頹廢主義的遊戲文字:在以救亡為念的中國文人眼中,以溫婉柔情討論人性與人情,就是不分是非輕重的溫情主義[118]。他們認定香港只是一個沒有文化的「**畸形商埠**」,而活在英國殖民統治下的香港文人,因為未受過五四運動和新文化運動的洗禮,就只可能承傳老舊鄙俗的陋習[119]。魯迅曾於1927年造訪香

---

117 收錄於:樊善標編(2014),《香港文學大系,1919-1949:散文卷一》,香港:商務印書館。

118 謝曉虹 2016,頁116。

119 陳國球(2016),〈文學評論與「畸形香港」的文化空間〉,《香港文學大系,

港，卻覺得香港人不是「『高等華人』和一伙作偽的奴氣同胞」、就是「默默吃苦的『土人』」[120]：簡單來說，魯迅認為香港人不是墮落就是粗野，並沒有什麼文化可言。本名沈德鴻的中國文學家茅盾，曾很不禮貌地指斥「香港，是一個畸形兒，富麗的物質生活掩蓋著貧瘠的精神生活」[121]。而那些離棄本土根源、全面擁抱新文化運動的嶺南文人，也以事不關己的心態批評香港。比如身在廣州的潮汕裔親共文人石辟瀾，就認為香港文化「脫不離風花雪月，自為不能諱言的事實」[122]。

可是隨著日本帝國主義在1930年代急速向東亞大陸擴張，那些對香港看不上眼的中國文人，卻爭相遷到香港接受英國殖民主義的庇護。在中國和日本於1937年全面開戰後，大半個中國文壇也隨即進駐香港：在北京和上海這兩大文化中心相繼淪陷後，那些左翼「進步文人」既不願跟隨蔣介石政權遷到重慶，又認為延安這個「共產中國」的偏遠「首都」不是發表文章的好地方。此時《大公報》、《立報》和《申報》等中國主要報章都把總部遷到香港，茅盾、蕭紅、蕭乾和胡蘭成等知名文人，也選擇到香港延續其文化事業。他們要把香港轉化成抗日文宣的出版中心[123]，並矢

1919-1949：導言集》，香港：商務印書館。頁207至212。

120 魯迅（周樹人）（1927），〈再談香港〉。收錄於：盧瑋鑾編（1983）。《香港的憂鬱——文人筆下的香港（1925-1941）》，香港：華風書局。頁3至10。

121 茅盾（1984），〈在香港編《文藝陣地》——回憶錄（二十二）〉，《新文學史料》，1984年1期。

122 石不爛口述、楊春柳記（1933），〈從談風月說到香港文壇今後的動向〉，《大光報·大觀園》，1933年11月16日。

志要以「抗戰文學」驅逐「風花雪月」的腐敗本土文學[124]。此時中國的知名作家以**舉國之力**進軍香港，使本土作家難以吸引讀者的目光、並紛紛失去發表作品的地盤；香港本地的報章雜誌也在中日戰爭的大局下變得中國導向，甚至張開兩臂歡迎南來文人鳩佔鵲巢[125]。

這些南來文人佔用香港的文化資源，卻未有尊重香港自有的本土文化。他們認為香港人雖然衣冠楚楚，卻只會閱讀「印刷惡劣的小報」上面那些「淫穢的連載小說」[126]。在南來文人眼中，香港不只充斥著「低俗文化」，其住民也因為「崇洋媚外」而缺乏「應有」的中國認同。香港人既然習慣在英國殖民地的生活，就必然是有「缺陷」的「中國人」：他們心裏背棄「祖國」，就只可能有「令人作嘔的不自然的洋化」、以及「下賤之尤的奴化」[127]。亦因如此，這些南來文人認為自己是來到「蠻荒之地」從事「文明開化」：他們自詡「外江佬（按：外省人）替這地方帶來了文化」，不然

---

123 樊善標（2016），〈香港散文的生產與變遷：1920年代至1941〉，《香港文學大系，1919-1949：導言集》，香港：商務印書館。頁64至66。

124 侯桂新（2009），〈從香港想像中國：香港南來作家研究（1937-1949）〉，哲學博士論文，香港嶺南大學。

125 危令敦（2016），〈戰爭與流離：一九四二至一九四九〉，《香港文學大系，1919-1949：導言集》，香港：商務印書館。頁82至84；樊善標2016，頁68。

126 適夷（樓錫春）（1938），〈香港的憂鬱〉，收錄於：《香港的憂鬱——文人筆下的香港（1925-1941）》。頁125至126。

127 屠仰慈（1939），〈寄懷上海〉，收錄於：《香港的憂鬱——文人筆下的香港（1925-1941）》。頁157至160。

香港人就「連豬肉都不會吃，只會吃叉燒」[128]。

　　1930年代南來文人的入侵，再加上1940年代日本的軍事佔領，使香港本土文化的發展出現斷層。香港文學理論學者鄭樹森認為，中國文人於1930年代南渡香港後，「香港作家的主體性反而降低了，甚至湮沒了、或者是被邊緣化了」。而開展戰前香港文學研究的資深文學家盧瑋鑾（筆名小思），甚至斬釘截鐵地形容香港文學「**根本被消滅了**」[129]。像黃天石那樣的香港作家，也在南來文人的挑戰下被逼放棄精緻文學和嚴肅文學，改為撰寫通俗的文化作品。雖然這些香港作家把目光轉往潮流文化，卻不代表他們的創作風格和文字功夫不復當年之勇。然而如今他們即使靠筆耕糊口，卻也無法採摘文壇上的桂冠，反倒淪為「正統」中國文人的笑柄[130]。

　　在太平洋戰爭結束後，香港本土文化未能獲得喘息的空間，就要面臨由國共內戰引發的第二波南來文人潮。香港知識人未及重新發掘1920年代或之前的本土傳承，就必須面對外來文化的再次入侵。在早前第一章的討論中，我們已提及戰後的南來文人，

---

128 楊彥岐（1941），〈香港半年〉，收錄於：《香港的憂鬱——文人筆下的香港（1925-1941）》。頁207至211。雖然楊彥岐對香港諸多不滿，可是他後來卻一直留在香港。他在1940年代末投身電影產業，並以易文為藝名執導華語電影。由葛蘭、葉楓、蘇鳳、喬宏和雷震（上海裔香港演員）主演的《空中小姐》（1959年）為其代表作。

129 鄭樹森、黃繼持、盧瑋鑾（1998），〈編選報告〉，鄭樹森、黃繼持、盧瑋鑾編，《早期香港新文學資料選》，香港：天地圖書。

130 謝曉紅 2016，頁115。

如何塑造嬰兒潮世代的學校課程和文化生活。而此後直到1950年代的香港文學主流，大都沉溺於緬懷東亞大陸那片「失去的國土」，其作品描寫的多是在中日戰爭和國共內戰的傷痕。這些作品都活在早已消逝的過去，無法正面看待香港本土的真實。雖然親共派文人曾經在1940年代末提倡「方言文學運動」，可是發起人骨子裏都以「北方觀點」看待嶺南，只求著跡地運用粵語文學宣揚共產革命：這種欠缺誠意的政治推銷，自然也無法引起真正的迴響[131]。戰後初期的香港本土文學，基本只是由舒巷城一人之力獨撐大局：在心繫中國的文化大勢下，舒巷城也只能以一邊懷緬、一邊感嘆，以感懷身世的筆觸描述本土的消逝[132]。

雖然香港文人在1960年代開始嘗試復興本土文學，可是起初還是處於跌跌碰碰的階段，尚未有能力與文壇主流抗衡。此後要待1967年的暴動觸發「被回歸」的恐懼，香港本土文學才正式開始為文壇所重視[133]。此後香港的新生代作家開始書寫本土題材，西西（張彥）、也斯（梁秉鈞）和崑南（岑崑南）等本土作家也於此時冒起。除此以外，遷居多年的南來文人也日趨本土化，比如浙江裔作家劉以鬯（劉同繹）的作品，此時對香港本土描寫也日趨深刻[134]。香港本土文學在1970年代起成為文壇主流，文人在書

---

131 譚志明（2011），〈四十年代後期香港左翼方言文學運動探析〉，《彰化師大國文學誌》，第23期，頁241至259。

132 陳智德（2019），《根著我城：戰後至2000年代的香港文學》，新北：聯經出版。頁45至49。

133 陳智德 2019，頁52至56。

134 陳智德（2010），〈「錯體」的本土思考——劉以鬯《過去的日子》、《對倒》與《島

寫香港本土事物之餘，也開始對香港本土意識、中國國族主義、漂流與離散這類問題有深刻的反思，從而確立香港文學的定位和身份[135]。

可是對於參與社會運動的嬰兒潮世代而言，這一切都來得太少和太遲。在上一章的討論中，我們已看到嬰兒潮社運在1970年代初，就已經對香港文化抱有偏見，並根據這種偏見著手擬定社會抗爭的藍圖。嬰兒潮世代的知識階層，早已被少年時期接觸到的「文化中國論」、以及在青年時期認知到的「社會主義中國」限制其想像，無法對本土的文學及文化承傳有所認知。在香港文學開始復興之際，嬰兒潮社會運動已經矢志要與主流本土文化對抗。這些社運人士既擁抱進步圈的「抗衡文化」（counterculture）、又抱有自鳴清高的先鋒黨心態，即使他們有機會靜下來閱讀這些香港文學作品，恐怕也只會不分青紅皂白地貼上「雜取文化」的標籤：他們對本土流行文化的批判，其態度和用語與第一代南來文人完全一致，同樣採取「畸型商埠」的意象去描述香港文化[136]。他們已經認定香港文化「根本談不上什麼『高文化』的『大傳統』」、相信香港文化已經呈現「『結構解體』現象」[137]、認定本

與半島》〉，梁秉鈞、譚國根、黃勁輝及黃淑嫻編，《劉以鬯與香港現代主義》，香港：香港公開大學。頁133至142；陳智德（2018），〈南來者的本土思考：劉以鬯的《過去的日子》《對倒》和《酒徒》〉，《名作欣賞》，第34期，頁31-35。

135 陳智德 2009，頁57至62。
136 陳國球 2016，頁201。
137 魯凡之 1982a。

土文化「根本就是受西方文化衝擊而呈現混亂的中華文化」[138]、堅持香港人的本土情懷只是「個人主義或是自利主義的最新變種」[139]。嬰兒潮社運人士與南來文人一樣，都認為香港物質生活豐富、精神思想貧乏，認為香港文化既崇洋、又低俗，認定這個商埠只會因著其經濟成就而「安於逸樂」和「自誇自耀」、在文化層面就只有「精神生活的空虛」和「生命的虛無」[140]。也就是說，嬰兒潮社運人士已決定盲從五四運動和新文化運動的「道統」，並以此為判斷香港「民度」的準繩。

　　新興的香港文學雖已確立本土認同，此時卻仍然未有斬釘截鐵地否定中國國族主義：他們對身份認同的省思猶如細水長流，對中國時而認同、時而質疑，一步一腳印地緩緩摸索一套異乎中國的香港風格[141]。若然這股文學風潮是從「香港中國人」轉型成「香港人」的天路歷程，那麼香港本土文學在此書執筆之時，恐怕仍是處於「現在進行式」的半製成品。這種精緻文化在1970年代尚處於發軔期，如此在深陷意識形態迷霧的嬰兒潮社運人士面前，恐怕也無法產生振聾發聵之效。

138　彷徨 1965。
139　曾澍基 1984。
140　王卓祺 1982。
141　陳智德 2019，頁63。

難以跨越的文化斷層

香港的民主回歸世代，之所以會作出與臺灣保釣世代不同的抉擇，並非完全源自地緣政治的宿命。戰前香港人的認同，雖然並不局限於深圳河以南那千方里地，可是社會主流卻顯然未有採納「正統」的中國認同，反倒傾向支持讓嶺南民主自治的「分離主義」。嶺南在戰前長期自立的政治形勢，使香港文人維持著自成一體的獨特風格，未有完全服膺於中國新文化運動的潮流。可是中日戰爭和國共內戰卻使中國文人集體湧往香港逃難，以舉國之力把香港文壇鵲巢鳩佔，為香港本土文學帶來滅頂之災。香港自1930年代起連續20年的文化斷層，乃源自戰前戰後兩股文人南渡的狂潮；而這一切都只是歷史的偶然。

這條斷層令香港本土政治的發展延宕約20年；此後要待在本土文化復興後成長的八十後和九十後長大成人，本土意識才有機會納入香港社會運動的議程。香港本土政治的發展，也因此與臺灣有著20至30年的時差。臺灣在戰後也曾經歷過文化上的斷層：大批本土文人在二二八事件和其後的清鄉被滅音、遷佔臺灣的中華民國流亡政權在學校灌輸黨國主義和傳統文化教育、而移居臺灣的外省文人也設法積極改造臺灣文化[142]。不過臺灣和香港的文

---

142 參：蕭阿勤（2016），〈流亡與時間，敘事認同與知識建構：重探龍冠海與「中國現代化」的社會科學研究〉，《族群、民族與現代國家：經驗與理論的反思》。頁117至179。部份死抱中國認同的臺灣學者，至今仍然認為外省文人對臺灣本土文化的侵蝕，是中國知識人在邊陲的臺灣推動「文明開化」的功德。參：

化斷層，兩者之間卻有著微妙的分別。香港在經歷兩波南來文人
的衝擊後，香港本土作家在精緻文學的文壇已經毫無地位。黃天
石此後以傑克為筆名書寫流行文學，在戰後又把重心放在翻譯工
作，無法再像戰前那樣多產。即使他一直積極參與香港中文筆會
的運作，卻始終未有機會為本土精緻文學挽回名聲[143]。舒巷城在
香港被日本侵佔後一直在東亞大陸流浪，直到1948年才返回位於
香港島西灣河的家鄉。他在1950年代為本土文學孤軍作戰時，才
是位三十出頭的年輕作家：雖然他的作品深獲好評，卻終究無法
以一人之力對抗南來文人主導的文化風氣[144]。他只能與其他年輕
本土作家一起匍匐前進，靜待1970年代的開花結果，從而錯過塑
造嬰兒潮世代**年齡群組差異**的關鍵時機。當學界在文壇前輩盧緯
鑾的推動下重新發現戰前香港文學時[145]，英國已就香港前途問題
與中國展開談判，而嬰兒潮社運人士也早已提出「民主回歸」的
構思。

　　而戰前世代的臺灣知識階層，卻有辦法抓緊戰前世代的香港
文人沒有的機遇，擔當跨越臺灣文化斷層的橋樑。大批戰前世代

楊儒賓（2015），《1949禮讚》，新北：聯經出版。

143 李卓賢（2018），〈黃天石二十至四十年代報人小說論〉，香港中文大學中國語
　　言及文學課程碩士論文。頁14。

144 關於舒巷城在戰後開始創作時的處境，參：陳建忠（2014），〈冷戰迷霧中的「鄉
　　土」：論舒巷城1950、60年代的地誌書寫與本土意識〉，《政大中文學報》，第
　　22期，頁159至182。

145 李薇婷（2017），〈盧瑋鑾（小思）的香港文學考掘學〉，香港中文大學中國語
　　言及文學課程碩士論文。頁27至54。

的知識階層和社運人士，在二二八事件後繼續以海外流亡者的姿態延續本土運動[146]，並以各種方法承傳戰前的歷史文化記憶。比如在日本流亡的史明（本名施朝暉）奮筆疾書，於1962年出版《台灣人四百年史》，迅即成為臺灣異見人士的地下聖典[147]。而在明治大學任教的語言學家王育德，在1964年出版《台灣：苦悶的歷史》之餘，也以自己的專長保育遭中華民國流亡政權打壓的臺語，又參與創辦政評與文藝兼備的《台灣青年》雜誌[148]。身在臺灣的戰前世代文人，雖然備受中華民國流亡政權壓制，仍是能夠在精緻文學的文壇佔一席之地。比如身為本土文學的前輩的葉石濤，在遭受政治迫害後仍然筆耕不輟，隱蔽地守護戰前臺灣文學的記憶。其後他在保釣世代的社運如火如荼之際，鼓起勇氣書寫臺灣文學的往事，並為植根本土的文化之立場仗義執言。而台灣基督長老教會的教牧和長老，則利用黨國無法有效控制的宗教空間保存民主抗爭的經驗，像一根流通管子那樣，把臺灣本土意識的福音傳遍教內教外的公民社會。不論在臺灣本土還是海外社會，都有戰前世代的臺灣知識人在守護記憶。雖然臺灣的外來威權體系為禍甚烈，可是熱愛家邦的戰前世代還是能夠突破重重障礙，讓「四年級」、「五年級」和「六年級」的晚輩能夠從戰前的歷史文化記

---

146 陳佳宏（1998），《海外台獨運動史》，臺北：前衛出版社。

147 吳叡人（2012），〈啟示與召喚：「臺灣人四百年史」的思想史定位〉，《實踐哲學：青年讀史明》，臺北：台灣教授協會。

148 王育德、王明理著，吳瑞雲、邱振瑞譯（2018），《王育德自傳暨補記》，臺北：前衛出版社。

憶尋索思想資源，從而達成臺灣本土運動的**年齡群組轉換**。

　　戰前世代的香港本土文人，在嬰兒潮世代成長期間陷入無法自我言說的苦況。而身為師長的南來文人則基於文化偏見和意識形態，未能讓嬰兒潮世代對香港失落的戰前歷史文化有所認知。如此香港嬰兒潮世代只能在師長界定的框架下成長，當他們在青少年時期想要叛逆師長、抵抗建制，則只能從與香港社會脫節的海外思潮取經。當學界開始重新發現香港戰前的歷史文化時，嬰兒潮社運早就以摸著石頭過河的方式，確立自己的抗爭風格和意識形態，從而與戰前香港的本土傳統失之交臂。

　　而在下一章的討論中，我們將會發現香港的嬰兒潮社會運動缺乏的，並不限於戰前香港的歷史文化記憶。即使嬰兒潮世代在投身社會運動時，曾接觸過戰前世代的政壇前輩，他們最終也因為種種原因決定與前輩們分道揚鑣，從而無法達成政治上的世代承傳。也就是說，在1980年代興起的香港民主運動，完全是一場新興的社會運動。運動承傳的缺乏，則使香港民主運動的參與者缺乏身為共生社群的自覺，無法意識到民主運動就是為香港人爭取國族權益的本土政治運動。

CHAPTER **5**

與政壇前輩分道揚鑣

　　上一章我們提到香港在 1930 至 1950 年代，曾經因為南來文人的兩度南遷，釀成本土歷史文化傳承的斷裂。其後香港本土文化的復興未能趕得上嬰兒潮世代的成長期，使這一代的知識階層按照南來文人的教導，以中國新文化運動「道統」的準繩，判斷香港本土文化之優劣；而他們的結論，就是認為本土文化是東拼西湊的「雜取文化」。可是即使香港嬰兒潮社運人士對本土文化不屑一顧，在理論上他們還是有可能確立異乎中國的國族認同：畢竟國族主義在定義上，乃**建基於「政治認同」而非「文化認同」**。雖然部份研究國族主義的學者認為「核心族裔文化」（Ethnic Core）是國族建構的必要條件[1]，可是這種觀點卻不是學界的共識[2]。主要

1　Smith, Anthony D. (2004). "Ethnic Cores and Dominant Ethnies," in Eric P. Kaufmann (ed.), *Rethinking Ethnicity: Majority Groups and Dominant Minorities*. London: Routledge. pp.15-26.

2　比如 Anthony D. Smith 的業師 Ernest Gellner，就未有接受他學生提出的「族裔核心文化」說。師徒兩人曾於華威大學（University of Warwick）有過一場客氣而激烈的爭辯，是為國族主義研究圈子內有名的「華威辯論」（Warwick Debate）。

建基於「政治認同」的「公民國族主義」（Civic Nationalism），在歷史上亦有先例可援：雖然「核心族裔文化」在這些案例中未必沒有角色，卻顯然並非「開國之父」們的首要考慮。

波士頓大學歷史社會學家管禮雅（Liah Greenfeld），認為英格蘭國族主義源自隨參政權擴張而出現的政治認同：她甚至主張英格蘭的國族建構乃普世國族主義風潮的濫觴。由於英格蘭的貴族在1455年至1487年之間的玫瑰戰爭中大批陣亡，都鐸王朝在統一全國後，只得把包括律師、商人和醫生在內的民間精英吸納為統治階層。這些新貴先是參與地方政治，其後被推舉為下議院的國會議員。皇室在這些新貴取得一定的政治資歷後，就透過授勳把他們改造成新興貴族。一群來自英格蘭地方社會的「鄉巴佬」，在亨利八世（Henry VIII，於1509至1547年在位）執政38年間集體經歷社會上向流動，成為與國王共同管治英格蘭的權力精英[3]。

這些新貴逐漸凝聚成以國家大事為念的社群，並開始把這個群體稱為「nation」：而當代英語則採用這個詞彙來指涉「國族」。這個詞彙源自拉丁語的「natio」，原意是「特定地方的在地人士」。後來中世紀大學的師生開始用這個詞彙形容自己：「特定地方」就是大學、「在地人士」就是在大學求學的師生，而「natio」的字義

Ernest Gellner 的紀念網站有刊載這兩師徒的辯論。

Anthony D. Smith 的發言：https://gellnerpage.tripod.com/Warwick.html

Ernest Gellner 的回應：https://gellnerpage.tripod.com/Warwick2.html

3　Greenfeld, Liah (1992). *Nationalism: Five Roads to Modernity*. Cambridge, MA: Harvard University Press. pp. 44-51.

則被引申為「志同道合的知識精英」。當英格蘭各地的鄉紳，因緣際會獲得管治全國的參政權，他們就意識到自己也是「志同道合的精英」[4]。隨著英格蘭走上君主立憲制的道路，一般民眾也隨參政權的擴展熱衷批評時政，並意識到政治理應是國人同胞「眾人之事」。這樣就有越來越多的英格蘭人，也認為自己同樣屬於這個「志同道合」的共生社群，也同樣是「nation」的一份子。英格蘭人的集體認同，亦因而逐漸發展成建基於公民參與的公民國族主義[5]。

這樣的國族認同，基礎在於國民共享的參政權，而非血緣或文化上的特質。英格蘭國族主義後來演變成涵蓋整個不列顛的英國國族主義，並傳播到北美洲殖民地的知識階層。直到18世紀末，北美洲的在地精英都懷有強烈的英國認同，與不列顛也沒有顯著的族群文化差異[6]。這種國族情懷使他們期望能獲得與不列顛本土同等的參政權，可是英國國會為應付七年戰爭（1756-1763）的開銷，於1765年通過《印花稅法》（*Stamp Act*, 1765），向北美洲英國屬土的印刷品和文件徵收印花稅。過往在北美洲十三個殖民地徵收稅款，都得先通過殖民地議會的批核，可是這次倫敦卻直接把西敏宮的決定強加在殖民地身上。北美洲的在地精英繼而提

4　Opello, Walter C. and Stephen J. Rosow (1999). *The Nation-state and Global Order: A Historical Introduction to Contemporary Politics.* Boulder, CO: Lynne Rienner. p.123.

5　Greenfeld 1992, pp.86-87.

6　Greenfeld 1992, pp.409-411.

出「無代表就不納稅」（No taxation without representation）的口號，要求在英國國會增設代表北美殖民地的議席，可是卻不得要領。此後部份在地精英基於**源自英國國族主義**的「**自由權**」理念，得出北美洲必須爭取**本土國族自決**的結論：雖然在地精英對「美國獨立」並未達成一致的看法，可是其後的事態發展還是令北美洲於1775年爆發獨立戰爭，而十三個前殖民地則於1789年根據憲法整合為美利堅合眾國[7]。雖然美國的確有其「核心族裔文化」[8]，在19世紀至20世紀中亦曾欺壓包括原住民、非裔美國人和日裔美國人在內的少數族群，不過其主流文化的內容卻多出自後來的族群融合：比如爵士樂、熱狗和漢堡包都出自少數族群的文化[9]，而蘋果派這個「美國代表」[10]則源自英格蘭這個舊宗主國的食譜。

就如管禮雅所言，「國族主義曾經是民主政治在世間展現的

7　Greenfeld 1992, pp.414-422.

8　白人盎格魯—撒克遜新教徒（White Anglo-Saxon Protestants，簡稱WASPs）為美國的主流族群，不過根據美國學會聯合會（American Council of Learned Societies）於1929年的研究，在1790年只有六成美國白人可歸類為英格蘭裔、而蘇格蘭裔則佔白人人口的8%左右。參：American Council of Learned Societies, Committee on Linguistic and National Stocks in the Population of the United States (1932). *Report of the Committee on Linguistic and National Stocks in the Population of the United States.* Washington, DC: US Government Printing Office.

9　爵士樂源自美國的非裔社群：這種能夠代表美國品味的「美式古典樂」，乃源自長期被奴役的非裔美國人、而非自詡為社會精英的奴隸主，這種矛盾值得世人細思。而熱狗和漢堡包都是由德裔美國人的食物改良而成。

10　美諺有云：As American as an apple pie。這句話通常用來形容某事物符合正宗美式風格，就如蘋果派這種國民甜食一樣。

方式，**民主政治就如國族觀念的繭中蝶蛹，而國族主義起初也是以民主政治的姿態發展**」。國族主義的本質，本來就是「承認主權在民、並確認各階層之間的平等」[11]。只是後來獨裁的政權意識到國族主義的動員力，便以由上而下的方式推動「官方國族主義」（Official Nationalism），藉此鞏固國家體制的權力[12]：透過「血濃於水」的論述，以「文化血緣群體」的講法**曲解**「民眾」、「主權」和「平等」的定義，是這類威權帝國的拿手好戲[13]。世界各地現存的國族主義之所以不一定會擁抱民主政治，正是這種權力運作的結果。即或如此，威權帝國卻也無法消弭民主政治和國族主義之間的邏輯關係[14]：他們可以製造反民主的「官方國族主義」，卻無法阻止地方的民主運動滋生出國族自決的訴求。我們還是可以確定任何的民主運動，即使其參與者起初並無謀求獨立自主的意圖，但只要運動能夠一直延續下去，最終都會出現要求國族自決的傾向。

依據管禮雅對美國國族主義的分析，我們可以歸納出這樣的邏輯：那些缺乏本土國族認同的民主運動，最終會**隨著經驗和挫折的累積，繼而產生國族自決的想法**。那麼我們就可以作出這樣的推論：倘若在香港爭取民主政制的抗爭者，能夠承傳來自民

11　Greenfeld 1992, p.10.

12　Anderson 2010，頁136。

13　Greenfeld 1992, p.11.

14　關於自由民主與國族主義互相依存的關係，參：Tamir, Yael (2019). *Why Nationalism*. Princeton: Princeton University Press.

主運動前輩的集體記憶，那麼他們就比較可能會有足夠的「經驗值」，從而產生香港本土的國族認同。反過來說，若然缺乏本土認同的民主運動參與者，必須白手興家啟動民主運動，那麼他們的「經驗值」就會比較低，而民主運動的國族主義轉型就比較難在這代人的主導下發生。這樣民主回歸世代政治傳承的經歷，也許能說明他們何以抱有抗拒本土的立場。

精英主導的第一代民主運動

香港在戰前雖然曾經有過爭取民主的聲音，可是當時的論者都是藉「民主改革」的名義遮掩真實的意圖，並非真的想要展開民主改革。就如我們在上一章討論過那樣，那時候大部份香港人關注的是嶺南的民主自治，而香港則只是嶺南政治的其中一環。他們對香港殖民地制度的改革不是沒有期望，卻沒有動力為此而投身社會運動。

在1896年的預算案爭議後，何啟、遮打（Paul Charter）和韋赫（Henderson Whitehead）這三位立法局議員不滿代表政府的「官守議員」壟斷議會。為此他們要求把立法局的一半議席，改由全體英籍男性住民普選產生。不過這次抗爭卻不是嚴格意義上的民主運動：雖然何啟也許有心在香港推動改革，但是其他以西方商人為主的參與者，真正的動機是抗稅而非參政。除此以外，西方商人亦想透過推動英籍人士男性普選，剝奪未設籍的華籍商人之代表權：此時華籍商人乃香港政府主要的稅收來源，並已形成

一股能與西方商人抗衡的經濟勢力。在倫敦白廳的殖民地部官僚洞悉西方商人的意圖，可是亦認為無國籍限制的普選不切實際，從而否決政治制度改革的提議。後來香港政府採取典型的英式平衡作風，首度在行政局設立兩個非官守議席，並交由領導抗爭的遮打、以及代表怡和洋行的貝伊榮（John Bell-Irving）擔任。為平衡西方商人的影響力，香港政府也在立法局增設華人代表，並委任何啟的老友韋玉擔任此職。西方商人和華籍精英在取得甜頭後，也決定鳴金收兵，未有把這場虛擬的「民主運動」延續下去[15]。

當中國共產黨聯同中國國民黨內的左派在1925年策動「省港大罷工」時，響應罷工的香港工會成員則宣稱要爭取香港的自由化和民主化。他們提出「華人應有集會、結社、言論、出版、罷工之絕對自由權」，又主張「香港定例局（按：立法局）應准華工有選舉代表參與之權：其定例局之選舉法，應本普通選舉之精神，以人數為比例」[16]。不過這種論述之所以會出現，也許只能反映當時香港民眾對自由民主有一定的渴望，使發動罷工的工人不得不略作虛應。「省港大罷工」的本質，終究是支援廣州政權北伐的反帝國主義運動，並且同時涉及政權內部國共兩黨的鬥爭。隨著蔣介石於1926年開始主導廣州政權，並於翌年取得上海後與中國共產黨決裂，自顧不暇的罷工領袖也自然對香港的民主訴求

15　Endacott, G. B. (1964). *Government and people in Hong Kong, 1841-1962: A Constitutional History*. Hong Kong: Hong Kong University Press. p.119; Wai Kwan Chan 1991, pp. 131-133.

16　《華僑日報》，1925年6月22日。

棄如敝屣[17]。

　　大英帝國在兩戰之間國力大不如前，又遇到反殖民運動的興起，因而希望透過地方自治紓緩殖民地的管治壓力。在1927至1928年，第六任多諾莫爾伯爵（Richard Hely-Hutchinson, 6th Earl of Donoughmore）率領的委員會建議在錫蘭（Ceylon，即現今的斯里蘭卡）推行地方自治，這個建議其後獲得殖民地部接納。殖民地政府於1931年制定憲法，把原有的立法局改組成錫蘭國家議會（State Council of Ceylon），並實行一人一票的全面普選[18]。其後英國國會也因應印度獨立運動的挑戰，於1935年通過《印度管治法》（Government of India Act, 1935），決定讓分布印度各地的邦和土邦（Princely States，由印度原有貴族間接統治的行政區）組建聯邦、並透過選舉政治於印度實行地方自治。其後印度根據《印度管治法》的規定擴大參選權，並於1937年推動地方層級的選舉。英國的盤算是透過推動民主化，讓印度轉型為在英國主權下的自治領。不過隨著第二次世界大戰爆發，中央層級的選舉亦延後至1945年舉行。雖然英國寄望能以自治權換取帝國的延續，可是在選舉中取得優勢的印度國民大會（Indian National Congress）和全印穆斯林聯盟（All-India Muslim League）都分別堅持要讓印度和巴基斯坦獨立，最終兩國於1947年在動盪的局勢下正式獨立[19]。

17　蔡榮芳2001，頁160至161。

18　Barron, T.J. (1988). "The Donoughmore Commissionn and Ceylon's National Identity," *The Journal of Commonwealth and Comparative Politics*, 26(2):147-157.

19　Muldoon, Andrew (2009). *Empire, Politics and the Creation of the 1935 India*

　　英國在戰後為帝國的延續盡其最後的努力，決定在東南亞的殖民地推動地方民主自治：可是這最終只能讓大英帝國體面地「光榮撤退」。英國從日本佔領軍手上取回馬來半島後，先後於1946和1948年組成馬來亞聯邦（Malayan Union）和馬來亞聯合邦（Federation of Malaya），其後於1955年根據馬來亞聯合邦憲法實行大選[20]。東姑・阿布都拉曼（Tunku Abdul Rahman）的聯盟在大選中獲得勝利，而馬來亞聯合邦亦於兩年後成為獨立主權國家[21]。而新加坡則先於1948年引入有限的間接選舉，其後依照喬治・林德（George Rendel）委員會的建議推動全面地方自治。新加坡於1958年制訂新憲法，並於翌年按規定舉行大選。人民行動黨在李光耀率領下，在立法議會（Legislative Assembly）取得過半議席，從而獲得執政權[22]。新加坡其後於1963年與馬來亞聯合邦合組成馬來西亞，可是兩年後就被馬來西亞驅逐，被迫於1965年8月9日成立新加坡共和國。

　　香港於戰後亦幾乎走上這條民主解殖的道路。太平洋戰爭於1941年12月爆發後，駐守香港的英國和加拿大軍隊經歷了十八

　　　Act: Last Act of the Raj. London: Routledge.

20　Stockwell, A.J. (1984). "British Imperial Policy and Decolonization in Malaya, 1942-52," *The Journal of Imperial and Commonwealth History*, 13(1):68-87.

21　馬來亞聯合邦於1963年，與北婆羅洲、砂拉越和新加坡合組為馬來西亞（Malaysia）。

22　Lau, Albert (2012). "Decolonization and the Cold War in Singapore, 1955-9," in Albert Lau (ed.)., *Southeast Asia and the Cold War*. London: Routledge. pp. 43-66.

日奮戰，幾近彈盡糧絕。殖民地政府只得於聖誕日向日本投降，連同港督在內的殖民地官僚也在一夕之間淪為階下囚。身處集中營的殖民地高官依舊定期召開會議，檢討守軍在香港保衛戰敗北的原因。他們認為香港主流的華人民眾對社會欠缺歸屬感，使殖民地政府無法有效動員民眾備戰，從而削弱守軍的防衛能力。未來若要避免歷史重演，光復後的殖民地政府就必須讓華人民眾取得參政權，使他們願意為香港而委身[23]。無獨有偶，位於倫敦白廳的殖民地部亦於1943年成立香港規劃組（Hong Kong Planning Unit），並計劃在戰爭結束後在香港推動地方自治[24]。

港督楊慕琦（Mark Aitchison Young）在滿洲的集中營獲救後，因身體狀況欠佳須返回英國療養一段時間，到1946年5月1日才重新履任港督一職。他在返回崗位的演說中，宣布「國王陛下的政府，就像在殖民地帝國各地那樣，正設法讓香港這片土地的住民，能有更全面、更重大的權責去管理自己的事務」，而達成這個目的的其中一個方法，是把「部份原先由政府負責的內部行政事務，讓渡予全面由代議制構成的市議會」[25]。楊慕琦提議成立的市議會（municipal council），將會擁有不受英國政府和香港殖民地政府制約的自治權。市議會內三分之一的議席，則計劃交

23　鄺智文（2015），《重光之路：日據香港與太平洋戰爭》，香港：天地圖書。頁230至243。

24　Tsang, Steve Yui-Sang (1988). *Democracy Shelved: Great Britain, China, and Attempts at Constitutional Reform in Hong Kong, 1945-1952.* Hong Kong: Oxford University Press. pp.12-18.

25　The National Archive, CO 129/595/4, Governor's Speech.

由華人民眾選舉產生：任何身心健全、有英語能力和長期居留的華裔香港人，無需歸化英籍就可擁有投票權。而其餘的議席，有一半會交由英籍居民普選、另一半則由社會團體的代表組成。楊慕琦希望這樣的制度，能夠培訓香港本土的政治人才，並讓得到參政權的民眾對香港產生歸屬感[26]。而市議會的定位，是與立法局平行的立法機關，而不是管理市政事務的地方議會：按照英國在亞洲殖民地的模式，市議會的運作在走上軌道後，就會演變成取代原有殖民地政府的自治政府[27]。

以華人為主的香港民眾，大體上對楊慕琦計劃表示歡迎[28]。不過香港的華洋商人和權貴，在行政局和立法局內已有代表其利益的非官守議員。他們普遍反對在香港推動代議政制。那些長期在殖民地制度養尊處優的西方商人，未能意識世界局勢在二次大戰後已經徹底改變，對舊制度賦予他們的特權依依不捨。而華人權貴雖未有就楊慕琦計劃發表意見，心底卻顯然對代議政治不存好感[29]。這部份是因為他們都抱有保守的精英心態，但他們也像香港的知識階層那樣，擔心中國會趁機干預香港的事務[30]。

葛量洪（Alexander Grantham）於1947年7月接任港督一職，為香港的政治改革帶來變數。他於戰前曾經在香港擔任政務官，

26　Tsang 1988, pp.33-36.

27　Tsang 1988, pp.44-45.

28　Tsang 1988, pp.59-62.

29　Tsang 1988, pp.57-59.

30　Tsang 1988, p.36.

與香港的權貴關係良好，也偏向同情他們保守的政治立場。葛量洪對英國在香港的前途也感到悲觀，他認為香港無可避免會被中國吞併，而主流華人民眾也不會為效忠香港而抗拒中國。反而殖民地政府以「仁慈專制」確保社會穩定，並盡量拖延英國統治香港的時間，那將會是比較理性的選擇[31]。亦因如此，他未有積極推動楊慕琦留下的改革計劃，反倒把主導權出讓予行政立法兩局的權貴代表。此後直至1952年，議會內的非官守議員透過提出修訂拖延改革，而港督也消極地配合權貴的提案。中國於1940年代末急速赤化、促成東亞局勢丕變，各樣隨之而來的衝突和麻煩使殖民地部自顧不暇，使他們無力再督促香港政府落實政治改革[32]。

　　雖然以現今的標準而言，當時香港民眾的表現相對被動沉默，可是我們不要忘記來自戰後復元和國共內戰的雙重衝擊，已經使基層民眾的生計問題迫在眉睫。不過即或如此，民意仍普遍對政治改革有所期待、又會支持提倡改革的社會團體為民發聲，從而催生香港史上首場真正的民主運動。羅士比（Charles Edgar Loseby）和貝納祺（Brook Bernacchi）於1949年1月，與支持政制改革的華洋專業人士創立香港革新會（Reform Club of Hong Kong），並提出分兩階段達成立法局普選的改革方案。馬文輝亦於同年成立香港華人革新協會，該協會於7月13日與另外三個公民團體論壇，要求香港政府盡早落實政制改革。這場論壇反應熱

31　Tsang 1988, pp.63-64.

32　Ure, Gavin (2012). *Governors, Politics and the Colonial Office: Public Policy in Hong Kong, 1918-58*. Hong Kong: Hong Kong University Press. pp.118-134.

烈，有138個社區團體共同參與：在上街遊行尚未合法的年代，這樣的室內集會已屬相當難得的群眾運動。此後華革會在16日向政府遞交請願信，要求立法局推行全民普選、並全面落實楊慕琦提出的市議會方案。不過在1952至1953年間，華革會遭到中國共產黨派員滲透騎劫，其後淪為親共勢力的外圍組織[33]。馬文輝其後先後成立聯合國香港協會和香港民主自治黨，繼續投身於爭取自由民權的運動[34]。

革新會在提出自己的政治改革方案後，亦準備投身市政局選舉，一方面是為求實踐在議會內抗爭、另一方面也想藉選舉動員展現民眾的力量。可是香港政府卻顯然想把1952年的市政局選舉冷處理：他們一直拖到4月9日，才公布已把5月20日定為投票日，令候選人只能倉促展開選舉工程。政府在嚴格的選民登記資格外，亦以各種行政手段拖低投票率：他們只在中環美利廣場（現址為中銀大廈）設置唯一的投票站，未有顧及居於九龍和新界選民的投票權。而選舉日正值星期五，票站卻只從上午8時開到黃昏7時，使上班族難以安排時間前往投票[35]。最終革新會的貝納祺雖取得最多選票成功當選，可是投票率卻只有可憐的35%[36]。葛

---

33 Tsang 1988, pp.143-150.

34 Pepper, Suzanne (2008). *Keeping Democracy at Bay: Hong Kong and the Challenge of Chinese Political Reform*. Lanham, MD: Rowman and Littlefield. pp.134, 136-137.

35 曾奕文（2019），《香港最早期政黨及民主鬥士：革新會及公民協會》，香港：中華書局。頁121至122。

36 劉潤和（2002），《香港市議會史，1883-1999：從潔淨局到市政局及區域市政

量洪迅即向倫敦作出暗示，他指出市政局選舉的結果證明香港人政治冷感，如此中國共產黨很容易就可以左右選舉結果。此外他又順應非官守議員的喜好，取消改革立法機關的計劃。為作出敷衍的「補償」，政府同時宣布在權責有限的市政局增加兩個選舉議席[37]。

雖然香港政府心意已決，革新會卻不捨不棄地於1953年3月發起簽名運動，並成功蒐集到逾12,000個簽名，要求政府增設兩個立法局直選議席[38]。可是葛量洪堅拒接收請願信，並宣稱革新會無法代表香港的真正民意。他在上呈殖民地部的匯報中，輕蔑地指出「除卻自己的會員，革新會根本無法代表任何人[39]」，而參與簽名運動的民眾則「多為販夫走卒之徒，就是那些不太可能真切理解這個議題的人」[40]。面對香港政府的拖延戰術，革新會等人的民主運動也只得展開長期抗爭。

雖然戰後首場民主運動出師不利，不過還是有越來越多期待改革的人士參與其中。香港公民協會於1954年創辦時，是加斯恩修士（Rev. Bro. Brigant Cassian）領導下的保守派組織。不過隨著加斯恩修士於1957年蒙主寵召，而部份取態保守的委員亦相繼退黨，使公民協會的政治立場出現轉變。接手領導公民協會的張有

局》，香港：康樂及文化事務署。頁96。

37　Tsang 1988, pp.161-162; Ure 2012, p.132

38　曾奕文 2019，頁124至127。

39　The National Archive, CO 1023/41/60.

40　The National Archive, CO 1023/41/61.

興雖然著重與政府保持良好關係，卻開始運用這種關係倡議政制改革，使他們從保守派轉型為溫和改革派[41]。

而部份服務社區的志願人士，亦開始投身保衛民權、爭取改革的社會運動。當中最有名的首推傳教士出身的葉錫恩（Elsie Elliott née Hume）。她在1946年伴隨同為傳教士的丈夫到中國傳教，並於1949年中國赤化後到香港繼續從事宣教工作。不過她對所屬的普利茅斯弟兄會（Plymouth Brethren）日益不滿：該教會秉承基要派的保守神學立場，認為傳教士理當全心全意拯救靈魂，而不應關注沒有永恆意義的社會政治事務。葉錫恩認為教會不應對香港的社會不公視若無睹，可是即使是她的丈夫也未有認同和諒解她的社會關懷。最終她決定離棄信仰、並與丈夫離婚，其後與杜學魁一起在觀塘的工人社區創辦慕光英文書院[42]，在擔當英文教師之餘為社區提供民生服務[43]：她後來在1985年與這位合作無間的戰友結婚，並冠夫姓更名為杜葉錫恩（Elsie Tu）。她於1963年開始投身政治，當選為市政局議員，並曾短暫加入革新會的陣營[44]。

戰後民主運動的參與者在市政局內，嘗試利用有限的議會空間發聲，藉此向政府提出政制改革的提案。他們亦會以市政局議

41　曾奕文 2019，頁63至69。

42　Elliott, Elsie (1981). *Crusade for Justice: an Autobiography*. Hong Kong: Heinemann Asia. pp.115-150.

43　Elliot 1981, pp.172-183.

44　Elliot 1981, pp.189-197.

員的身份，到倫敦向英國政府請願、或是接見訪港的英國官員和議員。比如在1960年3月，革新會和公民協會聯手組織一個聯合代表團，到倫敦向殖民地部報提關於政制改革問題的備忘錄[45]。而身兼市政局議員的成員，也在1960和1970年代持續與倫敦當局交流，期望借助英國政府和國會議員的壓力，向抗拒改革的香港政府施壓。後來港督戴麟趾（David Trench）在1966年2月24日的立法局會議中，指出地區行政改革已經是無法迴避的議題，這次講話使市政局內的民主人士以為推動政制改革的時機已經成熟。為此他們於3月8日成立「市政局未來範圍及工作特設委員會」，其後於1969年發表《地方政制改革報告書》。報告書提議提升市政局的職能和權限，並將其改組為市議會。他們亦提議放寬選民資格，令市議會能以民選議席為主，並取消預留給政府官員的官守議席。不過此時戴麟趾已經對改革失去興趣，最終使地區行政改革無疾而終[46]。

　　從未參與過選舉的馬文輝，則在體制外從事爭取民權的社會運動。在1966年天星小輪加價事件後，葉錫恩前往倫敦向國會議員解釋香港局勢，而警方則趁機試圖蒐集她「煽惑暴動」的「證據」[47]。香港警察試圖插贓嫁禍的陰謀，促使馬文輝發起「一元運動」：他呼籲香港民眾每人捐出港幣一元，藉此支持葉錫恩在英國的游說工作。其後葉錫恩返回香港向九龍騷動調查委員會作證，

45　曾奕文 2019，頁170至171。

46　曾奕文 2019，頁182至192。

47　Elliott 1981, pp.211-226.

而警方也無法在她身上找到任何把柄。由於基金尚有大額盈餘，馬文輝決定動用餘款招待同情香港的英國國會議員：這些議員大多來自工黨或自由黨。當這些議員到訪香港，馬文輝會安排民眾與他們直接對話、並自動請纓擔任傳譯員，讓民眾直接向英國國會議員申訴香港的不公實況[48]。

　　戰後這一波爭取自由民權的風潮，雖然是貨真價實的民主運動，可是其參與者卻始終無法擺脫精英性格。革新會和公民協會的成員，大都是社會上層的專業人士，而當中外籍人士的比例遠高於香港平均值[49]。革新會的創辦人貝納祺和羅士比，都是在英國出身的外籍訟務律師：而羅士比本人甚至曾在1918至1922年擔任英國下議會議員[50]。而參與戰後民主運動的華人亦是非富則貴，其社會背景與擔任非官守議員的保守權貴別無二致。張有興原是來自英屬蓋亞那（British Guiana，現為蓋亞那合作共和國）的歸僑，他在20歲左右在香港開設張連貿易有限公司，販售進口成衣和瑞士鐘錶[51]。而馬文輝則是典型的富家子弟：他父親馬應彪是澳洲歸僑，於1900年遷居香港開設先施百貨，然後把業務擴張到廣州和上海。這家百貨公司，在戰前被譽為上海百貨業四大公司之

48　香港民主自治黨（1969），《民治運動報告書 1963-1968》，香港：香港民主自治黨；Pepper 2008, pp.138-139.

49　曾奕文 2019，頁50至51、64、69。

50　The United Kingdom of Great Britain and Northern Ireland, *Hansard 1803-2005*, People (L)., Captain Charles Loseby.

51　Maher, Virginia, "Hilton Cheong-leen," *South China Morning Post*, 28th July 2003；〈市政局首名華人主席張有興逝世〉，《明報》，2022年1月5日。

一。由於馬文輝排行第四，使他毋須承擔家族企業承傳的重任，是以可稱得上是生活優渥的有閒階級。

在一眾戰後民主運動的參與者中，只有葉錫恩算是勞動階層出身，在戰前曾在新堡（Newcastle upon Tyne）的工人社區度過童年。她的父親是電車售票員，在職期間為改善家人的生活而經常加班，卻因此賠上了婚姻和家庭[52]。葉錫恩為自己的貧民出身感到自豪，可是當她在香港投身運動時，卻已是在殖民地具有聲望的英語教師：橘逾淮爲枳，一位在紐卡索大學（Newcastle University）畢業後擔任英語教師的白人，在香港勞工子弟眼中也只可能是一位比較親民的精英。

雖然戰後民主運動也曾想過要動員民眾，比如馬文輝之所以成立聯合國香港協會、並在1960年代中發起「一元運動」，就是要設法動員民眾。可是戰後民主運動的社會背景和政治思想，對基層民眾來說既遙遠、又抽象：在嬰兒潮世代長大成人之前，香港主流民眾多未受過完整的近代教育，而南來避秦的經歷也使他們對抽象的意識形態抱有戒心。他們樂見戰後民主運動的參與者為民眾爭取權益，卻只願意就個別議題支援一次性的抗爭運動：他們不會成為戰後民主運動的長期參與者，也會迴避任何關於意識形態的討論[53]。而香港政府在上呈予殖民地部的匯報中，也聲稱馬文輝「只能引起少數媒體和公眾的關注」[54]：雖然香港政府有把

52　Elliott 1981, pp.1, 24-57.

53　Lam 2004, pp.105-107, 215-220.

54　The National Archive, CO 1030/1611, *LIC Monthly Intelligence Report for Octo-*

事情輕描淡寫的動機，可是這也反映出馬文輝的群眾動員未有對體制構成壓力，使政府可以放心不向殖民地部尋求支援。

那樣戰後民主運動的參與者，其角色反倒比較貼近東亞大陸傳統社會的士紳：他們就是一群為民請命的社會賢達。民眾樂見他們站出來爭取民權，偶然也會聲援個別的抗爭，可是在大部份時間都會放手讓社會賢達們自行其是。在這種情況下，民主運動的參與者對民主的理解，很可能也只是「為民作主」而非「主權在民」：他們因著良心的不安，就以「救濟低下階層」的心態爭取民主政治，卻未能把普羅民眾想像成主動參政的「能動者」（Agent）。而參與運動西方人，則因為他們身為宗主國的國民而產生白人的罪疚感（White Guilt）：這種自責的情緒卻會導致隧道視野效應（tunnel vision），使他們忽視在英國殖民主義以外，還有各種為香港人帶來困擾的力量。

而意識形態的貧乏，更使戰後民主運動必須依賴參與者的個人魅力。對個別領袖的過份重視，則容易使抱有精英心態的「民主鬥士」自視過高，從而失去容納內部歧見的雅量。革新會和公民協會在1960年代末，也分別淪為貝納祺和張有興的一人政黨。當葉錫恩在天星小龍加價事件後在倫敦四出奔走之際，貝納祺卻認為她「功高震主」，迫令她跟隨自己的指令行事：最終葉錫恩於1967年憤而退黨。後來錢世年和黃品卓於1974年退出革新會，貝納祺即霸道地要求二人馬上辭掉市政局的議席：他堅持當年的競

---

ber 1963.

選經費乃出自革新會的「恩賜」，錢黃二人既「自絕」於革新會，就必須出於「政治倫理」捨棄「恩賜」的議席[55]。而從未參與選舉政治的馬文輝，也同樣是一位容易引起紛爭的「性格巨星」：他一手創立的民主自治黨於1963年鬧分裂，並衍生出「香港工黨」和「香港社會民主黨」[56]這兩個了無建樹的新組織[57]。

　　海水退潮，沒穿泳褲的泳客自會無所遁形。戰後民主運動參與者在1970年代後的表現，正好說明其民主素養之匱乏。張有興於1960年代至1970年代初，不斷到倫敦向殖民地部及其後的外交及聯邦事務部遊說，期望能爭取代議政制改革。他在1973年成功爭取到市政局的獨立財政權，同時讓民選議席一舉增加至12席，除此以外香港政府也主動委任張有興擔任立法局非官守議員。這種「招安」策略可謂萬試萬靈，此後張有興旗下的公民協會的取態變得保守，又開始為香港政府惹人非議的政策護航[58]。在1980年代香港前途問題談判期間，革新會和公民協會在談判過程中，都獲得中國共產黨的禮遇：這兩個老牌政團的部份成員，見到北京政權向他們「開張聖聽」就心花怒放，對黨國體系反民主的本質卻視若無睹[59]。杜葉錫恩在1989年北京爆發天安門學生運

55　曾奕文 2019，頁230至234。

56　這兩個組織，與在2006年成立的社會民主連線、以及在2011年成立的工黨，皆沒有任何組織和人事上的關連。

57　The National Archive, CO 1030/1611, *Sir David trench to the Secretary of State for ther Colonies*, 23rd July 1964.

58　曾奕文 2019，頁248。

59　曾奕文 2019，自259至261。

動時，仍然堅持爭取香港政治制度的民主化。可是當香港最後一任總督彭定康（Christopher Patten）在1992年上任後推動政改方案，杜葉錫恩卻開始認定香港政府提出的民主改革，都只可能是英國意圖延續殖民管治的陰謀。她晚年被盲目反英的白人罪疚感蒙蔽，與同情彭定康改革的民主派反目成仇，淪為敵視自由民主的中國應聲蟲[60]。

嬰兒潮社運眼中的不肖老人

雖然戰後民主運動的參與者多抱有精英心態，可是這並不代表他們與嬰兒潮社運毫無交集。事實上嬰兒潮世代參與的第一場社會運動，正是由市政局內的民主人士啟動。貝納祺在1964年10月的市政局會議中，提出要在市政局內引進粵語和英語的即時傳譯。其後胡鴻烈也於翌年進一步批評政府未把中文列為法定語文的政策，認為這對主流華人民眾並不公道。獲得啟發的香港大學學生，則在校內提出學生活動應雙語並用的主張。在一番擾攘後，逾500位港大學生於1965年4月召開大會，並決議往後所有學生集會皆應雙語並行。爭取語言平權自此成為香港學生運動的主要目標[61]。

香港於1966和1967年局勢動盪，爭取語言平權的運動也因

60　Pepper 2008, pp.236, 248.
61　Lam 2004, pp.126-126.

而暫時沉寂下來。不過相關的討論，仍然在《盤古》、《學苑》乃至《明報月刊》等刊物延續下來[62]。當親共派暴動平息下來後，市政局議員黃夢花於11月發表演說，呼籲民眾團結爭取中文成為法定語文[63]。可是華民政務司徐家祥於年底接受《學苑》訪問時卻大放厥詞，以香港不能有暴民政治（mob rule）為理由，主張民眾既毋須全面了解政府、也不需要全面的民主。他甚至認為中文運動的出現，純粹只是知識人在自尋煩惱，而與普羅民眾的福祉毫不相干[64]。這段充斥精英傲慢的訪談在刊登後，一時之間群情洶湧，爭取中文成為法定語文運動就這樣揭開序幕。

嬰兒潮世代學生運動近百名代表，聯同其他市政局議員黃夢花和胡鴻烈，於1968年1月20日晚在中文大學崇基學院召開通宵研討會。當晚支持中文成為法定語文的一方，邀請政府代表到場辯論[65]。立法局其後於1968年2月討論語言政策的問題：不過他們最終決議成立檢討政府內部翻譯和傳譯工作的小組委員會，並未有觸及法定語文的問題。不過港督戴麟趾在另一次立法局會議中，承認政府在雙語政策中能有更多的作為，並承諾就此整理相關的政策規程。雖然政府仍未提出確實的政策，可是學生運動和市政局議員的努力，還是令政府改變過往漠不關心的態度[66]。

62　羅永生（2015），〈冷戰中的解殖：香港「爭取中文成為法定語文運動」評析〉，《思想香港》，第六期。

63　Lam 2004, p.127.

64　〈與華民政務司徐家祥先生談中英文並列為法定語言問題〉，《學苑》，1967年12月16日。

65　羅永生 2015。

　　雖然中文運動此刻略有小成，可是嬰兒潮學運與市政局議員的體制內抗爭，卻未有因而產生協同效應。中文運動在其後兩年曾經一度沉寂，而雙方在運動重新活絡起來時，其關係卻反倒漸行漸遠。在第二章的討論中，我們可看到這時候的嬰兒潮社運正受到「回歸運動」的影響，甚至開始認為「背靠祖國」是香港的唯一出路。雖然「國粹派」和「社會派」的爭議要待1970年代初才白熱化，可是此時已經有部份嬰兒潮社運人士認為「在地反殖」的中文運動，只是對殖民地體系的「小修小補」。比如在崇基晚會過後，香港大學學生報《學苑》即以編委會名義發表英文評論文章，質疑為何崇基學院的學生為何未有讓專上學生聯會主持會議。他們也指出會場中有三位來自臺灣的參與者，繼而懷疑會議受到親中國國民黨的勢力操控[67]。當中文運動在1970年重整旗鼓時，堅持「背靠祖國」、拒絕「小修小補」的學運人士不斷對運動冷嘲熱諷。他們認為中文運動的參與者，都是「講話半中半英、作文半中半英、辦刊物也半中半英的『有心人』」，動機只是為了讓知識精英「寫文章時受到尊重，雖被統治，卻有面子」。當時身為親共派的李怡，甚至把參與中文運動的嬰兒潮世代，說成是「對努力要維護的舊社會的秩序『十分有益』的『好青年』」。至於積極爭取中文成為法定語言的黃夢花議員，也被誣蔑為「提倡過娼妓合

66　Lam 2004, pp. 127-128.

67　"The nationalists in Hong Kong and Hong Kong Students," *Undergrad*, 1st February 1968.

法化的某議員」[68]。在這種時代氛圍下，即使是那些為「在地反殖」而參與中文運動的嬰兒潮社運人士，亦多偏向與體制內抗爭保持距離。

戰前世代民主運動的內部紛爭，亦顯然招致嬰兒潮世代的反感：革新會和公民協會之間的恩怨情仇，使新世代的抗爭者對戰前世代失去信心。公民協會在1950年代末在張有興帶領下，從保守派組織轉型為民主政黨，政治立場也變得和革新會較為接近。這兩個政黨在1960年攜手到倫敦請願後，在1961年1月正式簽署為期四年的合作協議[69]。兩黨在1961年市政局選舉事先協調參選名單，卻帶來壟斷選舉的惡果，使無望當選的獨立候選人則紛紛退出選舉。最終革新會和公民協會原有的市政局議員，都以自動當選的方式繼續「蟬聯」其議席，使輿論一片譁然[70]。不過兩黨的蜜月期卻異常短暫：他們對政制改革的步伐意見不一，而公民協會於1963年的市政局選舉中，又讓秘密黨員馬超常以「獨立候選人」的身份擊敗聯盟提名的候選人[71]。兩黨在結盟期間既已各懷鬼胎，雙方在合作協議於1965年結束後亦自然反目成仇。此時革新會剛好開始在市政局提出語文平權的議程，公民協會卻執著於黨派私怨，以「為反對而反對」的方式針對革新會的動議。

---

68 摘引自：羅永生 2015，原文分別來自《七十年代》1970年10月號和1970年11月號。

69 曾奕文 2019，頁178。

70 劉潤和 2002，頁98。

71 曾奕文 2019，頁180至182。

在崇基晚會召集後那段時間，嬰兒潮世代的學生已經對市政局議員的表現甚為不滿。他們指出「在數十名華人市政局議員中，只有三位贊同中文的合法地位，其餘的竟忘記了競選時所許的諾言」[72]。其後公民協會的議員挾私怨以凌公益，罔顧民意反對革新會在1969年2月4日提出要求把中文設定為法定語文的動議[73]。雖然公民協會其後就法定語文問題提交報告，並致函外交及聯邦事務部和英國國會要求把中文列為法定語言；而張有興本人亦於1970年10月，就法定語文的問題直接到倫敦拜訪外交及聯邦事務部的次官[74]。不過公民協會反覆無常的處事作風，卻已對世代之間的關係帶來無法彌補的傷害：對於剛受到社會主義「啟蒙」嬰兒潮世代而言，這一連串的風波正好是「資產階級／買辦階層議會民主」腐敗無能的證據。

當爭取中文成為法定語文運動於1970年重新活躍起來時，抗爭者因為議會路線和嬰兒潮社運之間的路線之爭而分裂成多個團隊。嬰兒潮社運人士表示未有參加黃夢花議員創辦的「各界促成中文為法定語文聯合工作委員會」，反倒另外成立「爭取中文成為法定語文運動聯會」：這個聯會由學生組織和青年刊物組成，並積極招募中學生、工人和文員加入。立場偏向「背靠祖國」的專上學生聯會，則於運動展開時成立「中文在香港應有的地位研究委員會」：可是學聯秘書長葉熾英一開始就表明反對示威和罷課，

72　蘭夫，〈友誼書簡〉，《崇基學生報雙周刊》，1968年10月14日。
73　曾奕文2019，頁211至212。
74　曾奕文2019，頁213至214。

而這個團隊最終亦提早退出運動[75]。

抗爭者為爭取中文成為香港的法定語文，展開一連串的群眾運動、又派員到海外展開國際游說。嬰兒潮世代的「中運聯」則爭取到近30萬名民眾聯署支持，而這在當時乃香港史上最成功的簽名運動[76]。而香港大學學生會在9月19日於香港大會堂舉辦的論壇，則可說是整場運動的高潮。黃夢花議員在當日的演說中，一方面努力把不同路線的抗爭者團結起來，另一方面又把運動的定位提升為民權運動。他指出少數英語流利的權貴，支配98%以漢語族語言為母語的香港人，正是社會不平等的表現。而社會不平等，就是香港無法實行真正民主的障礙：令人憤恨難平的是，公然反對語言平等的並非英國殖民地政府，而是在香港享受特殊待遇的華人權貴[77]。

中文運動成功動員到香港民眾的支持，並成功促使香港政府落實檢討其法定語文政策。市政局議員胡鴻烈在1970年10月的市政局會議中，提出讓中文成為法定語文的動議，並成功獲得通過。香港政府也於1970年9月成立「公事上使用中文問題研究委員會」，該委員會在1971年提交報告。報告建議行政局、立法局和市政局應增設即時傳譯服務，容許議員選擇以粵語或英語發言。而政府文件、法律條文和附例，亦應該設有中文翻譯本。除此以

75　Lam 2004, pp.128-130；羅永生 2015。

76　Lam 2004, p.130.

77　羅永生 2015。

外，委員會亦建議政府把中文定為香港法定語言之一[78]。香港政府其後依據委員會的建議草擬《法定語文條例》，宣布把中文列為法定語文，並著手在政府機構實踐雙語政策。該條例在立法局通過後，於1974年2月15日正式生效。

嬰兒潮社運人士對黃夢花議員的演講，各有不同的見解。傾向「在地反殖」的嬰兒潮社運人士，多認同「中文成為法定語文的運動，應該是開展民族平等運動的第一步」[79]。而中文成為香港法定語文「象徵中英兩民族的平等」，並期望英國殖民者不要漠視中文運動的訴求，「不要忘懷他們遠祖倡導人權民主的光榮」[80]。可是偏向「背靠祖國」的年輕社運人士，卻無法接受把中文運動與民權運動等同的定位。他們認為運動的參與者過份強調「向心香港」，可是實際上香港「既不是『國』，又不是『殖民地』，而是某些人心目中的『王國』」[81]。言下之意，這些一心要「背靠祖國」的嬰兒潮社運人士，認定中文運動是戀殖「高等華人」推動香港獨立、阻礙香港「回歸」中國的陰謀。

不過即使主張「在地反殖」的嬰兒潮社運人士，認同中文運動是民權運動的一環，卻並未因為黃夢花和胡鴻烈等人的努力對議會內的戰前世代抱有好感。他們反倒認為中文運動的成功全賴民眾的積極參與，並不認為議會內抗爭發揮過重要的作用。他們

78　Lam 2004, pp.130-131.

79　王俞，〈中文法定・民權之始〉，《香港中文大學崇基學生報》，1970年10月9日。

80　〈社論〉，《中大學生報聯刊》，1970年11月15日。

81　摘引自：羅永生 2015，原文來自《七十年代》1970年10月號。

甚至呼籲民眾杯葛1971年3月3日的市政局選舉，認為這場選舉
只是「無聊的把戲」，不過只是「一小撮人選出另一撮無能為力
的人」，讓殖民地政府能夠「自命是民主開放的政府」。他們認
為拒絕投票，就是「中文運動的延展，也是中文運動的升級」[82]。
不過隨著嬰兒潮社運把焦點轉移到保釣運動，戰前世代的市政局
議員是否在中文運動作出貢獻，對他們來說已是無關宏旨。他們
只記得自己的抗爭夥伴，於1971年7月7日在市政局管理的維多
利亞公園被警察打得頭破血流；他們記得在集會前遭到市政總署
為難，而負責監督市政總署的市政局議員，在當時並未有伸出援
手[83]。

茫然無知的戰前民主運動人士

可是戰前民主運動的參與者，卻未有意識到自己已經與嬰兒
潮世代出現裂痕。他們仍然以為自己是「為民請命」的先鋒，以
為年輕人之所以未有支持他們，是出於自私無知的政治冷感。葉
錫恩在1975年於香港大學的一場演講，正好反映她對新世代的社
會運動缺乏理解：

> 你們是否只是坐視不理，說甚麼「市政局毫無用處、投

82　市政局選舉杯葛行動委員會（1971），〈請杯葛市政局選舉〉，收錄於：香港專
　　上學生聯會（1983），《香港學生運動回顧》，香港：廣角鏡出版社。頁14。
83　參第二章的相關討論。

票不去也罷」？……那我希望你們真有探索過前邊提及的
種種社會不公……你們很可能只是想**推卸責任**，為自己的
一事無成找個藉口而已[84]。

葉錫恩這次演說頗有恃老賣老的意味。可是如前所述，嬰兒
潮社運人士之所以不願意在市政局選舉投票，是因爲他們對社會
不公已經有自己的一套理解：雖然這樣的判斷是否準確，尚且仍
然有討論的空間。葉錫恩認爲年輕人都只懂犬儒地冷嘲熱諷：雖
然那些高呼「認識祖國」的「國粹派」確實是這樣，但她卻也對
「社會派」的嬰兒潮社運人士在社區做過的踏實功夫視若無睹。
「社會派」的年輕人並未有推卸責任、更不是一事無成：他們之所
以認爲市政局以及擔任議員的戰後世代毫無用處，都是出自社區
服務和前線抗爭中的經驗。

在1975年開始在香港中文大學修讀社會工作的李植悅，是其
中一位走上社區前線的「社會派」嬰兒潮社運人士：他於1980年
代擔任市政局議員，後來加入主張「民主回歸」的匯點，並在民
主黨成立時成爲創黨黨員。他過往曾經以朝聖的心態參考葉錫恩
如何服務民眾，可是其所見所聞卻讓他大失所望。他發現葉錫恩
只是「借別人的地方、請一班義工，流水作業式的……替你斷
症、替你提問題、找答案」，而得出來的答覆很多時都是：「行

---

84 Elsie Tu (1975), "At Hong Kong U - 17th February 1975," Elsie Tu Digitized
Speeches, Hong Kong Baptist University Library.

了，你沒有機會，你不用再申請。」李植悅根據社會工作的專業標準，批評葉錫恩的處事手法「沒有 empathy（按：對民眾缺乏同理心）、沒有 individualization（按：未有回應民眾之個別需求）、太多 stigmatization（按：隨便向民眾貼標籤）、沒有 privacy（按：不尊重民眾的私隱權）」。自此李植悅就把葉錫恩的經驗奉為反面教材，矢志要避免讓自己的團隊犯上同樣的錯誤[85]。在葉錫恩於1990年代轉向為親共派前，嬰兒潮民主運動的參與者或會視她為善良的老好人，心底卻認為她那種辦事方式既老套、又過時。

馬文輝發起的民權運動在1970年逐漸被邊緣化，在嬰兒潮世代開始投身民主運動前，他的事工已是無關痛癢的明日黃花。當嬰兒潮的民主運動在1987年9月於維多利亞公園舉行集會[86]，要求香港政府於同年再將立法局增設直選議席時，馬文輝卻選擇冷眼旁觀。他在集會結束後，一邊在會場旁邊喝著啤酒、一邊接受無線新聞記者李汶靜[87]的採訪。當馬文輝被問及為何不去參加集會，他只冷冷地表示：「佢無請我嗰啲，我就唔去吓[88]。」然後他即連珠炮發，批評當日參加集會的人都只是「忽然民主」。他指出「未

85　馬嶽編著（2012），〈李植悅：從啟蒙先鋒到民主逃兵〉，《香港80年代民主運動口述歷史》，香港：香港城市大學出版社。頁7至18。

86　我們將會在第六章討論這場爭取「八八直選」的社會運動。

87　李汶靜（1957-2000）為香港電視廣播有限公司的資深記者，她於1989年六四慘案後負責訪問時任中國總理李鵬時，因為拒絕屈從自我審查的壓力而失去提問的機會。其參與的新聞節目曾多次獲得國際獎項。其兄李偉材（1955-）曾任香港太空館助理館長和香港天文科學主任，其筆名為李逆熵，是知名的科普和科幻作家。

曾中英協議簽署之前……個個好似……聲嘅盲嘅啞嘅，完全唔
出聲」，如今卻「忽然出聲、日日出聲、對北京要求無微不至，
樣樣都要」[89]。他顯然未有留意到發起集會的，大部份都來自比他
年輕得多的嬰兒潮世代：在他創立香港華人革新協會時，嬰兒潮
民主運動的參與者和支持者尚未出生；當嬰兒潮世代步入壯年、
並開始要求政制民主化時，馬文輝的組織就早已失去昔日的活
力。這位民權運動的老前輩之流於孤芳自賞，未曾關心過嬰兒潮
社運的發展動向：他所創辦的戰前民主運動團隊，與嬰兒潮世代
的民主運動之間也不可能有任何世代傳承。

　　葉錫恩和馬文輝在1980年代，雖然未有（或尚未）背離爭取
自由民主的目標，可是他們都與嬰兒潮世代發起的民主運動保持
距離。而革新會和公民協會的成員若非早已淡出、就是已經遭到
中國共產黨統戰，他們當然也不會有正面的經驗可以讓人傳承。
自中文運動期間一直累積的不滿，已經在戰前民主運動和嬰兒潮
民主運動之間，挖出了一條難以逾越的代溝。

　　這就是說，嬰兒潮民主運動並非戰前民主運動的延續，而這
兩場運動的參與者之間也沒有什麼世代交替可言。這並不代表嬰
兒潮民主運動完全無法從戰前世代獲得支援：事實上司徒華和李
柱銘這兩位著名領袖，分別是生於1931和1938年的戰前世代。
不過這兩位來自戰前世代的元老，從來都**不是**戰前民主運動的參

88　華語翻譯：那些集會沒有邀請我出席，我就不去。

89　香港電視廣播有限公司，《星期二檔案》，1988年12月13日。

與者：他們都是因緣際會，以後來者的身份加入嬰兒潮世代發起的民主運動，其後才因為德高望重而被民主回歸世代奉為元老。司徒華於青年時代曾經加入中國共產黨的外圍組織學友社，卻因為無法接受其內部鬥爭文化而退出，從此成為堅定的反共人士。他後來投身教師工運，並於1973年參與創辦香港教育專業人員協會。司徒華在1970年代，以教育界代表的身份參與中文運動和保釣運動，因此與嬰兒潮社運人士結緣，並於1980年代帶領年輕戰友爭取香港政制民主化[90]。

李柱銘則是中華民國國軍將領李煦寰（彥和）的兒子：李將軍雖曾為國軍效力，卻因為不滿中國國民黨日趨腐敗而拒絕入黨，並於國共內戰後遷居香港。李柱銘於倫敦林肯律師學院（Lincoln's Inn）畢業後，成為香港有名的訟務律師[91]。他雖然是一位古典自由主義者，卻因為關心民權和法治的緣故，樂於為被政府檢控的親共派上庭辯護：當時香港大部份的訟務律師出於保守心態，遇到這類案件都會設法推搪[92]。當親共工會成員鄭灶林被警察以藏毒為名拘捕後，李柱銘積極尋找警方栽贓嫁禍的證據，並成功在庭上為被告洗脫罪名[93]。在《聯合聲明》簽訂後，北京政權因

90　司徒華（2011），《大江東去：司徒華回憶錄》，香港：牛津大學出版社。頁43至259。

91　香港把訟務律師（Barrister）稱為大律師。李柱銘於1979年憑著豐富的資歷，獲得御用大律師（Queen's Counsel，簡稱QC）的稱號。在1997年主權移交後，該稱號被改為資深大律師（Senior Counsel，簡稱SC）。

92　安裕（姜國元），〈安裕周記：不識時務二十年〉，《明報》，2008年3月30日。

93　劉銳紹，〈鬥爭意識要對手「五體入地」〉，《明報》，2021年4月21日。

為李柱銘曾經幫助過香港的親共派，委任他成為基本法起草委員會委員：不過他其後卻因為關注民權和法治，屢次在草委會聯同司徒華提出異議，繼而加入由嬰兒潮世代發起的民主運動[94]。也就是說，李柱銘是在爭取法治的過程中，逐漸體驗到民主政治的重要，其民主啟蒙與戰後民主運動並無關連。

　　嬰兒潮民主運動既然未有從戰後民主運動那邊獲得傳承，他們也只得以重造輪子（reinvent the wheel）的方式為香港探索民主發展的前路。他們雖然不是首批在香港爭取民主的人，可是隨著戰後民主運動的衰微和墮落，他們於1980年代成為香港唯一的民主運動：除司徒華和李柱銘等少數元老世代外，這場運動的**第一代參與者**也都來自嬰兒潮世代。民主回歸世代在**欠缺政治傳承**的狀況下確立其**世代堅持**，使這個沒有承傳包袱的運動必須再等幾代人的時間，才能儲夠確立本土的香港國族認同的「**經驗值**」。在其後的章節，我們將會看到民主回歸世代雖然在爭取民主的道路上，屢次遭受中國的蒙騙和欺壓，卻始終堅持香港必須在中國認同的框架下爭取民主自治。他們要待2000年代後期，才開始受到心懷香港本土國族認同的後八九世代挑戰。此後挫折重重的香港民主運動，因而在2010年代經歷了激烈的世代論戰，最終在憂患歲月中勉強達成世代交替的共識。

94　司徒華 2011，頁446。

CHAPTER **6**

北望神州的近代化迷思

　　香港前途問題在1970年代的浮現，倒是相當有香港特色：輿論之所以會開始討論這個問題，主要是因為這個問題將會影響到當時的房地產開發。香港島和界限街以南的九龍半島的主權，都已經按照《南京條約》和《北京條約》這兩條國際公約的規定，從清帝國永久撥歸英國。可是香港其餘約九成土地，卻是依據1898年的《展拓香港界址專條》租借予英國，而這條租約也即將於1997年到期。

　　英國於1898年租借新界，主要是為了設置軍事上的緩衝區，藉此防備法國、俄國和德國在東亞的擴張：而剛好此時熱衷投資房地產的香港華洋權貴，也開始對新界的土地垂涎三尺[1]。新界在租約開始時仍是尚未開發的鄉郊地區，可是城市開發的步伐卻勢不可擋。工務局在1900年開始，把九龍山脈和界限街納入市區規劃的範圍，並稱之為「新九龍」：這個地段在戰前已開始都市化，

1　Kwong, Chi Man and Tsoi Yiu Lun (2014). *Eastern Fortress: A Military History of Hong Kong, 1840-1970*. Hong Kong: Hong Kong University Press. pp.49-65.

並於戰後初期發展成人煙稠密的社區。深水埗、黃大仙、九龍城和觀塘這些人口密集的地段，以及觀塘工業區和啟德機場，都處於「新九龍」的範圍內[2]。

雖然過往香港政府一直把九龍山脈以北的新界鄉郊地區、以及二百多個新界離島，與位於香港、九龍和新九龍的市區分開管治，可是兩個地區的邊界於戰後卻日趨模糊。鄰近九龍西北的荃灣於1950年代發展成新界首個衛星城市，並迅速發展成香港其中一個最重要的工業區。隨著香港的人口和經濟在1970年代急速增長，政府率先在沙田和屯門設立第二代新市鎮，其後又於新界各地推出相若的開發計劃[3]。被稱為「原居民」的新界宗族，在政府徵收土地後取得換地權益書，讓他們憑證取得農地**或**建築用地：其後地產發展商踴躍於新界圈地，而新界宗族則透過炒賣換地權益書牟取暴利，並由「鄉巴佬」急速冒起為具有政經影響力的暴發新貴[4]。香港中產階級的規模亦於同期急速膨脹，令投資房產的需求水漲船高。地產發展商與新界宗族在1970年代結合為利益共同體，把新界的土地當成會生金蛋的鵝。

可是地產利益的謀算卻在此刻蒙上不確定的陰影：新界的租

2　Smart, Alan and Wing-Shing Tang (2014). "On the Threshold of Urban Hong Kong: Liminal Territoriality in New Kowloon," in Allan Charles Dawson, Laura Zanotti and Ismael Vaccaro (eds.), *Negotiating Territoriality: Spatial Dialogues between State and Tradition*. New York: Routledge. pp.230-248.

3　Hayes, James (2006). *The Great Difference: Hong Kong's New Territories and Its People, 1898-2004*. Hong Kong: Hong Kong University Press. pp.100-101.

4　潘慧嫻著、顏思敏譯（2010），《地產霸權》，香港：天窗出版。頁82至87。

約在1979年之後將剩下不足20年，倘若香港未能確定1997年之後的前途，銀行將會無法在新界和新九龍批出20年還款期的房貸，而且此後也必須逐年縮短房貸的最長還款期。倘若無法解決房貸的問題，地產利益股切期待的榮景也將無法來臨。於是香港諮詢體系內的華洋權貴開始向政府施壓，期望英國能盡早與北京政權釐清新界和新九龍於1997年後的地權問題[5]。

倫敦當局此時亦預期在可見的將來，將無可避免要就香港前途問題與北京政權攤牌。倫敦和香港政府於1970年代，都在為即將來到的談判積極籌謀。英國駐丹麥大使麥理浩（Crawford Murray MacLehose）於1971年被任命為港督後，即在其後幾年為香港政策定下兩大方針。首先政府必須要讓民眾對香港產生歸屬感，使他們認同香港而非中國。不過推動民主自治，此時已非殖民地政府的選項：當葛量洪在1952年擱置政治改革後，香港政府已失去自主推動改革的最後機會。北京政權站穩陣腳後，國務院總理周恩來於1958年警告倫敦不得以新加坡模式在香港推動民主改革：任何對香港殖民地體制的改變，都會被視為對中國不友善的信號[6]。除此以外，麥理浩亦抱著多一事不如少一事的心態，不願意改變由權貴主導的既有諮詢架構[7]。

5　Roberti, Mark (1994). *The Fall of Hong Kong: China's Triumph and Britain's Betrayal.* New York: John Wiley & Sons. pp.3-14.

6　Crovitz, Gordon L., 'Beijing's Hong Kong Disinformation,' *Wall Street Journal*, 27th October 2014.

7　Yep, Rayand Lui Tai-Lok (2010). "Revisiting the golden era of MacLehose and the dynamics of social reforms," *China Information*, 24(3), 249-272.

在不可能推動民主改革的前提下，麥理浩認為改進政府施政的效率，乃贏得民心的唯一可行辦法。他認為**缺乏民主的善治**，仍是有可能「爭取民眾堅實的信賴」，從而為民眾「培育身為公民的自豪感」[8]。在第四章的討論中，我們已論及香港人在1970年代，已經把香港政府當成是服務民眾的公僕、又開始把香港視為自己的家邦。不過我們很難說這種整體的社會演變完全出自麥理浩的政策：即使某些政策確實曾促成社會變遷，亦很有可能是出自非預期的效果。

麥理浩提的第二項方針，則是要促進香港的近代化發展，使香港的工業、商業和財經的發展，都能夠達到世界的一流水平。香港愈是先進、中國就愈需要香港，如此北京政權或會出於利益的考慮，決定讓香港維持現狀[9]。這一點倒是相當貼近北京政權於毛澤東時代的香港政策：在中華人民共和國尚未成立之時，中國共產黨已決定要對香港「**長期打算、充份利用**」。他們雖然強調「帝國主義在華的特權必須取消」，可是也意識到相關的實踐必須「按問題的性質及情況，分別處理」，而香港和澳門的問題也需要「暫緩解決」。直到1972年，周恩來仍然表示北京政權的政策，「就是不要急急忙忙搞這個事」[10]。

8　The National Archive, FCO 40/439, Murray MacLehose to the Rt. Hon. Sir Alec Douglas-Home, MP, 1st January 1973.

9　The National Archive, FCO 160/162/1, 'Hong Kong Objectives,' dispatch from Sir Crawford Murray MacLehose, Governor of Hong Kong: DR 289/74.

10　齊鵬飛（2007），〈中共「暫時不動香港」政策出台始末〉，《黨史博采（紀實版）》，2007年第七期。

　　可是隨著毛澤東於1976年逝世，中國也開始全新的政治局面。雖然接任中國共產黨中央委員會主席的華國鋒試圖延續毛澤東的方針，可是他卻於其後的權力鬥爭中失利，讓鄧小平以元老的身份奪得政權。在鄧小平穩固權力後，麥理浩決定於1979年訪問中國試探北京政權對香港的立場，並在3月29日於北京與鄧小平會面。會中鄧小平表示把香港視為中國的固有領土，乃北京政權無可退讓的立場。不過中國可以給予香港特殊地位，讓資本主義制度得以延續，呼籲香港的投資者放心面對未來。麥理浩返回香港後，卻對民眾和媒體隱瞞會談的內容，只公開鄧小平最後那句安撫投資者的話[11]。

　　不過當香港民眾仍樂觀地如常過活之時，英國政府已經暗中為即將來臨的前途談判做好準備。柴契爾夫人的保守黨政府為預防香港人在談判失利後到英國避難，就於1981年動議修訂《英國國籍法》（*British Nationality Act*, 1981）。該法案將英國國籍分為若干等級，藉此把沒有英國淵源的香港英籍人士歸類為英國屬土公民（British Dependent Territories Citizen, BDTC），從而剝奪他們在英國本土定居的權利。該議案其後在同年6月獲下議院通過[12]。後來下議院在《聯合聲明》簽署後通過《1985年香港法令》（*Hong Kong Act*, 1985），讓香港人在1997年之前登記取得英國國民（海外）身份（British National〔Overseas〕, BN〔O〕）：在2020年英國因

11　Roberti 1994, pp.20-24.

12　Dixon, David (1983). "Thatcher's People: The British Nationality Act 1981," *Journal of Law and Society*, 10(2), 161-180.

應《國家安全法》修訂移民政策前，BN(O) 身份只能容許香港人於 1997 年後繼續以英國護照為旅遊證件，而不會為他們帶來在英國居留和定居的權利[13]。

　　英國也意識到談判形勢不容樂觀，促使他們為 1997 年的「光榮撤退」作好準備：為此他們必須按照去殖民化的標準作業，在香港展開代議政制改革。香港政府於 1980 年 6 月發表《地方行政模式綠皮書》，就地方行政改革的展開諮詢民眾，藉此為代議政制的發展鋪路。政府其後根據這次諮詢的結果，於 1981 年 1 月發表《地方行政白皮書》，宣布把香港分為 19 個地區、並於各區設立區議會[14]。在 1982 年的第一屆區議會，有逾四分之一的議席分別在 3 月 4 日和 9 月 23 日的選舉中由民眾直選產生，而民選議員的比例亦於其後的選舉提升到總議席的一半以上[15]。而市政局亦於 1983 年的選舉採用分區直選制度，把民選議席的數目增加至 15 席。而政府亦於這次選舉放寬選民登記的資格：只要任何 21 歲以上、並於香港居留滿 7 年的永久居民，都能夠向當局登記成為選民[16]。服務新界的區域市政局則於 1986 年成立：政府之所以要在新界成立

13　Summers, Tim (2022), "Britain and Hong Kong: the 2019 protests and their aftermath," *Asian Education and Development Studies*, 11(2):276-286.

14　隨着香港人口從市區遷移到新市鎮，旺角區和油麻地區的人口在 1980 年代持續下降。最終這兩個地區於 1994 年合併為油尖旺區，而區議會的數目亦從 19 個下調至 18 個。

15　Hook, Brian (1983). "The Government of Hong Kong: Change with Tradition," *The China Quarterly*, 95:503-505.

16　劉潤和 2002，頁 127 至 128。

另外的市政機關，是為了維護宗族鄉紳的特權，把當然議席預留給由鄉紳主導的鄉議局[17]。

就在英國積極籌謀之際，北京政權也準備好要與英國公開攤牌。人大常委會委員長葉劍英於1981年9月30日，提出「和平統一臺灣」的九條方針政策，當中的第三條提出臺灣在「統一」後「作為**特別行政區**，享有特別自治權」[18]。雖然北京政權提出「葉九條」，主要是要向蔣經國的中華民國流亡政權喊話，可是這同時暗示著中國未來對香港的安排：鄧小平在與麥理浩會面時，曾指出可透過授予香港特殊地位，使其在中國主權下延續資本主義制度。雖然遷佔臺灣的中華民國流亡政權拒絕葉劍英的提議，可是北京政權還是可以採用特別行政區的方案，首先解決香港主權歸屬的問題。

鄧小平在1982年中，開始接見來自香港的權貴，並明確表明中國要在1997年開始統治香港。他當時的主張又被稱為「十六字解決」：**收回主權、保持繁榮、制度不變、港人治港**[19]。關於香港前途問題的談判，此後就進入直球對決的階段：英國首相柴契爾夫人於1982年9月22日於北京和鄧小平會面，展開中英兩國為時兩年的香港前途問題談判。

17 劉潤和2002，頁137至139。

18 〈葉劍英委員長進一步闡明台灣回歸祖國實現和平統一的方針政策〉，《人民日報》，1981年10月1日。

19 Roberti 1994, pp.41-42；高望來（2012），《大國談判謀略：中英香港談判內幕》，北京：時事出版社。頁44至46。

民主回歸：一石二鳥的終南捷徑？

在香港前途談判初期，柴契爾夫人堅持《南京條約》和《北京條約》都是有效的國際條約，無意放棄英國在界限街以南的主權：她認為延續在香港的管治，是英國道義上的責任。她期望能在保有香港島和舊九龍的前提下，說服北京政權延續新界的租約，或是根據澳門模式「以主權換治權」。可是鄧小平堅持拒絕讓英國續租新界，認為這樣做會使他淪為像李鴻章那樣的「民族罪人」。若然英國無法取得新界的管治權，即使他們能夠保住香港島和舊九龍的主權，這個殖民地仍是會無法運作：這時候市區和新界已隨著都會擴張變得緊密難分，包括機場、發電廠、水庫在內的必要基礎建設、以及好幾個主要的工業區和新市鎮，如今都設在租借地的範圍內。而中國方面甚至認為《南京條約》和《北京條約》都是所謂的「不平等條約」，堅稱自己並無責任遵守這些條約上的任何規定[20]。

在柴契爾夫人和鄧小平會面過後，英國和中國之間無法達成任何的共識：不過他們都同意暫時向香港民眾隱瞞談判的進度。英國的談判代表依據麥理浩當年的兩大方針，以民心歸屬和經濟效益為理由，想要說服中國以某種形式維持英國在香港的管治。可是北京政權認為英國既從未在香港實施過民主，就沒有資格去

---

20 Sheridan, Michael (2021). *The Gate to China: A New History of the People's Republic and Hong Kong.* New York: Oxford University Press. pp.103-106.

打「民意牌」：而香港民眾既然大部份都是「中國人」，統治中國的北京政權也自然有資格「代表」這些「中國人」。他們亦認為香港在中國管治下，亦能繼續發揮其經濟作用，繼續對中國有所貢獻：即或不然，北京政權仍會堅持「修復失土」比經濟繁榮更加重要[21]。中國在1983年9月的第四輪會談後，故意在新聞稿中略去「有益及有建設性」的字眼，暗示談判瀕臨破裂。結果香港股市與港元匯價於9月23日起急挫，香港民眾在市場恐慌中搶購物資，而局面要待政府於10月15日宣布把港元與美金掛鉤的聯繫匯率政策後，才算是勉強穩定下來：北京政權以實際行動宣示主權凌駕一切的立場，為此甚至不惜破壞與中國互惠互利的香港經濟[22]。柴契爾夫人雖然抗拒把香港轉交中國，甚至曾經考慮片面宣布立即讓香港成為自治邦，可是她其後也只得向政治現實屈服[23]。她無奈地同意駐中國大使柯利達（Percy Cradock）的建議，決定在1997年放棄整個香港的主權，並讓柯利達這類在外交及聯邦事務部內的「中國通」（China Hands）主導餘下的談判[24]。

對於被稱為「中國通」的外交官來說，英國理當優先與中國建立友好的關係，而香港在1997年後的前途則是次要的。就大戰略而言，英國此時需要與中國聯手制衡蘇聯：不過這些外交官不

---

21 Scott, Ian (1989). *Political Change and the Crisis of Legitimacy in Hong Kong.* Honolulu: University of Hawaii Press. pp.179-181.

22 張家偉（2022），《英國檔案中的香港前途問題》，香港：城市大學出版社。頁86至89。

23 張家偉 2022，頁101至103。

24 Sheridan 2021, p.115.

知道北京政權其實比英國更急切需要能協防蘇聯的同盟，這樣的誤判使這些「中國通」在談判過程中輕易讓步[25]。與此同時，由於北京政權正在推動經濟上的改革開放，使英國商界都想要在中國市場分一杯羹：為此他們向英國政府施加壓力，而貿易和工業部（Department of Trade and Industry）亦於游說後決定與商界沆瀣一氣[26]。英國代表團在餘下的談判中，只能盡力為香港爭取在1997年後的自治權，可是這些外交官卻面臨日益迫切的時間壓力：北京政權宣布若然兩國未能於1984年9月底前達成協議，中國將會自行片面宣布對香港的安排[27]。

最終兩國趕及在限期結束前的9月26日達成協議，並於12月19日正式簽署《聯合聲明》。在英國代表亟力爭取下，中國同意在條約中加上保障香港自治的條款。《聯合聲明》的第三條第二項，指定「除外交和國防事務屬中央人民政府管理外，香港特別行政區享有高度自治權」，而第三項則指明香港「享有行政管理權、立法權、獨立的司法權和終審權」。不過關於香港的民主化，《聯合聲明》卻採用模糊曖昧的用語：第三條第四項雖說明香港的「政府由當地人組成」，可是統領政府的行政長官卻是「在當地通過選舉或協商產生，由中央人民政府任命」：這代表行政長官並不一定要透過選舉產生，而當選的候選人也未必能獲得北京政權任命。在英國代表施壓下，中國同意在《聯合聲明》附件一

---

25 Sheridan 2021, pp.101-102.

26 Scott 1989, p.178.

27 Scott 1989, p.184.

第一章列明「香港特別行政區立法機關由選舉產生」，而行政機關亦必須「對立法機關負責」。不過究竟「選舉」所指的是否民主選舉，不論在《聯合聲明》的正文還是附件，都未有清楚界定。而在附件一第一章第一段，北京政權承諾香港「原有的資本主義制度和生活方式，五十年不變」：可是對於 2046 年後的願景、以及屆時的具體安排，《聯合聲明》卻是付之闕如[28]。

　　大部份香港人在 1982 至 1984 年的談判過程中，都因為看不清未來前景而忐忑不安，不過嬰兒潮社運出身的民主人士此刻卻躊躇滿志。香港政府在 1982 和 1983 年舉行的地方選舉，乃香港歷史上首次直接選舉。這次區議會和市政局選舉燃起嬰兒潮社運人士的參政意願，使大批民主派政團應運而生：這些政團包括由中產專業人士組成的太平山學會、以及比較注重基層民生議題的民主民生協進會[29]。他們除了積極參與新興的代議政治，也對「民主回歸」的前景充滿期盼，而當中又以匯點最為高調。

　　匯點的成員大多是 1970 年代「社會派」學生運動的「老鬼」，當中比較知名的成員包括「民主回歸論」理論大師曾澍基、後來轉向為親共派的劉迺強和王卓祺、以及在 2020 年歌頌「一國兩制」的呂大樂。他們在 1983 年 1 月香港前途問題談判期間，發表《我們對香港前途的建議》。這份聲明開宗明義，宣稱「香港是中國不可分割的領土的一部份」，而「回歸中國只是時間的問

28　So 1999, pp.79-81.

29　So 1999, pp.74-76.

題」。匯點在宣言中表明「（中國）民族主義是我們的基本原則之一」，並辯稱認同中國並「不等於認同任何現存的政權或政黨」。我們在第三章的討論中，曾論及曾澍基認為香港與中國的結合，是對雙方同樣有利的等價交換。這份宣言也基於這樣的假設，聲稱「港中的經濟發展，一向是互惠互利的」，藉此說明香港在「回歸」後將會變得更加繁榮[30]。

此時主導香港學生運動的，正是剛好於1960年代中之前出生的一代，是嬰兒潮世代當中最年輕的一群。這群學生運動的參與者，也意識到自己乃嬰兒潮世代當中最年輕的一群：雖然「國粹派」已經倒台多年，可是他們對1970年代的所謂「火紅年代」仍然抱有浪漫主義的遐想。曾於1983年擔任中文大學學生會會長的文化研究學者羅永生，承認自己當年對運動的想像「很受70年代國粹派的政治影響」，並且「自稱是『粹尾』」，「帶著舊的想法來處理新的問題」。亦因如此，他們與已經投身民主運動的學運前輩一樣，都對「民主回歸」抱有積極的期望[31]。他們相信「**社會**

---

30 匯點（1983），《我們對香港前途的建議》。

31 單就對「民主回歸」的態度而言，社運圈子中比較年輕的嬰兒潮世代、也就是在1956至1965年出生的一群，與其直屬學長態度頗為一致。他們就像羅永生那樣，認為自己是直屬學長的同代人，在1980年代時亦同樣堅持香港必須以「民主自治」的方式「回歸」中國。

不過這一個次世代，畢竟可以在比較年輕的時期，接觸到自1970年代開始浮現的本土思想資源。在1990年代後，這個次世代開始對「民主回歸」有所反思。羅永生在1989年後對中國國族主義感到失望，並從事與香港潮流文化相關的研究，嘗試透過文化產品探索香港的獨特性格：文化研究（Cultural Studies）於1990年代引進香港學壇，是羅永生與其他同代學者積極籌謀的結

主義，或者我們相信有些東西叫社會主義民主、或者民主社會主義，可能會在一國兩制、港人治港下是有空間的」[32]。

　　香港民主運動參與者的學弟們，亦因此走上社會運動的前線，提倡學運前輩於1970年代末提出的「民主回歸」。在1982年9月26日，柴契爾夫人結束北京的首輪談判後造訪香港。當時身為《中大學生報》總編輯的羅永生[33]，與十幾位學生到啟德機場抗議，並展示「侵華條約不能肯定」的標語[34]。而學生代表亦同時向英中兩國的政治領袖致函，他們一方面寫信給柴契爾夫人反對她的「三條條約有效論」[35]，另一方面又向中國國務院總理趙紫陽表達「民主回歸」的訴求。趙紫陽分別於1984年3月6日和5月22日，先後回覆香港中文大學學生會和香港大學學生會。趙紫陽向香港大學學生會表示，「保障人民的民主權利，是我國政治生活的根本原則。將來香港特別行政區實行民主化的政治制度，即你們所說的『民主治港』，是理所當然的」[36]。

果。在第八、九章的討論中，我們也可見到同為年輕嬰兒潮次世代的戴耀廷和陳健民，能率先跳出民主回歸世代的思想框架，為民主回歸世代和後八九世代之間的世代交替鋪平道路。

參：李雨夢，〈這麼近・那麼遠：羅永生〉，《明報周刊》，2017年5月28日（https://www.mpweekly.com/culture/cu0001/九七-前途問題-文化研究-34647）。

32　〈羅永生：被動回歸〉，《香港80年代民主運動口述歷史》。頁61、67。

33　〈羅永生：被動回歸〉，《香港80年代民主運動口述歷史》。頁63至64。

34　《工商日報》，1982年9月27日。

35　蔡子強、黃昕然、蔡耀昌、莊耀洸（1998），《香港學運文獻選輯（1981-1997）》，香港：青文書屋。頁7。

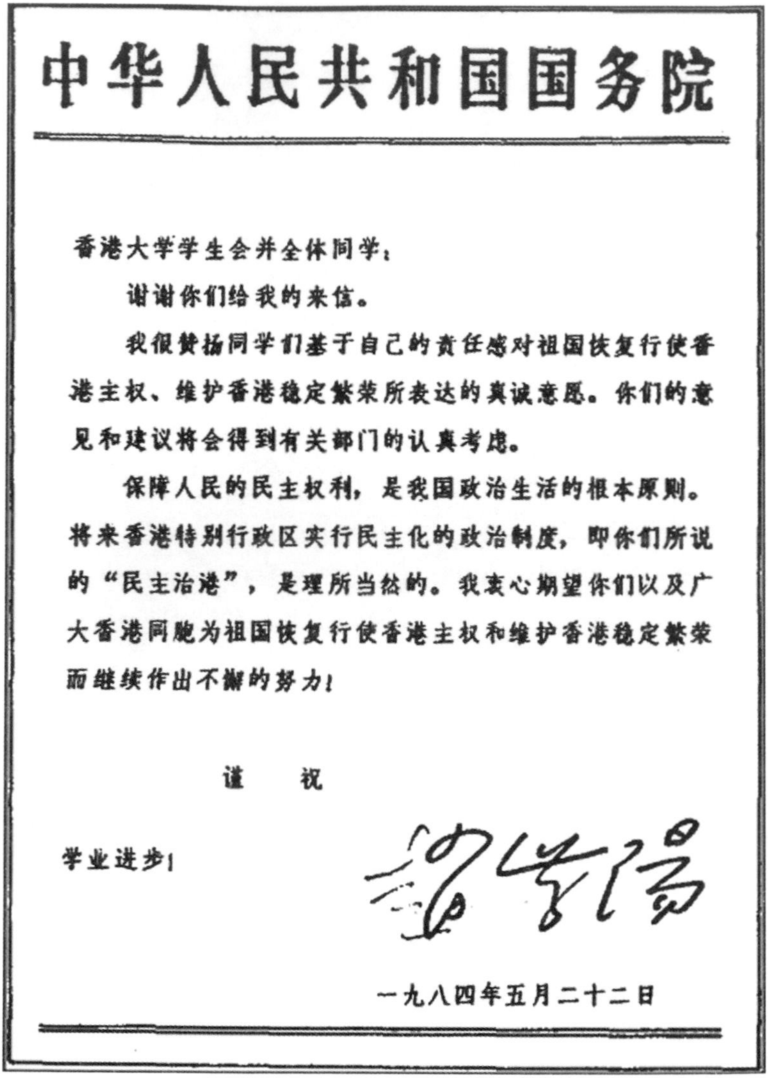

中华人民共和国国务院

香港大学学生会并全体同学：

　　谢谢你们给我的来信。

　　我很赞扬同学们基于自己的责任感对祖国恢复行使香港主权、维护香港稳定繁荣所表达的真诚意愿。你们的意见和建议将会得到有关部门的认真考虑。

　　保障人民的民主权利，是我国政治生活的根本原则。将来香港特别行政区实行民主化的政治制度，即你们所说的"民主治港"，是理所当然的。我衷心期望你们以及广大香港同胞为祖国恢复行使香港主权和维护香港稳定繁荣而继续作出不懈的努力！

　　　　　　　　谨　　祝

学业进步！

　　　　　　　　　　　　　　赵紫阳

　　　　　　　　　　一九八四年五月二十二日

圖6.1：趙紫陽於1984年5月22日致香港大學學生會的公開信。

　　趙紫陽的回覆使爭取「民主回歸」的嬰兒潮社運人士振奮不已：他們看起來即要達成平生的夙願，可以一面滿足其中國情意結、一面得享自由民主的果實。只可惜此時真正掌握中國權力的，並非身為國務院總理的趙紫陽，而是中國共產黨中央軍事委員會主席鄧小平。民主派對中國形勢的判斷也流於過份樂觀。鄧小平在1984年6月發表題為〈一個國家、兩種制度〉的講話，指出「尊重自己民族，誠心誠意擁護祖國恢復行使對香港的主權，不損害香港的繁榮和穩定」的香港人，都合乎北京政權的「愛國者」標準。而中國對香港的愛國者，「不要求他們都贊成中國的社會主義制度，只要求他們**愛祖國、愛香港**」[37]。鄧小平這段模稜兩可的講話，其實暗藏玄機。可是香港的民主派，卻自動假設自己都符合「愛祖國、愛香港」的條件：他們認為鄧小平不要求香港人贊成「中國的社會主義制度」，就是對香港的高度自治和民主發展開綠燈。此後當香港民主運動遭到北京政權打壓時，民主回歸世代的論者就會引用這句話，藉此「證明」民主化乃鄧小平提出「一國兩制」的原意。比如當港澳辦主任夏寶龍準備在《國家安全法》實施後進一步「完善」香港選舉制度時，資深傳媒人程翔即指責他是以「販賣私貨」的方式「把鄧小平的三條標準硬推演成『愛國＝愛社會主義＝愛黨』的荒謬結論」[30]。而李柱銘

---

36 〈趙紫陽「民主治港」覆函曝光 84年許諾港大生 戴耀廷：我民主啟蒙之一〉，《明報》，2014年1月9日。

37 鄧小平（1993），〈一個國家、兩種制度〉，《鄧小平文選・卷三》，北京：人民出版社。

在《國家安全法》實施前夕，仍然認為「如果讓香港回到鄧小平的承諾，一切就會很不同」[39]。

雖然鄧小平的講話確實未有要求香港人贊成「社會主義制度」，可是香港民主派的詮釋卻流於天真樂觀。根據中國的黨國邏輯，整句話背後的首要前提，就是「擁護**祖國**恢復行使對香港的**主權**」。「祖國」和「主權」這兩者乃密不可分，而在北京政權的觀點而言，所謂「祖國」就是中國共產黨、國家機關和中華民族三位一體的黨國體制：那麼所謂「不要求贊成中國社會主義制度」，其實只代表香港在經濟上可以實行資本主義。可是觀乎極權主義的歷史，黨國集權並不必然要與資本主義對立：過往納粹主義和義大利法西斯主義都曾經馴化過資本主義，而中國亦可以在改革開放的過程中找出一條讓資本主義順服黨國威權的新模式。比如說北京可以讓未有加入中國共產黨的香港民主派和權貴，扮演像人民政治協商會議內民主黨派那種缺乏行政權力的政治花瓶。

北京政權領導人在前途談判期間意味不明的講話，以及《聯合聲明》當中曖昧不清的條文，使中英兩國在談判桌上的代表都有各自表述的空間。英國方面可以在與中國維持良好關係的同時，宣稱已經爭取到一個確保香港繁榮自主的方案：這些外交官能運用熟悉的外交辭令，把細節裏的魔鬼暫時隱藏。而根據中國過往的談判模式，他們也不介意使用含混不清的語言，先簽訂看

38　程翔，〈夏寶龍篡改鄧小平指示〉，《眾新聞》，2021年3月3日。收錄於網民收藏的電子備份。

39　林怡廷 2020。

似對乙方有利的條文：因為他們會在米已成炊之後，再以對自己有利的方式**重新詮釋條文**[40]。而中國過往侵吞西藏的歷史，則可謂前車之鑑：西藏正好是中國實踐「一國兩制」的第一個地方。

中國共產黨在1949年統一中國後，隨即派兵侵略西藏。西藏軍隊雖然負隅頑抗，卻於1950年10月的昌都戰役慘敗，逼使噶廈政府（bka'-shag）在1951年與北京政權談和。西藏於5月23日簽下喪權辱國的《中央人民政府和西藏地方政府關於和平解放西藏的協議》，這份條約後來被簡稱為十七條協定。條約第三條在取消西藏的獨立主權國家地位後，保證「西藏人民有實行民族區域自治的權利」，並於第四條承諾「對於西藏的現行政治制度，中央不予變更」。此後噶廈政府以地方政府的身份，繼續以原有方式管治西藏。可是此後北京政權卻利用十七條協定的漏洞，不斷介入西藏的內部事務，使這場「一國兩制」的試驗於1959年戛然而止。

根據十七條協定第十一條，「西藏地方政府應自動進行改革」。在談判之時，北京政權聲稱西藏改革的主導權始終在噶廈政府手中，其用意是要驅逐西藏殘餘的帝國主義勢力。可是中國共產黨此後卻於西藏培養親共勢力，並讓這些「藏奸」與來自中國的親共派無事生非，鼓吹要實行集體化的「民主改革」，最終在西藏鬧起滿城風雨：雖然西藏精神領袖十四世達賴喇嘛一直積極調和，可是此時北京政權在青海和四川的土地改革侵害到藏民

40　Scott 1989, pp.195-201.

的權益、而藏族亦於1958年的反右運動中屢遭針對。最終達賴喇嘛還是無法安撫忍無可忍的西藏民眾：他們於1959年發起武力抗爭，卻迅速被中國的政權暴力以排山倒海之勢擊潰。達賴喇嘛和噶廈政府最終只得倉皇出逃，到印度達蘭薩拉（Dharamshala）成立名為藏人行政中央（Bod mi'i sgrig 'dzugs）的流亡政府[41]。

在1980年代中以後，北京政權也同樣採用事後註釋的方式，以日趨嚴格的標準來檢視中國在1997年之後在香港之主權。民主回歸世代的樂觀期待，很快就被殘酷的現實打破：中國真正在乎的並非香港的民主自治，而是北京政權在1997年之後的全盤操控。

敵擋民主的不神聖同盟

隨著局勢在前途談判後期日趨明朗，香港政府也依照英國撤出殖民地的慣常做法，嘗試進一步擴展代議政治。他們於1984年7月18日發表《代議政制綠皮書》，開始就政制改革問題諮詢民眾。《綠皮書》在第一章第6項，説明這次諮詢是要尋求方法「使香港政府的中樞更具代表性」，從而「使政府能更直接地受香港民眾問責」[42]。政府其後於11月21日發表《代議政制白皮書》，確

---

41 Hung, Ho-fung and Kuo Huei-ying (2010). "'One Country, Two Systems' and its Antagonists in Tibet and Taiwan," *China Information*, 24(3):320-324.

42 Hong Kong Government (1984). *Green Paper: The Further Development of Representative Government in Hong Kong.* Hong Kong: Hong Kong Government

定在1985年透過間接選舉選出立法局議席。

　　香港政府在1985年9月26日舉行的立法局選舉，首次引入「功能組別」選舉制度，讓工商界及專業人士投票選出他們的代表。在工業界、商業界和金融界這類由權貴主導功能組別，其議席基本上是由法團代表推舉產生。不過在教育界、法律界和社會服務界等界別的議席，則是交由業界人士以一人一票的方式產生：這些界別的選舉模式比較近似直接選舉，當中的選民亦比較傾向支持民主運動。而「選舉團」制度則是另一種間接選舉的模式：這制度把各區議會、市政局和臨時區域議局[43]的議員分為12個選舉團，並讓每個選舉團透過多輪淘汰制，在其成員當中選出一人擔任立法局議員。民主派在1983年的市政局選舉和1985年3月的區議會選舉都取得亮麗的成績：雖然香港政府其後把保守派委任入議會，藉此消除民主派在選舉團選舉的當選機會。不論如何，民主派對1985年的立法局選舉頗有期望[44]，並且成功得到一定的議席。這場選舉的結果，使香港中樞層級的議會首現真正意義上的反對派，永久地改變香港的政治生態[45]。

Printer. p.3.

43　由於區域市政在1985年尚在籌備階段，這一屆選舉政府把由委任鄉紳組成的臨時區域議局，列為其中一個選舉團，結果新界鄉議局主席劉皇發在沒有競爭的情況下自動當選。在1988年的立法局選舉，則設立由區域市政局議員組成的選舉團。在1991年立法局選舉，兩個市政局的議席改由功能組別選舉產生。

44　So 1999, pp.98-102.

45　So 1999, pp.107-109.

　　不過北京政權對香港代議政制的發展甚為不滿：他們認為香港殖民地政府在《聯合聲明》簽署前後推動代議政制，是要損害中國在1997年後在香港「不能分割」的主權，並打開讓英國在主權移交後繼續影響香港的缺口。北京政權認為在《基本法》於1990年正式公布前，香港政府對政治制度的任何改革，都是對中國不友善的表現。新華通訊社香港分社[46]社長許家屯就政制改革的問題，於1985年11月21日召開記者招待會。他在記者會上大發雷霆，強調政制改革的「關鍵是按《中英聯合聲明》辦事」，而「離開聲明的規定辦事，就有破壞（聲明）的作用」，並表示「我們看到有些人，有不按本子辦事的趨勢，我們不能不關注這個問題」，指桑罵槐地暗示英國和香港政府意圖推翻先前與中國的共識[47]。

　　原先希望英國能繼續管治香港的工商界權貴，亦對代議政制的發展深感不滿。他們既渴望能維持既有的政治特權，也抱有敵對民主的保守意識形態。他們認為伴隨民主政治而來的各種社會民主的政策——比如公共服務的擴展、社會福利的擴充、以及勞工權益的保障——都會增加工商界的稅務負擔，並增加他們的營運成本。一直在低稅環境中剝削勞工的權貴，危言聳聽地宣稱「過度」保障勞工權益會損害香港的經濟繁榮[48]。

46　新華社香港分社在名義上是新聞通訊社，實際上卻是北京政權的駐港機關。這個機構在2000年，正式改組為中央人民政府駐香港特別行政區聯絡辦公室，簡稱中聯辦。

47　許家屯（1993），《許家屯香港回憶錄（上）》，新北：聯經出版。頁174。

　　隨著中國於1978年開始實施經濟上的改革開放，香港工商界精英對北京政權亦逐漸改觀：如今北京政權不再死抱敵對資本主義的教條，反倒務實地吸收外國資金推動「四個現代化」。而香港正是世界各國資金流向中國的窗口：北京政權的各級機關於香港設立窗口公司，與世界各地的企業家簽訂合同，並以中外合資的方式在中國進行各項投資。香港服務業在1980年代急速發展，亦有賴同期日益擴展的中國業務。這樣香港服務業與北京政權之間，也自然會有愈來愈多的共同利益[49]。

　　北京政權駐香港的代表，很早就意識到香港人普遍不希望接受中國的統治，甚至想要建立實際獨立的「政治實體」[50]。不過他們根據馬克思主義的理論，認為香港既然是一個資本主義社會，像工商界權貴這類的資產階級自然也是社會的棟樑。那樣中國若然要穩固地統治香港，工商界權貴的合作就比一般民眾的認可來得重要：他們因此決定與權貴合力遏阻代議政制的發展，並讓權貴擔任中國共產黨在香港的代理人，容許他們壟斷主權移交後的香港政治。除此以外，北京政權亦希望工商界權貴能夠增加在中國的投資，並把香港的經驗和技術都轉移過去[51]。在工商界權貴仍然希望延續英國的管治之時，新華社香港分社就已經展開針對權

48　Roberti 1994, p.175; So 1999, p.119.

49　Scott 1989, pp.223-236.

50　許家屯 1993，頁89至99。

51　Goodstadt, Leo F. (2000). "China and the Selection of Hong Kong's Post-colonial Political Elite," *The China Quarterly*, 163:721-741.

貴的「統一戰線工作」，以各種非正式渠道與權貴建立私人交情[52]：他們先與各路權貴聯繫交往，聆聽資產階級對香港未來的憂慮，其後甚至破格地鼓勵中資企業與權貴合作投資，同時又出資挽救業務陷入困境的企業[53]。當香港政府準備推動民主改革之時，北京政權在人情上的投資也獲得了回報：那些原先抗拒主權移交的權貴，如今為了利益和特權選擇「**忽然愛國**」，與北京政權建立敵擋民主的不神聖同盟、甚至決定站在殖民地政府的對立面[54]。

此時香港民主政治的發展，正面臨兩個重大關口。首先民主運動需要在政制改革的諮詢過程動員民眾，迫使香港政府承諾盡早實行進一步的民主化。此外北京政權亦會於1980年代後期起草《基本法》，確立香港特別行政區在1997年之後的憲制秩序，而民主派則需要讓這份憲制文件能對香港未來的民主自治作出保證。

香港政府在1987年5月發表《綠皮書：一九八七代議政制發展檢討》，為進一步的政制改革展開諮詢。這時候政府顯然已經感受到來自中國的壓力，使這份諮詢文件的行文用語遠比1984年的《代議政制綠皮書》來得保守。這份文件花費篇幅，提出各種「完善」立法局間接選舉制度的方案，卻只輕輕帶過引入直選的可能。除此以外，這份文件亦未有對行政立法兩局的權限提出檢

---

52 Wong, Wai-kwok (1997). "Can Co-optation win over the Hong Kong people? China's United Front Work in Hong Kong since 1984," *Issues and Studies*, 33(5):102-137.

53 許家屯 1993，頁127至132。

54 So 1999, pp.119-122.

討[55]。整體而言，這份諮詢文件似乎是要向北京政權釋出善意，強調香港政府無意在政治制度上作出太大的變動。

過往一直山頭林立的民主回歸世代，此刻意識到他們必須團結一致。自1970年中文運動以來，各民主派團體的前身一直就各種議題組織聯盟。起初香港民主運動按照1970年代的經驗，以聯席會議的方式宣示共同立場[56]，後來則決定更進一步在1986年底成立民主政制促進委員會，並於11月2日在高山劇場召開民主運動高峰會。此後民主派發起爭取「八八直選」的社會運動，要求香港政府在1988年於立法局添加直選議席，藉此啟動香港政制民主化的進程[57]。民主派的「八八直選」運動獲得不少香港民眾支持，他們在9月27日於維多利亞公園舉辦的集會吸引超過一萬名民眾參與，是過往少見的大規模群眾運動[58]。除此以外，亦有逾22萬民眾聯署聲援民主派「八八直選」的訴求[59]。

面對民主派背後堅實的民意，北京政權與剛被收編的工商界權貴，協力營造反對代議政制的輿論。親共派的香港工會聯合會動員旗下的親共工會，要求他們以專注民生議題為由反對政府推行代議政制：他們甚至提出「寧要飯票、不要選票」的口號。後來擔任民主建港聯盟主席的馬力，在此時以辛維思為筆名在《明報》

55　Roberti 1984, p.195.

56　Sing, Ming (2004). *Hong Kong's Tortuous Democratization: A Comparative Analysis*. London: Routledge. p.83.

57　Sing 2004, p.79.

58　馬嶽 2012，頁214。

59　Scott 1989, p.295.

發表措辭強硬的評論文章，批評香港政府之所以推行代議政制改革，是因為英國在背後陰謀發動架空中國主權的「靜默革命」。在香港的中資企業則印製大批一式一樣的意見書，派發予旗下員工「自願」簽署，營造反對政制改革的所謂「民意」[60]。香港的工商界權貴則出資拍攝抹黑民主政治的宣傳影片，以煽情的手法恫嚇觀眾，並把民主政治描述成激起動盪、損害繁榮邪惡力量。臺灣立法院內的肢體抗爭、以及韓國大學生用鐵棒和汽油彈抗衡警察暴力的畫面，都被這段影片以抽空脈絡的方式呈現，意圖激起愚夫愚婦的保守反動情緒[61]：不過諷刺的是，隨著這兩個國家走上民主化的正途，其社會民生都在21世紀初超越香港的水平。

此時英國政府陷入兩難的局面：在下議院表決批准《聯合聲明》前，內閣曾承諾加快香港政制改革的進度，並在香港奠定民主政治的基礎。這樣英國若要從香港「光榮撤退」，就無法對日益壯大的民主運動視若無睹。可是北京政權卻以《基本法》要待1990年才能定案為藉口，要求香港政府拖延所有重大的改革：這樣一來任何在1980年代後期推動的改革，都必須考慮在1997年主權移交時如何「接軌」的問題[62]。結果香港政府決定向北京政權讓步：他們於1988年2月在《白皮書：代議政制今後的發展》否決民主派「八八直選」的訴求，並宣布要待1991年才在立法局增設10個直選議席。

60　So 1999, p.129.

61　Scott 1989, p.294.

62　So 1999, p.126.

　　這份《白皮書》惹人非議之處，在於撰寫者以古怪的手法詮釋民意。當局顯然要偏袒那些敵對民主的意見：比如中資企業員工「自願」簽署的意見書，雖然有著千篇一律的制式，可是當局還是將其視為「多項建議」。而民主派蒐集到的逾22萬個聯署，則被當局視為重複的「單一建議」。即使是民眾自發撰寫的非制式陳情書，凡支持「八八直選」的都會被歸納為「單一意見」[63]。香港政府甚至委托商業機構AGB麥奈爾（AGB McNair Hong Kong Ltd）進行「民意調查」，利用誘導式的問卷「證明」所謂的「主流民意」反對政制改革[64]。而同期其他機構進行的民意調查，則發現有四至六成的受訪者支持「八八直選」：即使在支持率最低的那次調查，「八八直選」仍然是最多受訪者偏好的選項。而絕大多數的受訪者，亦認為未來應該在立法局增設更多的直選議席[65]。

　　香港政府在北京政權的壓力下在諮詢過程中公然做假，並在《白皮書》中辯稱「雖然市民對在立法局於三年後加入若干直選議席此項原則，表示支持，但是在實行時間上則有歧見」。在這次令人譁然的風波過後，香港政府失去僅餘的管治威信，被民眾貶斥為向中國俯首稱臣的「跛腳鴨政府」。而香港民主進程的未來發展，則只能完全仰賴《基本法》的制定過程。

63　Scott 1989, pp.294-297.

64　鍾庭耀著、郭文儀譯，〈民意彙集的政治：論兩次處理香港民意的缺失〉，香港大學民意網站，2004年1月16日（https://hkupop.pori.hk/english/columns/columns34.html）。

65　Scott 1989, p.292.

　　可是北京政權制定《基本法》的過程，卻完全未有顧慮香港民眾的意見。他們在1985年成立由59位成員組成的基本法起草委員會，當中有36位是中國代表、剩下23名的少數則是香港代表。而少數代表香港的起草委員都是由北京政權親自委任，而且絕大部份都是工商界權貴或親共組織的成員。當中立場偏向民主改革的就只有司徒華和李柱銘：如在第五章結尾所述，這可能是出於二人過往與中國共產黨的交情。北京政權為擺出尊重民意的姿態，在草委會外另設基本法諮詢委員會：可是這個委員會並無任何實權，只是個讓諮詢委員在中國官僚面前抒發己見的平台。即或如此，親共派還是以橫蠻霸道的方式阻止民主派擔任諮委：比如親共派的香港工會聯合會，就曾向基督教工業委員會的劉千石施壓，最終使民主派工會憤而杯葛選舉。這個所謂的「諮詢委員會」，歸根究柢只是讓新華社幕後指揮「民間代表」唱好《基本法》的舞台，讓北京政權能夠展現其「天命所歸」的「民意認受」而已[66]。

　　基本法起草委員會在1987年4月16日召開首次會議，當日鄧小平對一眾草委的演說，毫無掩飾地展露他對自由民主的敵意。他在演說中強調香港「不能照搬西方的一套」，也不適合以「三權分立」和「英美的議會制度」標準來設計香港的「民主」制度。除此以外鄧小平亦強調「切不要以為香港的事情，請由香港人來管，中央一點都不管，就萬事大吉了」，不能忽視香港在主權

66　So 1999, pp.122-125.

移交後仍有機會「**發生危害國家根本利益的事情**」[67]。也就是說香港未來的民主自治，只能夠是中國式的「民主」和「自治」；而所謂的「港人治港、高度自治」，也不能夠脫離中國「民主集中制」的規範。

　　草委會內的權貴代表既獲得中國最高領導人的加持，也就不遺餘力地為香港的民主進程添加障礙。他們提倡主權移交後的行政長官，都應該交由選舉委員會間接選舉產生：而這個委員會的成員則應該由工商界權貴和親共團體主導。不過身為《明報》創辦人的草委查良鏞（也就是武俠小說家金庸），卻認為香港長遠而言必須落實行政長官和立法會雙普選的目標：只是目前實行普選的時機尚未成熟。他認為在1997年主權移交時，行政長官應該交由選舉委員會選舉產生，而香港特區的第一屆立法會議則應該實行局部普選。查良鏞認為中國對香港的統治在2011年應該已經穩固，故此可以放心讓香港民眾就政制改革進行公投。在公投獲得通過後，選舉委員會就會轉型為提名行政長官候選人的委員會。之後民眾就可以在委員會提名的候選人中，通過一人一票的方式選出行政長官，而香港的立法會也應該於同時實行全面普選。

　　查良鏞的政治性格雖然保守，可是他對自由民主還是有一定的認同。可是同為草委的香港興業國際集團創辦人查濟民，卻立心不良地借用查良鏞的方案無限期拖延香港的民主進程。他抽

67　鄧小平（2001），〈會見香港特別行政區基本法起草委員會時的講話〉，《鄧小平文選·卷三》，北京：人民出版社。

走查良鏞方案內僅有的進步元素，提出在2011年啟動政制改革前，必須先獲得人大常委會、行政長官和立法會三分之二的議員的一致同意。這種安排，顯然是要讓北京政權取得政制改革的否決權。即使人大常委會同意香港應該實行政制改革，屆時行政長官和立法會內逾三分之一的議員仍會是權貴和親共勢力的代表：也就是說他們與北京政權一樣，都會擁有無限期拖延改革的否決權。最終查濟民的提議被納入草委會的主流方案，並於1989年2月21日獲人大常委會確認為《基本法》的正式草案[68]。

　　如今事實已經擺在眼前：趙紫陽當初對「民主治港」的承諾，並未能代表北京政權的真正立場。北京政權內真正的掌權者都主張黨國專政、敵視自由民主，根本無意給予香港貨真價實的民主自治。香港民主運動亦因此在1980年代末期陷入低潮：民主派的支持者對香港的前途感到絕望，當中有不少人更決定移民外國。在1980年代早期香港前途問題浮現時，每年大約有2萬人選擇移民海外。可是在民主運動遭逢挫敗的1988年，這個數字就急劇增加至45,000人左右[69]。在整個1980年代，總共有逾15萬人遷居海外：雖然相對於全香港550萬人口，這只是個不足3%的小數目，可是此時離開香港的大部份都是專業技術人才[70]。根據一項在1991年發表的調查，有35%的程式員和系統分析員、22%的會計師和審計員、13%的法律人士、13%的醫護人員和10%的工程師，

68　So 1999, pp.141-143.
69　So 1999, p.151.
70　Scott 1989, pp.319-321.

在1987至1988年期間移民海外[71]。大批高學歷的專業人士在1980年代末期離開香港，是香港勞動市場面臨嚴重的人力資源危機。

「八八直選」運動未竟其功，而保守的「雙查方案」又被納入《基本法》草案，使支持民主派的香港民眾大失所望。可是民主回歸世代卻仍然相信在主權移交後，香港仍然有可能達成民主自治的目標。在第三章的討論中，我們曾提及民主回歸論預設中國近代化和香港民主化是兩個互相倚賴的過程。這樣的理論假設使民主回歸世代認為只要中國能夠持續近代化改革，香港民主運動即使遇到一時的挫折，最終仍然會有翻身的希望。比如身為匯點成員的社會行政學者楊森，此時仍然認為能夠以協助中國近代化改革為誘因，說服北京政權實行民主改革。他認為「只有中國朝向民主發展，中國才會走向富強」，而香港在民主中國的統治下「前途才有長遠的安定」，這樣「對中國四化（按：四個現代化）的貢獻，則肯定會更大」[72]。民主回歸世代相信北京政權為促使中國走向富強，將無可避免需要實踐政治上的近代化，而香港因此仍有耐心等待的空間。

71　Kwong, P.C.K. (1991). "Emigration and Manpower Shortage," in Y.C. Wong and J.Y.S. Cheng (eds), *The Other Hong Kong Report 1990*. Hong Kong: Chinese University Press.

72　楊森，〈民主派是愛國的！〉，《解放月報》，1987年12月號。
《解放月報》是由香港政治評論家許子賓（筆名哈公）和冉茂華（筆名金鐘）創辦的時事雜誌，背後並無中國官方背景。該雜誌於1990年改名為《開放雜誌》，並於1993年改組為《開放》。在2014年停辦前，這份雜誌一直深入追蹤報導中國新聞。

自由的覺醒、血染的啟蒙

　　中國在1980年代的開放改革，使中國經濟終於走上近代化的道路。根據此時主流的近代化理論，經濟和政治上的近代化乃是相輔相成的過程：一個社會的經濟越是繁榮，其政治體制亦會日趨自由[73]。這個如今看來流於粗疏的社會理論，在當時乃是學術圈子和公議輿論的共識：而接觸過西方社會思潮的民主回歸世代，亦能透過這種半桶水的理論自我安慰。

　　而當時中國的知識潮流似乎亦印證著這樣的理論：他們經歷過文化大革命的苦難，開始反思何以中國的革命總是悲劇收場，並認為中國的近代化之所以挫折重重，是因為中國文化尚未擺脫「封建傳統」的約束：而文化大革命的爆發正就是「封建專制」復辟的結果。他們認為中國是時候痛定思痛，從西方的思想資源中獲得啟蒙，並透過理論的爭辯為中國的未來尋求出路[74]。中央電視

---

[73]　美國政治學大師西摩‧馬丁‧利普塞特（Seymour Martin Lipset，1922-2006）於1959年在《美國政治科學評論》發表論文，主張「一個國家越是豐足，維繫民主政治的可能性就越大」。這種把經濟近代化和政治近代化連在一起的近代化理論（Modernization Theory），在1960至1990年代蔚為風潮，甚至可說是社會科學的主流。嬰兒潮世代在大學學習過這樣的理論，其後又經歷過香港經濟的急速起飛，容易不加批判地接受這種理論。

　　參：Lipset, Seymour Martin (1959). "Some Social Requisites of Democracy: Economic Development and Political Legitimacy," *The American Political Science Review*, 53(1), 69-105. 前述引文見於頁75。

[74]　王學典，〈「80年代」是怎樣被「重構」的？若干相關論作簡評〉，《開放時代》，2009年第6期。摘引自香港中文大學中國研究服務中心網頁（http://ww2.usc.

台在1988年播放名為《河殤》的紀錄片，在中國社會惹起激烈的爭辯：因為這部紀錄片的意識形態，反映當時中國前衛知識人的新思潮就是對中國黨國體制的全盤批判。《河殤》貶抑中國固有的「黃土文明」，認為中國必須離開黃河的束縛，在廣闊的海洋乘風破浪[75]。這套論述當中的隱蔽文本，暗示中國必須丟棄在黃土高原發展出來的毛澤東思想[76]，並參照西方民主國家的經驗擁抱自由主義。

中國知識人對專制的厭惡以及對自由的嚮往，在1989年初從思想潮流演變成實際的政治行動。曾經擔任國務院總理和黨總書記的胡耀邦在1989年4月15日逝世：他過往一直被視為中國共產黨內部的開明派，在面對1980年代的學生運動風潮中拒絕動用國家暴力鎮壓學生。在1986年的學潮過後，黨內保守派指摘胡耀邦縱容所謂的「資產階級自由化」、而鄧小平也表態指出面對學潮必須動用「專政手段」。最終中共高層召開檢討會批鬥胡耀邦，迫使他辭去黨總書記的職務[77]。北京的大學生為胡耀邦的遭遇抱打不

cuhk.edu.hk/PaperCollection/Details.aspx?id=7402）。

75 崔文華編（1988），《〈河殤〉論》，北京：文化藝術出版社。

76 推動文化大革命的意識形態，其根源可追溯到毛澤東於1940年代初發動的延安整風運動。中國共產黨在這座位處黃土高原的城市中，確立其後主導中華人民共和國的黨國意識形態，而黃土高原亦因而成為黨國文宣的重要象徵。參：高華（2000），《紅太陽是怎樣升起的：延安整風運動的來龍去脈》，香港：香港中文大學出版社。

77 楊繼繩（2010），《中國改革年代的政治鬥爭（修訂版）》，香港：天地圖書。頁271至283。

平，就紛紛到天安門廣場集會悼念。

　　北京學生透過悼念胡耀邦宣示他們對自由民主的渴求，並在 4月18日提出七點要求，除了要求北京政權客觀評價胡耀邦，還 要求開放報禁和集會自由[78]。留守天安門廣場的大學生，到4月22 日更提出「人民萬歲、民主萬歲、自由萬歲」的口號[79]。原先悼念 胡耀邦的集會，也演變成爭取全面自由化和民主化的社會運動。 北京政權其後把事件定性為對黨國體制的挑戰，並於4月26日在 《人民日報》發表社論，指責「極少數別有用心的人」正在「鼓動 反對共產黨的領導和社會主義制度」，認為學生運動「是一場有 計劃的陰謀，是一場動亂」[80]。可是黨國的威嚇，反倒令北京的學 生和民眾憤恨難平。此時中國正準備與蘇聯重修舊好，並計劃在 5月15至18日天安門廣場旁的人民大會堂召開高峰會，接待出訪 中國的蘇聯黨總書記戈巴契夫（Mikhail Gorbachev）。學生則於高 峰會召開前展開絕食抗爭，而抗爭的風潮亦隨即蔓延全國[81]。

　　此時世界各國的記者都雲集北京，想要見證中蘇兩國的歷史 時刻，卻意外見證著天安門學生運動的進展。香港民眾看到電視 在轉播國際媒體攝得的畫面，目睹絕食抗議的大學生紛紛倒下： 在民主路上受挫的香港人看見北京學生不顧性命的抗爭，就被他

78　楊繼繩 2010，頁324。

79　楊繼繩 2010，頁330。

80　〈必須旗幟鮮明地反對動亂〉，《人民日報》，1989年4月26日。

81　林慕蓮著、廖珮杏譯（2019），《重返天安門：在失憶的人民共和國，追尋 六四的歷史真相》，新北：八旗文化。頁275至278。

們追求自由的心志所感動。香港的新聞記者看到國際媒體的報導，知道北京的抗爭事關重大，就決定派自家的記者親赴前線。而身處現場的前線記者、以及收到第一手消息的編採人員，也迅即被學生的自由情懷所感動：他們不能自禁地全情投入在報導之中，而連續不斷的電視直播則使渴求民主的民眾產生同理心和共時感。香港民眾雖然身處中國之外，卻在情感上認為自己是天安門抗爭學生的一員，相信他們與鄰國的抗爭者都為著自由民主的共同信念一起奮鬥[82]。

中國這個未來宗主國過往一直損害香港的民主進程，如今這個國家的抗爭者卻起來發動波瀾壯闊的民主運動，使香港人對中國的觀感出現180度的轉變：即使北京政權再是如何橫蠻無理，在天安門廣場捨己抗爭的中國年輕人卻為未來帶來盼望。天安門廣場的學生為迎接戈巴契夫到訪人民大會堂，準備了一幅中俄兩語並列的橫額，上面寫著「**民主——我們共同的理想**демократия -наша общая мечта」：而在香港人眼中，民主正正就是香港和中國的共同理想。隨著天安門廣場的局勢日趨緊張，香港人對自由的渴望也演變為「**忽然愛國**」的集體情緒，全民幾乎都認為自己是中國民主運動的一份子[83]：在群情洶湧的社會氣氛下，連親共陣營以至是部份中國駐港官員都受到這股熱情感染，他們都以為中國

82　陳韜文、李立峰（2010），〈香港不能忘記六四之謎：傳媒、社會組織、民族國家和集體記憶〉，《新聞學研究》，第103期，頁215至259。

83　Tsang, Steve (1997). *Hong Kong: An Appointment with China*. London: I.B. Tauris. pp.159-161.

變天在望而表態支持天安門學運[84]。

專上學生聯會率先察覺到民情正處於臨界點，遂決定在5月17日發起遊行響應北京學生的絕食行動，而部份香港學運人士也決定與北京學生同步絕食[85]。民主政制促進委員會內的成員雖然大多來自民主回歸世代，可是他們過往為免節外生枝，都有意識地把民主運動的視野局限在香港之內[86]。可是在學聯決定發起遊行後，民促會即面臨排山倒海的壓力，使他們無法繼續置身事外。民促會在遊行前夕召開緊急會議決定全情投入天安門學生運動，並於會後發表緊急聲明：

> 民促會認為，香港是中國的領土，並且在九七年回歸中國；因此，中港的命運是相關的，**中國沒有民主，香港也沒有民主的希望**。今天，我們支援中國的民主運動，也就是爭取民主基本法在香港實現的一個方法……民促會全力支持中國學生的愛國民主運動，並將聯同國際民主力量，爭取一個民主的香港、民主的中國[87]。

84　Roberti 1994, p.252.

85　在1980年代末、1990年代初主導學生運動的，乃隱形世代的成員：這場遊行也許是該世代一期一會的剎那光輝。部份學運人士其後加入民主派，卻淪為當中的第二梯隊世代。他們在從政初期，始終無法從民主回歸世代那邊取得民主運動的主導權。第二梯隊世代到2000和2010年代更可謂無關痛癢，無法與八十後青年和後八九世代的後起之秀相比。

86　黃碧雲（1959- ）（1991），〈民族主義與香港民主運動〉，哲學碩士論文，香港中文大學。頁107。

　　民促會的緊急聲明，為香港民主運動其後二十年的發展定了調：民主運動的目標就是透過「建設民主中國」推動香港的民主化。把香港的民主運動與中國的發展捆綁，自此就成為民主派的基本策略。而在1989年這個非常時期的集體情緒經驗，也使這個策略成為難以憾動的道德教條。香港市民支援愛國民主運動聯合會於5月底成立，其成員大多是香港民主運動的參與者：支聯會在其後32年的歷史中，一直以各種方式守護天安門學運的記憶，並在論述、組織和人事上把香港和中國的民主運動串連在一起。香港在1989年春夏之交，經歷了省港大罷工以來最大規模的群眾動員：聲援天安門學運的遊行集會，往往會有數以百萬計的民眾自發參與。

　　可是天安門學生運動其後的發展卻不如預期：北京政權決定以鐵腕手段對付這場民主運動，並於6月3日深夜派軍隊到北京市區大開殺戒，迫使聚集在天安門廣場的學生於翌日清晨撤退。在血腥屠城後，北京政權亦開始「秋後算帳」，大舉搜捕抗爭者和異見人士。1980年代猶如雨後春筍的自由風潮，也隨著自由派遇害、流亡、禁言或轉向而畫上句號。香港民眾於當晚一夜無眠，目睹中國的政權摧毀自由民主僅有的希望：而這個無情而暴戾的專制政權，在8年又27日後就會成為香港的宗主國。

　　殘酷無比的現實遇上難以言說的未來，為香港人帶來無法

87　民主政制促進委員會，〈民促會就北京和香港學生絕食的緊急聲明〉，1989年5月16日。

磨滅的集體創傷：6月4日當晚，逾150萬悲憤莫名的民眾參與支聯會舉辦的黑色大靜坐。身處英國殖民地的香港人能暫時免於政權暴力的威脅，卻眼睜睜地看著在北京抗爭的學生捨生成仁，使他們產生倖存者的罪咎感：民眾亦因而矢志要在香港的土壤，把「愛國民主運動」的遺志承傳下去[88]。而根據香港大學民意研究計劃在1993年5月進行的調查，有83.6%的受訪者認為推動中國的民主發展是香港人的責任：此時已經是六四慘案四周年的前夕。而在北京街頭的血跡尚未乾透之時，香港民眾因自由夢碎而激發的「愛國」熱情，恐怕只會有過之而無不及。

可是我們不應高估香港人此時的中國認同。政治學者黃碧雲雖為民主回歸世代之一員，可是她仍在碩士論文中清醒地指出嬰兒潮民主人士的中國情懷只能算是「**回應式**的（中國）民族主義」（Reactive Nationalism）：即使他們的中國情意結剪不開、理還亂，可是他們為自己的民主運動加上「愛國」的招牌，歸根究柢也只是為求抗衡言必「愛國」的北京政權[89]。雖然香港民眾普遍同情中國的民主運動，可是這並未有削弱他們的本土認同：一項在1990年舉行的民意調查，發現有56.6%的受訪者認為自己是香港人、而認同自己是中國人的則只有25%[90]。北京政權的野蠻暴戾，

88　Tsang 1997, pp.165-166.

89　黃碧雲 1991，頁93至94。

90　Lee, Ming-kwan (1995). "Community and Identity in Transitional Hong Kong," in Reginald Yin-wang Kwok and Alvin Y. So (eds), *The Hong Kong-Guangdong Link: Partnership in Flux*. Armonk, NY: M.E. Sharpe.

反倒使香港民眾對中國感到恐懼：香港移民潮在1990年代進一步加速，而期間則有約30萬人移居海外[91]。而在六四慘案後，政治立場迥異的香港人亦團結一致向英國政府爭取居英權：只是當年英國民間普遍抗拒接收移民，而執政保守黨政府亦抱持反移民的立場，最終倫敦只願意讓五萬個以權貴和公務員為主的香港家庭取得居英權[92]。

即使香港民眾都各施各法想要逃離中國，可是民主派卻從未有想過以人道理由反對在1997年7月1日的主權移交：此時中國軍隊血腥屠城的暴行已經激起世界各國的憤慨，而這對於香港來說是個難得的機會窗口。倘若香港人能團結一致，向國際社會表明主權移交很可能會引致與六四慘案同級的人道危機，這樣英國或許能夠在國際社會的支持下把1984年的協議推倒重來。而此時有能力如此動員民眾的，就只有於天安門學運期間重新得力的民主派。

不過民主派卻仍舊未有放棄「民主回歸」的夢想，反倒期望能在1997年後的香港特別行政區內，一方面透過選舉政治「民主抗共」、另一方面則透過「一國兩制」的保障在「中國」境內堅持「建設民主中國」。比如當時領導支聯會的民主派元老司徒華，在這個關鍵時刻仍然堅持香港必須「回歸」中國。他在2011年的回憶錄中表示，「回歸到一個獨裁專制的政權，使我和國內同胞有

91　香港特別行政區政府政府統計處（2008），《香港的發展（1967-2007）──統計圖表集》。頁21。
92　So 1999, pp.165-166.

機會共同爭取一個民主的中國，與他們有共同的感受，所以我支持回歸」[93]。這恐怕也是那些積極投入天安門學運的民主派在六四慘案發生後抱有的情懷。而部份民主派則會同時爭取居英權，為留在香港參與「愛國民主運動」的民眾預備一扇「太平門」。之後隨著國際社會忙於應付蘇聯瓦解帶來的衝擊而不再把目光放在香港和中國，香港也就再次失去改變命運的機會。

民主派在天安門學運前後展現出極大的「愛國熱情」，甚至仍然堅持「民主回歸」的理念。可是此時中國已經赤化近40年，黨國一體已早是無法逆轉的常態，也自然不可能再有「愛國不愛黨」的空間。民主派既然投身「反對共產黨的領導和社會主義制度」的「動亂」，就只可能與北京政權反目成仇。《人民日報》在7月21日的署名評論中，指責香港有批「唯恐天下不亂的人」勾結「動亂分子」，「企圖在香港掀起一股反共、反華的高潮」。他們還不點名指責到美國出席國會人權委員會聽證會的李柱銘，批評他「鼓吹香港脫離中國**鬧獨立**」。向來認為香港獨立不切實際的李柱銘[94]，怎麼會變成北京政權認證的「港獨份子」呢？歸根究柢，這是因為北京政權強調「『一國兩制』首先要承認『一國』」：想要以民主制度抗衡政權暴力，在黨國的邏輯下就是要否定中國對香港的絕對主權、圖謀建立獨立的政治實體，那就是要「脫離中國鬧獨立」[95]。

93　司徒華 2011，頁246。

94　林怡廷 2020。

95　艾中，〈「一國兩制」不容破壞〉，《人民日報》，1989年7月21日。

曾積極聲援天安門民主運動的司徒華和李柱銘，此後被逐出基本法起草委員會。而在1990年4月4日交付表決的《基本法》，也不只納入極端保守的「雙查方案」，還臨時增添備受非議的二十三條，授權未來的特區政權自行制定維護「國家安全」的法律[96]。不過英國此時意識到他們若要在1997年「光榮撤退」，香港政制改革的步伐就不得不加速。外交及聯邦事務部隨即派員赴中國談判，在一番討價還價後把1991年立法局的直選議席從10席增加到18席。除此以外，香港政府亦展開《香港人權法案》的立法程序，將《公民權利和政治權利國際公約》內合適的規定納入香港法律：該法案其後於1991年6月5日獲立法局正式通過[97]。而港督衛奕信（David Wilson）亦於1989年10月公布「玫瑰園計劃」，大舉投資興建包括赤鱲角機場在內的基礎建設，藉此宣告他們對香港的未來仍然充滿信心[98]。

雖然立法局在1991年引入直選後，直選議席仍然只佔議會內的三成。不過由於選採用雙議席雙票制，使民主派比較知名的候選人就可以透過「母雞帶小雞」提攜資歷較淺的候選人，造成勝者全取的結果。除此以外，民主派在部份選民基數較大的功能組別內仍然有力一拚。雖然民主派仍然無法取得多數議席，可是他們仍有機會成為能夠與政府討價還價的關鍵少數：這樣他們就能夠有足夠的空間達成「民主抗共」的效果。為求達成這樣的目標，

96　So 1999, pp.171-172.

97　Sheridan 2021, pp.184-191.

98　Roberti 1994, p.292.

民主派決定把民促會改組成政黨，並於1990年4月組成香港民主同盟：後來港同盟更於1994年，與民主回歸派政團匯點合併為香港民主黨。「民主抗共」的理念獲得抗拒北京政權的廣大民眾支持，使民主派在1991年9月的選舉大獲全勝：他們取得三分之二的直選選票，並奪得18席直選議席當中的16席。除此以外，民主派亦在教學界和衛生界贏得兩個功能組別議席。他們直到主權移交前，始終維持著同樣的選舉優勢[99]。

　　不過香港本土的民主政治，卻也同時與「放眼中國」的「愛國民主運動」密不可分，而活躍於民主派政黨的政治人物往往同時也是支聯會的活躍成員。比如在港同盟30位中央委員中，就有8位成員同時擔任支聯會常委。而當中的李柱銘、司徒華、楊森、李永達、張文光和劉千石，則於1991年的選舉當選為立法局議員。雖然民主派意識到香港的民主運動，在組織上應該與支援中國民主運動的事工區隔，可是他們始終無法解決兩邊人事高度重疊的問題[100]。司徒華創辦的香港教育專業人員協會，也在支聯會和港同盟（以及後來的民主黨）的成立過程中扮演關鍵的角色：是以民主運動的參與者會戲稱「教支民」就像基督宗教的神明，乃是「三位一體」的存在[101]。

99　So 1999, pp.174-180.

100　黃碧雲 1991，頁119至120。

101　陸鴻基（2016），《坐看雲起時：一本香港人的教協史・卷三：教協與公民社會的形成和互動》，香港：香港城市大學出版社。頁223。

以經促政的近代化迷思

雖然六四慘案的腥風血雨，至今仍深刻印在香港人的集體回憶之中，不過民眾在1990年代初還是冷靜下來為未來籌謀。1991年民主派的勝利，使香港人自信能於主權移交後，繼續透過選舉政治和社會運動抵抗北京政權的進擊。中國開放改革的前景雖然不明，可是亦未有走回頭路的跡象。香港人認為中國的經濟改革若是能夠延續下去，最終還是能克服挫折，促成自由民主的降臨。倘若香港能夠憑著自身的發展優勢積極協助中國的經濟改革，那同樣可以對達成「建設民主中國」的目標有所助益。匯點在1990年發表《邁進九十年代宣言》，主張「民主回歸」仍然是香港盼望的所在，其邏輯就是建基在社會科學的近代化理論：

> 從歷史的大趨勢看，中國必須繼續向前發展，中共才能化解其政治危機，而改革是中國前途的唯一出路……短期波折過後，中國將在改革的道路上繼續前進……匯點對香港前途的信心，並非建基於一廂情願的幻想之上，而是我們認識到**中國的變革動力依然存在**，中國仍是有希望的[102]。

在1989年鎮壓天安門學生運動後，中國共產黨雖然把僅有的

---

102 匯點（1990），《邁進九十年代宣言》。

自由派都清算掉，可是黨內的保守派和改革派仍為著未來的政策方針爭論不休。保守派認為市場經濟引致的「資產階級自由化」，乃是1989年爆發「動亂」的肇因，故此未來的經濟改革必須在「計劃經濟」的框架下推行。而改革派則認為透過市場經濟改革擺脫貧窮，才是穩定社會的上策。最終鄧小平在1992年一錘定音：中國在政治上必須保守、在經濟上卻必須深化市場經濟改革。

中國共產黨在六四慘案後，規範其黨員必須遵守「四項基本原則」：也就是要在政治上堅持社會主義道路、人民民主專政、馬列毛思想和中國共產黨的領導。不過鄧小平想要達成的，是黨國體制對中國社會的全方位控制，而非傳統的社會主義計劃經濟。為此他設法把中國共產黨的「社會主義」，改造成「具有中國特色」的現實主義意識形態。他首先在1991年1月巡視上海這個保守派的大本營，並公開批評「有些同志總是把計劃經濟等同於社會主義，把市場經濟等同於資本主義」，並警告「如果我們仍困於『姓資還是姓社』的詰難，那就只能坐失良機」。其後上海《解放日報》一連發表三篇署名「皇甫平」的評論文章，引述鄧小平在訪問上海期間的講話，使中國共產黨內部為此議論紛紛[103]。

其後鄧小平與兼任中央軍委副主席的國家主席楊尚昆結盟，穩握中國軍隊的控制權，就決定為自己的主張發動攻勢。他在1992年初南巡由改革派主政的廣東，高調讚揚當地改革開放的成就，其後與楊尚昆兄弟這兩位軍隊元老在珠海經濟特區召開高級

---

103 楊繼繩 2010，頁424至426。

軍事會議。鄧小平在獲得軍隊的背書後，再次造訪保守派的重鎮上海，並公開表明「右可以葬送社會主義，左也可以葬送社會主義」，宣布共產黨未來的方針「要警惕右，但主要是防左」。他主張「改革開放膽子要帶一些，敢於試驗，不能像小腳女人一樣」。除此以外，他亦為「具中國特色的社會主義」作出定義，指出「社會主義的本質，是解放生產力、發展生產力，消滅剝削、消除兩極分化，最終達到共同富裕」。其後中國共產黨在10月的十四次全國代表大會中，把鄧小平在南巡期間提出的方針納入《中國共產黨章程》[104]，之後北京政權到1993年11月又把中國的經濟政策，定性為「社會主義市場經濟」[105]。

此時國際社會的政治大勢，亦逐漸變得對中國有利。柯林頓（Bill Clinton）在1992年末當選美國總統後，便著手制定未來的外交策略，藉此回應蘇聯解體、冷戰結束後的國際新形勢。柯林頓政府於翌年宣誓就職後即展開「民主擴張」（Democratic Enlargement）的外交策略，讓世界從「冷戰體系」轉型為「全球化體系」；而「交往政策」（Engagement Policy）就是實踐這個策略的政策手段：這種政策讓「市場民主國家」（Market Democracies）透過多邊國際關係，支援新興國家、投資新興市場，並透過市場的力量鼓勵非民主國家的自由化。這種政策假設國際間的自由貿易，將會促進國內的經濟自由；而經濟自由的實踐，就是政治自由的先聲[106]。

104 楊繼繩 2010，頁434至439。
105 楊繼繩 2010，頁445至456。
106 Brinkley, Dogulas (1997). "Democratic Enlargement: The Clinton Doctrine,"

　　這種民主化與市場化並行的策略，在脫離蘇聯宰制的東歐國家發揮了一定的作用。這些國家除了要設法鞏固剛建立的民主體系，還需要面對過往社會主義經濟留下的爛攤子：東歐自1970年代後期，就一直陷入長期的經濟危機。這樣同時推動民主政治和市場經濟的「交往政策」，在東歐自然能發揮一定的果效。可是同樣的策略，又能否適用在積極投入市場改革的中國呢？在六四慘案之後幾年，美國和西方國家因應中國的人道危機，決定對中國實施經濟制裁。不過中國共產黨的政權，並沒有像蘇聯那般土崩瓦解。根據「民主擴張」的策略，放寬對中國的經濟制裁，並以自由貿易作為政治改革的誘因，乃是對美中兩國同樣有利的雙贏方案。

　　就在美國考慮如何調整對中國的外交政策時，北京政權亦採取過往常用的統一戰線策略，開始與在中國有投資的美國商人交好。在美國商界的游說下，國會議員逐漸改為傾向長期給予中國最惠國待遇，並將貿易政策與人權議題脫勾[107]。而作為民主派「外交代表」的李柱銘，亦有就中國貿易政策到美國進行游說。李柱銘的主要目標，是要讓美國推動保障香港自治的法案。在與李柱銘友好的共和黨參議員密契・麥康諾（Mitch McConnel）的推動下，國會於1992年通過《美國－香港政策法》（*United States-Hong*

Foreign Policy, 106:111-127.

107 Hung, Ho Fung (2021). "The Periphery in the Making of Globalization; The China Lobby and the Reversal of Clinton's China Trade Policy, 1993-1994," *Review of International Political Economy*, 28(4):1004-1027.

Kong Policy Act），規定美國1997年後在給予香港特殊待遇前，必須先確認香港的人權、民主、自治和生活方式仍然獲得保存：坊間甚至傳聞李柱銘是這條法案背後的執筆人[108]。《美國—香港政策法》背後的邏輯，是要透過香港特殊待遇這項經濟誘因，促使中國尊重香港的自治權。根據同樣的邏輯，李柱銘亦認同「民主擴張」策略的方針，主張通過「以經促政」的方式推動中國的自由化。

　　雖然北京政權因為李柱銘的海外游說，貶斥他是「賣國」的「漢奸」：可是他一直堅決反對美國以人權為理由拒絕給予中國最惠國待遇，意外地為中國在美的統一戰線行動助一臂之力[109]。他一直主張美國應該與中國建立更緊密的貿易關係，甚至支持中國加入世界貿易組織，從源頭解決每年延續最惠國待遇的爭議。他在1999年11月14日致函美國總統柯林頓，呼籲美國為中國加入世貿排除障礙。李柱銘從香港的發展經驗「看到自由市場和全球競爭的好處」，認為讓中國加入世貿「將會促進這個世界最大的國家之法治發展」：他相信世貿「把列國一視同仁的規則」，將會有助中國理解「法律之下權利平等的重要」。李柱銘甚至盛讚鄧小平的經濟改革「為全體中國民眾帶來無數的好處」，使中國開始走在止確的道路上：如此只要幫助中國經濟進一步融入全球化

---

108 Tucker, Nancy Bernkopf (1994). *Taiwan, Hong Kong, and the United States, 1945-1992: Uncertain Friendships*. Woodbridge, CT: Twayne Publisher. p.220.

109 Lampton, David M. (2001). *Same Bed, Different Dreams: Managing US-China Relations, 1989-2000*. Berkeley: University of California Press. pp.145-146.

體系，政治自由的實踐將會水到渠成[110]。李柱銘的游說顯然發揮了它的作用：柯林頓政府在白宮網站宣布與中國就加入世貿問題達成協議時，就首先引用李柱銘的信件作為支持的理據[111]。中國最終於2001年12月順利成為世貿成員國。

中國在鄧小平南巡後全面實施市場經濟改革，又剛好遇上美國基於「交往政策」長期給予最惠國待遇，使中國能趁著冷戰結束後的全球化熱潮進入高速起飛的階段。在美國率先向中國開放貿易後，其他發達國家也紛紛取消制裁措施，使外資大舉投資中國：這股龐大的資金通常都會經過香港進入中國，使香港服務業在1990年代得享錢淹腳目的榮景。發達國家憑藉全球一體化的便利，就把供應鍊的部份工序轉移到工資低廉的中國，使中國於1990年代開始成為「世界工廠」。而香港和臺灣的企業在這個過程扮演著關鍵的角色，他們除了把工廠搬遷到中國，還比其他外資更樂於轉移管理和生產上的技術：此時港臺中三國的經濟發展緊緊連結在一起，使「大中華經濟圈」成為膾炙人口的經濟術語[112]。

---

110 Lee, Martin, *WTO Accession Can Fast-track China's Development of the Rule of Law*, 14th November 1999. (http://www.martinlee.org.hk/PR14.11.99.html)

111 The White House Office of the Press Secretary, *The U.S.-China WTO Agreement Will Help Promote Reform, Accountability, and Openness in China*, 8th March 2020.(https://clintonwhitehouse4.archives.gov/WH/New/html/20000308_2.html)

112 Ash, Robert F. and Y.Y. Kueh (1993). "Economic Integration with Greater China: Trade and Investment Flows between China, Hong Kong and Taiwan," *The China Quarterly*, 136:711-745.

　　此時「北上掘金」也成為香港坊間熱話的議題，大批香港人乘著中國經濟起飛的熱潮紛紛到中國投資或工作，並從中獲得豐厚的回報。這些北上謀生的香港人大多生活在廣東，他們看到當地各種建設日趨近代化、又發現廣東人熱衷從香港文化汲取靈感，就天真地以為資本主義的力量正在促成廣東的「香港化」。他們片面地詮釋看到的表象，真心相信可以透過經濟的力量改變中國，甚至滋生「北進殖民」的優越感[113]：不過這種自欺欺人的心態，歸根究柢只是為迴避對主權移交的恐懼而作出的心理補償[114]。懷著優越感在廣東生活的香港人，卻不知道在「香港化」的幻象背後，隱藏著黨國體制的精心策劃：北京政權利用剝削農村的戶口制度，為在中國開設工廠的外資提供廉價的勞動力，又用**各種政策創造**各種讓投資者和地方政府獲利的「**尋租空間**」。而這種政策的目的，是要透過調整「尋租空間」，**誘使外資協助北京政權**達成其政策目標：在表面看來，香港人似乎能夠透過投資把廣東「香港化」，可是實際上北京政權卻積極利用「香港化」的表象，把香港的企業、人才和資金緊緊套牢在中國經濟體系之中[115]。

　　不論如何，這種北進想像還是對香港民主運動帶來深遠的影響。如前所述，民主派向來深受近代化理論的影響，相信經濟近

---

113 孔誥鋒（1997），〈初探北進殖民主義：從梁鳳儀現象看香港夾縫論〉，陳清僑編，《文化想像與意識形態》，香港：牛津大學出版社。頁55至88。

114 史書美（1997），〈「北進想像」的問題：香港文化認同政治〉，《文化想像與意識形態》。頁151至158。

115 吳介民（2019），《尋租中國：台商、廣東模式與全球資本主義》，臺北：國立臺灣大學出版中心。

PRESS RELEASE

14 November 1999

WTO Accession Can Fast-track China's Development of the Rule of Law

The Democratic Party of Hong Kong has long supported China's WTO accession. In a letter sent this week to the US President, Chairman Martin Lee underscored the importance to China's long term development that the current discussions succeed. He also offers Hong Kong Democrats' assistance in ratification should the negotiations reach a favourable conclusion.

Attachment: Martin Lee's letter to President Clinton dated November 14, 1999

For inquiries, please call Winnie Kwok at███████

November 14, 1999

President William J. Clinton

The White House

Washington, DC 20506

c/o Mr. Klosson and by fax: ████████████

Dear President Clinton:

In the year and a half since I last saw you in Hong Kong, there have been many changes in the US-China relationship, both setbacks and progress. As you might imagine, we in Hong Kong have closely followed the negotiations over China's accession to the World Trade Organization.

As Chairman of the Democratic Party of Hong Kong, I wanted to write to assure you that as elected representatives of Hong Kong people, we strongly support China's accession to the WTO. We do so not only because it would be of tremendous long-term benefit to China and to Hong Kong as part of China, but also because we believe it represents the best long-term hope for China to become a member in good standing of the international community. In Hong Kong, we have long seen the benefits of free markets and global competition. We also believe that China should be admitted to the WTO to enhance the development of the rule of law in the world's largest country.

Now that you have reached a critical stage in the negotiations over China's accession, we fear that should these negotiations or ratification fail, it could take many more years to reach this point once more.

Thus, I am writing to ask you to consider several relevant points. First, China's joining the world trade club is obviously good for the new economic world order. Indeed, the benefits are not only to China, but to the entire Asia-Pacific region. However, the reverse is also true: should China not be admitted, there is a risk not only of economic back-pedaling and a slowing of the reform process, but also that the economic chill would affect Hong Kong and China's neighbors in the region. I suggest to you that the world community cannot afford several more years during which China's economic reform progress is slowed down. Clearly, any hope for the political and legal reform process would also recede.

圖6.2：李柱銘呼籲柯林頓支持中國加入世界貿易組織的信件。

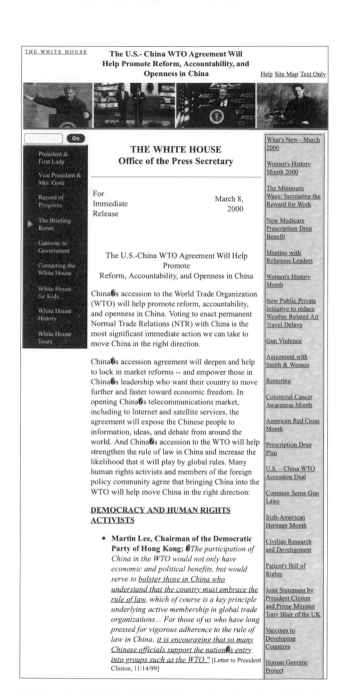

圖6.3：白宮網站在解釋美國何以支持中國加入世貿時，引用了李柱銘的信函。

代化必然會與自由民主相輔相成。比如他們在新華社舉辦國慶酒會時，都會在會場外集會並宣讀聲明，矢言要建立「**富強、繁榮、民主、自由的共和國**」[116]。不過支聯會在6月4日晚上於維多利亞公園舉行的燭光悼念晚會，起初還會隱藏渴求富強的情懷，集中控訴暴政殘害義人的悲憤：支聯會在1990至2019年之間，都會在6月4日晚上舉辦燭光晚會，每次都會有數以萬計（偶爾數十萬計）的民眾參與。他們在1990和1991年悼念晚會誦唱的歌曲，除卻曾被天安門學生借來憑歌寄意的《血染的風采》，就是《漆黑將不再面對》[117]、《歷史的傷口》[118]和《長路有多遠》[119]這些表露哀傷情感、或是鼓勵民眾收拾心情重新上路的歌曲[120]。這兩年的燭光晚會都有著純真的主題，專注哀悼那些被北京政權殺害的民運人士，並藉此堅振與會民眾爭取自由的心志。

---

116 香港市民支援愛國民主運動聯合會，〈香港支聯會十一聲明〉，1990年9月30日。

117 此歌由盧冠廷作曲、劉卓輝作詞，是一首悼念北京亡魂的輓曲。
其內容為：
願你熟睡 願你熟睡 但你是否不再醒了
你的眼裡 你的眼裡 難道明天不想看破曉
為了在暴雨中找到真諦 犧牲的竟要徹底
願你熟睡 願你熟睡 但你年輕不再歡笑
你的勇氣 你的勇氣 無奈從今不可再猛燒
為了在暴雨中找到真諦 犧牲的竟要徹底
天與地 幾多的心裡還在落淚
心永伴隨 無人能忘掉你在遠方
如今 夜了 請安息輕帶著靈魂別去
這刻 拋開顧慮 漆黑將不再面對

　　不過在鄧小平南巡講話後舉辦的1992年燭光晚會，支聯會卻開始把對自由民主的追求，與中國經濟發展的前景連在一起。在1992年的〈大會宣言〉中，支聯會宣稱「自由民主的中國，才能**確保經濟上的改革開放**能夠成功」。類似的論述在1990年代的燭光晚會不斷重複，比如在1993年的〈悼詞〉中，支聯會提到「愛國民主運動」的夢想，就是要建設「民主、自由、人權、法治、**富強**、幸福的中國」。支聯會在1995年燭光晚會的〈大會宣言〉，

---

118 這是一首由臺灣音樂人集體創作，藉此聲援天安門學生運動的歌曲。
　　其內容為：
　　矇上眼睛就以為看不見 搗上耳朵就以為聽不到
　　而真理在心中 創痛在胸口 還要忍多久 還要沉默多久
　　如果熱淚可以洗淨塵埃 如果熱血可以換來自由
　　讓明天能記得 今天的怒吼 讓世界都看到歷史的傷口

119 這首歌由羅大佑作曲、林振強作詞。其內容為：
　　怎麼都好你的心靈 我信裡面藏著激情
　　你縱看似暫時默默認命 但為自由曾振臂拚一拚
　　可否一起再展真情 再教性命存著光榮
　　再次奮勇拾回舊日信念 若願踏前誰計較有險徑
　　不必掛心天氣壞你我怎算 不要問長路有多遠
　　呼呼風聲雖干擾你我視聽 難滅去東西方那熱烈叫聲
　　不管這生的歲月暖與不暖 不理會長路有多遠
　　堅貞的心始終都信這路徑 前面有光輝光照落寞眼睛
　　黑色眼睛 今天急風猛吹之時
　　更要繼續懷著堅持 我說你我做人並沒政治
　　活著為求能痛快過一次 不管這生的歲月暖與不暖
　　不理會長路有多遠 堅貞的心始終都信這路徑
　　前面有光輝光照落寞眼睛 這是長征

120 資料來自支聯會在1990和1991年燭光晚會現場派發的場刊。

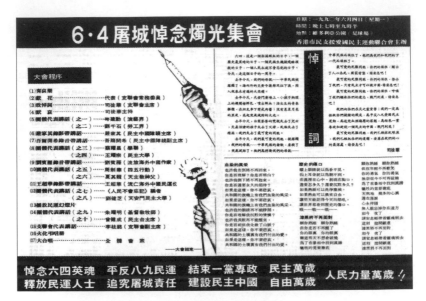

圖6.4：1990年支聯會六四悼念燭光晚會的場刊。

主張香港支援中國民主運動就是承擔「民族的責任」，目的就是為了讓「我們中華民族的後代子孫，讓他們生活在一個民主而**富強**的國度裏」。到1996年的燭光晚會，支聯會則再次在大會宣言強調「只有民主的中國，才能**確保經濟開放改革的成功**」。而支聯會在1992年開始，每年都在燭光晚會誦唱黃霑（本名黃湛森）填詞的《中國夢》，直到2015年才把這首歌曲從場刊中移除[121]。而這首歌的歌詞，表達的卻不是對自由民主的追求：

---

121 資料來自支聯會在1992至2019年燭光晚會現場派發的場刊。

我的夢和你的夢 每一個夢源自黃河

五千年無數的渴望 在河中滔滔過

那一個夢澎湃歡樂 那一個夢傾湧苦楚

有幾回唐漢風範 讓同胞不受折磨

那天我中國展步 何時睡獅吼響驚世歌

沖天開覓向前路 巨龍揮出自我

要中國人人見歡樂 笑聲笑面長伴黃河

五千年無數中國夢 內容始終一個

要中國人人每一個做 自由樂暢幸福我

　　這首充滿中國國族主義情懷的歌曲，除了在最後一句提及「自由」之外，其主調與自由和民主都扯不上關係。這首歌曲想表達的訊息，就是緬懷東亞大陸帝國所謂的「五千年文明」，寄望當代中國能夠像昔日的帝國那般強盛：歌詞引述拿破崙曾把中國稱為「睡獅」的都市傳說[122]，似乎暗示詞人想**向西方社會復仇**，並在**國際舞台上展露雄武之風**。整首歌曲的論調，既沒有對自由民主的嚮往、也沒有苛政猛於虎的感嘆。歌手若要在中華人民共和國的慶典上高歌此曲，事實上也不會招來怎樣的麻煩。

---

122 現存史料並未能證明拿破崙曾把中國稱為「睡獅」。這個都市傳說，很可能是由19、20世紀之交的中國國族主義者所杜撰：他們試圖以「睡獅」為喻，表達自己對中國「復興」的期盼。

　　參：楊瑞松（2016），《病夫、黃禍與睡獅：「西方」視野中的中國形象與近代中國國族論述想像》，臺北：政大出版社。頁109至137。

拯救被捕民運人士　爭取中國民主人權

1月24日　舉行「抗議秘密審訊王丹燭光大遊行」，中隊遊打花園至新華社，約三千人參加。

1月26日　展開「全球簽名運動」，反對秘密審訊及要求釋放民運人士。

1月27日　舉行「抗議王丹被判大遊行」，約二千人參加。

2月10至14日　維園、花墟、荃灣、沙田和屯門設有民運年宵攤位，同時進行「全球簽名運動」，要求釋放民運人士，釋放王軍濤出外就醫。

4月 4日　①將「全球簽名運動」的十四萬個簽名寄給人大委員長喬石。②遮打花園舉行「中國的人權和法制」論壇，約三百人參加。

4月 5日　遮打花園設壇供市民獻花，悼念為爭取民主而犧牲的烈士。

6月 2日　舉行「六四兩週年國際大遊行」，逾五萬人參加。

6月 4日　維園舉行「六四兩週年燭光集會」，約十萬人參加。

7月27至28日　烏溪沙青年新村舉行「把民運之火燃點下去──支聯會青年民研討營」，有近百人參加。

8月 3日　往新華社請願，要求釋放王軍濤出外就醫。

8月10日　追蹤到北京，慰問王軍濤，郵寄營養品到北京第二監獄，表達香港市民對王軍濤的關心和慰問。

8月11日　進行四十八小時絕食聲援王軍濤行動，要求中國政府立即釋放王軍濤出外就醫。

㉒在絕食現場響應國際特赦協會的一人一信運動，徵集市民簽名，寄給中國司法部部長蔡誠，提出三項要求。

8月13日　舉行「聲援王軍濤燭光大遊行」，約五百人參加。

8月21日　①郵寄15,645封請願信予中國司法部部長蔡誠。②往新華社抗議中國政府殘酷虐待獄中的王軍濤及孫子明，違反中國的法律和國際人權標準。

8月31日　迎接美國國會議員中國人權考察團抵港，九月一日召開記者會公佈行程。考察團於九月二日起北京進行三天人權考察活動，並在天安門廣場獻花。

9月 5日　「美國國會議員中國人權考察團」回港，晚上舉行「來自中國的人權」晚會，逾一百五十人出席。

9月29日　舉行「國慶大遊行」，由中區遮打花園遊行至新華社，要求釋放民運人士，爭取中國民主人權，逾一千三百人參加。

9月30日　新華社門外舉行燭光靜坐，反思中共建國四十二年的功過，近四百人參加。

11月16日　「聲援劉剛絕食、批判人權白皮書」論壇在遮打花園舉行，逾百人出席。

11月30日至12月22日　一連四個星期六、日，共在尖沙咀五枝旗桿進行「愛心寄census」簽聖誕咭行動，慰問獄中民運人士。

12月9日　寄出第一批聖誕咭往北京秦城監獄，合共五千封。

12月10日　舉行「國際人權日燭光大遊行」，約六百人參加。

12月23日　寄出第二批聖誕咭往國內三個監獄，合共九千六百六十封。

12月24日　與五個宗教團體合辦「人權佳音頌」。

12月27日　劉山青刑滿出獄，常委與市民往九龍車站接車及獻花。

一九九二年

1月 1日　舉行「熱烈歡迎劉山青歸來、要求釋放民運人士」元旦大遊行，遮打花園至新華社，約一千五百人參加。

1月 7日　「加拿大國會議員中國人權考察團」在北京考察期間，被指進行與身份不符的行動，被即時驅逐出境，支聯會即往機場接機。

1月31至2月3日　維園及花墟設民運年宵攤位。

2月29日　尖沙咀鐘樓舉行「六四一千日燭光靜坐集會」，約一千人參加。

4月4至5日　尖沙咀鐘樓舉行「清明節獻花」活動，兩天共六千個攤園獻花，獻花人次逾一千人。

4月17至18日　舉辦「把根留住──探討中港政治形勢及動向」青年民主研討營，約八十人參加，討論熱烈。

5月26日　港人黎志成和李龍慶獲准保外就醫。

5月31日　舉行「全球華人民大遊行」，中區遮打道打人專用區至新華社。

6月 4日　維園舉行「六四三週年燭光悼念集會」。

讓那子孫萬代，繼承我們的事業，
我們堅決不後退，堅持到明天。
迎着暴風雨前進，人民給我們力量；
我們堅決不後退，堅持到明天。

讓那自由的火把，仍能回到這廣場，
我們堅決不後退，堅持到明天；
迎着暴風雨前進，人民給我們力量；
我們堅決不後退，堅持到明天。

中國夢

血染的風采

也許我告別，將不再回來，
你是否理解？你是否明白？
也許我倒下，將不再起來，
你是否還要永久的期待？
如果是這樣，你不要悲哀，
共和國的旗幟上有我們血染的風采。
如果是這樣，你不要悲哀，
共和國的旗幟上有我們血染的風采。
也許我的眼睛再不能睜開，
你是否理解我沉默的情懷？
也許我長眠再不能醒來，
你是否相信我化做了山脈？
如果是這樣，你不要悲哀，
共和國的土壤裏有我們付出的愛。
如果是這樣，你不要悲哀，
共和國的土壤裏有我們付出的愛。

中國夢

我和夢和你的夢，
每一個夢源自黃河，
五千年無數的渴望，
在河中滔滔淌過。
那一個夢源自黃河，
那一個夢平靜苦楚，
有幾回醉漢滿腮，
讓淚眼不受折磨。
那天我與夢無言，
何時能甦醒驚世紛爭，
且天開覽向前路，
巨龍擇出自我。
叫中國人人見歡笑，
笑聲笑面長伴長河，
五千年無數中國夢，
內容始終一樣。
要中國人每一個你，
自由樂暢幸福我。

公開徵文活動　歡迎市民投稿
「中國民主路──香港的角色」

(一)目的：鼓勵市民從八九中國民運事件中作出全面性的反思，為中國的未來探索出一條光明的道路。

(二)主題：探討香港在中國民主運動的發展所擔當的角色。

(三)形式：主題不限，可以是散文、議論文、詩歌或故事等。字數以不超過一萬字為限；內容以切合主題為原則。

(四)參加辦法：將參加者姓名、地址、電話及紙書寫，連同稿件寄交九龍彌敦道618號9樓（註明「支聯會徵文活動」）。

(五)截止日期：1992年6月15日

(六)紀念品：投稿者均獲贈民運紀念品一份。

(七)稿件處理：優異作品將刊登在《港支聯通訊》推介。

圖6.5：1992年支聯會六四燭光晚會場刊。

在1992至2014年之間，支聯會在每年一度的悼念晚會，都會誦唱「強國意識」濃烈的《中國夢》。

史華慈智慧的叮嚀

民主派的中國想像，隨著1990年代中國經濟起飛而有所調整。他們一方面堅信近代化理論的假設，深信市場經濟的自由化改革，最終必定會為中國帶來更寬鬆的政治環境：為此他們在國際社會進行游說時，除呼籲各國關注香港在1997年後的民主自治外，還會根據「交往政策」的邏輯為中國爭取經貿上的優惠。除此以外他們亦對北京政權喊話，強調唯獨民主改革才能保證經濟改革的成功，希望藉此能讓他們在民主議題上回心轉意。

不過這樣的講法，卻把自由民主與中國的富強捆綁在一起。那麼我們要問：究竟自由民主本身就是值得追求的**目標**，還只不過是確保國家走向富強的**手段**？把自由民主和富強混為一談的論述，容易使部份民主人士和民眾把自由民主視為工具：那麼當中國國勢日隆，甚至成為能夠左右世界國勢的大國時，他們還會覺得自己需要堅持自由民主的理念嗎？美國漢學大師史華慈（Benjamin I. Schwartz）曾經指出，自由價值與國家富強之間的關係，遠不如一般想像那般直接：他認為自由必然帶來富強的講法，只是「名為『近代化』的乏味宗教」。為了國家富強才追求自由價值，最終只會令追求自由的偉業變得「搖搖欲墜、軟弱和畸形」。對自由的追求，必須建基於對自由價值本身的認同和肯定，而不應著眼於那些或許與自由相關的衍生價值[123]。

---

123 Schwartz, Benjamin I. (1964). *In Search of Wealth and Power: Yen Fu and the*

　　香港民主運動在 1990 年代的發展，正好應證著史華慈的智慧。當香港民主同盟和匯點在 1994 年 10 月合併為香港民主黨時，有好幾位「民主回歸」的推手拒絕加入民主黨，甚至離開民主派的行列。匯點創會會長劉迺強之後成為親共派，後來先後在全國政協、特區基本法委員會、人大常委會基本法委員會中任職。他直到 2018 年病死前，都一直在批評昔日民主派的「舊戰友」。王卓祺在轉向後，曾經出任特區政權中央政策組的全職顧問，甚至發表詆毀民主制度的著作曲學阿世[124]。而提倡「民主回歸」的理論大師曾澍基，亦因認為「愛國」比自由民主重要而脫離民主派：不過他並未有完全倒向北京政權，在其後第八章的討論中，我們會看到他在 2014 年逝世前曾對昔日的理論有過深刻的反省。

　　而為《中國夢》譜詞的黃湛森是香港廣告業和潮流文化的教父，他不單曾經在《獅子山下》的歌詞流露其本土情懷，在 1980 年代亦曾經支持過香港的民主運動。他在民主政制促進聯委會成立後，即揮筆為民促會的宣傳歌曲〈同心攜手〉填詞：

> 朋友同心攜手，權益同追同有！
> 同你同得同享，同把心聲透！
> 同生世上，人權你我都應該有！
> 民主與自由，人人都應該擁有！

West. Cambridge, MA: Harvard University Press. pp.245-246.

124 王卓祺（2019），《告別西潮：盲衝瞎闖的民主運動‧卷一：為何民主？》，香港：香港城市大學出版社。

在1989年六四慘案後，黃湛森為鼓勵深受挫折的香港人，於同年12月經EMI唱片公司發行《香港Xmas》專輯。他聯同幾位填詞人為聖誕歌曲譜上新詞，藉此諷刺時事、鼓勵民眾。比如他把《聖誕老公公進城了》內最廣為人知的一句，改成「鄧小平 is coming the town」。他亦把美國版的《馬槽歌》改編成《我發憤做人》，宣告「人權自由民主已熱紅我心」，並矢志以東歐抵抗共產極權的榜樣「同保可愛香港」。倘若他的生命在此刻完結，黃湛森就不單是流行文化的教父，更是香港民主運動的殿堂級偉人。

可惜黃湛森的生命卻一直延續到2004年：他在1990年代中期與民主派撇清關係，立場亦變得親中保守。特區政權在2002年末準備以《基本法》第23條的規定為理由，推動備受爭議的《國家安全（立法條文）條例草案》。黃湛森卻無視香港民眾對這條法案的憂慮，致函立法會為特區政權的做法保駕護航。他宣稱「我國日漸強大，在一些意圖霸佔世界的已得利益勢力集團眼中，恰是十分不願見到的事」，並指責「有外國人士七嘴八舌，議論紛紛，儼然港人福祉，全賴他們代議執言，此類行為、十分荒謬」[125]。黃湛森顯然認為中國的富強，遠比自由民主的普世價值重要，為此他刻意藐視香港民眾的自由民權，誓要以保守排外的姿態維護北京政權的立場。香港流行文化的教父，就這樣因著對富強的執迷而背棄自由民主的信念，落得晚節不保的下場。

而中國隨後的發展，亦未有符合近代化理論的期望。隨著

---

125 香港特別行政區立法會 CB(2)597/02-03(02) 號文件。

中國在世界經濟佔有越來越大的比重，北京政權也逐漸放棄過往「韜光養晦」的策略，積極地向世界各地投射影響力。作為新興的全球霸權，中國也逐漸建立起所謂的「理論自信」：北京政權無意繼續順從「自由化」的國際秩序，反倒要直接挑戰西方社會的自由民主價值。中國的富強非但沒有令這個國家步向自由，反倒令部份民主人士出於對富強的執迷，轉向為向威權屈膝跪拜的奴隸：民主回歸世代錯亂的身份認同，使部份人士因「中國結」的束縛走上背叛香港的不歸路。縱使民主回歸世代的大部份成員仍然能夠兼顧「民主」與「愛國」而守節不移，可是他們仍必須面對擋在前面的另一座大山：他們因為熱愛「中國」而堅持參與「愛國民主運動」，可是中國真會認同他們是「愛國」的嗎？我們還可以追問另一個更抽象的問題：嬰兒潮民主運動所愛的「中國」，真是現實世界的那個中國嗎？

CHAPTER 7

不被認可的中國情懷

　　1990年代中期對民主回歸世代而言，可謂難能可貴的「收成期」。香港民主同盟和匯點在1994年合併為民主黨後，在1995年的立法局選舉取得全面勝利：他們在20個直選議席中一舉拿下了12席，並在功能組別和選舉委員會分別取得5席和2席。其他民主派候選人在這次選舉的表現也同樣出色：民主派及其友好最終取得17個直選議席，並在60個立法局議席中取得31席，成為議會內的多數派系[1]。

毫無代價唱最幸福的歌

　　而香港政府也於1990年代積極去除殖民地的色彩，盡量使香港的自由民權和社會政策貼近進步國家的標準。在1990年通過的《香港人權法案》，透過引入《公民權利和政治權利國際公約》內適合香港的條款，以法律條文保障香港民眾的基本人權和人身自

1　　So 1999, pp.207-210.

由[2]。香港的公民社會在 1990 年代急速發展，而包含人權、性別平權、勞工權益和環境保育等議題的新興社會運動，亦如雨後春筍般急速冒起[3]。而民主派立法局議員，則在體制內與公民運動裏應外合，就各種社會議題提出私人條例草案，嘗試藉此引入促進社會民生和公民權益的法案[4]。

除此以外，香港的社會民生服務亦比過往大為改善。政府在 1992 年，推動由社會福利署統籌的「綜合社會保障援助計劃」，使香港出現首個堪稱是安全網的社會救助系統。此後政府和民主派試圖推動建基於中央公積金的退休保障計劃，卻遇到工商界權貴和親共份子的強烈反對、而民眾亦對此意見分歧，使政府決定放棄相關的提議[5]。不過政府在高等教育政策卻取得比較明顯的成就：香港政府在 1980 年代末、1990 年代初大幅增加大專教育撥款，使本科生和研究生的就學人數均有所提升。香港大專學生的

---

2   Chan, Johannes M.M. (1998). "Hong Kong's Bill of Rights: Its Reception of and Contribution to International and Comparative Jurisprudence," *International Comparative Law Quarterly*, 47(2):306-336.

3   關於香港公民運動在 1990 年代的發展，可參考這本論文集的第四至第九章：Chiu, Stephen Wing Kai and Tai Lok Lui (2000). *The Dynamics of Social Movement in Hong Kong*. Hong Kong: Hong Kong University Press.

4   周栢均（1995），〈非官方議員條例草案對行政主導政府作出的考驗〉，蔡子強、劉細良、周栢均編著，《選舉與議會政治：政黨崛起後的香港嶄新政治面貌》，香港：香港人文科學出版社。頁 159 至 173。

5   Chow, Nelson (1998). "The Making of Social Policy in Hong Kong: Social Welfare Development in the 1980s and 1990s," in Roger Goodman, Gordon White and Huck-ju Kwon (eds)., *The East Asian Welfare Model: Welfare Orientalism and the State*. London: Routledge. pp.159-174.

就學人數則從1980年代後期的3萬,增加到1997年主權移交前夕的6萬[6]。香港科技大學於1991年正式創立,成為香港繼香港大學和香港中文大學之後的第三間大學。而理工學院、城市理工學院和浸會學院,亦於1994年11月升格為大學[7];而其他提供學士學位課程的大專學院,亦積極準備升格的程序[8]。

在1992年上任的末任港督彭定康出身有異於之前歷任港督:他並非來自外交及聯邦事務部的專業官僚,而是保守黨的前任黨主席。這位新港督是時任首相約翰‧梅傑(John Major)的心腹:柴契爾夫人在1990年因推動徵收人頭稅而民望急挫,最終在保守黨內部壓力下黯然下台。梅傑在競逐黨魁時驚險獲勝,其後擔任首相時又剛好遇上經濟不景氣:此時距離舉行大選的期限只剩不足一年零七個月。梅傑遂委托彭定康擔任保守黨黨主席,讓他全權處理選戰事宜。雖然保守黨的民望在梅傑上台時,其支持度曾經比工黨落後近一成半,可是彭定康其後走遍英國替保守黨造勢,使兩黨的民望在1992年初回復均勢。梅傑最終決定在1992年3月10日公布預算案後,於翌日挾著預算案帶來的民望舉行大選:如此保守黨就因為彭定康的競選工程、以及梅傑準確的時機

---

6 Cheng, Joseph Y.S. (1995). "Higher Education in Hong Kong: The Approach to 1997 and the China Factor," *Higher Education*, 30:257-271.

7 這三間大專院校,分別成為香港理工大學、香港城市大學和香港浸會大學。

8 在1989年成立的香港公開進修學院,於1997年主權移交前夕升格為香港公開大學:該校其後於2021年更名為香港都會大學。而嶺南學院、樹仁學院、香港教育學院和恒生管理學院,則分別在1999年、2006年、2016年和2018年升格為大學。

判斷，出乎意料地奪得下議院大多數議席，從而保住獨自執政的權力。不過彭定康全情投入保守黨的競選工程而未有留守在自己的選區，使他在自己的地盤陰溝裏翻船：他在巴斯（Bath）選區以3,768票之差，把議席拱手相讓予自由民主黨的候選人[9]。

此時英國正準備改變既有的香港政策，為此必須將港督一職交予可堪信賴、而且具有政治份量的人選[10]。在1989年六四慘案後，香港政府為挽回民眾對未來的信心而推動「玫瑰園計劃」、而英國亦希望加快香港的政治改革進程：英國的外交官為此與北京政權展開艱鉅的談判。在外交及聯邦事務部內的「中國通」的建議下，梅傑於1991年9月成為六四慘案後首位出訪中國的西方國家領袖[11]：不過這次訪問使梅傑蒙上「向中國叩頭」的不白之冤，北京政權的香港政策卻依舊強硬。英國若要解決1980年代末以來的認受性危機[12]，使香港能在英國撤離前幾年獲得善治，就必須讓香港政府擺脫過往「跛腳鴨」形象：這樣雖然會激起北京政權的反彈、而部份改革也注定無法「順利過渡」，可是英國卻能夠為香港的社會政治生態，帶來長遠而正面的深層次影響[13]。

彭定康在1992年7月9日的上任儀式中，並未有按照傳統穿

9　Sheridan 2021, pp.211-212.

10　Sheridan 2021, p.202.

11　Sheridan 2021, pp.198-199.

12　Scott 1989, pp.324-330.

13　參 *The Gate to China* 作者 Michael Sheridan 於 2022 年 2 月 3 日在 BBC News 中文網的專訪，11:43 至 13:46。（英語訪談，中文字幕。）相關影片收錄在 BBC News 中文網的 YouTube 頻道：https://youtu.be/M9_Xi6BNhuk

上殖民地的官服，刻意穿上尋常上班族風格的西裝：而香港在餘下剛好不足五年的時間，亦同樣會逐漸脫去殖民地管治的色彩。彭定康就像過往替保守黨競選那樣，親身走遍香港各區的大街小巷，與香港民眾面對面直接溝通：他把自己定位為民主政治家而非殖民地的總督，並決意擺脫港督過往那種高高在上的姿態。他開始定期到立法局出席答問大會，在議會內接受各界議員的質詢，藉此提升其施政的透明度。

　　彭定康改革最主要的理念，就是透過增加施政透明度讓公務人員受民眾問責，藉此改善香港政府的施政品質。他除了運用個人的政治風格以身作則，還參考英國的《公民約章》(*Citizen Charter*) 去推動公共服務改革。政府部門在改革過後，都必須設定公開資料守則、並向民眾許下服務承諾，從而改善公共服務的水平。除此以外各部門亦須設置顧客聯絡小組，負責就公共服務政策與民眾溝通、並處理民眾相關的申訴事宜[14]。彭定康亦於部份公共服務部門設置營運基金，讓這些機構能夠擁有獨立財政權、並參考商業運作的模式自主營運：他認為包括香港郵政、公司註冊處、土地註冊處、電信管理局在內的公營機構，若然能夠以「民營化」的模式自主營運，在主權移交後將會減少特區政權濫用公權力的空間[15]。

14　Sankey, Colin (2001). "An Overview of Public Sector Reform Initiatives in the Hong Kong Government since 1989," in Anthony B.L. Cheung and Jane C.Y. Lee (eds), *Public Sector Reform in Hong Kong: Into the 21st Century*. Hong Kong: Chinese University Press. pp.3-30.

　　不過若要貫徹透明和問責的原則，香港的政治制度就無可避免要進一步民主化：在梅傑及其內閣的全力支持下，彭定康為香港的自由和英國的名譽放手一搏，善用制度內的空間和灰色地帶推動民主化改革[16]。他在1994至1995年先後廢除區議會、兩個市政局和立法局內的委任議席，還把合法選舉年齡從21歲降到18歲。而在1995年的立法局選舉，則會採用單議席單票制選出直選議席[17]。不過根據《基本法》附件二第一條第一項的規定，1995年選出的立法局若要在1997年順利過渡，就必須遵照全國人大在1990年4月4日通過的規定：該條文規定第一屆立法會議只可以有20個直選議席，而在其餘的議席中，則有30席由功能組別選舉產生、餘下10席則由選舉委員會選舉產生[18]。不過彭定康卻發現《基本法》當中，並未有對功能組別的組成有明確的定義。為此彭定康在新設立的九個功能組別中，都實行一人一票的選舉制度，又把選民資格從企業代表**擴展到每一位從業員**。這九個界別包括：

　　1. 漁農、礦產、能源及建造界

　　2. 紡織界

15　Cheung, Anthony Bing Leung (1996). "Efficiency as Rhetoric? Public Sector Reform in Hong Kong Explained," *International Review of Administrative Science*, 62(1):31-47.

16　張家偉 2022，頁174至176。

17　Sheridan 2021, p.219.

18　全國人民代表大會，《關於香港特別行政區第一屆政府和立法會產生辦法的決定》，1990年4月4日，第六條。

3. 製造界

4. 出入口界

5. 零售批發界

6. 飲食界

7. 運輸界

8. 金融及商業服務界

9. 公共、個人及社會服務界

　　這些新「功能組別」的選民基礎剛好涵蓋香港大部份在職人士，如此彭定康增設的「新九組」將會變相增加立法局的直選比例。除此以外，他亦把部份功能組別的投票方式，減輕法團票的比重、增加個人票的比例，藉此令這些組別變得更有代表性[19]。

　　彭定康對《基本法》的詮釋，大體上符合普通法的法理原則。可是對於中國而言，任何涉及1997年後政治制度的改革，都必須顧全中國對香港**全面而不可分割的主權**：這樣《聯合聲明》、《基本法》和中英兩國其他協議未有明確定義的細節，其詮釋權就只能夠由北京政權全盤壟斷。為此北京政權與香港政府鬧得不歡而散：中國外交部長錢其琛毫不客氣地批評彭定康方案「三違反」，視《聯合聲明》、《基本法》和中英兩國其他協議為無物[20]，之後更決定要「另起爐灶」把彭定康的改革推倒重來。中國在1993年和

19　馬嶽（2013），《港式法團主義：功能界別25年》，香港：香港城市大學出版社。頁14至15。

20　Sheridan 2021, pp.222-223.

1996年，先後成立預備工作委員會以及籌備工作委員會，再讓籌備工作委員會選出推選委員會。原先推選委員會主要負責選舉第一屆行政長官，可是隨著北京政權拒絕讓1995年的立法局以「直通車安排」平穩過渡，這個委員會亦須負責選出新設的臨時立法會：臨時立法會起初作為非法議會，只得在香港國外的深圳舉行會議推翻彭定康推動的自由化、民權和勞權改革。其後這個僭建的議會在1997年7月1日凌晨水鬼升城隍，正式變身為毫無民意認受的立法會[21]。

　　為時近五年的彭定康時代，對民主回歸世代而言乃人生中最美好的時光。此時香港的自由民權和公共服務比過往大幅改善，甚至已經追上發達國家的水平。雖然政治制度此刻仍然未能完全民主化，可是民主派卻能從彭定康的政策中，體會到自由民主的滋味：他們感覺距離真正的全面民主似乎只有一步之遙。除此以外，香港隨著中國經濟起飛步入榮景，香港在1992至1997年間的人均國民生產總值，根據美元時價計算的話甚至曾經一度超越英國[22]。他們唯一的遺憾，就是無法想像1997年後前景將會如何。筆名林夕的詞壇祭酒梁偉文，於1998年為《我的快樂時代》一曲撰詞。這首歌詞透過描述一場注定沒有結果的短暫愛情，卻也側面反映出1990年代中期香港的時代精神：

21　Goodstadt 2000, pp.731-732.

22　比如在1995年，若根據美元時價計算，香港的人均國民生產總值是23,498美元，高於英國的23,203美元。資料來源：世界銀行網上資料庫（https://data-bank.worldbank.org）。

讓我有個美滿旅程

讓我記著有多高興

讓我有勇氣去喊停

沒有結局也可即興

難堪的不想

只想痛快事情

時間尚早

別張開眼睛

長路漫漫是如何走過

寧願讓樂極忘形的我

離時代遠遠

沒人間煙火

毫無代價唱最幸福的歌

　　而民主回歸世代亦無可避免地會受到這種時代氛圍的影響。文化研究學者羅永生批評當時的民主派，懷抱「明知遊戲是假，但仍當為真的一種循規蹈矩精神」。他們以為彭定康時代的改革已經令香港成為一個真正的自由民主社會，於是就「不斷仿擬著西方自由民主制度的運作，終日與海市蜃樓的，作為一種『擬象物』的『半／假自由／民主政制』打交道」，從而「形塑一種讓平穩過渡可以實現的共識假象」。羅永生把這一種心態，稱之為「虛擬自由主義」[23]。筆者後來延續羅永生的討論，指出嬰兒潮民主運動因著「虛擬自由主義」和錯亂的身份認同，而受困於「虛

擬都會主義」的思維牢獄：他們以為香港無需確立自身的本土國族認同、無需透過國族自決運動讓民眾奪回主權，就可以藉「中國的國際都會」這種身份，以「和平理性非暴力」的手段說服中國准許香港民主自治。民主回歸世代無法意識到，香港民眾早就透過集體的公民參與形成異乎中國的國族，而民主自治本來就是香港人理當享有的基本權利：只是他們仍然受困於民主回歸世代滋養的情意結，缺乏建構獨立自主公共想像所需的勇氣[24]。

民主回歸世代在1990年代的策略，正好說明他們的政治判斷如何被盲目樂觀的「虛擬自由主義」蠶食。我們在第二章的討論中，提及嬰兒潮社運人士在1970年代走到各基層社區提供社會服務，並動員民眾為各種民生議題起來抗爭：這些為民請命的「社區運動」，其後於1980年代初期凝聚為民主回歸世代的民主運動。社區與街頭，就是這場民主運動植根的地方。可是隨著直選議席於1990年代大幅增加，民主派內部也開始出現路線之爭：以民主回歸世代為主的「主流派」，認為議會是「民主抗共」的主要陣線，因此主張把資源都投放在競選工程上；而較多第二梯隊世代參與的「少壯派」則認為基層民眾才是民主運動的基礎，固此必須把重心放在街頭抗爭和社區服務。由民主回歸世代主導的民主派最終採取「主流派」的路線，使過往與民主派結盟的社區和

23　羅永生（2013），〈公民社會與虛擬自由主義的解體：兼論公民共和的後殖民主體性〉，《思想香港》，創刊號。頁19至26。

24　徐承恩（2019），《思索家邦：中國殖民主義狂潮下的香港》，臺北：前衛出版。頁249至260。

公民團體資源變得緊絀。

這種策略雖然令民主派在1990年代的選戰無往不利，長遠而言卻令敵對民主的親中陣營有機可乘。中國共產黨在香港的統一戰線組織，在1990年代起運用工商界精英的大額捐獻積極在基層社區發展勢力。民主建港聯盟和香港工會聯合會等親中政團，開始運用物質和人脈上的資源發展社區組織，並透過提供各種民生福利與民眾建立友誼。部份地區組織雖然曾經接受過民主派的救助，可是他們眼見民主派變得選舉掛帥，就決定改投熱衷派發福利的親中派。這些基層統一戰線工作最終使親中派政團在區議會選舉中取得優勢，主權移交後令民主派在選舉中吃盡苦頭[25]。

隨著1997年7月1日的大限逐漸迫近，彭定康時代那種自由幸福的歲月，就如林夕《我的快樂時代》的最後一句：「唯求在某次盡情歡樂過／時間夠了／時針偏偏出了錯。」在那個大雨滂沱的夜晚，英國的米字旗在主權移交儀式中緩緩降下，而五星紅旗則同時趾高氣揚地冉冉升起，自由民主的極樂派對此刻也得曲終人散。英國既已光榮撤退，如今香港能否保住既有自由的生活方式，就只看北京政權能否保持自制：而這個（後）極權國家向來習非成是，習慣把天經地義的自由當成不共戴天的病態。

---

25 Wan, Kwok Fai (2003). "Beijing's United Front Policy toward Hong Kong: An Application of Merilee Grindle's Model," M.Phil Thesis, The University of Hong Kong.

暴走的政權，自救的民眾

臨時立法會在 7 月 1 日凌晨 12:00 一瞬之間，就從一個毫無民意認受的非法組織，「華麗轉身」成特區政權的立法會。除了民主民生協進會的馮檢基、廖成利、莫應帆和羅祥國（羅後來在 1999 年轉向，加入親中派政團新世紀論壇），以及同情民主派的獨立議員黃宏發和許賢發外，這個鳩佔鵲巢的議會內再也無人願意為自由民權發聲：主流民主派都決定杯葛這個毫無民主成份的假議會，並未參與在 1996 年底的所謂「選舉」。如此獲得多數選民支持的民主派立法局議員，就在一瞬之間失去議員身份而被迫「落車」。他們在暫別議會前一起走到立法會大樓[26]的陽台，向民眾宣示堅持追求民主自治的決心。時任民主黨主席李柱銘向聲援的民眾發表〈民主黨七・一宣言〉，宣示民主派「一定會在香港人的歡呼及支持下，重返議會……一定會在公平和民主的選舉中，勝利回來」。雖然民主回歸世代在主權移交那一刻，就立即遭受北京政權和特區政權欺壓，可是他們仍然矢志爭取「民主回歸」的落實。李柱銘在演說中，表示「民主黨一直支持香港民主回歸祖國」，並強調「土地的回歸」必須伴隨著「民心的回歸」，而讓香港「有真正的民主，更大的自由空間，才能獲得港人的民心」。他未有因一時的挫敗而對香港的民主發展感到悲觀，反倒充滿自

26　位於皇后像廣場旁邊的立法局／立法會大樓落成於 1912 年，在 1983 年之前為最高法院大樓。在立法會於 2011 年遷往添馬艦政府總部後，這座歷史建築於 2015 年被整修為終審法院大樓。

信地宣告「深信終有一天，香港會在民主的基礎上，建立真正的一國兩制，實現真正的高度自治，**中國亦一定會成為偉大的國家，人民權利得享法律切實的保障**」[27]。

在觥籌交錯的主權移交儀式過後，以親共派和工商界權貴為主的「新晉議員」，就在凌晨時分召開的立法會第一次會議通過《香港回歸條例》。這個法案「還原」多條在1995年之後修訂的法律，其中包括多項保障自由民權和勞工權益的條例。《公安條例》和《社團條例》在1995和1992年作出的修訂都被廢除，並「還原」為殖民地色彩濃厚的威權法案。特區政權在此等惡法恢復後，警察就可以掌握限制集會自由和結社自由的權力。以後任何人若要舉辦30人以上的集會，都必須在集會舉行前七日知會警方，而警方則享有預先禁止集會的權力。而社團登記事宜則交由警務處長全權負責，保安局局長則有權宣布任何社團為非法組織；而裁決背後的理由，除卻尋常的「維護公共安全」、「維護公共秩序」或「保護他人的權利和自由」，還包括政治意涵濃厚的「維護國家安全」和「與外國政治性組織或臺灣政治性組織有聯繫」[28]。這意味著特區政權統治下的香港，在體制上乃是不折不扣的警察國家；而香港民眾能享有多少的公民自由，就只能取決於特區政權是否願意自我制約。

而原有的18個區議會和兩個市政局，則在主權移交後淪為臨

---

27 〈民主黨七·一宣言〉，香港《蘋果日報》，1997年7月1日，A6版。

28 Hoodbhoy, Mehlika (1997). "Human Rights and the Rule of Law in Hong Kong: Disturbing Developments," *Human Rights*, 24(3):5,24.

時組織：特區政權決定在1998年的區議會選舉後，在議會中重新引入委任議席；而兩個臨時市政局則會在延續到1999年後再決定去向。除此以外，第一屆立法會亦於1997年10月通過《立法會條例》，藉此摧毀彭定康民主改革的成果。根據這條條例附表一第一、二、三部的規定，彭定康在1995年立法局選舉引入的「新九組」若不是遭到廢除、就是被改組成法團主導的「傳統」功能組別。這樣能夠在1998年立法會功能組別選舉投票的選民，就從約106萬驟降至不足14萬。而佔議會半數的功能組別議席，除卻法律界、教育界和社會服務界這類以個人投票為主的少數組別外，都是親共派和工商界權貴的囊中物[29]。而條例中的第49條，則把直選議席的選舉制度從過往的簡單多數制，改變成採用最大餘額法計票的比例代表制。雖然在族群組成比較複雜的民主國家，比例代表制往往是會比較合理的制度：不過這些國家都是由議會主導、而其議會的所有席位亦都是由直選產生[30]。可是特區政權既一直堅持行政主導、立法會也未有實行全面普選：在這種情況下實行比例代表制，並不會對香港的民主政治有任何裨益。

特區政權之所以要在立法會選舉中採用比例代表制，是要讓親中派和保守派在不孚民望的情況下，仍然能夠穩奪一定的直選議席。而最大餘額法的計票方式，使各參選陣營都必須分拆參選名單、並讓支持者在各名單之間平均配票，方能奪取更多的議

29　馬嶽 2012，頁17至20。

30　Lijphart, Arend (1977). *Democracy in Plural Societies: A Comparative Exploration*. New Haven: Yale University Press.

席。雖然親中陣營看起來山頭林立，背後卻有中央政府駐港聯絡辦公室和中共地下黨的組織協調，因而比較容易達成完美的配票策略[31]。而對小黨有利的選舉制度，亦加深民主派內部的派系矛盾，使他們傾向自立門戶、互相攻擊：事實上在主權移交後，民主派內最大的民主黨的內部矛盾越演越烈，而部份人士甚至決定退黨另組政團[32]。

《基本法》亦限制立法會議員提出私人條例草案的權限。在主權移交後，任何議員的草案若涉及公共開支、政府運作或政治體制問題，提出前必須先獲得行政長官書面同意。而議員若要在立法會內提出動議、或是要修訂特區政權提出的的草案，也必須獲立法會主席預先批准。而由立法會議員提出的法案、動議和修訂，其表決方式有異於由特區政權提出的法案。這些法案並不能直接交予立法會全體表決，而必須先把直選議員（在2004年之前則包括選舉委員會選出的議員）和功能組別議員分成兩組，並須於**兩邊同時**獲得過半數支持方能獲得通過。這就是說，以權貴代表為主的功能組別議員，對立法會議員提出的法案、動議和修訂案都擁有否決權。在以上種種限制下，即使立法會在1998年起重新舉辦選舉，民主派議員在議會內的人數也會大不如前、亦無法再發揮在主權移交前那種關鍵作用[33]。

---

31 馬嶽、蔡子強（2003），《選舉制度的政治效果：港式比例代表制的經驗》，香港：香港城市大學出版社。

32 Ngok, Ma (2001). "The Decline of the Democratic Party in Hong Kong," *Asian Survey*, 41(4), 576-579.

　　特區政權第一任行政長官董建華，雖然獲《基本法》授予獨斷乾坤的權力、亦對香港的未來發展有著各種鴻圖大計，可是其施政卻極度無能。或許董建華可以把一切都歸咎於運氣欠佳：亞洲金融風暴就在他上任行政長官的第二天於泰國開始爆發，使東亞沿海和東南亞都陷入經濟衰退的窘境。問題在於董建華政權毫無危機意識，又動輒以行政指令對各種事務「親力親為」：他每天都從早上一直工作到深夜，因而遭人戲稱為「7-11特首」。可是這種缺乏效率的「勤政愛民」卻令行政程序僵化，最終引致各式各樣的失誤和弊案。香港其後先後碰上禽流感疫情和互聯網泡沫爆破，董建華卻無法以有效的行政手段作出應對。當香港面臨接二連三的挑戰，特區政府卻完全沒有辦法達成善治，使香港經濟在1997年後沉痾不起[34]。

　　不過董建華這位「大有為」的行政長官，卻把香港面臨的連番打擊，都當作是鞏固自身權力的機會。香港在1997年爆發H5N1禽流感疫潮除了使養雞場損失慘重，還使疫情出現人傳人的狀況：最終有18人於疫情期間受到感染、而更有6人因而病故。在第一宗死亡個案於1997年8月出現時，衛生署署長陳馮富珍對疫情仍然漫不經心，甚至向媒體宣稱「我日日都食雞，大家唔好驚」[35]：這位敷衍塞責的衛生官僚，後來竟在中國加持下

33　Ngok, Ma (2007). *Political Development in Hong Kong: State, Political Society, and Civil Society*. Hong Kong: Hong Kong University Press. pp.117-119.

34　Lo, Shiu-hing Sunny (2001). *Governing Hong Kong: Legitimacy, Communication and Political Decay*. New York: Nova Science Publishers.

於2007至2017年擔任世界衛生組織總幹事。可是隨著疫情越演越烈，特區政權才後知後覺地於12月宣布撲殺養雞場和菜市場內的活雞：不過當局在撲殺行動前規劃失當，使這次行動在傳媒的鏡頭面前猶如一場鬧劇。其後特區政權把當時的行政失當，都歸咎於殖民地時代留下的市政制度：當時香港的副食品批發和公營菜市場的營運，都是由市政總署和區域市政總署負責。這兩個執行機構乃市政局和區域市政局所直屬，並不受特區政權之直接指揮：董建華認為這正是殺雞行動缺乏效率的原因。雖然香港民眾傾向支持把兩個市政局合併，認為這是兼顧行政效率和地方民主的兩全之策，但董建華還是一意孤行地「借雞殺局」。立法會在1999年12月2日通過《提供市政服務（重組）條例草案》，解散兩個以民選代表組成的市政局，並將食物安全、環境衛生、康樂和文娛等市政事務，都交由中央集權的官僚機構處理[36]。

董建華施政諸事不暢，就把公務員體系當成代罪羔羊。他對公務員體系的運作一無所知，不知道體制內的行政慣例是維持施政品質和效率的關鍵。他反倒認為公務員不過是以行政手段從中作梗，拖延他的各種鴻圖大計。北京政權不分青紅皂白地認同董建華的判斷，指責身為公務員之首的政務司司長權力過大，已對行政長官的主導權構成障礙[37]。而董建華亦因此與時任政務司司

---

35 〈【蘋話當年】1998年第6人死於H5N1〉，香港《蘋果日報》，2014年1月14日。收錄於筆者私藏的電子備份。

36 劉潤和2002，頁217至223。

37 練乙錚（2005），《浮桴記：謀府生涯六載事與思》，香港：天地圖書。頁60。

長陳方安生貌合神離，使她決定在2001年4月30日提早退休。

　　董建華其後以司長級高官須受民眾「問責」為由，決定把相關職位都改為政治任命，並把公務員體系定位為純粹的執行者：如此行政長官就可以擁有自己的「內閣」，讓個人的管治團隊壟斷制定政策的權力，以「問責」之名行「集權」之實。最終董建華在2002年連任行政長官時，在北京政權認可下正式推行「高官問責制」。可是實際上董建華並沒有足夠親信去操控整個管治團隊，最終不得不讓部份職位空缺交給自願脫離官僚系統的高級公務員。董建華的親信在擔任高官後即失誤連連，他卻選擇包庇甚至稱讚他的心腹，與「問責」的概念完全背道而馳[38]。這個由董建華親信和原高級公務員組成的「執政團隊」，基本上是個七拼八湊的組合。而政務司司長的權力既大不如前，就沒可能像過往那樣擔起協調的重任：這樣各「問責」局長雖然都直接接受行政長官的指令，可是他們在實際運作卻上各行其是，推行政策時完全沒有共識和默契。而在其後出現問題時，各政策局之間則互相推卸責任，從而使特區政權淪為「無責任體系」[39]。

　　在1997年主權移交後不久，香港民眾對特區政權仍然抱有一定的期望：當時的民意調查顯示，有42.6%的受訪者對特區政

38　Wong, Timothy Ka-ying and Shirley Po-san Wan (2005). "The Implementation of the Principal Officals Accountability System: Efficacy and Impact," in Joseph Y.S. Cheng (ed), *The July 1 Protest Rally: Interpreting a Historic Event*. Hong Kong: City University Press. pp.185-220；Goodstadt, Leo F. 著、李國寶譯（2019），《失治之城：掙扎求存的香港》，香港：天窗出版。頁74至79。

39　練乙錚 2005，頁74至78。

權感到滿意、而感到不滿的則只有15.4%。可是香港在董建華政權統治下迅速墮入管治崩壞的狀態，使民眾的怨憤與日俱增。在1998年下半年，只有22.7%的受訪者對特區政權感到滿意、而感到不滿的則有36.9%。其後到「高官問責制」實施後的2002年下半年，特區政權的民望更進一步下滑：此時有高達49.1%的受訪者不滿意政權的表現、而感到滿意的則只剩下18%[40]。

不過此時民主派正值內憂外患，無法把民眾對特區政權的怨懟轉化成對民主派和民主運動的支持。而親中勢力此時已在各社區建立據點，展開鉅細無遺的統一戰線工作，又刻意對過往政治冷感的民眾噓寒問暖：親中政客和他們建立交情後就鼓勵他們登記成為選民，而這些新選民則抱著禮尚往來的心態，在選舉期間接受統戰團體的協調。社區統戰團體透過強大的組織動員提升**催票率**，不單能夠克服親中派在民意上的弱勢，亦有助於在立法會選舉時協調不同名單之間的配票。民主派再也不能像在1991和1995年立法局選舉那樣囊括大部份的直選議席，其得票率也從大約六成逐漸下降：在那些親中派長期扎根的選區，他們的得票率甚至可以和民主派打成平手[41]。

在特區政權統治下的香港，其管治的敗壞逐漸深入骨髓，

40　資料來自香港大學民意研究計劃的調查，現收錄於香港民意研究所之網站（https://www.pori.hk/pop-poll/government/h001.html）。

41　Kwong, Hoi Ying (2004). "Party-group Relations in Hong Kong: Comparing the DAB and the DP," MPhil Thesis, Hong Kong University of Science and Technology.

可是緩慢的衰敗卻無法帶來激烈的反抗。以民主派為主的反對陣營一直無法找到著力點，而失去前景的民主運動則沉溺於內部鬥爭。這種形勢若一直維持下去，表現拙劣的特區政權將不會面臨重大的挑戰，而香港亦因此會無聲無息地逐漸衰敗。可是這個沉悶的均勢，最終還是由特區政權親手打破。雖然董建華政權在2002年下半年一直受困於「高官問責制」的所謂「磨合」問題，可是他們還是決定奉迎北京政權的上意，準備根據《基本法》第23條的授權制訂與「國家安全」相關的法案。特區政權於9月發表《實施基本法第23條諮詢文件》，除建議修訂《刑事罪行條例》、《官方機密條例》和《社團條例》中不合時宜的條款外，還主張增設「分裂國家罪」和「顛覆罪」兩項新罪名[42]。民眾對特區政權的建議深感不安：他們擔心相關規定將會造成「以言入罪」、妨礙資訊的自由流通、並給予警察不受制約的權力。

　　而特區政權在回應民眾的憂慮時，卻是語焉不詳。民主派要求特區政權先公布具體的「白紙草案」，讓民眾根據實際條文發表意見，在釋除民眾的疑慮後才展開正式的立法程序。可是保安局局長葉劉淑儀接受立法會質詢時，卻以一副得勢不饒人的態度反對公布「白紙草案」。她認為與國家安全相關的法案有很多「深奧複雜條文」，是民眾難以理解的「技術性」問題。葉劉淑儀認為民主派的要求，只是「為反對而反對」的吹毛求疵，並不代表普羅大眾的真實憂慮。她甚至以尖酸刻薄的言論，質疑民眾能否真正

42　香港特別行政區政府保安局，《實施基本法第23條諮詢文件》，2002年9月。

理解法律上的條文：

> 唔通話平時坐車個的士司機、酒樓侍應、麥當勞嗰個服務員，佢會拎住（白紙草案）嚟同我逐條辯論咩[43]？

就在反對23條立法的民怨開始累積之際，在香港旁邊的廣東於2002年底開始出現一種前所未見的肺炎：這種怪病甚為容易傳播，染疫者的病情往往急速惡化，其病死的比率亦遠高於一般的肺炎。在民間流言四起之際，中國衛生當局卻未有公布疫情爆發的真相。廣東民間陷入一片恐慌，民眾紛紛到超級市場和雜貨店搶購白醋，因為他們相信白醋的蒸氣能夠消滅陌生的致病原。香港民眾把中國的亂象引為笑談，卻不知禍之將至：曾參與抗疫工作的廣州中山大學醫學教授劉劍倫，在明知自己身染疫症的情況下於2003年2月22日入境香港。他聲稱是要來香港參加親友的婚禮，實際上卻很可能是為到香港求醫而編造理由。他在何文田京華酒店借宿一宵後到廣華醫院求診，並於即日入住加護病房，其後在3月4日病重不治[44]。

劉劍倫除了把疫症傳給廣華醫院的醫護人員，還在京華酒店

43　華語翻譯：難道慣常載我上路的計程車司機、粵菜餐廳的服務生、或是麥當勞的服務員，真是會拿著白紙草案，把每一條條文都指出來和我爭辯嗎？
香港《蘋果日報》，2002年9月27日。收錄於筆者私藏的電子備份。

44　飛燕草，〈香港沙士源頭——劉劍倫諸事考〉，《眾新聞》，2020年1月10日。收錄於網民收藏的電子備份。

釀成大規模爆發：有16位住客和訪客從劉教授那邊感染疫症，他們在不知情的情況下到香港各大醫院求診，繼而促成疫病的擴散。由於中國一直隱瞞廣東的疫情，香港醫療體系被這突如其來的瘟疫殺個措手不及，當中以香港中文大學的教學醫院威爾斯親王醫院之災情最為慘重：有114位醫護人員、17位醫學生、39位病患和42位訪客在此不幸染疫。香港中文大學的團隊其後發現這場瘟疫是由新變種的冠狀病毒所引致，而這種疫病其後則被稱為嚴重急性呼吸道症候群（Severe Acute Respiratory Syndrome，簡稱SARS）。由於醫院管理局的高層未有就病患分流作出部署、而衛生署亦未有妥善追蹤染疫者的密切接觸者，最終在淘大花園釀成社區爆發[45]。香港要到5月底才能擺脫SARS疫潮的陰影，在此之前總共有1,755人染疫、當中有299人不幸身故。在死亡個案中，有8位是染病殉職的醫護人員[46]。疫情亦為香港疲弱的經濟帶來衝擊，當中又以旅遊、住宿、航空和零售業的損失最為慘重，而失業率和就業不足率則進一步惡化：不過幸好香港的總體經濟在疫後仍然能夠恢復過來[47]。

就在香港被捲進SARS疫潮的漩渦時，特區政權悄悄地在2月26日把《國家安全（立法條文）條例草案》交付立法會首讀。這條

45　香港特別行政區立法會，《調查政府與醫院管理局對嚴重急性呼吸系統綜合症爆發的處理手法專責委員會報告》，2004年7月。頁67至114。

46　Abraham, Thomas (2004). *Twenty-First Century Plague: The Story of SARS.* Hong Kong: Hong Kong University Press.

47　Siu, Alan and Richard Y.C. Wong (2004). "Economic Impact of SARS: The Case of Hong Kong," *Asian Economic Papers*, 3(1):62-83.

條文的具體內容，並未正視民眾關於言論自由、資訊流通和警權過大的憂慮，只是民間在隨後幾個月都專注抗疫，就把相關的爭議暫時擱下。當香港疫情好不容易在5月底結束時，特區政權卻堅持繼續《基本法》第23條立法的過程，並打算在7月9日如常把草案交予立法會大會表決。因為中國的隱瞞、高官的無能，香港的疫情才會一發不可收拾；如今民眾尚未有喘息的空間，特區政權卻為了向中國的北京政權獻媚而強行推動侵害民權的法案，使日積月累的民怨隨即大爆發。根據香港大學民意研究計劃在6月13至18日進行的民調，有53.5%的受訪者對特區政權感到不滿，而感到滿意的則只有16.9%。

此時適逢互聯網的普及化，義憤填膺的民眾就在網上論壇、新聞群組和電郵群組宣洩不滿，並商討該如何向特區政權施壓。在1997年主權移交後，民主派都會在支聯會協調下在7月1日舉辦遊行，只是參與者都是少數的積極人士，後來則有公民團體趁機就各種議題上街表態。而2003年的遊行則改由公民團體和民主派政團組成的民間人權陣線舉辦：若非23條立法的緣故，這次遊行應該也只是少數公民團體的普通集會。可是如今互聯網上的民眾卻想到可以透過集會，在中國統治香港6週年當日上街向香港和中國的威權政權展示民眾的力量，讓民眾自發的公民動員彌補民主派疲弱之勢。最終在7月1日當日，逾50萬整齊地穿上黑衣的民眾擠滿銅鑼灣維多利亞公園和中環政府總部之間的大小街頭[48]。他們不單要求特區政權撤回23條立法這條「惡法」，甚至還進一步高呼「董建華下台」，並倡議透過落實民主政制「還政於民」。

民主派其後對特區政權宣布最後通牒，指出政權若然堅持繼續立法程序，類似的遊行集會將會陸續再來。

　　董建華政權面對前所未有的群眾壓力，一時之間顯得不知所措：他們並不願意暫緩23條立法的工作、卻也沒有鎮壓民眾的政治意志。最終親中派和工商界權貴之間的聯盟，就在壓力下出現裂縫。代表工商界權貴利益的自由黨，最終在田北俊的帶領下宣布撤回對《國家安全（立法條文）條例草案》的支持，使議案勢必無法於立法會大會中通過。特區政權最終因內部聯盟瓦解而敗陣，董建華在7月7日宣布將會無限期擱置23條立法，而幾位不孚民望的問責局長亦先後黯然下台：他們包括強硬推動23條立法的保安局局長葉劉淑儀、抗疫不力的衛生福利食物局局長楊永強、以及疑似涉入利益衝突的財政司司長梁錦松。七一大遊行帶來前所未有的成果、亦使抗爭民眾意識到同仇敵愾的政治能量。如今民眾決定再下一城，把反對惡法的民間運動轉型為爭取2007、2008年行政長官和立法會雙普選的民主運動。過往一直處於民主運動邊緣的嬰兒潮社運人士，比如以專業人士身份議政的23條關注組、以及人稱「長毛」的托洛斯基主義者梁國雄，都在熾熱的社會氛圍下決定加入政壇。隨著嬰兒潮「素人」成為民主

48　Ma, Ngok (2005). "Civil Society in Self-Defense: The Struggle Against National Security Legislation in Hong Kong," *Journal of Contemporary China*, 14(44):465-482；陳韜文（2006），〈港式「人民力量」：七一的動員形態與民意政治的重構〉，吳俊雄、馬傑偉、呂大樂編，《香港‧文化‧研究》，香港：香港大學出版社。頁197至231。

運動的另一條中流砥柱,並與民主黨和民主民生協進會等老牌政團平起平坐,民主派亦因而在陣容鼎盛的七一大遊行後被傳媒改稱為「泛民主派」[49]。

透過「港式愛國」爭取「還政於民」

而泛民主派的焦點,亦從《基本法》的第23條轉移到第45條。該條文規定香港到2007和2008年就可以依照「實際情況」,「循序漸進」改變行政長官和立法會的選舉方法。根據附件一和附件二的規定,選舉方法的改革需要得三分之二立法會議員和行政長官同意,並在人大常委會批准或備案後[50]才能啟動:不過條文並無訂明政制改革啟動權的歸屬,甚至也沒有說明實行改革的具體步驟。泛民主派政團45條關注組認為主權移交後六年來的亂局,說明香港的「實際情況」就是需要推動改革,而「循序漸進」也不應該是「了無寸進」。他們指出:

香港的實際情況清晰可見。當實際情況需要改變選舉辦法時,循序漸進便必須以實際情況做考慮。

---

49 Chan, Kin Man (2005). "Civil Society and the Democracy Movement in Hong Kong: Mass Mobilization with Limited Organizational Capacity," *Korean Observer, 36(1):167-182.*

50 行政長官選舉改革必須獲得人大常委會批准,才可以開始啟動;而立法會選舉的改革則只須向人大常委會備案。

　　泛民主派依照普通法的邏輯，認為行政長官和立法會選舉的改革，可以由香港開始啟動。他們認為倘若香港的公議輿論都認同政制改革的必要，那麼「由誰啟動修改程序並不重要」、「採用什麼立法方式其實並不重要」，只要「有關程序部份在香港特區政府進行，部份在全國人大常委會進行」就可以符合基本法的相關規定[51]。

　　而2003年11月區議會選舉結果，則進一步觸動親中派和北京政權的敏感神經。如前所述，隨著基層統一戰線組織的擴張，親中派透過打「人情牌」建立恩庇待從關係，在基層社區累積一堆容易組織動員的「鐵票」：如此親中派就趁民主派在主權移交後陷入低潮時，在區議會選舉中無往而不利。可是親中派的民建聯在這次選舉的得票率，卻從45%下跌為39%，並只能在400個直選議席中取得62席。反觀泛民主派卻能在這次選舉取得151席，部份親中派資深大老甚至在自家的「鐵票區」被沒有社區基礎的「空降」候選人擊敗。如此選舉過後親中派必須仰賴委任議席，以及借助與主流親中派比較疏離的「獨立議員」支持，方能維持對區議會的控制[52]。

　　2003下半年的政治發展，使親中派和北京政權懼怕香港形勢

51　Article 45 Concern Group (2004). *Speaking Note for the Article 45 Concern Group for the Meeting with the Task Force.* (https://www.cmab.gov.hk/cd/document/report/A/A004.pdf)

52　Cheng, Joseph Y. S. (2004). "The 2003 District Council Elections in Hong Kong," *Asian Survey*, 44(5):734-754.

失控：他們目睹香港抗爭民眾在街頭高呼**「還政於民」**、又看到泛民主派以普通法原則詮釋《基本法》，就聯想起在1990年代與彭定康交手的過程。他們認為反對23條立法的社會運動，是以「民權」挑戰中國對香港的**「絕對主權」**，而這種「顛覆」行為很有可能是源於「外來勢力」的煽動。親中派政團香港協進聯盟[53]副主席譚惠珠在2003年底即提出警告，指出香港特區「一切權力來自中央的授予」，亦因此「沒有要『還政於民』的情況」[54]。為對付泛民主派的「顛覆活動」，北京政權的國家主席胡錦濤在2003年12月3日召見董建華，並宣布他們「高度關注」香港政制改革的問題。而新華社則在翌日的新聞稿中，引述基本法起草委員會中國法律專家的意見，批評香港人對政制改革問題存在誤解，為北京政權與泛民主派的輿論戰掀開序幕[55]。

這場輿論戰的焦點，起初主要集中在如何詮釋《基本法》的憲法學問題。中國的憲法學者反對「主權在民」的主張，認為黨國體系在香港擁有**不可分割的主權**，因此特區政權的任何權力都必須出自《基本法》的授權。《基本法》沒有明文規定的，都不可能是特區政權或香港民眾的權利：用法律術語來說，在中國主權下香港就是沒有任何的剩餘權力。曾擔任基本法起草委員會中國代表的蕭蔚雲，在參與論爭時是澳門科技大學法學院院長。他直接

53　此政團於2005年與民主建港聯盟合併，組成民主建港協進聯盟，簡稱仍為民建聯。

54　譚惠珠，〈權力來源並非來自香港居民〉，《明報》，2003年12月6日。

55　Cheng 2004.

了當地指出「地方的權力，都是由中央賦予」，因此「《基本法》裏面沒有授權的就屬於中央」。其後他把矛頭直指爭取民主自治的泛民主派，堅稱「完全自治是不符合香港《基本法》的規定和精神」[56]。

可是這場關乎香港政制改革的爭議，很快就從憲法學和《基本法》條文的討論，轉化成「何為愛國」的意識形態爭論。北京政權對七一大遊行「還政於民」的口號耿耿於懷：他們認為高舉「民權」就是對黨國「主權」的否定，背後必然隱藏「顛覆國家」和「分裂國家」的陰謀。周南曾在1990至1997年以新華社香港分社社長的名義擔任中國駐港代表，於任內曾與末代港督彭定康正面交鋒。他在2004年2月接受《紫荊》月刊專訪時，故意把去年的七一大遊行與彭定康這位「千古罪人」的往事相提並論。他認為彭定康曾經玩弄「『還政於民』的把戲」，目的是要讓英國在主權移交後，「繞過中華人民共和國，把政權直接交到其代理人手中」。周南認為雖然彭定康的改革已被盡數取消，可是「曾極力反對香港回歸中國和激烈反對基本法的」民主派，如今卻「重新揀起英國人打出的『還政於民』旗號，在群眾中進行煽動，製造混亂」，目的是「把『高度自治』曲解為『完全自治』」，要把香港變成「不需要中央管轄的『國際城市』」。他甚至認為有西方政客從中作梗，其所作所為「與香港某些所謂『民主鬥士』的街頭

---

56 《大公報》，2004年1月17日。

活動配合得如此默契」，暗示泛民主派都是通番賣國的「漢奸」[57]。

這場輿論戰也隨即演變成所謂的「愛國論爭」：北京政權的代言人紛紛翻起民主派的舊帳，把他們抹黑為敵對中國的叛亂勢力。曾經擔任草委的外交部退休國際法專家邵天任，指責「有的立法會議員還公開宣稱反對《基本法》，公開發表支持『臺獨』的言論[58]」。邵天任針對的其實是「前綫」的立法會議員劉慧卿：她在2003年8月造訪臺灣時，曾表示臺灣的統獨問題的關鍵是要「尊重臺灣人民意願」[59]。除此以外邵天任亦批評一些民主派議員，一直都「參加旨在推翻中國中央人民政府的組織」，不點名批評聲援「愛國民主運動」的支聯會[60]。

曾擔任草委的人民大學法律系教授許崇德，則回想起在1997年到香港觀看主權移交儀式時，在會場外遇到支聯會的抗爭者高舉「取消一黨專政」的標語。這位中國法律學者深信黨國一體，認為對中國共產黨的批評，既是對中國的侮辱、也是對北京政權的挑戰。他指出：

> 沒有共產黨那來整個中國的社會主義呢？他們的用意就是要取消共產黨的領導，進而以香港為『民主』基地，取

---

57 魏東升，〈穩定是香港繁榮的基礎〉，《紫荊》，2004年2月號。

58 《明報》，2004年2月8日。

59 《自由時報》，2003年8月18日。

60 《明報》，2004年2月8日。

消整個中國的社會主義制度[61]。

香港的親中份子，亦不忘趁機火上加油。工聯會副理事長梁富華，指責泛民主派去年參與反對23條立法的抗爭，是「與外國政治組織聯繫擺布」。他認為抗拒黨國體系在香港的絕對主權，就是「不想看見國家統一、國家強大、國家得益」，如此顯然就是「不愛國」的表現[62]。

北京政權在這次輿論攻勢中，直接表露他們對香港人的真正要求：愛國就必須支持中國共產黨、擁護中國共產黨就是愛國，除此以外就沒有別的「愛國標準」。新華社《瞭望》周刊副總編輯湯華，就直接批判「愛國民主運動」一直主張的「愛國不愛黨」。他指責民主派「打著追求民主的幌子，散布所謂『反對中共不等於不愛國』的謬論」，並認為他們在2003年的表現：

> 充份地暴露出他們**敵視國家的真實面目**……他們一直從事危害國家安全的行為，因而……攻擊第23條立法為「惡法」，鼓吹「戰勝23條」，還要妄稱要迫使第23票「永不立法」……[63]

---

61 《大公報》，2004年2月20日。

62 《明報》，2004年2月12日。

63 湯華，〈切實保證以愛國者為主體的港人來治理香港〉，新華社，2004年2月24日。

　　而中國商務部副部長安民雖然並非專責香港事務的官員，可是他還是怒氣沖沖地向傳媒宣示北京政權的立場：

> 愛國不是抽象的……有些人就愛國問題發表謬論……有人故意混淆，什麼愛國不愛黨。**中國共產黨是中國人民的代表，也應該是香港同胞的代表**……沒有要求你非得愛中國共產黨，但誰要破壞香港的穩定、破壞中華人民共和國的穩定，都是「休想」[64]！

　　安民之所以說「沒有要求你非得愛中國共產黨」，是因為香港是實行「一國兩制」的特別行政區，並沒有實行中國那種黨政合一的制度：如此香港特區政治的參與者，至少在表面上無須向中國共產黨宣誓效忠。可是他也認為這種制度上的安排，純粹是北京政權對香港人的恩惠：**是否效忠**中國共產黨是一回事，**能否反對**中國共產黨卻是另一回事。對於所有中國人來說，中國共產黨就是中華民族的代表，是他們必須敬畏的對象：這種要求同樣適用於香港的「中華兒女」。香港人可以「不愛」中國共產黨，卻只能以「黨外朋友」的角色擁護**中國共產黨的絕對主權**，就像在中國的「民主黨派」那樣：他們只能夠成為**統一戰線**的外圍成員、而不能擔當擁有**自我主體**的「反對派」。

　　不過出身自民主回歸世代的泛民主派，卻仍然想以「港式愛

---

64 《明報》，2004年2月18日。

國」的論述向北京政權拋出橄欖枝，寄望他們的中國情結能夠成為雙方對話的基礎。他們認為自己從少就受過「文化中國論」的薰陶，在開始投身社會運動時又曾高舉「認識祖國」的旗幟：他們自信滿滿地以為自己是貨真價實的中國國族主義者。專研政治理論的政治學家陳祖為，在「愛國論爭」期間嘗試為「港式愛國」作出精確的定義。他指出香港人對中國的愛，內涵是「樸素的愛國精神」，其本質就是「愛中華大地、黎民百姓、歷史文化」，同時又會「將國家與人民拉近，將政府和政黨推遠」[65]。

泛民主派及其支持者在「愛國論爭」期間一直提出這種「港式愛國」論述，想藉此讓北京政權相信泛民主派對中國懷有真誠的寄望，絕對不是有心要與中國作對。當時《明報》的編採立場與溫和民主派比較接近，在2003年11月中國首位太空人楊利偉訪問香港時，就抓緊機會發表一篇充滿中國情懷的社論。這篇社論正好道出民主回歸世代的那種愛國情懷：

楊利偉……每到一處都受到熱烈歡迎，沒有碰到任何示威抗議，反映香港人基本上是愛國的，中央應該更加信任香港人，以開放的態度，聽取香港人對發展民主政制的意見……香港人這種民族認同、愛國熱情是真實的，也不是始於今天。過去十多年來，內地多次發生天災，港人都自發無私地捐獻；由不同團體及個人捐獻的學校，遍布中國

65　陳祖為，〈港式愛國的政治學理念〉，《明報》，2004年3月2日。

貧困省份；當美國「誤炸」中國駐南斯拉夫大使館時，市
民義憤填膺；當日本公然侵佔中國領土釣魚台，港人也發
動了大規模的民間保釣行動…… 北京必須看到，逾100萬
港人在1989年上街聲援北京的學生運動，反映他們對民主
和自由的支持。今年7月1日，逾50萬港人上街遊行，表
達對23條立法的疑慮，以及對特區施政的不滿，但同一批
人可以熱烈捐獻賑災助學，以及熱烈歡迎楊利偉。**追求民
主自由和愛國，本質是沒有矛盾的**……[66]

民主回歸世代認為自己的中國情懷，以及過往各種聲援中
國、救助中國的行動，都是香港人熱愛中國的鐵證：即使他們與
中國的政權有過齟齬，背後動機都是出於對中國的熱愛。他們相
信在中國國族主義的大前提下，泛民主派能夠對北京政權動之以
情、曉之以理，使他們能為香港和中國的近代化攜手協力。後來
擔任公民黨黨魁的立法會議員余若薇當時是45條關注組的成員，
她在專欄文章表明對北京政權的信任，並以天真爛漫的同理心嘗
試消除他們的疑慮：

倘若大部份市民堅決支持07年普選，**難道中央政府會
「降禍」於香港**？其實中央最重視的是香港穩定，港人大部
份是愛國的，亦很溫和理性，在香港即使是50萬人、100

---

66 〈港人如此愛國 民主發展何足懼〉，《明報》，2003年11月5日。

萬人上街，依然是秩序井然，並不擔心會出亂子。「倒董」有市場，卻並非是大多數⋯⋯在港人眼中，03年最快樂的事，25%選擇「七一」大遊行，16％選擇楊利偉訪港，這正顯示「一國兩制」是成功的方程式：港人既認同國家，但同時希望維護原有的生活方式與價值觀，兩者之間可以兼容。因此我看不到07年普選會製造不穩定，港人會選出一個不為中央接受的特首[67]。

在「愛國論爭」鬧得如火如荼之際，李柱銘卻選擇於2004年3月到美國出席國會聽證會。北京政權和親中份子對此憤恨難平，認為他們已經抓到泛民主派不愛國的把柄。而部份泛民主派的支持者，則認為這是火上加油的不智舉動[68]。不過李柱銘本人的用意，卻是希望能在國際舞台上宣示自己對中國的熱愛，藉此向北京政權奉上定心丸。他在美國國會發表演說時，雖然呼籲國際社會協助香港的民主運動，可是亦不忘在字裏行間宣示他對中國的熱情：

67　余若薇，〈我們要普選〉，《明報》，2003年11月30日。

68　當時筆者曾經在一份基督教刊物，批評李柱銘這次訪問美國「勇敢而不智」。不過事件距離執筆之時已逾18年，筆者的立場亦早已改變。如今筆者雖然仍然欣賞基督教文化（亦喜歡引用源自基督宗教的理念），卻已經是脫離教會的離教者（或曰永恆的慕道友）。除此之外，筆者如今亦認為國民外交乃香港內部事務，中國與特區傀儡政權對此皆無置喙的餘地。

參：徐承恩，〈勇敢的行動，愚蠢的策略：論李柱銘訪美之行〉，《時代論壇》，2004年3月7日。

> 我支持香港回歸和統一臺灣。我反對臺獨和藏獨。我認
> 為香港成功落實「一國兩制」，有助統一臺灣和我國的現代
> 化⋯⋯

李柱銘不只在演說中強調其大一統情結，甚至還高調稱讚北
京政權的領導人：

> 我國領導人胡錦濤和溫家寶，在去年的沙士（按：SARS）
> 危機時，贏得不少港人的讚賞。總理溫家寶最近訪港，讓
> 人覺得他是一個願意聆聽和關心民情的領導人。

他亦強調這次之所以會到美國國會演說，並不是為了反對中
國、或是針對北京政權的領導人，而是要說明「香港人希望我們
的祖國，**不但強大，而且偉大**」[69]。李柱銘也許認為這一場演說，
能夠在國際舞台上為中國及其領導人挽回面子，從而消弭北京政
權對泛民主派的敵視。不過後來事態的發展，證明泛民主派想透
過「港式愛國」打動北京政權只是徒勞無功的一廂情願。人大常
委會在2004年4月6日，宣布就政制改革問題「解釋」《基本法》，
規定行政長官必須先向人大常委會提交報告，讓人大常委會決定
是否及如何推動政制改革。此後行政長官才可以獲得授權，按照
人大常委會的建議提出政改方案，此後還要得到至少三分之二立

69　李柱銘，〈港人希望祖國強大偉大〉，《明報》，2004年3月5日。

法會議員支持方能正式落實[70]。特區政權其後按規定向提交報告書，而人大常委會則於4月26日裁定2007年的行政長官選舉、以及2008年的立法會選舉，都必須依照原有方式繼續舉行[71]。

你還愛我嗎：迷糊國族對象

在第四章的討論中，我們曾論及葛兆光和杜贊奇對中國國族建構的分析。雖然葛兆光認為東亞大陸歷史的核心範圍始終維持著一定的連貫性，可是他仍然願意承認東亞大陸文明是由複數的文化組成。杜贊奇更直接指出在大一統的幻象背後，東亞大陸內部其實有著為數不少的「軟邊界」，而這些「軟邊界」都擁有轉型為「硬邊界」的潛能：這樣中國的國族建構亦註定是**多線並進的過程**。

而東亞大陸上面各條國族建構的複線，最終會把歷史引領到何樣的境地呢？我們在此把歷史的發展，類比成從基隆沿縱貫線南下的過程。假設有兩列火車先後從基隆出發走到竹南車站，然後轉轍器把甲車引到海線、把乙車引到山線。這兩列列車此後當然就會走上不同的路途：甲車會遇到白沙屯的媽祖、看到秋茂園

---

70 中華人民共和國全國人民代表大會常務委員會，《全國人民代表大會常務委員會關於〈中華人民共和國香港特別行政區基本法〉附件一第七條和附件二第三條的解釋》，2004年4月6日。

71 中華人民共和國全國人民代表大會常務委員會，《全國人民代表大會常務委員會關於香港特別行政區2007年行政長官和2008年立法會產生辦法有關問題的決定》，2004年4月26日。

那些醜得可愛的水泥雕塑，而乙車則可以在感受臺中的都會氣息前與龍騰斷橋並肩而行。不過海線和山線雖然途經不同的地方，可是走向大體上都是從北到南：這樣兩條路線就有殊途同歸的可能。事實上當甲車走經過追分、乙車穿越成功後，就會在同一條路線上先後經過彰化，繼續往高雄的方向前進。

不過這兩列火車再往南走32公里，就會在二水遇到另一個轉轍器。設想這個轉轍器把甲車引到右邊、把乙車引到左邊，此後甲車會向向東南走3公里左右，然後就在渡過濁水溪後一路向南，在經過雲嘉南平原後抵達港都高雄。而乙車在離開二水後，其走向卻會從東南變成正東，然後順著濁水溪經過集集直抵車埕：這個地方曾經是伐木工場，是群山圍繞的地方，與臺灣島的中心點頗為接近。縱貫線與集集線，一條向南、一條往東，兩條路線既指著不同的方位，兩列火車自然也永遠不會再遇上。

香港在1930至1940年代的經歷，就像彰化和二水之間的路途：在此之前，香港曾與嶺南一起經歷異乎中國的國族建構過程，又長期與新文化運動和五四運動的道統保持距離。只是嶺南透過聯省自治實踐自我的夢想，在1920年代末被中國國民黨的威權主義摧毀。而南來文人於1930年代南遷香港，也未有為固有的本土文化留下一條生路，使新文化運動和五四運動的「文化道統」以後來者的姿態取得壟斷地位。

不過中國在1949年赤化後，香港和中國就像兩列經過二水的火車，分別走上縱貫線和集集線的歧途。中國共產黨成功把黨國體系伸延到全國各地，並透過由上而下的群眾動員把東亞大陸改

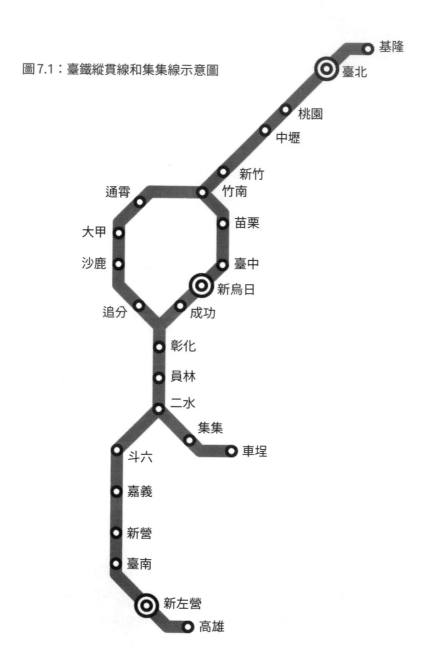

圖7.1：臺鐵縱貫線和集集線示意圖

基隆
臺北
桃園
中壢
新竹
竹南
通霄
苗栗
大甲
沙鹿
臺中
新烏日
追分
成功
彰化
員林
二水
集集
斗六
車埕
嘉義
新營
臺南
新左營
高雄

造成「新中國」：北京政權拆解東亞大陸原有的社會結構，讓共產黨員取代過往士紳的角色，而單位和公社這類黨國共同控制的機關則取代宗族和會社的傳統角色。共產黨組織和國家官僚系統的雙重管制，使每一位民眾都無法逃避北京政權的監視：而這種對民眾的直接控制，則有利於國家意識形態的灌輸，並為「愛國」的「表現」定下官方的標準[72]。在幾代人的時間後，活在東亞大陸上的「中華民族」，早已與中國共產黨領導的黨國體系構成共生關係。

雖然中國的意識形態控制曾經在 1980 年代略為鬆動：可是自由化唯一的希望，已在 1989 年六四慘案後隨風而逝。中國經濟在 1990 年代趁著全球化熱潮急速發展，而過往一窮二白的中國民眾，也從石英錶、冰箱、電視和洗衣機這「四大件」開始，在生活上獲得實際的改善。與此同時，北京政權亦於 1990 年代開始推動強調「毋忘國恥」的愛國教育，透過煽動排外仇恨去抑壓自由民主的思潮[73]：中國急速冒起為「世界工廠」，讓民眾產生「中國可以說不」的自豪感，更使這種意識形態灌輸事半功倍。而中國向上社會流動的機遇，大多來自黨國在體系之中塑造的「尋租」空間：如此中國新興的「中產階級」，非但未有成為爭取自由民主的力量，反倒大多是盲撐政權的「小粉紅」[74]。經濟發展和愛國教

72　Walder, Andrew G. (2015). *China Under Mao: A Revolution Derailed*. Cambridge, MA: Harvard University Press.

73　Wang, Zheng (2012). *Never Forget National Humiliation: Historical Memory in Chinese Politics and Foreign Relations*. New York: Columbia University Press.

74　Chen, Jie (2013). *A Middle Class without Democracy: Economic Growth and the Prospects for Democratization in China*. New York: Oxford University Press.

育的雙重影響，使中國民眾對1989年的民主運動集體失憶[75]：這樣威權主義和國家主義，就在2000年代成為中國社會的主流意識形態，而1980年代風行一時的自由派思潮則淪為無以為繼的明日黃花[76]。

　　雖然香港國族建構的過程，曾經在1930至1940年代與東亞大陸短暫合流，可是香港人的中國想像卻在1949年後卻逐漸與「現實中國」脫節。各種「文化中國」論述，不論是保守文人寄望「靈根自植」的傳統文化、還是《中國學生周報》那種「去黨國化」的「新五四」論述，都無法再與東亞大陸的「現實中國」產生連結。雖然民主回歸世代在參與社會運動和學生運動時，曾經一度對社會主義中國趨之若鶩，可是這種中國想像終究與「現實中國」毫不相干：畢竟這種對社會主義中國或文化大革命的嚮往，若非源自西方進步派東方主義的浪漫想像、就是來自北京政權塗脂抹粉的對外宣傳。「港式愛國」所愛的「中國」，若不是早已消逝的古老國度、就是只可能是幻想空間中的烏托邦：不論如何，這種「愛國」想像指涉的並不可能是真正的中國，反倒**比較貼近香港人對自身的想像**。

　　除此以外，香港本土文化亦已在1970年代起重新走上復興之路。不論在流行文化還是精緻文化的層面，香港都已發展出獨特的本土性格，並使民眾對深圳河以南三十里的袖珍江山產生認

75　林慕蓮 2019。

76　梁治平（2021），〈想像「天下」：當代中國的意識形態建構〉，陳宜中編，《大國的想望：天下主義、強國主義及其他》，新北：聯經出版。頁153至157。

同。這種本土文化不只異乎中國，在整個東亞當中也算是獨當一面：香港毫無疑問正經歷著與中國的**大分流**，正要進化成獨當一面的「類國族國家」。倘若民主回歸世代能拋開「中國結」帶來的偏見，以心靈和誠實思索香港的國族認同，那麼香港民眾愛的就不可能是中國，而是一直為民主自治奮鬥不懈的「香港國」。香港主流社會之所以未有於2010年代之前確立獨立自決的意識，主要是因為民主回歸世代的「中國結」，自1970年代末就已經把統獨問題排除在議程之外。

北京政權此時已經認識到香港和中國在過往幾代人的時間，一直都走在南轅北轍的道路上。除卻少數頑固的親中分子，以及因利之所在而投誠的權貴外，香港民眾根本沒有可能把中國共產黨塑造的「新中國」當成自己的國家。中國若要在香港達成「民心回歸」，就不得不為香港的發展方向帶來180度的轉變：套用之前縱貫線和集集線的比喻，北京政權需要不惜工本在阿里山底下修築隧道，建造連接車埕和高雄的直線軌道。

人大常委會在4月26日否定2007、2008雙普選後，即日派遣副秘書長喬曉陽到香港解釋其決定。他在當日的講話中明白指出香港和中國之間存在重大的分歧，而香港人對民主自治的追求則源自國家意識的貧乏：

> 香港回歸才六年多，許多港人對「一國兩制」和《基本法》的認識還不很足夠，「一國」觀念、國家意識、香港法律地位的認知以及市民對普選意義的認識等還不夠清晰。

亦因為香港人對中國缺乏認同，反倒擁有「過份強烈」的自主意識，使他們不斷對北京政權提出與身份並不匹配的訴求。提出民主自治的訴求，就是對中國絕對主權的質疑。根據主權至上的邏輯，北京政權無法姑息香港人爭取民主的「罪行」：

> 《基本法》……在六年多實施過程中，幾乎沒有一天不受到質疑、歪曲、甚至詆毀……一個連憲制性法律**尚未得到應有尊重**的社會裏，在政治體制上作出激烈的變革，其負面影響是可以預計的。

在一連串嚴厲的指控過後，喬曉陽重申國家主席胡錦濤早前曾向行政長官董建華下達指令，要求特區政權把精力都放在經濟建設至上：

> 殷切希望香港人抓住機遇，發揮本身優勢，團結奮鬥，集中精力，盡快將經濟搞上去，並深刻指出，這是香港當前的要務，也是**全國人民的共同願望**[77]。

一眼看來，這不過是重複過往呼籲香港人少談政治、專心賺錢的客套話。可是香港的經濟政策，向來都是特區政權的內部事

---

[77] 《全國人大常委會副秘書長喬曉陽在座談會的發言》，香港政制及內地事務局網站，2004年4月26日（https://www.cmab.gov.hk/cd/chi/media/s042604-1.htm）。

務。可是如今胡錦濤卻親自強調這不單是「當前的要務」,而且也是「**全國人民的共同願望**」:這說明香港經濟不再只是特區高度自治範圍內的事務,而是中國的國家基本政策。這背後隱藏著一種訊息:香港拚經濟是為了配合國家的政策,而香港經濟也是中國國家規劃的一部份。這暗示北京政權將會改變過往相對放任的作風,改以積極的方式介入香港的政策,使香港能配合中國國家發展的規劃。

在喬曉陽的演說過後,香港在5月即發生令人憂慮的事態。當時立場偏向民主派的鄭經翰在商業電台主持名為《風波裏的茶杯》的論政節目:這個在早上七時開播的節目深受聽眾歡迎,也是民眾申訴社會不公的渠道,甚至令鄭經翰被戲稱為「10點前特首」。可是他卻於5月1日突然宣布休假,其後又於13日以「政治壓力」為由,宣布自己不會再主持節目。而於同一家電台主持《政事有心人》的黃毓民,則於13日委託嘉賓主持宣布自己「身心俱疲、需要休息」,因此決定暫停主持節目,與家人離開香港暫避風頭。此後商業電台改為邀請李鵬飛主持《風波裏的茶杯》:他過往曾經擔任立法局議員,在離開政壇後轉型為政治評論員。可是李鵬飛在18日晚上,卻收到前中英聯合聯絡小組中國代表成綬三的電話:這位外交官在對談中「問候」李鵬飛的家人,稱讚他的「太太很賢淑」、「女兒很漂亮」。李鵬飛在翌日即決定向商業電台辭職[78]。

---

78 Lo, Sonny (2007). "The Mainlandization and Recolonization of Hong Kong: A

　　山雨欲來風滿樓，各種的蛛絲馬跡都指出香港即將遭逢巨變。民主回歸世代想藉著自己的愛國熱情，說服中國以更友善的態度對待香港：可是中國非但沒有絲毫的感動，反倒立意要把香港改造成黨國的附庸。北京政權在2000年代後期對香港的干預日趨積極：他們要香港脫離半個世紀以來的歷史軌跡，改轅易轍走上中國模式的黨國威權道路。

Triumph of Convergence over Divergence with Mainland China," in Joseph Y.S. Cheng (ed), *The Hong Kong Special Administrative Region in its First Decade*. Hong Kong: City University Press. p.205.

CHAPTER 8

中國因素的全面侵略

　　2003年七一大遊行後的政治發展，使北京政權決定調整過往的香港政策。過往北京政權基於馬克思主義理論的刻板印象，以為只要贏得香港資產階級的合作，就可以妥善管治這個資本主義社會。他們在1980年至1990年代透過統一戰線策略讓香港工商界權貴與親中派結盟，期望如此就能夠把權貴培育成1997年後的統治精英[1]。他們最終選擇讓航運業鉅頭東方海外的老闆董建華擔任首位行政長官，並計劃放手讓信任的工商界權貴實行間接統治，而未有打算親自介入香港日常的治理。

　　不過北京政權的如意算盤終究無法打得響。畢竟工商界權貴之所以與北京政權交好，主要還是出於各種利益的權衡：北京政權歸根究柢是利用香港和中國體制內的尋租空間，來換取權貴對中國共產黨的忠誠。可是隨之而來的利益分配，卻反倒使權貴無法形成團結的執政團隊：他們反倒為爭奪在中國的利益，濫用與

1　Goodstadt 2000.

北京政權的友誼互相告狀[2]。北京政權亦對殖民地體制的運作有嚴重的誤解：雖然工商界權貴曾在殖民地諮詢體系內扮演重要的角色，甚至偶爾能迫使香港政府遷就他們，可是他們從來都沒有參與政治決策的經驗。這些權貴的主要關懷始終是自己的生意，只會把諮詢體系內的公職當成謀求私利的管道，未曾有過真正的執政意志：他們只會向政府提出各樣的要求，把制定具體決策的功夫都交由公務員處理，然後否決那些對自身利益構成損害的政策提議。工商界權貴過往擁有的特權，都未有伴隨相關的責任：如此他們既沒有自行決策的能力、也沒有顧全公共利益的意欲[3]。

　　董建華為首的工商界權貴在1997年執掌政權後，香港的政商關係裙帶主義盛行，使特區政權迅速陷入管治崩壞的局面[4]。雖然董建華其後在2002年推動「高官問責制」，可是他並無法建立一個團結的管治團隊，只好容讓主要高官各自為政[5]。特區政權的政策向來偏袒商界利益，卻對普羅民眾相當苛刻：他們不單剝奪民眾參與民主政治的權利，亦未有為民眾提供紓解民生問題的公共服務[6]。「高官問責制」同時使公務員失去過往的把關角色，使商界

2　徐承恩、易汶健、伍子豐（2012），《精英惡鬥：香港官商霸權興衰史》，香港：東寶。（https://bit.ly/3sGzdgc）

3　Goodstadt, Leo F. (2005). *Uneasy Partners: The Conflict Between Public Interest and Private Profit in Hong Kong.* Hong Kong: Hong Kong University Press. pp.110-112.

4　Lo 2001.

5　練乙錚 2005，頁75。

6　Goodstadt, Leo F. 著、顏思敏譯（2015），《富中之貧：香港社會矛盾的根源》，

利益日趨橫行霸道，而香港民眾對「官商勾結」的不滿亦隨此與日俱增[7]。由本地權貴主導的「高度自治」，最終令50萬忍無可忍的香港民眾在主權移交六周年當日向特區政權「贈慶」：在北京政權的眼中，容讓本土權貴自行其是的「自治」已經淪為「社會動亂」的來源。

北京政權意識到間接管治成效不彰，就決定要在香港按照中國那種「黨政一把抓」的邏輯，以積極的干預政策推動香港的「二次回歸」。他們採取典型的「從經促統」策略，先把香港納入中國經濟體系之內，其後再順著經濟融合的大勢推動香港在政治、社會和文化上的中國化。

經濟殖民與畸型的榮景

就在民怨在七一大遊行前不斷累積之際，北京政權已開始為其後的局勢超前部署，在2003年6月29日與特區政權簽訂《內地與香港關於建立更緊密經貿關係的安排》（Closer Economic Partnership Agreement，簡稱CEPA）。這項協議取消香港與中國之間的關稅、並鼓勵服務貿易自由化，容許香港的服務提供者到中國自由經營。為鼓勵跨境專業服務，該協議亦鼓勵在維持專業水平的前提下，雙方互認對方的專業資格。除此以外，CEPA亦支持

香港：天窗出版。頁67至70。

7   Goodstadt 2005, pp.221-226.

中國國營銀行到香港開設分行，並以香港為國際資金外匯交易中心。北京政權與此同時亦開始推動俗稱「自由行」的計劃，讓中國民眾不用隨團就可以到香港旅遊：「自由行」簽證政策在東莞、中山和江門開始試行後，到2004年7月1日再開放予所有廣東民眾申請，其後又逐漸擴展到中國其他地方[8]。

　　香港經濟在主權移交後長期不振，令CEPA這類自由貿易協定顯得更具吸引力。香港在1997年亞洲金融風暴後，名目GDP幾乎一直陷入衰退：香港雖然曾在2000年取得4.0%的經濟增長，這不過是科網股熱潮帶來的泡沫，2001年泡沫爆破後就遭打回原形。雖然考慮到物價等因素，香港的實質GDP在這幾年仍算是有微弱的增長，可是這卻反映香港經濟正面臨比衰退更嚴重的問題：香港在1999至2004年之間一直陷入通貨收縮的狀況。其中1999年的綜合消費物價指數，甚至來到負4.0%的歷史低位。而香港失業率也在主權移交後急速攀升，到2003年更抵達7.9%的歷史高位，而同年的就業不足率亦有3.5%[9]。在主權移交和2003年七一大遊行之間，香港曾出現多次企業裁員潮，減薪留職的情況也是司空見慣。需要支付房貸的中產階級若失去收入，就會因房價

8　《內地與香港關於建立更緊密經貿關係的安排》，香港特別行政區政府工業貿易署網站，2003年6月29日（https://www.tid.gov.hk/tc_chi/cepa/files/main_c.pdf）。
　　工業貿易署網站亦有刊載各項與CEPA相關的後續協議：https://www.tid.gov.hk/tc_chi/cepa/legaltext/cepa_legaltext.html
9　資料來自香港特別行政區政府政府統計處網站（https://www.censtatd.gov.hk/tc/page_8000.html）。

下跌而陷入資不抵債的窘境，使他們多年的積蓄一筆勾銷[10]。

　　香港於主權移交後，不幸接連遭遇亞洲金融風暴和科網股爆破，使經濟長期維持低迷。在中國崛起的形勢下，特區政權理應以政策推動香港的產業轉型：可是特區政權卻以「自由放任」為由選擇向工商界權貴放權讓利，而沒有承擔帶動產業技術提升的積極責任[11]。比如香港曾經有過設計積體電路的產業，並且早已取得一定的成就：他們曾經為摩托羅拉公司設計龍珠晶片（Motorola DragonBall），而這款晶片後來也成為 Palm 掌上電腦的處理器[12]。可是由於特區政權無意推動扶持半導體產業的政策，最終香港無法與臺灣和韓國這兩個積極扶助半導體產業的國家競爭，使整個充滿潛力的產業胎死腹中[13]。「自由放任」的「無為而治」，最終淪為「無能為力」的方便藉口，使香港的經濟一直沉痾不起。

10　呂大樂、王志錚（2003），《香港中產階級處境觀察》，香港：三聯書店。頁91至115。

11　Yeung, Henry Wai-chung (2000). "Neoliberalism, Laissez-Faire Capitalism and Economic Crisis: The Political Economy of Deindustrialisation in Hong Kong," *Competition & Change*, 4(2):121-169.

12　〈【專訪】Motorola「龍珠」晶片開發者　90年代香港威水史〉，*unwire.hk*，2018年5月16日（https://unwire.hk/2018/05/16/dragonball/people-interview/amp/）。

13　Fuller, Douglas B. (2010). "Government Neglect and the Decline of Hong Kong's Integrated Circuit Design Industry," in Douglas B. Fuller (ed), *Innovation Policy and the Limits of Laissez-faire: Hong Kong's Policy in Comparative Perspective*. London: Palgrave Macmillan. pp.242-266.

　　就在香港經濟不斷沉淪之際，中國的經濟卻始終維持高速增長：在2000至2011年期間，中國經濟增長率一直維持在8%以上，而在2003至2007年期間甚至一直高於10%[14]。這樣不論是特區政權還是一般民眾，都期望可以透過區域經濟融合振興香港經濟：這種想法亦符合當時流行的「全球化」意識形態。可是跨國經濟融合若要修成正果，香港必須調整自身的經濟體質，而發展優勢產業、提升產業技術就是不可或缺的基本功夫：若非如此，香港將無法保證自身在區域經濟中的獨特角色。可是特區政權和工商界權貴，卻迷信自由放任的意識形態，只想趁經濟融合在中國找到更多尋租的機會。這種短視的投機作風，最終釀成港中經濟的不對稱融合。香港無法在經濟融合的過程中達成結構轉型，使其經濟角色變得相當被動：在2000年代後期，香港的經濟極其倚賴珠江三角洲的發展，可是珠三角經濟卻有能力擺脫香港自立。此時香港大部份產業都無法與廣東的企業競爭，能夠在這種經濟體系獲利的，就只有金融業、服務業、以及尋租食利的地主和開發商[15]。

　　在不對稱融合的大勢下，香港也成為**全面去工業化**的特殊案例。雖然去工業化是先進工業國在全球化時代的普遍現象，可是這些國家把勞動密集的低增值工序移到海外時，仍然會掌握關鍵的生產技術和知識產權、並積極提升高增值產業的生產力。如此

14　資料來自世界銀行網上資料庫。

15　Tsang, Shu-ki (2007). "The Hong Kong Economy under Asymmetric Integration: Structural Transformation or Dissolution?," *The China Review*, 7(2):35-63.

工業就業人口雖然仍然會不斷減少，但工業生產的總值仍然能夠不減反增。而香港的去工業化卻是世上絕無僅有的「產出去工業化」：香港工業界只想運用黨國體系的尋租空間，透過剝削廉價的勞動力牟取暴利。他們在技術研發方面則毫無作為，甚至把香港人發明的技術向中國傾囊相授。如此香港的工業生產總值，就像工業就業人口那樣煙消雲散：雖然港中經濟融合能帶來龐大的帳面收益，卻使曾經輝煌的香港工業淪為可有可無的存在[16]。

　　CEPA 使香港經濟完全去工業化，從而造成**產業結構的失衡**：這基本上是把所有雞蛋都放在金融業這個籃子內。在 2007 至 2008 年爆發的全球金融危機，使跨國投資者都把資金轉往東亞避險，而香港則是他們主要的投資地。中國趁著這個機會，就以香港為基地推動人民幣的國際化，並成功吸引大批海外資金。大批熱錢的流入令金融業獨大的情況進一步惡化，隨 CEPA 南來的中國金融機構亦壟斷人民幣的交易，使香港金融業逐漸淪為中國資本的禁臠[17]。這種畸形的產業發展無法使經濟發展的成果雨露均霑：香港權貴與南來新貴透過金融手段使其財富倍增，基層民眾薪資和工作機會卻未有因此受惠[18]。

16　鄭紹鈺，〈香港去工業化為何是人類罕見的？〉，2021 年 8 月 19 日（https://rainchamber.medium.com/ 香港去工業化為何是人類罕見的 -3d428fe937b7）。

17　Hung, Ho-fung (2019). "Chinese State Capitalism in Hong Kong," in Tai-lok Lui, Stephen W.K. Chiu and Ray Yep (eds), *Routledge Handbook of Contemporary Hong Kong*. London: Routledge. pp.430-448.

18　Lee, Kim Ming, Benny Ho Pong To and Kar Ming Yu (2017). "Financialization and Economic Inequality in Hong Kong: The Cost of the Finance-led Growth

　　香港的經濟雖然在 2000 年代後期取得可觀的增長，可是社會流動機會卻反倒大不如前。香港的財富在這幾年的發展愈來愈集中，各層面的經濟活動都被本地權貴和南來新貴的大財團壟斷。雖然 CEPA 理論上能讓香港人更容易到中國發展，可是實際上能夠受惠的，都是那些早已在中國站穩陣腳的企業和專業人士。社會的財富分配日趨兩極化，累積財富的財團則以低薪聘請基層員工、並以資源重整的名義減少聘請中等收入的員工，使中層職位的薪金停滯不前。如今教育水平較高的年輕世代，既難以找到與能力相稱的職位，其薪金使他們的生活捉襟見肘、而成為中產階級也變成可望不可即的目標。過往透過教育從基層上向流動成為中產的機會，如今幾已成為絕唱[19]。

　　面對社會財富分布的兩極化，特區政權卻是毫無作為，仍然一如往日地高舉反對「福利主義」的大旗：這個政權只會看重北京政權、本地權貴和南來新貴的權益，沒有意欲推動彌補經濟發展副作用的社會政策。金融業的發展令大批熱錢流入香港，並大舉投入在香港的房地產投資，使香港房價在 2000 年代後期毫無節制地暴升。隨著租金水漲船高，大批小本經營的商號亦因經營困難紛紛結業，讓大財團的分店取而代之。基層民眾亦無法再負擔

Regime," in Brian C.H. Fong and Tai Lok Lui (eds), *Hong Kong 20 Years after the Handover: Emerging Social and Institutional Fractures after 1997*. London: Palgrave Macmillan. pp.127-151.

19　Augustin-Jean, Louis and Anthea H.Y. Cheung (2018). *The Economic Roots of the Umbrella Movement in Hong Kong: Globalization and the Rise of China*. London: Routledge. pp.35-85.

住宅單位的租金，而在基層社區置產的房東則紛紛把單位分拆成2至3坪的套房。這些被稱為「劏房」的分租套房，大部份都密不透風、也沒有完整的廚廁：可是這些套房的租客，卻有不少一家三口的家庭[20]。

特區政權對於老人、病患和弱勢群體的問題無動於衷，未有為社會必須的公共服務提供足夠的撥款：他們反倒要求服務機構採用商營企業的運作模式，又模仿「市場競投」的方式縮減撥款。他們也削減對醫院管理局的撥款，並指控貧苦病患「濫用醫療資源」，意圖迫使他們到私營醫療機構求診：公營醫療服務的輪候時間日益漫長，其超負荷的營運模式亦令醫護人員士氣不振。香港的教育體系亦不再是相對平等的上向流動機制：他們以提供「多元優質教育」為由，讓中小學以「提升教學質素」的名義，申請轉型為學費高昂的「直接資助學校」。而大學則在聯校招生之外增設「多元收生」的渠道，應徵者則多為國際學校的學生。就實際效果而言，香港的教育質素並未因這類政策而有所提升，反倒讓學校成為複製社會階級不平等的機制[21]。

而伴隨CEPA而來「自由行」政策，更促成香港民眾與中國人之間的族群矛盾。我們在第一、二章討論嬰兒潮世代的中國情結時，曾提及港中區隔的歷史事實乃這種浪漫主義能夠維繫的時代背景：雖然嬰兒潮學運高喊「認識祖國」，可是他們終究只能

20　Goodstadt 2015，頁117至142。

21　Goodstadt 2015，頁175至206。

霧裏看花，他們腦海中的中國也不過是鏡花水月。如今**真實的中國**卻活生生地展現在香港民眾的面前，使僅有的浪漫想像煙消雲散。中國在2000年代後期不斷爆發食物安全危機，而市場上亦充斥著魚目混珠的偽冒產品：如此大批中國民眾爭相申請個人遊簽證，到商譽良好的香港大批搜購奶粉、食品、藥妝等民生物資，甚至繞過中國法規發展成有組織的地下平行貿易產業。香港民眾無法與中國「水貨客」集團競爭，難以購入生活上必須的民生物資：比如在中國於2008年爆發「毒奶粉案」後，香港市面上的奶粉幾乎被從事平行貿易的中國遊客搶購一空，使香港的媽媽們陷入困境。過往主要由街坊小店組成的地方社區，有不少亦轉型為平行貿易的「批發中心」，不堪社區安寧受損的民眾則與中國「水貨客」頻起衝突[22]。

訪港旅客的數量在2000年代後期不斷攀升，其後中國更把個人遊簽證計劃推廣到各大中型城市後，使旅客數目於2010年代中後期達到高峰：這時候每年都有五、六千萬人次的旅客造訪香港，當中有四、五千萬是來自中國的「遊客」，而當中大約三千萬人次的旅客並不會在香港過夜[23]。這樣的旅客人數顯然已超越

22　陳志芬，〈分析：水貨客對香港困擾如何化解？〉，BBC News 中文網，2015年2月26號（https://www.bbc.com/zhongwen/trad/china/2015/02/150226_ana_hongkong_mainland_conflict）；〈香港學者建議立即打擊水貨客，以免中港民怨加深〉，美國之音粵語網，2015年3月18日（https://www.voacantonese.com/a/hk-scholar-on-anti-parallel-traders-protest/2685245.html）。

23　資料來自香港旅遊發展局的香港旅業網（https://partnernet.hktb.com/tc/research_statistics/tourism_statistics_database/index.html）。

香港的承載能力，而個人遊簽證計劃亦明顯遭到濫用。這些訪客除搶購民生物資的「水貨客」外，亦有少部份來自大城市的暴發戶。這類旅客特意到香港搜購黃金首飾、以及各種外國品牌的奢侈品，雖然這類貴客的人數相對而言不算太多，可是他們卻有驚人的消費力，繼而進一步推升主要購物區的租金。而銀樓、名牌店和藥妝店這類服務中國貴客的商舖，亦逐漸在黃金地段把香港民眾慣常光顧的消費娛樂場所排擠掉。這些中國貴客恃著高昂的消費金額，自視為救濟香港貧苦民眾的「恩主」，並以不可一世的態度對待店員以至旁觀的民眾[24]。

「自由行」政策的外部效應，使香港民眾的日常生活遭受損害，並釀成民眾與中國人之間的族群衝突。香港人在批評濫用個人遊簽證的中國旅客時，後者往往會不禮貌地反唇相譏，而特區政權卻反倒怪責香港民眾抱有「排外」心態。這樣的發展正好反映港中關係的本質：中國不是香港民眾真正的「母國」，反倒是霸道地宰制香港的「殖民國」。而中國貴客的「**恩主心態**」，乃中國即將在經濟層面以外對香港的政治和文化展開全面侵略的徵兆。

---

24 張春續，〈大陸人的「恩主心態」從何來〉，騰訊評論（原文已遭中國網絡審查機關移除，備份連結：https://chinadigitaltimes.net/chinese/333993.html）。相關的新聞報導：葉珊，〈騰訊評大陸人「恩主心態」文章遭刪除〉，BBC News 中文網，2014 年 2 月 19 日（https://www.bbc.com/zhongwen/trad/china/2014/02/140219_hk_mainland_benefactor）。

從「一國兩制」到「一國領導兩制」

董建華在2013年七一大遊行後日趨低調，其後更於2005年3月10日因「健康理由」宣布辭職。政務司司長曾蔭權在署任行政長官三個月後，在6月15日遞交參選行政長官補選的提名表格。當時選舉委員會共有800名成員，而曾蔭權則獲得當中710名選委的支持，在自動當選後於6月21日獲得北京政權正式任命。

曾蔭權在就任初期嘗試透過公關手段改善特區政權的形象：從2005年末到2008年初，特區政權的支持度一直都在50%上下，而反對率則介乎10.8%至15.1%之間[25]。曾蔭權個人的民望在上任頭37個月，甚至比末代港督彭定康來得更高：此後他的民望一直維持平穩，要待2011年中才下跌到昔日董建華的水平[26]。曾蔭權於殖民地時代就開始擔任政務官，在主權移交前夕又獲英女王授予大英帝國爵級司令勳章（Knight Commander of the Order of the British Empire, KBE）：民眾期望這位政務官出身的爵士能夠回復殖民地時代官僚主導的管治風格，從而扭轉董建華時代的亂局。可是這只是公關伎倆營造的虛假期望[27]：北京政權看似要讓曾蔭權恢復殖民地時代的善治，可是他們此時卻已經開始為改造香港

---

25 香港大學民意研究計劃的調查，數據取自香港民意研究所（https://www.pori.hk/pop-poll/government/h001.html）。

26 香港大學民意研究計劃的調查，數據取自香港民意研究所（https://www.pori.hk/pop-poll/chief-executive/a-rating-combined.html）。

27 劉細良編（2005），《曾蔭權百日維新》，香港：CUP。

而暗渡陳倉。

　　此時中央政府駐港聯絡辦公室的角色亦變得積極進取：他們不只積極聯絡統戰團體和政府官員，還聘請學者研究未來統治香港的新策略。在2008年，中聯辦的兩位研究員先後從意識形態以及實際操作的層面，為北京政權準備好未來的「治港藍圖」。當中強世功於2008年出版的《中國香港：政治與文化的視野》，更開宗明義地與民主回歸世代提倡的「港式愛國」直球對決：他指出所謂的「港式愛國」，「愛的是祖國的河山和歷史文化，而不是包含國家主權在內的政治實體」。可是強世功卻不客氣地表示，中國過往「恩慈」地考慮到香港仍然是英國的殖民地，才會定下如此寬鬆的「愛國標準」。如今香港早已在主權移交後經歷逾十個寒暑，就非得要正視黨國即中國的政治現實，如此方能算是真正的「愛國」。為此香港的政治體系，必須「將『一國』從歷史文化的建構變成**法律主權的建構**」。

　　而中國對香港的統治之所以會遇上麻煩，正是因為香港民眾曾接受過殖民地的「奴化教育」，使香港人全盤認同西方的文化價值。亦因如此，香港民眾「在自由、平等和民主這些文化價值上，**認同香港屬於英美世界**的一部份，而不是中國的一部份」[28]。強世功認為香港在主權移交後之所以會亂象紛呈，正是「戀殖情結」造成「民心未回歸」的結果。在這種殖民遺緒下，香

28　強世功（2008），《中國香港：政治與文化的視野》，香港：牛津大學出版社。頁175。

港民眾才會喊出「還政於民」的口號，想要透過民權對抗中國對香港超然的主權，從而無法真正成為「熱愛祖國」的中國人。

為此強世功也不再強調香港在中國近代化的角色：因為他認為中國不應追尋政治上的近代化，反倒應該按照「類似父子和兄弟的**儒家差序格局原則**」，重建過往稱霸東亞大陸的天下帝國。在這種「差序格局」的政治框架下，北京政權擔任「君父」的角色，既是香港民眾的「君主」、也是一直看顧香港的「父親」。以香港作為「臣民」和「子女」，他們對中國的「貢獻」也只是微不足道的「反哺」，就不過是「孝子」對「父親」聊表心意而已：既是「孝親」，身為「孝子」的香港就沒有與北京的「君父」討價還價的餘地，他們反倒應該無條件地順服。如此「**邊疆服從中央的主權權威，中央承擔起邊疆安全與發展的道德責任**」，方能符合「差序格局」的政治倫理原則。

即使過往中國共產黨曾激烈批判過儒家思想，他們卻從來未放棄源自儒家的**道統觀**：事實上黨國體制積極把這種道統觀挪為己用、又把差序格局的原則從黨中央一直伸延到地方機關，只是直接用馬列主義和毛澤東思想來替代孔孟之道而已[29]。即使在「破四舊、立四新」的政治動員中，在那些把傳統文化承傳燒光、搶光、砸光的紅衛兵背後，仍是能看到傳統幫派的運作邏輯：毛澤東在江西山區展開遊擊戰時積極吸納當地鄉村幫會[30]，並於其後

29　Walder 1986.

30　高華 2000，頁 3 至 5。

的政治運動中活學活用[31]，而這些幫派也正好是由講究兄弟輩分的「差序格局」維繫。當毛澤東在延安發動黨內鬥爭時，其親信劉少奇於1939年7月發表題為《論共產黨員的修養》的演講，要求中共黨員彷效儒學的「修身」傳統來「自我檢討」：毛澤東當時盛讚這篇演講「提倡正氣，反對邪氣」[32]。筆者認為中國共產黨非但未有完全反對儒家思想，反倒從《水滸傳》[33]裏面那種下層社會忠義觀發展出一套「**流氓儒學**」（Lumpen-confucianism），藉此回應中國國民黨的「**法西斯儒學**」（Confucian Fascism）[34]。在北京政權的角度而言，中國就是一個「血濃於水」的大宗族，而香港則是這個宗族的旁系：雖然這個旁系的事情可以因地制宜，可是他們仍然必須參與大宗族的祭祀、服從大宗族的諸位長輩。這種透過一國兩制實踐差序格局做法，正好是要「**將儒家的政治傳統帶**

---

31 毛澤東在國共合作期間，曾經提及要「善用」傳統幫會的力量：「還有數量不小的遊民無產者，為失了土地的農民和失了工作機會的手工業工人。他們是人類生活中最不安定者。他們在各地都有秘密組織，如閩粵的『三合會』，湘鄂黔蜀的『哥老會』，皖豫魯等省的『大刀會』，直隸及東三省的『在理會』，上海等處的『青幫』，都曾經是他們的**政治和經濟鬥爭**的互助團體……這一批人**很能勇敢奮鬥，但有破壞性，如引導得法，可以變成一種革命力量**。」參：毛澤東，〈中國社會各階級的分析〉，《革命》半月刊，第四期，1925年12月1日。

32 高華 2000，頁223。不過諷刺的是，同一篇演講詞到文化大革命時，卻使劉少奇被扣上「為孔家店招魂」的罪名。

33 毛澤東嗜讀《水滸傳》，亦喜歡利用該書情節推敲自身的政治思想。參：董志新編（2005），《毛澤東讀水滸傳》，上海：上海人民出版社。

34 Wakeman, Frederic Jr. (1997). "A Revisionist View of the Nanjing Decade: Confucian Fascism," *The China Quarterly*, 150:395-432.

入現代國家建構中」[35]。

同樣為中聯辦研究員的曹二寶，則在同年於中國共產黨中央黨校的機關報投稿，主張北京政權應在香港建立「第二支管治隊伍」。他認為雖然《基本法》第二條規定特區政權應當「實行高度自治」，可是「自治不能沒有限度」，因為「**完全自治就是兩個中國，而不是一個中國**」。在主權不容割裂的「一個中國」原則下，中國有權通過實際行動達成「法律主權建構」。中國若要在香港落實其不可分割的主權，那麼香港「在管治力量上就必然是**兩支隊伍**」：為此北京政權必須在特區政權以外，另外設置一支「**體現一國原則、行使中央管治香港的憲制權力，但不干預特區自治範圍事務的管治隊伍**」。而組成「第二支管治隊伍」的，自然是北京政權派遣的中國幹部：他們會與行政長官和問責官員保持接觸，並以「支援特區施政」的名義從旁下指導棋，積極形塑特區政權的具體政策。這樣所謂的「特區自治範圍」，實際不過是讓特區政權以自己的名義實行中國的旨意，並讓香港官僚負責行政執行事宜而已[36]。

這兩位中聯辦研究員的言論顯然並非他們的個人意見：北京政權後來在 2014 年 6 月 10 日，公布《「一國兩制」在香港特別行政

---

35 強世功 2008，頁 153。

36 曹二寶，〈一國兩制條件下香港的管治力量〉，《學習時報》，第 422 期，2008 年 1 月 29 日。

　　此文在香港立法會的存檔：https://www.legco.gov.hk/yr08-09/chinese/panels/ca/papers/ca0420cb2-1389-2-c.pdf

區的實踐》白皮書，當中的內容與強世功和曹二寶六年前的提議
不無相似之處。事實上這份政策文件，正是由已升任為北京大學
港澳研究中心執行主任的強世功、與北京清華大學法學院院長王
振民和人民大學臺港澳研究中心主任齊鵬飛共同執筆。白皮書在
第二章第一節，直接表明「中國依法**直接行使管治權**」，擁有「組
建香港特別行政區政權機關」的權力，亦會「支持指導香港特別
行政區行政長官和政府依法施政」。在第五章第一節，則說明香
港「是國家不可分離的部份」、其「高度自治權不是固有的」，
而特區政權權力的「唯一來源是中央授權」。白皮書亦強調「『一
國』是實行『兩制』的前提和基礎，**『兩制』從屬和派生於『一
國』**，並統一於『一國』之內。『一國』之內的『兩制』，並非等
量齊觀」[37]。

　　曾蔭權的公共形象和公關技巧都遠勝於他的前任：這位流露
著英式品味的行政長官，曾經讓民眾相信香港將會漸入佳境。可
是他的實際政績卻乏善可陳：其管治團隊充斥著傳統政務官常見
的官僚性格，無法妥善地向受過選舉政治洗禮的民眾負責，又與
董建華時代的權貴過從甚密。曾蔭權於任內擴展既有的「高官問
責制」，在問責官員之下增設副局長和政治助理的職位，期望能藉
此促進官民溝通：可是這政策在實行上，卻淪為向平庸的親信發
放政治酬庸的制度[38]。面對北京政權日趨高調的介入，曾蔭權也未

37　中華人民共和國國務院新聞辦公室（2014），《「一國兩制」在香港特別行政區
　　的實踐》，北京：人民出版社。

38　Wong, Joseph W.P. (2013). "Expanding and Destroying the Accountability Sys-

有發揮特區政權僅剩的自主權，而其任內的經濟政策就是沒有政策：特區政權只會搭乘CEPA的便車，在科技創新和文化產業等重大議題上卻不思進取。由於曾蔭權在本地權貴、南來新貴和北京政權面前表現軟弱，縱然他擁有一定的民望、又具有一定的執行能力，可是香港的自主權還是在他手上逐一丟失[39]。在2010年代末，香港民眾逐漸對這位行政長官感到失望：他們不禁懷疑一切華麗的**公關伎倆**，都是在掩飾曾蔭權對北京政權的言聽計從。

而政制改革議題則正好是曾蔭權政權的軟肋：他在任內曾兩度嘗試推動有限的改革，可是兩次嘗試都反映這位行政長官力不從心。不過泛民主派也回復到董建華時代初期的狀態：他們無法再像2003至2004年那樣一呼百應，與曾蔭權政權同樣陷入進退失據的局面。曾蔭權上任後不久即於2005年10月提出政制改革方案，建議選舉委員會的規模從800人增加至1600人，並把所有在任區議員納入其中，藉此增加選委會的「間接民主」成份。他亦提議把立法會的議席數目，從60席增加到70席，而在新增議席中直選議席和功能組別各佔5席。至於新增的功能組別議席，則會交由區議員互選產生。香港民眾對曾蔭權的政改方案意見分歧：

---

tem," in Joseph Y.S. Cheng (ed), *The Second Chief Executive of Hong Kong SAR: Evaluating the Tsang Years 2005-2012.* Hong Kong: City University Press. pp.31-58.

39　Chu, Yin-Wah and Alvin Y. So (2013). "Can Hong Kong Design a New Growth Engine? A Study of the Absence of Economic Policiesof the Donald Tsang Regime," *The Second Chief Executive of Hong Kong SAR: Evaluating the Tsang Years 2005-2012.* pp.200-227.

這時候曾蔭權的蜜月期才剛剛開始，民眾對特區政權也重新抱有期望。他們認為這個方案雖然未能達成雙普選，不過仍然算是些微的進步：而民意調查亦顯示民眾傾向支持曾蔭權的方案。不過他們仍然希望曾蔭權能夠明確列出雙普選的「時間表」和「路線圖」，承諾在一定的期限之前實行行政長官和立法會雙普選，或至少說明達成這個終極目標的明確步驟[40]。

當時泛民主派在立法會內的議席，剛好多於所有議席的三分之一，從而掌握對政改方案的否決權。他們知道民意希望曾蔭權方案能獲得通過，可是他們亦期望能運用手上的否決權，讓特區政權就雙普選的「時間表」和「路線圖」作出承諾。雖然曾蔭權受制人大常委會的權力而無法輕鬆地作出承諾，可是他還是有其他妥協的空間：比如他可以決定取消區議會於1998年再度引入的委任議席，或至少承諾不會讓區議員的委任成員加入選舉委員會。可是曾蔭權卻缺乏與泛民主派協調的誠意，最終雙方無法達成任何共識，使政改方案無法在立法會中獲得通過。泛民主派在否決方案後，因與香港民眾出現隔閡而失去動力，使民主運動陷入集體失語的膠著狀態[41]。

面對這樣的悶局，泛民主派當中的基進派主張必須採取進

---

40 香港大學民意研究計劃2005年12月14日新聞公報（https://www.hkupop.hku.hk/chinese/release/release337.html）。

41 Ma, Ngok (2007). "Democratic Development in Hong Kong: A Decade of Lost Opportunities," in Joseph Y.S. Cheng (ed), *The Hong Kong Administrative Region in its First Decade*. Hong Kong: City University Press. pp.65-70.

取的抗爭手段，繼而與主張溫和談判的主流派展開路線之爭。他們在 2006 年 10 月創立社會民主連線，並以「濟弱扶傾，義無反顧，沒有抗爭，哪有改變」為行動綱領。雖然這個政黨提倡社會民主路線，其初期成員構成卻比較像是非主流派的集合。擔任行政委員的「長毛」梁國雄是托洛斯基主義者，曾經認為社會民主對資本主義過於妥協。而向來抗拒社會主義論述的政治評論人黃毓民[42]，則在短暫的流亡過後重返香港參與創立社民連，並當選為第一屆的創黨主席。也就是說，這個新政黨除主張進取的抗爭手段，基本上並無意識形態上的共同基礎。

社會民主連線在 2009 年開始提出「五區總辭」的策略：他們主張泛民主派在全香港五個立法會選區中各派一位議員辭職，然後再參與其後觸發的補選。他們認為若配合泛民主派全體的動員，就可以把「五區補選」轉化成政制改革議題的「變相公投」，藉此向北京政權施加壓力。社民連其後爭取到公民黨的支持，可是民主黨卻始終對此無動於衷：他們質疑這場補選只會勞師動眾，亦不會成功令北京政權的讓步。即或如此，社民連和公民黨的五位立法會議員[43]，還是於 2010 年 1 月宣布辭職，並積極準備同年 5 月 16 日的補選。

42　黃毓民在 1989 年 5 月 4 日一場聲援天安門學運的集會中，反對集會人士像北京學生那樣高唱《國際歌》、並指斥這樣是在歌頌共產主義，因而與在場的學聯代表不歡而散。參：〈國際歌引起的插曲〉，《大公報》，1989 年 5 月 5 日。

43　他們分別是社會民主連線的新界東議員梁國雄、新界西議員陳偉業和九龍西議員黃毓民，以及公民黨的港島東議員陳淑莊和九龍東議員梁家傑。

　　不過特區政權和親建制政黨，都決定冷處理這次「五區公投」，讓社民連和公民黨無法透過辯論營造公投的氣氛。而部份的民主黨成員，亦以事不關己的態度看待這場補選。雖然社民連和公民黨的五位議員都能重新當選，可是補選的投票率卻只有慘不忍睹的17.1%，根本無法帶來「變相公投」的效果。而隨後的發展更令泛民主派陷入難以挽回的分裂：民主黨決定就2012年行政長官和立法會選舉的改革問題，與中央政府駐香港聯絡辦公室展開談判。民主黨議員何俊仁、劉慧卿和張文光在5月24日破天荒走進西營盤的中聯辦總部，與中聯辦副主任李剛展開談判[44]。而由泛民主派議員和學者組成的終極普選聯盟，其後亦有走進中聯辦進行游說[45]。最終民主黨與中聯辦達成協議，決定改良曾蔭權在2005年提出的方案，把新增的功能組別議席都撥入「區議會（第二）組別」。區議員在獲得其他15個區議會的議員的提名後，即可成為這個組別的候選人，並交由在其他功能組別沒有投票權的選民以一人一票的方式選出五名議員。也就是說這個新增的功能組別，將會透過類似彭定康「新九組」的模式，達成近似增加直選議席比例的效果[46]。

　　對於社會民主連線等基進派而言，民主黨透過「密室談判」

44　〈會中聯辦 談政改逾兩小時無共識 民主黨提五建議交波中央〉，香港《蘋果日報》，2010年5月25日。收錄於筆者私藏的電子備份。

45　麥燕庭，〈官員與泛民議員溝通憂變支持政改方案下台階〉，RFI中文網，2010年5月26日（https://www.rfi.fr/tw/中國/20100526-官員與泛民議員溝通憂變支持政改方案下台階）。

46　馬嶽 2013，頁23至28。

換取小修小補的「假民主」方案，既是對民主運動盟友的背叛、也是「五區公投」運動失敗的主要原因。不過基進派與主流派之間的爭論，很快就演變成基進派的內部鬥爭。社民連內部雖然都對民主黨的做法深感不滿，可是他們對於該如何回應民主黨的「背叛」卻沒有一致的看法。黃毓民和陳偉業認定民主黨是基進派的敵人，主張應在2011年的區議會選舉刻意派候選人到民主黨參選的選區「剷票」，藉此懲罰民主黨的「背叛」。可是「長毛」梁國雄卻不同意這種做法，他認為民主黨縱使與社民連意見分歧，卻仍然是民主運動的同伴。結果黃毓民和陳偉業決定退出社民連，另外組織名為「人民力量」的政團，並把「狙擊民主黨」的計劃付諸實行。這些令人紛擾的內部鬥爭，使早已陷入失語狀態的民主運動雪上加霜[47]。

就在泛民主派陷入一片混亂之際，親中派則默默在基層社區延續其統一戰線工作，更於2008年後增設大批新統戰組織：這些組織包括同鄉會、原有社區組織在新發展區的分會、以及提供社會服務的機構。如今親中派透過從統一戰線贏得的友誼，動員基層民眾針對泛民主派的政治人物，透過口耳相傳的方式傳播對泛民主派不利的訊息[48]。在2011年的區議會選舉，中聯辦積極協調各

---

47 Ma, Ngok (2011). "Hong Kong's Democrats Divide," *Journal of Democracy*, 22(1):534-67.

48 Yuen, Samson and Edmund W. Cheng (2021). "Deeping the State: The Dynamics of China's United Front Work in Post-handover Hong Kong," *Communist and Post-Communist Studies*, 53(4):136-154.

統一戰線組織的選舉工程，而親中派則通過統一戰線組織聯絡個別基層民眾：如此他們在選舉當日，就可以透過一對一的方式動員民眾投票[49]。區議會選區的選民人數大約在6,000到10,000之間，規模與臺灣的「里」不相伯仲：這種小選區的投票結果往往取決於候選人的社區動員力，而這正好是泛民主派的軟肋。泛民主派在2007年的區議會選舉早已初嚐敗績，到2011年更因人民力量「懲罰」民主黨的動員而每況愈下：在這兩次選舉親中派都能壟斷超過七成的議席[50]。泛民主派選後一片風聲鶴唳，可是整個陣營如今已失去方向、其內部又因各種矛盾而四分五裂，使民主運動陷入無以為繼的困局。

香港在主權移交後十餘年，民主改革停滯不前、分配不均日益惡化、中國政治未有出現變革、而港中矛盾更是一發不可收拾：這一切歷歷在目的事實，都說明民主回歸世代的信念如今已經全面破產。曾擔當「民主回歸論」理論大師的曾澍基，也不禁反思他昔日在1970年代提出的構想。他承認自己當年的構想太過理想化，使他相信香港經濟能在一國兩制下「促進本身優勢，甚至效法歐洲的瑞士、丹麥和芬蘭，以避免退化為『中國的另一個城市』」。可是在2000年代中期，「CEPA、自由行、內地企業大批來港上市，標誌了經濟介入，政治方面也拋棄放手的取態」，

49　關於親中派的選舉動員，參：費臣，〈什麼人訪問什麼人：區選無間道〉，《明報》，2007年11月25日。

50　Ma, Ngok (2017). "'The China Factor' in Hong Kong Elections: 1991 to 2016," *China Perspectives*, 2017/3:17-26.

與他本人的設想完全相反。曾澍基慨嘆過往「歐洲小國之夢付諸流水」，如今也不再可能認同「不對稱融合」的「主權回歸」：而這種看法對於當權者而言「可能近乎『港獨』」。他仍然堅持香港不應以「排外」的心態看待中國，可是他亦帶著無奈和歉疚，坦誠過往認為香港和中國的近代化能互相扶持的想法流於天真[51]。

八十後青年的失語與後八九世代的逆襲

在 1976 至 1990 年出生的八十後，在 2000 年代踏入青年時期，並開始投身包括民主運動在內的各種社會運動。可是主導香港民主運動的，除了司徒華和李柱銘這兩位戰前世代的大老，其他領導人物都是民主回歸世代的成員。在 1966 至 1975 年之間出生的第二梯隊世代因為民主回歸世代尚未預備放手，在民主運動內部始終是二線人物。在 1963 年出生的涂謹申，屬於民主回歸世代當中最年輕的一群。他在 1991 年首次擔任香港民主同盟的立法局議員時，是議會內最年輕的議員；在 24 年後的 2015 年，他仍然是立法會內最年輕的議員。此後要待羅冠聰於 2016 年當選立法會議員，這個維持約 25 年的紀錄才被打破。

在 1966 年出生的陶君行政治生涯極其坎坷，是民主運動內典型的第二梯隊世代。在 1989 年天安門學運爆發時，他剛好是香港專上學生聯會的秘書長，曾先發制人透過發起遊行迫使民主派投

51　曾澍基，〈光暗時空：從歷史看香港的本土自主〉，《明報》，2012 年 2 月 25 日。

入「愛國民主運動」。他之後加入香港民主同盟，並於1991年當選黃大仙區議員，成為當時最年輕的區議員：可是他始終無法更上層樓。他在民主黨創立後成為少壯派的活躍成員，卻在與主流派的競爭中敗陣，最後只得於2002年黯然退黨。此後他先後加入前綫和社會民主連線，可是他在2010年接任社民連主席後，很快就遭遇「五區公投」失敗後的黨內鬥爭，並與其後退黨的黃毓民反目成仇。最終他在內外交困的狀況下，在2011年丟失在黃大仙區議會的議席、並於翌年立法會選舉鎩羽而歸，使其選舉政治的生涯畫上句號。

在2000年代後期開始投身社會運動的八十後，自知在主流民主運動內無法獨當一面，就決定發起屬於同代人的社會運動。他們借用當時中國的流行語，以「八十後青年」的名義參與追求進步價值的社會運動：他們不但追求政治制度的民主化，亦基於左翼關懷主張經濟上的「民主化」。他們認為香港的社會問題，都出自資產階級權貴無節制的壟斷，使香港在政治、經濟和社會層面都受到資本邏輯的侵蝕。他們發現香港地產業在2000年代後期，在港中不對稱融合的過程中找到尋租食利的空間，並透過與特區政權的良好關係推動發展主義的政策：當時特區政權為求從土地拍賣獲利，在規劃上偏袒地產業權貴，既會毫無節制地強徵農地、又會積極推動舊區重建。當局為求幫助開發商盡快取得土地，在收徵土地時不會考慮到在地居民生活、甚至會下令強制迫遷。原有社區的社會肌理、發展區的環境保育、以及原有空間的歷史意義，都被這種利潤為先的規劃破壞殆盡。

　　隨著中環填海工程的展開，特區政權決定在2006和2007年先後清拆中環天星碼頭和旁邊的皇后碼頭。八十後青年反對這兩項清拆工程，認為特區政權為求在市中心地段開發土地，罔顧這兩幢碼頭背後的歷史意義。他們認為天星碼頭、皇后碼頭和旁邊的香港大會堂，是三位一體的公共空間，承載著香港戰後歷史發展的集體回憶。這三座建於1950和1960年代之交的建築，都有著類似的包浩斯風格，可謂香港現代主義建築的濫觴。

　　八十後青年也強調這個公共建築群，曾見證香港公共領域歷史的關鍵時刻：香港大會堂內設有圖書館、博物館、音樂廳、劇院、茶樓和咖啡廳，落成後就是香港民眾文化康樂活動的焦點。馬文輝過往曾定期在大會堂的會議廳，舉辦名為「海德公園」的公共論壇。在大會堂西北角旁邊的天星碼頭，不單是民眾往返香港島和九龍的交通要道，也是1966年天星小輪事件的爆發地：當年蘇守忠為抗議政府漠視民意，以不民主的手段批准天星小輪加價，就在碼頭的有蓋通道絕食抗爭。而在大會堂另一邊的皇后碼頭，過往曾是舉辦港督就任儀式的地方，也是民眾在工餘時間看海的休憩處；而在1970年代冒起的本土電影工業，亦經常在皇后碼頭取景拍攝。八十後青年把他們的保育運動稱為「**本土行動**」，強調香港不能只顧經濟發展，而忘掉自己本土身份的**集體回憶**：這種對本土身份認同的重視，為2010年代的香港社會運動帶來深遠的影響[52]。

52　谷淑美（2011），〈香港城市保育運動的文化政治：歷史、空間、及集體回憶〉，

　　天星碼頭和皇后碼頭的保育運動最終都功敗垂成：特區政權動用警力把留守現場的抗爭者趕走後，只願意保留天星碼頭鐘樓以及皇后碼頭的建築組件，並承諾在未來將兩座建築覓地重置。在執筆之時，這兩座歷史建築的組件仍在封存之中，亦未有具體的重置計劃。不過此後香港的本土身份認同，就成為社會運動無法迴避的議題。特區政權在2009年提出要從在港中邊界和西九龍之間，興建一條26公里的高速鐵路，藉此把廣深高速鐵路伸延到香港。由於這段高速鐵路大部份路段都是鑽挖或鑽爆隧道，又會經過複雜的地質環境，以致其造價相當高昂。當時特區政權提出的預算是669億港元[53]，即大約85億美元或2,517億新臺幣，而最終這項工程超支逾200億港元、並須延期逾3年方能開通[54]。而這條鐵路在石崗的明挖隨填路段則會穿過橫台山菜園村：由於這條農村在戰後才開始開拓，村民無法像鄰近宗族的大地主那樣獲得「原居民」的資格，因而在收地過程成為被犧牲的對象。

　　特區政權決定以最昂貴的方法興建高速鐵路，並強制收回菜園村村民的家園，使八十後青年感到極為憤慨。他們決定再次發起大規模的保育抗爭：年輕抗爭者在「五區苦行」運動中以26步一跪的方式走遍香港各區，透過身體與土地的直接接觸，宣示

　　呂大樂、吳俊雄、馬傑偉編，《香港・生活・文化》，香港：牛津大學出版社。頁89至103。

53　〈青年赤足苦行 圍立會反高鐵〉，香港《蘋果日報》，2009年12月17日。收錄於筆者私藏的電子備份。

54　〈高鐵造價飆至853億 超支203億 2018年第三季才通車〉，香港《蘋果日報》，2015年7月1日。收錄於筆者私藏的電子備份。

他們「身土不二」的本土身份認同。由於八十後青年在這次運動中，著力突顯港中不對稱融合的社會代價，其本土訴求亦因此比過往的運動更加強烈[55]。在「五區苦行」過後，立法會財務委員會在 2009 年 12 月 18 日的會議首次審議高鐵工程的撥款，而抗爭者則發起包圍立法會大樓的集會[56]。為響應年輕抗爭者的訴求，立法會內的泛民主派議員採取俗稱「拉布」拖延戰術，並先後把審議案的表決日期延至翌年的 1 月 8 日、15 日和 16 日[57]。不過相關撥款還是在議會內權貴代表的支持下，在 16 日的財委會會議中獲得通過：抗爭者嘗試衝入立法會大樓抗議，卻遭警察動用武力驅散[58]。

反高鐵運動的後續發展，則使香港本土運動從「集體回憶」的情感動員，進化成**對主權和邊界問題的全面反思**。當抗爭者發掘與廣深港高速鐵路相關的資料時，發現北京政權在「第十二個五年計劃」中，已經片面把香港納入「深港一體化」的都市規劃，

55　Chan, Steve Kwok-Leung (2017). "Prostrating Walk in the Campaign against Si-no-Hong Kong Express Railway: Collective Identity of Native Social Movement," *Cosmopolitan Civil Societies: An Interdisciplinary Journal*, 9(1):20-41.

56　〈阻止撥款通過 社福界刊聲明號召圍立會〉，香港《蘋果日報》，2009 年 12 月 18 日。收錄於筆者私藏的電子備份。

57　〈二千人撐場 議會內外夾擊 撥款押後表決 反高鐵抗爭 人民先勝一仗〉，香港《蘋果日報》，2009 年 12 月 19 日；〈六小時辯論揭政府更多漏弊 撥款未過關 反高鐵陣營下周再戰〉，香港《蘋果日報》，2010 年 1 月 9 日；〈三千人圍禮賓府 反高鐵青年：曾蔭權下台〉，香港《蘋果日報》，2010 年 1 月 16 日。收錄於筆者私藏的電子備份。

58　〈看吧！人民在挽手 高鐵撥款強行通過 爆發衝突〉，香港《蘋果日報》，2010 年 1 月 17 日。收錄於筆者私藏的電子備份。

準備要把香港和深圳等廣東城市整合為跨越邊界的都會區。而特區政權在低調而草率的「諮詢程序」後，就表態爭取參與這次「十二五」規劃，默許香港根據北京政權的意志「被規劃」：城市規劃本為香港的內部事務，如今這種自治權卻為北京政權所凌駕，意味著香港的自治和自主已經岌岌可危[59]。

「十二五」規劃帶來的爭議，說明北京政權對「絕對主權」之執迷，正是香港自主權不斷遭受蠶食的元兇：要抗衡中國以主權壓制自治的橫蠻作風，香港人就必須以「主權在民」的絕對原則作出反擊。要面對「越境規劃」的威脅，抗爭者就必須強調香港和中國之間存在著一條不容逾越的邊界。可是「主權」和「邊界」的問題，也正好超出八十後青年的想像：他們認為劃分區別「我者」和「他者」的邊界，就是「封閉排外」的表現。縱使他們知道中國就是侵害香港自治的元兇，也意識到港中不對稱融合乃貧富不均惡化的根源，卻始終不願意在香港人和中國人之間作出區分。他們想像中的本土運動，是要聲援被政治經濟建制排斥的香港人，可是卻認為香港人若透過國族建構自我防衛就是「本質主義」的「土著」心態[60]。出於對當代進步思潮的僵化理解，八十後青年對民主自治的真諦茫然無知：任何實踐公民自治的政治實體，都不可能在缺乏有效邊界的情況下正常運作[61]。部份進步學者甚至把香

59　bay area，〈「被規劃」灣區事件：後諮詢階段的新一波爭議〉，《香港獨立媒體》，2011 年 2 月 25 日（https://www.inmediahk.net/node/1009741/）。

60　陳允中，〈開放派與土著派的本土想像〉，香港《蘋果日報》，2013 年 5 月 29 日。收錄於筆者私藏的電子備份。

港人對中國因素的抗拒，都歸納為具有「民粹政治邏輯」的「右翼本土」[62]：這種無視香港社會困境的教條主義，使大部份率先提倡本土抗爭的八十後青年，在2010年代初短短幾年間從先知先覺的前鋒，淪落為集體失語的局外人。

這時候中國北京政權的香港政策早已圖窮匕見：中國就是要透過與香港的不對稱融合，一方面加強香港對中國的依賴、另一方面則為黨國南來新貴開闢尋租空間，繼而利用市場經濟的力量達成更直接的統治。CEPA和「自由行」使港中邊界的調節能力崩壞，乃香港在2000年代後期發展失衡的病灶。唯有修復邊界的漏洞，香港的經濟發展方能有望重返正軌、香港的自主自治才有可能得以維持。若然放任這條邊界繼續崩壞，最終必然會令香港人和中國人之間的族群衝突持續惡化：八十後青年抗拒「封閉排外」的條件反射，其實是把病徵當成病灶的誤判。縱使曾澍基過往曾亟力提倡「民主回歸」，可是他在晚年還是盡上政治經濟學家的本分，懷著今是而昨非的覺悟正視2010年代初期的社會現實：

> 我反對排外，這不等於一個領域無需有秩序增加自身人口。無序開放邊界，含義可能極左或極右……現實裏，兩

---

61 Tamir 2019, pp.33-40.

62 葉蔭聰、易汶健（2014），〈本土右翼與經濟右翼〉，《思想》，第26期，新北：聯經出版。頁153-161。

這種把「民粹政治」當成貶義詞的做法，既反映論者缺乏自我反省的傲慢，亦無助於對社會現象的學術探究。參：Cas Mudde、Cristóbal Rovira Kaltwasser著，徐承恩譯（2022），《民粹主義：牛津非常短講》，新北：左岸文化。

種可能都很遙遠，所以不要把事件再貼上左右標籤，就事論事[63]。

不過縱使八十後青年陷入集體失語的思維短路狀態，他們過往提倡的本土抗爭還是能得以薪火相傳。在1991年或之後出生的九十後，按照呂大樂在《四代香港人》的分類邏輯，可稱之為第五代香港人。不過這個世代最明顯的特徵，是他們都在1989年六四慘案後出生，未曾經歷過北京屠城直播的感官震撼。九十後對於彭定康的政治改革、以及1997年的主權移交，都只有模糊的印象：當他們開始擁有自我意識的時候，中國對香港的統治已經成為常態。他們只依稀記得在主權移交之前，香港曾經有過一段短暫的快樂時代。這樣2003年SARS疫潮過後七一大遊行，就是九十後的政治初體驗：他們對民主運動的第一個印象，就是香港民眾在管治失當下的集體自救，而非「心繫祖國」的「愛國民主運動」。

雖然這個世代接受的中國語文和歷史教育，仍然充滿傳統文化中國論的色彩，可是這時主流文化已經全面本土化、海外潮流又隨著互聯網急速傳播，使九十後無法對「文化中國」產生民主回歸世代的那種「鄉愁」。他們亦比較多在香港土生土長、或至少是第二代的移民，亦因此會**把香港當成他們的原鄉**。而他們的中國印象，除了北京政權對香港民主進程的再三阻撓，就是各種隨

63　曾澍基 2012。

著港中不對稱融合而來的外部效應。民主回歸世代可以透過詩詞歌賦對中國產生遐想，九十後卻必須在日常生活克服中國因素的挑戰：比如與民爭利的中國水貨客、抱著恩主心態歧視香港人的中國貴客、以及排擠本土經濟和民生日常的中國導向產業。

不對稱融合帶來的貧富不均，更直接衝擊九十後向上流動的機會：他們在2010年投身社會後，就知道整個世代都是天生的輸家。18至34歲年齡層的月入中位數，在2001年為11,170港元。這個數目到2010年並非但未有隨經濟增長和通貨膨脹上調，反倒下跌至10,000港元：考慮到香港的租金和物價水平，這種收入水平只能勉強應付租金和生活所需。即使九十後的教育水平普遍勝過之前的世代，也無法令他們取得任何的優勢：在同一個年齡層受過大專教育的人士，月入中位數從2001年的17,313港元，下調至2010年的15,500港元[64]。而香港15至24歲青年的貧窮率，則從2001年的15.2%增加到2010年的19.3%[65]。

九十後的成長經歷，使他們無法認同中國是自己的國家。在主權移交後的2000年代初，香港人曾一度嘗試「學習成為中國人」，藉此適應米已成炊的政治局勢[66]。而2008年的北京奧運會，

---

64 葉仲茵、趙永佳（2016），〈下流青年？客觀狀況和主觀感受〉，趙永佳、葉仲茵、李鏗編，《躁動青春：香港新世代處境觀察》，香港：中華書局。頁54至67。

65 香港社會服務聯會（2012），《香港貧窮統計數字便覽，2001至2010》，香港：香港社會服務聯會。頁8。

66 Matthews, Gordon, Eric Ma and Tai-Lok Lui (2008). *Hong Kong, China: Learning to belong to a Nation*. London: Routledge.

則使這群「中國學堂」的「新生」找到「愛國」的理由：在2003至2008年之間，香港民眾的中國認同逐漸追上其本土認同，甚至曾經三度超過五成。不過在北京奧運揭幕前夕，四川卻於5月12日爆發汶川大地震：港人在踴躍捐輸過後，卻得知這場天災之所以死傷枕藉，是因為貪腐黨官縱容「豆腐渣工程」而釀成人禍。而同年中國爆發的毒奶粉案，亦掀露中國黨政商勾結的結構性貪腐。北京政權應付危機的手法，就是以政治罪名解決提出問題的人。

北京奧運不惜工本塑造矚目璀璨的盛世形象，可是香港民眾卻因為尚存一息的新聞自由，得以一眼看穿浮華背後的骯髒齷齪：這種反差對「學習愛國」的香港人而言，不啻是令人胃口盡失的反高潮。此後香港人逐漸放棄自己裝扮成中國人，而本土身份認同此後也持續高升。認同自己是「廣義香港人」的受訪者比率，在2010年代從六成一直攀升至七成以上（圖8.1）。年輕世代對北京奧運前後的「愛國風潮」，反應則比較冷淡：在18至29歲的年齡層中，認同自己為「廣義中國人」的受訪者在高峰期只曾略多於四成。隨著九十後的受訪者於2008年起開始被納入這個年齡層，「廣義中國人」在這個年齡層內的比例也急速下降，並於2010年代中跌到個位數的水平（圖8.2）。

香港人的本土身份認同，亦無法繼續與中國認同並存：在1990年代末期，有三至四成的受訪者自認為「純粹香港人」，對中國並未有任何認同。香港民眾到2000年代因形勢比人強而嘗試「中國化」，使「純粹香港人」的比率逐漸下降，到2008上半年奧運前夕更創下18.1%的歷史低位。不過隨著港中不對稱融合的惡

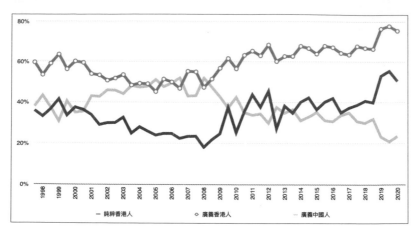

圖8.1：香港人的身份認同，1997下半年至2020上半年。

圖表略去2020年下半年及其後的數據：《國家安全法》實施後引致發的寒蟬效應，使調查機構無法讓受訪者在不受脅迫的環境下誠心作答，如此調查結果亦會因為無法完全符合社會調查的基本前設，而變得難以詮釋。（資料來源：香港大學民意研究計劃／香港民意研究所）

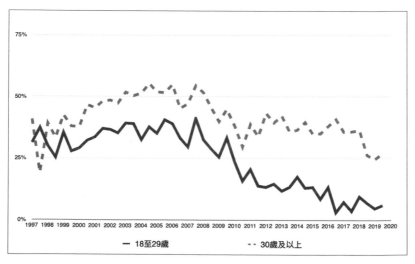

圖8.2：香港人的「廣義中國人」認同，1997下半年至2020上半年。

（資料來源：香港大學民意研究計劃／香港民意研究所）

果逐漸浮現，有越來越多的受訪者認同自己是「去中國化」的「純粹香港人」。在這個反彈過程中，我們也可以看到隨著九十後逐漸及齡，令不同年齡層之間的差野日益明顯。整體受訪者的「純粹香港人」比率，要到2019上半年才攀升到逾半的52.9%：這顯然是受到反送中起義的鼓舞。而30歲或以上的受訪者，其增加幅度則略為遲緩，其比率也從未過半。而在18至29歲的年齡層，「純粹香港人」的比率則有戲劇性的轉變：在2008上半年22.9%的低位過後，即持續攀升到2010年代後期六至七成的水平（圖8.3）。

倘若我們把香港的數據，與臺灣類似的研究作出比較，亦能找到饒有意味的發現。根據國立政治大學選舉研究中心的民意調查，否定「混合認同」的「臺灣人」受訪者，其比率自2009年開始超過一半，並於2020年達到64.3%的歷史高位。也就是說臺灣民眾意識形態的本土化，大約比香港方面先進10年。不過香港18至29歲的受訪者，其「純粹香港人」的比率在2011上半年開始超過五成，只比臺灣一般民眾落後3年。而這個年齡層「純粹香港人」的比例之後節節上升，並於2019年下半年升至81.8%的歷史高位：也就是說相比於臺灣一般民眾而言，香港後八九世代的「本土化」和「去中國化」進程，可謂青出於藍勝於藍（圖8.3、圖8.4）。

九十後不單有更強烈的香港本土認同，亦比其他世代著重自由民權的價值。根據2018年的第七波世界價值觀調查（World Values Survey Wave 7），16至24歲的年輕世代[67]與整體受訪者相比，對公共事務更加關心、也偏向把公民參與視為日常、在各種

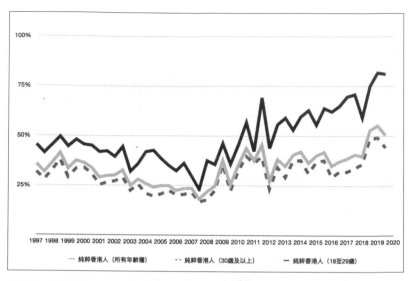

圖8.3：香港人的本土身份認同（不包括混合認同），1997下半年至2020
上半年。（資料來源：香港大學民意研究計劃／香港民意研究所）

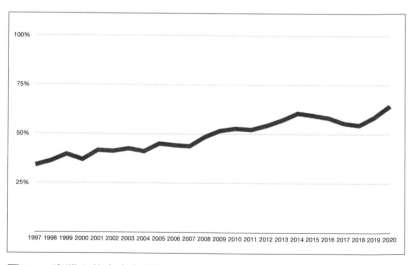

圖8.4：臺灣人的本土身份認同，1997至2020年。

（資料來源：國立政治大學選舉研究中心）

公民運動中的表現也更加積極。不過他們與整體受訪者最重要的分別，在於他們對國家體制有不同的期望。整體受訪者雖然認為國家體制有責任維護民權，卻認為促進經濟發展是更重要的任務：有29.1%的受訪者認為國家的功用是讓民眾擁有話語權，而有38.3%的受訪者則認為讓經濟高速增長才是國家的主要功用。可是年輕受訪者的想法卻剛好相反：有45.0%的受訪者認為國家應該優先保護民眾的話語權，只有29.7%的受訪者認為促進經濟發展是國家的首要責任（表8.1）。而根據2012年的另一項調查，18至29歲的年齡層比起一般受訪者更加著重社會和政治上的寬容。而60歲及以上的年齡層，其成員包括戰前世代和最早的一批嬰兒潮世代，則傾向無法認同政治寬容的價值[68]。

---

67 第七波世界價值觀調查的香港團隊，是在2018年7月18日至11月18日期間展開民意調查。這樣16至24歲的年齡群組，其出生日期則會介乎1993年11月19日至2001年7月19日之間，也都是九十後世代的成員。

資料來源：第七波世界價值觀調查網站（https://www.worldvaluessurvey.org/WVSDocumentationWV7.jsp）

68 Lee, Francis L.F. (2014). "'Tolerated One Way but Not the Other': Levels and Determinants of Social and Political Tolerance in Hong Kong," *Social Indicators Research*, 118(2):711-727.

這項研究當中，18至29歲的年齡層大約於1983至1994年之間出生，其成員包括八十後和九十後世代。而60歲及以上的年齡層，則於1952年或之前出生。

表8.1：香港年輕組別和所有受訪者的政治價值觀，2018年。

		16至24歲	所有受訪者
對政治的興趣	很有	1.0%	3.2%
	有點	37.9%	27.1%
國家的功用	讓民眾有話語權	45.0%	29.1%
	讓經濟高速增長	29.7%	38.3%
上網看政治資訊	曾經做過	57.7%	27.1%
	願意去做	30.4%	30.6%
參與聯署	曾經做過	21.7%	19.1%
	願意去做	59.6%	40.4%
參加和平集會	曾經做過	20.8%	17.6%
	願意去做	53.2%	37.4%
勸人參與政治活動	曾經做過	21.0%	8.8%
	願意去做	44.7%	32.0%
勸人投票	曾經做過	34.5%	27.5%
	願意去做	51.1%	37.1%
組織政治活動	曾經做過	12.8%	5.7%
	願意去做	38.5%	24.6%

（資料來源：世界價值觀調查資料庫，https://www.worldvaluessurvey.org/
WVSOnline.jsp）

　　九十後的民權意識和參政意願，都比之前的世代來得強烈。
除此以外，他們亦有強烈的香港本土認同，並意識到中國不是他
們真正的祖國。他們在2000年代末開始步入青壯年後，發現自己
就像八十後一樣，自出娘胎就是天生的輸家。香港其後在2010年
代的發展，亦與他們的想望背道而馳：隨著港中不對稱融合越演

越烈，香港本土文化在中國因素下備受威脅，政治發展也與民主自治的理想越走越遠。在這種時代氛圍下，九十後的民權意識和本土意識，使他們的身份認同進化成香港本位的國族認同。面對中國天朝主義的壓迫，投身社會運動和民主運動的後八九世代，就決志以少年香港的身位逆天抗命。

混水摸魚的「虛擬本土主義」

隨著後八九世代步入青少年時期，把香港視為獨特共生社群的國族認同也日趨普及。可是這個即將崛起的新世代，在2010年代初期仍是相當稚嫩，以致無法把心底的認同整理為完整的論述。而八十後青年則因為僵化的意識形態陷入集體失語的狀況，他們除反芻脫離現實的教條外，再也無法像在2000年代中那樣提出嶄新的創見。結果率先填補這個論述真空的，反倒是嬰兒潮世代的政客和評論家：他們出於政治本能學會**借用**本土的修辭，利用魚目混珠的論述搶先開發後八九世代的「政治市場」，並藉此**同時**與民主回歸世代和親中陣營抗衡。

民俗學家陳云根乃借用本土修辭撰寫虛擬的本土論述的始作俑者：這位生於1961年的嬰兒潮政治評論家，與特區政權和八十後青年都頗有交情。他曾於德國哥廷根大學修習民俗學，並於1995年取得文史學院博士學位。他於主權移交後曾於藝術發展局擔任策劃及研究總監，並於期間成為何志平的幕僚。在何志平於2002年獲董建華委任為民政事務局局長後，陳云根就隨著他到民

政事務局擔任行政總監[69]，期間以「陳雲」為筆名撰寫文化評論。他在2000年代中曾撰文聲援八十後青年的「本土行動」，並一度是他們的堅實支持者。陳云根在何志平2007年卸任後辭掉公職，到嶺南大學中文系擔任助理教授：而當時「本土行動」的參與者，也多在嶺南大學修讀人文社科的課程，而他對香港文化政策的評論和研究亦頗有好評[70]。

不過隨著八十後青年的抗爭運動屢戰屢敗，陳云根就與他的「舊戰友」漸生嫌隙。這位於新界農村成長的民俗學者甚為珍惜日漸消逝的本土民間風俗，對開發商炒賣舊區和鄉郊土地的做法甚為不齒。他認為開發商之所以會日益囂張，是因為港中邊界在主權移交後迅速崩壞：邊界的消失不只促成盲目開發的狂潮，更使香港人必須直接與藐視民俗的中國共產黨交手。陳云根批評辛亥革命過後的中國政權，都是「近世之假洋鬼子」，當中又以中國共產黨最為邪惡。他批評近代中國的掌權者：

> 於西洋事物，一知半解，以為鏟泥車狂開、工廠黑煙猛噴、馬路汽車奔騰，就是現代化；見了鄉野土俗與城市神廟，就當是危害科學理性，務必壓迫掃蕩。

香港的民間風俗之所以能夠暫時幸免於難，是因為香港能

---

69 〈年薪百萬陳雲由幕僚淪為寫講辭〉，《明報》，2007年11月12日。

70 陳雲（陳云根）（2008），《香港有文化——香港的文化政策（上卷）》，香港：花千樹出版。

在殖民地政府的保護下暫避中國政治的摧殘。他認為英國「以傳教士、民俗學家等考察風俗，以資善治」，採取尊重民間風俗的間接管治手法，使香港可以在與中國區隔時保存既有的庶民傳統，並同時擁有自由追尋自我的空間[71]。這種強調香港必須與中國區隔起來「為別為聖」的論述，剛好能呼應後八九世代高漲的本土情懷。陳云根隨後與八十後青年反目，並批評後者因為執迷於「政治正確」而抗拒「排外」，無法正視香港遭受中國文化侵略的現實。這種毫無忌諱的語調，也正好道出後八九世代想說、卻不懂／敢說的心聲。

雖然陳云根的論述看似貼近後八九世代的想法，他們的價值觀和思維模式事實上卻南轅北轍。陳云根就像民主回歸世代那樣，心底仍舊抱有強烈的「文化中國」意識。他認為自己珍愛的香港民間風俗都是早已失傳的**「華夏古風」**：此等風俗因先後遭到內亞民族和近代中國的摧殘，只能在中原失傳後流落到嶺南民間。陳云根相信「廣東村落多屬中原移民所建，保存古禮之恭謹，比中原更甚」[72]。他甚至會把東亞大陸南部的原住民，都說成是「華夏苗裔」：

> 湘西苗族聚居，苗族本來中原遺民，流亡至湘西山區，

71　陳雲（陳云根）（2010），〈序〉，《香港大靈異（初集）：神異傳說及民間信仰》，香港：花千樹出版。頁3至4。

72　〈土地〉，《香港大靈異（初集）》，頁54。

信奉巫教古俗，道教傳入此僻遠之地，也一併保存[73]。

雖然嶺南的廣府族群和客家族群，其歷史風俗都明顯有異於黃河流域和長江流域的「漢人」，卻仍然被陳云根包裝成「華夏正統」的繼承者：

　　粵人和客家人遇到的苗疆法術，其實是粵人和客家人在中原一帶固有的巫術，只是在廣東重遇而已[74]。

不過政治論述中的事實謬誤和理論矛盾，終究還是可以運用政治修辭的語言藝術去彌補。而陳云根運用的則是「**華夷變態**」**的修辭**：因為香港與中國有所區隔，所以香港才是正統的中國；因為香港是正統的中國，所以香港與中國差天共地。透過這樣的套套邏輯，陳云根就可以運用本土主義的修辭去提出「復興華夏」的「文化中國」主張：而這就是在2011年出版的《香港城邦論》之中心思想。

　　陳云根在這本政治宣言中，神乎其技地運用大英帝國留下的符號，把「復興中華文化」的宏圖偉業說成是「本土自治」的實踐。他認為「英國統治香港的150餘年歷史，令香港與中國大陸

73　陳雲（陳云根）（2013），〈陰司紙〉，《香港大靈異（二集）》，香港：花千樹出版。頁24。

74　〈降頭〉，《香港大靈異（初集）》，頁26。

有所區隔，避開歷次革命及時局動盪」[75]：也就是說在英國的主權
之下，香港曾經是一個異乎中國的政治實體。可是陳云根卻把大
英帝國間接管治的統治術，說成是對華夏道統的致敬，並把英國
留下的制度類比成華夏道統的典範。他認為「英國之紳士有浪漫
主義之風，尊敬鄉野小民，認為是未經工業文明荼毒之高貴野
人（noble savage），與中國士人之雅好鄉野一樣」[76]。而香港在殖
民地時期的盾徽「龍獅拱衛，中英合璧」，當中的龍代表「中華
傳統，象徵生機與化育，香港是中華文化的保存所與守護人」、
而當中的「獅是英國傳統，象徵剛正與勇毅，香港是英國文化

圖8.5：殖民地時期的香港盾徽。（圖片來源：Wikimedia Commons）

75　陳雲（陳云根）（2011），《香港城邦論》，香港：天窗出版。頁55。
76　《香港城邦論》，頁87。

的繼承地與發揚人」。香港人亦因此是「中華文化與英國文化的混血兒」[77]，能夠「保存傳統中華文化及英國帶來的典章文明」[78]。

陳云根不單否定中國共產黨有自我完善的可能，也不認為「愛國民主運動」能夠達成對香港有利的結果。他認為在中國共產黨六十多年的摧殘下，中國已演變成「道德淪喪」的「地獄鬼國」：香港民眾與中國「自由行」旅客屢生衝突，已說明中國人的國民品質並無法承擔民主化的重任。這樣的國家即使能夠成功民主化，也只會演變成多數人的暴力，並運用人數優勢凌駕香港的自治。要逃離這個困局，就必須在在香港與中國之間劃上一條不容逾越的界線，讓香港繼續承傳「華夏文明」的火種「垂範天下」[79]。

不過陳云根對國際形勢的判斷倒有一定的見地：他認為中國已經陷入經濟過熱的狀況，而2000年代至2010年代初的高速經濟增長也會因此無法繼續延續。而中國在過往急速增長期間作風日趨橫蠻，已引起美國等西方國家的注意。如此中國勢必會在內外交困的形勢下，與美國為首的西方國家爆發貿易衝突、甚至演變成全面的戰爭。亦因如此，「香港人必須要有自保意識，責成港府派遣代表與北京商議，要保護香港的戰時角色」[80]。雖然陳云根能成功預測2010年代末期美中交惡的天下大勢，可是他仍

77　《香港城邦論》，頁184至185。

78　《香港城邦論》，頁55。

79　《香港城邦論》，頁39至54。

80　《香港城邦論》，頁206。

然天真地以為透過痛陳利弊，就可以說服無法自我完善的中國共產黨容許**港中區隔**和民主自治：他認為北京政權會知道這樣做的話，就可以在「中港之間樹立政治屏障，中共可以繼續利用香港的國際性而不會反咬自己」[81]。

陳云根把港中區隔的民主自治稱為「城邦自治」：他認為香港在殖民地時期既與中國有所區隔、又學到英國近代文明的典章制度，本來就是個獨當一面的城邦。他認為城邦乃民主政治的搖籃，並把香港與古希臘的城邦、周王國霸權下的東亞大陸城邦、歐洲中世紀的城邦、甚至與在1965年獨立的新加坡相提並論[82]：這種**修辭技巧**把香港描述成一個自立自治政治實體，從而滿足後八九世代讀者獨立自決的想望。可是「香港城邦」的論述看似新穎，實際上卻只是新瓶舊酒。在第三章的討論中，我們曾提及主張民主回歸的周魯逸亦曾提出過「香港城邦」的講法，主張香港變成「『中國聯邦共和國』的第一邦」[83]：不過他心目中的「城邦」顯然不是新加坡共和國那樣的城市國家。他只是在美化香港在「民主回歸」後的前景，一廂情願地以為中國應許的「高度自治」，就是民主回歸世代望穿秋水的「民主自治」。

「城邦」這個語意含混的詞彙雖然能**誘發後八九世代的遐想**，卻也為死抱「大中華」意識的嬰兒潮世代帶來**濫竽充數的空**

---

81 《香港城邦論》，頁212。

82 《香港城邦論》，頁62至79。

83 魯凡之（周魯逸），〈「特別行政區」充分認識——中國主權的「香港城邦」芻議〉。

間。用陳云根自己的話說,城邦這種「以城市為核心範圍的自治體」,「有時是主權獨立的,但很多時候是依附於一個主權體制(通常是帝國或王族)之下」[84]。倘若我們細心觀察陳云根的用語,就會知道他並非真的要讓香港成為獨立主權國家。他反倒認為「城邦腹地不足,無險可守」,最終只能透過談判「與大陸帝國維持互不侵犯、互惠互利之微妙關係,方可自我保存」[85]。他甚至像周魯逸那樣,主張未來「中華邦聯的共識成熟之後,中國(大陸)、臺灣、香港、澳門在聯合宣布,締結中華邦聯,一國四票,保證亞洲聯盟的局面」[86]。他後來甚至投書《紐約時報》中文網,承認他的構想除了「可以幫助北京解決香港問題,還可以此方式一併解決臺灣問題」,而且也「有助於中國政府在大陸維持現狀」[87]。

也就是說,陳云根的「城邦自治」歸根究柢也只是某種改良的「一國兩制」,追求的也是「華夏文明」的終極統一。他甚至開宗明義地指出,「基於歷史與現實政治,香港不能建國,也不用建國,用城邦意識是最佳的選擇」[88]。陳云根甚至斷言香港和臺灣都沒本錢「去中國化」,也不可能發展出異乎「華夏」的獨特文化:

---

84 《香港城邦論》,頁67。

85 《香港城邦論》,頁79至80。

86 《香港城邦論》,頁218。

87 陳雲(陳云根),〈大陸可與香港建立「華夏邦聯」〉,《紐約時報》中文網,2015年6月15日(https://cn.nytimes.com/opinion/20150615/c15edchin/zh-hant/)。

88 《香港城邦論》,頁218。

香港沒有自身的本土文化，臺灣也沒有。臺灣不能去中國化，香港也不能，因為兩地都沒有一個在華夏文化進入之前、事先存在的文化主體。而這個文化主體要有自己的神話傳統和宗教信仰，可以支撐得起一個社會結構，類似日本的天照大神和天皇世系，可惜，不論是嶺南還是臺灣，原住民文化被華夏移民破壞了，成不了主體文化[89]。

陳云根花費了這麼多的篇幅，最終卻只是拐了彎重回「一國兩制」的起點。那麼他心裏謀算著的其實是什麼呢？其實「城邦論」唯一的主旨，就是要「**派遣代表與北京商議**」[90]，而這位代表則必須擅長於「**機巧與世故之盟約政治**」[91]（德文 Verragspolitik）：除了陳云根本人，以及那些拜服其「睿智」的盟友外，還有誰更能適任擔當身肩重任的代表呢？而在與北京政權展開富有歷史意義的談判前，他們也必須取得合適的身份：那就是成為立法會議員。他於2014年成立香港復興會，卻喜以怪力亂神之語宣揚其政治理念：他曾經與支持者穿上漢服，模仿華夏古人祭祀神明[92]。他又認為鳳凰山山腰上的心經簡林是中國共產黨用來剋制香港的風

89　陳雲（陳云根）（2014），《香港城邦論II：光復本土》，香港：天窗出版。頁89。

90　《香港城邦論》，頁206。

91　《香港城邦論》，頁80。

92　陳雲（陳云根）（2016），〈祭天祈福，合境平安〉，《香港大靈異（三集）》，香港：花千樹出版。頁121至123。

水陣，並與信奉藏傳佛教的支持者登山開壇破陣[93]。這種做法雖然惹人側目，可是部份因《香港城邦論》而對政局重拾希望的支持者卻能夠樂在其中。這些被稱為「城邦派」的民眾數目雖小、卻對陳云根極度忠誠：這種選民在比例代表制的選舉中，容易發揮超乎比例的作用。

剛與民主黨和社會民主連線分道揚鑣的黃毓民，在議政時喜歡引用東亞大陸帝國的古籍經典，並採取傳統的「春秋史觀」講述中國歷史[94]：他過往曾經在親中國國民黨的珠海學院擔任新聞及傳播學系主任、又會在與中國友好的《東方日報》撰寫政治評論。不過他一直看重年輕選民的支持，因而知道在後八九世代逐漸取得選民資格後，本土認同也將會是香港政治無法回避的議題：他也許認為《香港城邦論》剛好能抓到「本土認同」與「中華道統」之間的平衡點，就決定與陳云根結盟。他在2013年率領旗下的「普羅政治學苑」脫離人民力量，並以「本土・民主・反共」為行動綱領[95]。而曾擔任編劇的網上電台主持黃洋達，則是黃毓民的八十後同鄉：他於這段時間組織名為「熱血公民」的政團，並以年輕世代為主要的動員目標。

陳云根、黃毓民和黃洋達的「熱普城」聯盟，在2016年立法

93　〈香港護法，烈火鳳凰〉、〈夢兆黑龍，前來歸附〉，《香港大靈異（卷三）》。頁93-103。

94　關於黃毓民的史觀，參：黃毓民（2005），《歷史幾狼都有：十大帝王》，香港：經濟日報出版社；黃毓民（2006），《歷史幾串都有：十大權臣》，香港：天窗出版；黃毓民（2010），《歷史幾絕都有：十大敗家帝王》，香港：明報出版社。

95　黃毓民（2014），《本土・民主・反共：黃毓民政論集》，香港：普羅政治學苑。

會選舉提出要透過「五區公投，全民制憲」，從而達成「永續《基本法》」的終極目標[96]。「熱普城」聯盟把這種與泛民主派別無二致的論述重新包裝，宣稱香港特區早就有「實然主權」，如今只需透過「倡議永續《基本法》談判」超越「五十年不變」的期限，就可以保障固有「類近主權國家的格局」[97]。而陳云根甚至臉不紅、氣不喘地宣稱「永續《基本法》，就是港獨，貨真價實的港獨」[98]。可是後八九世代覺醒的速度，卻遠超嬰兒潮世代主導的「熱普城」聯盟所能想像：隨著後八九世代急速冒起成一股能夠自我言說的政治勢力，這個建基於「虛擬本土主義」的政治聯盟就只能鎩羽而歸。

被時代揀選的新世代

在2012年的行政長官選舉，卻令人震驚地出現「中國式權鬥」的色彩。輿論在2011年末普遍認為工商界權貴出身的唐英

---

96 〈本土票源有限 爭出線恐攬炒〉，《東方日報》，2016年3月1日（https://orientaldaily.on.cc/cnt/news/20160301/mobile/odn-20160301-0301_00176_007.html）；〈「熱普城」無懼出戰五區「攬炒」「荷蘭妹」空降港島枱轎〉，《香港01》，2016年4月24日（https://www.hk01.com/sns/article/17978）。

97 蕭傑，〈回顧2016年：由本土運動到永續基本法〉，《熱血時報》，2018年5月17日。

98 陳雲，〈永續《基本法》，貨真價實搞港獨〉，Yahoo! 新聞，2016年9月11日（https://hk.news.yahoo.com/blogs/sandwich/永續《基本法》，貨真價實搞港獨-132647505.html）。

年將會輕而易舉地大獲全勝：他與第一任行政長官董建華私交甚篤，因而在主權移交後獲委任為行政會議成員。董建華在2002年推動「高官問責制」時，則任命唐英年為工商及科技局局長，並於翌年七一大遊行後提拔他當財政司司長。到2007年他更被曾蔭權任命為政務司司長，成為特區政權的第二號人物；而唐英年參選行政長官，背後亦獲得曾蔭權全力支持。唐英年既是與中國共產黨友好的工商界權貴、又於當官時贏得公務員的支持，按照主權移交後的政治邏輯，他毫無疑問將會成為香港第三任行政長官[99]。

　　而唐英年的主要對手梁振英，則是香港有名的產業測量師：他三十出頭時，就當上仲量行（Jones Lang Wootton）在香港的合伙人。梁振英在1980年加入「促進現代化專業人士協會」：這是個活躍的統一戰線組織，其成員為不同界別的專業人士，亦不時會派員到到中國講學[100]。此後他一直都被視為親共的強硬派，而部份民主派領袖和反共人士甚至認為梁振英很可能是中國共產黨潛伏在香港的地下黨員[101]。不過梁振英缺乏人和，亦非北京政權起初屬意的人選：輿論認為北京政權是要營造「競爭」的假象，才勉強答應讓梁振英當陪跑份子[102]。

99　Cheng, Joseph Yu-Shek (2013). "The 2012 Chief Executive Election in Hong Kong and the Challenges for the Chinese Authorities," *East Asian Policy*, 5(2):95.

100 梁振英，〈CY悼念學長陳子鈞〉，《香港商報》，2017年3月30日。

101〈前地下黨員梁慕嫻推斷梁振英是共產黨員〉，RFI中文網，2012年3月19日（https://www.rfi.fr/tw/政治/20120319-前地下黨員梁慕嫻推斷梁振英是共產黨員）。

102 "The 2012 Chief Executive Election in Hong Kong and the Challenges for the

　　不過這一年香港特區政權的「內部選舉」，卻剛巧遇上中國政治形勢丕變：當時中國正從胡錦濤時代過渡至習近平時代，而剛接掌政權的習近平也必須面對薄熙來的挑戰：最終薄熙來在權力鬥爭中敗陣，並於翌年從「重慶模式」的推手淪為階下之囚。局勢的急劇變化，使北京政權調整對行政長官繼任人的期望[103]。此時曾蔭權政權的公關伎倆，已經無法掩飾不對稱融合所釀成的貧富不均，使特區政權的民望在2010年代初開始積弱不振。而唐英年身為權貴子弟、又是喜好名酒與美人的花花公子，更使他成為眾矢之的。梁振英雖然是強硬的親共派，可是他向來與特區建制並不融洽，反倒使他能抓緊機會塑造改革者的形象[104]。

　　當北京政權下定決心要陣前易帥後，就決定不惜一切動用中國權力鬥爭的慣常手段：他們決定暗中發放對唐英年及其盟友不利的「黑材料」，透過煽動民怨把昔日的盟友鬥黑搞臭[105]。香港傳媒在2012年2月收到消息，指唐英年在九龍塘的大宅違法僭建地窖：唐英年怯懦地讓自己的夫人獨自面對傳媒[106]，其後又被媒體

Chinese Authorities," p.96.

103 Kan, Karita (2012) "Beijing's Visible Hand: Power struggles and media meddling in the Hong Kong chief executive election," *China Perspectives*, 2012/2:82.

104 "The 2012 Chief Executive Election in Hong Kong and the Challenges for the Chinese Authorities," p.97.

105 Kan 2012, p.81.

106 〈賣妻求榮 唐英年死不退選〉，香港《蘋果日報》，2012年2月17日。收錄於筆者私藏的電子備份。

重提他涉入婚外情的舊事[107]，使其民望直插谷底。而在背後支持唐英年的曾蔭權，則在2月20日被《東方日報》揭發曾接受權貴饋贈和款待[108]：此後一直到3月7日，這份銷量可觀的煽情報章每天都會在頭版抨擊「貪曾」，以大量篇幅狙擊這位行政長官的大小醜聞。選舉形勢自此急速逆轉，而梁振英亦於3月25日以689票當選第三任行政長官[109]。

這位透過中國式選舉奪得權力的行政長官，在7月1日上任後不久就決定推動強硬的親中政策：梁振英也許是要透過實踐「民心回歸」，藉此回報北京政權在關鍵時刻的支持。他決定在九月的新學年，提早在香港的中小學引入以「提升國民身份認同」為宗旨的「德育及國民教育科」。教育局在新課程的教學指引中，要求教師要讓學生「認識現任的國家領導人，了解領導人作出的努力和貢獻，以及面對的困難和挑戰」[110]。而在所謂「國情教育」的環節，教師不但要讓學生學習與中國相關的知識，還要著重培養學生對中國的情懷和情感。指引規定「情懷源自個人與國家的感情聯繫，教師應培養學生的家國情懷」，讓學生「體會國情資料背後的**豐富情感，因而產生觸動**」。課程指引甚至要求

---

107 〈妻聲淚俱下為夫說好話 荒唐伯父三擺老婆上枱〉，香港《蘋果日報》，2012年3月7日。收錄於筆者私藏的電子備份。

108 〈曾蔭權敗走江湖派對〉，《東方日報》，2012年2月20日。

109 〈7,000,000人口國際城市 689人選出梁振英〉，香港《蘋果日報》，2012年3月26日。收錄於筆者私藏的電子備份。

110 課程發展議會（2012），《德育及國民教育科課程指引（小一至中六）》，頁28。收錄於黃偉國老師私藏的電子備份。

教師自己亦須全情投入，讓師生「互相感動和激勵」其「家國情懷」[111]。而教師在評核學生時，亦必須觀察其「情感觸動以至態度上的轉變」[112]。

簡要而言，新課程的「國民教育」並不重視與中國相關的理性認知，一味著重缺乏批判思考的情感灌輸。而課程的教育目標，就是要讓師生億兆一心地讚頌中國的偉大。這種政治教育背後充斥著黨國至上的思維，乃立心不良的「洗腦教育」。梁振英政權在上任兩個月後，就要倉促落實這種「中國式教育」，使學生和家長都感到人人自危：他們未有等待泛民主派的回應，就自行發起反對新課程的抗爭運動。比如當時就有家長自發組織「國民教育家長關注組」，開始向民眾解釋新課程的種種課程。不過這場運動內更令人矚目的一群，是名為「學民思潮」的中學生組織：雖然這個組織的成員都是青澀的後八九世代，其活動能力卻遠勝老一輩的抗爭者。學民思潮召集人黃之鋒於此役一舉成名，自此成為國際知名的抗爭領袖。而包括周庭、黃子悅、許穎婷、劉貳龍、林朗彥、李宗澤等學民思潮成員，其後都成為獨當一面的人物。

這場抗爭運動其後得到與泛民主派友好的教育專業人員協會聲援，結合成代表教師、學生和家長的「民間反對國民教育科大聯盟」：他們在7月29日發起九萬人遊行[113]，其聯署運動則獲得

---

111 課程發展議會 2012，頁160。
112 課程發展議會 2012，頁86。
113〈恐製造新一代紅衛兵 家長慨嘆洗腦易漂白難〉，香港《蘋果日報》，2012年7月30日。收錄於筆者私藏的電子備份。

逾二十萬民眾支持。其後學民思潮的林朗彥、黃莉莉和凱撒（化名，本名不傳）決定把行動升級，在8月30日開始於添馬艦政府總部門外絕食抗議[114]。而其他抗爭者則決定在9月1日起於政府總部外集會呼應，此後連續八日的晚上都有數以十萬計的民眾聲援。最終教育局局長吳克儉決定向抗爭民眾讓步，並於9月8日傍晚宣布擱置課程：這也許因為9月9日就是立法會選舉，使梁振英政權必須避免拖累親中陣營的選情[115]。這次成功抵抗「中國因素」的經歷，為後八九世代帶來公民覺醒的經歷：他們甚至把展開絕食行動的地方命名為「公民廣場」。而這次抗爭背後，亦有不容忽視的本土認同因素：這次「反國教運動」的抗爭，乃香港民眾首次透過集體行動直接反對中國的國族主義論述。受過這次抗爭洗禮的後八九世代，也決定摒棄建基於血緣文化的中國認同，全面擁抱以公民參與為本的香港認同[116]。「**年輕**」和「**本土**」這兩個關鍵詞，在其後的社會政治運動亦將反覆出現。

其後為後八九世代提供政治舞台的，還是那個纏繞著香港幾十年的老問題：政治制度改革。曾蔭權政權在2007年趁民主運動

---

114 〈只想做一個人 學民絕食反洗腦〉，香港《蘋果日報》，2012年8月31日。收錄於筆者私藏的電子備份。

115 〈取消三年開展期死線 改學校自決 梁振英堅持不撤科〉，香港《蘋果日報》，2012年9月9日；〈路阻且長 花數小時磋商 一致決定撤離〉，香港《蘋果日報》，2012年9月10日。收錄於筆者私藏的電子備份。

116 Veg, Sebastian (2017). "The Rise of 'Localism' and Civic Identity in Post-handover Hong Kong: Questioning the Chinese Nation-state," *The China Quarterly*, 230:335-339.

陷入低潮，於7月發表《政制發展綠皮書》：當時泛民主派士氣低落，以致這次諮詢並未有引起太大的迴響，使曾蔭權可以輕鬆地逕自向人大常委會提交報告。人大常委會在當年12月29日，出乎意料地宣布容許香港在2017年實行行政長官普選，並指出在確實行政長官普選後，就可以計劃在立法會推動全面直選。不過屆時行政長官仍需要先向人大常委會提交報告，並在獲得確認後得到立法會三分之二的議員支持，方能啟動落實改革的具體方案[117]。亦因如此，2017年行政長官選舉改革的具體方案，也必須在梁振英首個任期內定案。

而為後八九世代預備好劇本的，則是香港大學法律系副教授戴耀廷。戴耀廷於1964年出生，屬於最年輕的那一批嬰兒潮世代，過往也常以學者身份支援香港民主運動：可是他本人的氣質，卻有異於民主回歸世代那些暮氣沉沉的同輩。戴耀廷是位熱心而虔誠的基督徒，卻又會留意各種與抗爭相關的新思潮：他能夠從那些同代人不屑一顧的新思潮那邊，得蒙靈性上的感召，並於報章專欄中見證其屬靈體驗。他在2013年1月16日投書《信報》，直言「梁振英不會在《施政報告》中對2017年和2020年實現真普選有任何具體承諾」，直指過往民主運動的策略無法對充份對特區政權施壓。他也在文中學究地講解公民抗命的理論：公民抗命必須有願意承擔刑事責任的意見領袖參與、亦需要有大批

---

117 全國人民代表大會常務委員會，《關於香港特別行政區2012行政長官和立法會產生辦法及有關普選問題的決定》，2007年12月29日。

民眾參與，而抗爭者亦必須有清晰的抗爭目標，並須事先張揚、掌握時機、持之以恆、並秉持非暴力抗爭的原則。其後戴耀廷提出一個假設的抗爭場景：

> 行動以非暴力的公民抗命方式，有示威者違法地長期佔領中環要道，以癱瘓香港的政經中心，迫使北京改變立場[118]。

　　豈料傳媒對戴耀廷的學究理論全無興趣，反倒把焦點都放在這個假設的場景：他們以為這位溫文儒雅的學者，將會一反常態地發起轟烈的抗爭運動。戴耀廷其後又提出設想上的合作人選，分別是資深社運人士朱耀明牧師、以及中文大學社會學系副教授陳健民。陳健民生於1959年，曾於1981至1982年擔任中文大學學生會的外務秘書。他在撰寫畢業論文時，決定到柴灣這個工業社區展開田野考察，期間與在柴灣浸信會牧會的朱耀明牧師結緣。柴灣是個位處香港島東隅的基層社區，區內缺乏充足的醫療設施：居民若罹患急病、勞工若不幸受傷，都必須長途跋涉到6公里外的鄧肇堅醫院求診。當時香港島東區尚未興建地鐵和快速道路[119]，而前赴醫院的必經之路亦經常堵車，以致大批病患在救護

---

118 戴耀廷，〈公民抗命是最大殺傷力武器〉，《信報》，2013年1月16日。

119 以柴灣為終點站的地鐵港島線，要待1985年5月31日才正式通車；而東區走廊這條快速道路，則要到1989年10月12日才通到柴灣。過往出入柴灣必須路經坡度達10%的柴灣道，此後通往銅鑼灣的電車路（筲箕灣道和英皇道）

車上失救往生。為此朱耀明與陳健民同心協力，與柴灣民眾發起爭取興建東區醫院的社會運動：最終香港政府在1984年動工興建東區尤德夫人那打素醫院，並於1993年10月落成啟用。

這次眾志成城的經歷，就成為朱耀明和陳健民二人的民主啟蒙。朱耀明牧師生於1944年，他在 1986 年加入民促會後，就一直是香港民主運動內德高望重的元老。而陳健民則繼續進修，並在耶魯大學取得博士學位後返回中文大學任教，又會像戴耀廷那樣以學者身份支援民主運動。他過往曾經主張民主運動應該採取溫和路線，在2010年甚至曾經與終極普選聯盟的戰友一起踏進中聯辦大樓，可是此後他卻對香港的民主進程相當失望[120]。戴耀廷既然能夠提出「戰友」的人選，媒體就以為他早已計劃周詳，卻不知道他的用意只是要引起討論。最終戴耀廷以蒙召的心態，決定把「佔領中環」運動**弄假成真**。而朱耀明和陳健民亦同意**玉成其事**：縱使戴耀廷在提出他們的名字前，並未有諮詢過兩人的意見。

這場全名「讓愛與和平佔領中環」的運動，三位發起人當中除朱耀明外，都來自嬰兒潮世代當中比較年輕的次世代。他們決定採取審議式民主的方法進行動員，讓不同世代的參與者都有取得主導權的平等機會。「和平佔中」在2013年6月9日和2014年3

亦經常堵車。

120〈世紀・Social Movement：以知識介入社會 組織一場運動〉，《明報》，2018年4月3日；〈世紀・Social Movement：分不開的命運 未可知的未來〉，《明報》，2018年4月4日。

月9日舉辦商討日，讓參與者就這場運動的方針、抗爭的形式等議題各抒己見，並透過商討尋求共識。他們其後決定於5月6日舉行第三次商討日，在過程中草擬出三項不同的政制改革方案，再以民間公投的方式決定「和平佔中」正式向特區政權提出的方案。後八九世代在商討過程中甚為積極，又基於「主權在民」原則提倡透過「公民提名」產生行政長官候選人：最終他們說服到大部份的參與者，讓第三次商討日提出的三個方案都包含「公民提名」的選項[121]。

「和平佔中」於6月22日在香港大學民意研究計劃的協助下，透過實體票站和手機應用程式舉辦民間公投：雖然這是一場沒有法定地位的民間公投，可是仍然有792,808名民眾願意參與。其後「真普選聯盟」提出的方案以42.1%的支持率領先，從而成為「和平佔中」的正式提案[122]。該方案建議以三軌並行的方式提名行政長官候選人：除了從選舉委員會轉型的提名委員會外，曾於直選取得超過5%選票的政團也能提名屬意的人選。除此以外，候選人若能取得超過1%登記選民的聯署，亦有資格參與行政長官

---

121 Kong, Tsung-Gan (2017). *Umbrella: A Political Tale from Hong Kong*. Pema Press. p.120.

　　按：江松澗應為筆名，其真實身份很有可能是西方裔香港人。不過部份評論對作者身份的猜測，既流於陰謀論、亦有因人廢言之虞。筆者相信「作者已死」的文本詮釋原則：任何文本的論據，只要合乎邏輯又有充足的論證即能成立。而原作者的身份以至其個人意願，都是無關宏旨的。

122 Kong 2017, pp.130-133.

選舉[123]。而87.8%的投票民眾，亦堅持特區政權提出的方案必須按照《公民權利及政治權利國際公約》的標準，賦予香港公民「普及和平等」的投票權，立法會內的泛民主派議員則必須否決任何不合標準的方案。此刻民眾已清晰地宣示香港的立場，如今只剩下兩個問題：究竟特區政權和北京政權會如何回應？倘若他們堅持提出不合規格的政改方案，又應該在什麼時候、以怎樣的形式把「佔領中環」付諸實行？

　　堅持實踐「全面管治權」的北京政權，始終如一地對香港的主流民意不屑一顧。人大常委會雖然在8月31日決議容許在2017年開始普選行政長官，可是他們提出的提名程序，卻與「普及和平等」的基本要求大相逕庭。他們堅持要讓提名委員會全權負責候選人提名事宜：而提名委員會將沿用過往選舉委員會的產生方法，當中1,200位成員也是以權貴和親共派為主。人大常委會規定每屆選舉，都只能有兩至三名候選人競逐，而每位候選人亦必須獲得過半數委員認可才能參選。這代表主導提名委員會的權貴和親共派，將會擁有篩選候選人的權力：過往泛民主派在選舉委員會中，充其量只能取得略多於四分之一的席次。而人大常委會亦沒有指明2017年後會否還會有進一步的改革：他們認為推動這種事先篩選候選人的假選舉，就算是已經履行《基本法》中「普選行政長官」的承諾[124]。

123〈真普聯敲定三軌方案 缺一不可 民主黨讓步 激進派：階段勝利〉，《明報》，2014年1月9日。

124〈人大落3閘 佔中展抗命 框架沒指明屬2017日後恐不變〉，《明報》，2014年9

　　北京政權既然無視香港民眾的民主訴求，那麼「佔領中環」的啟動就只是時間上的問題。不過戴耀廷等人對於何時展開「佔領中環」態度卻相當慎重：就在他們猶豫不決之際，後八九世代的抗爭者就決定採取主動。專上學生聯會趁9月大學復課之時，於各大學校園發起罷課集會，並於23日移師到政府總部旁的添馬公園。而此時學民思潮亦決定加入添馬公園的集會。特區政權早前因應「和平佔中」的進展，故意用鐵欄圍封反國教集會的爆發點「公民廣場」：黃之鋒於26日晚上下定決心，呼籲在添馬公園的抗爭者重奪這個充滿象徵意義的地方，而學聯秘書長周永康、副秘書長岑敖暉和常務委員羅冠聰也決定響應，並率領數以百計的民眾衝入廣場。警察於翌日中午武力清場後拘捕包括黃之鋒在內的61名抗爭者，令義憤填膺的香港民眾紛紛到政府總部附近聲援抗爭[125]。

　　警察在27日開始與在政府總部附近聚集的民眾爆發衝突，使形勢急轉直下。隨著越來越多民眾趕到現場支援，戴耀廷只得在28日凌晨宣布「佔領中環」正式啟動。可是其後的發展，卻說明這場運動早已超乎「和平佔中」三位發起人的預期。戴耀廷宣布啟動「佔領中環」後，反倒令後八九世代的抗爭者鼓譟起來，甚至準備要拉隊離場[126]。「長毛」梁國雄見勢色不對，便於抗爭民眾之前

月1日。

125　Kong 2017, pp.16-24.

126　〈香港佔中發起人：佔領中環正式啟動〉，BBC中文網，2014年9月27日（https://www.bbc.com/zhongwen/trad/china/2014/09/140927_hongkong_oc-

下跪呼籲抗爭者留守現場，才把局面穩定下來[127]。警察與民眾的衝突在 28 日越演越烈，而他們亦於下午 5:58 開始濫用暴力，除了用警棍毆打抗爭者外、還無間斷地向民眾發放催淚彈。可是即或如此，抗爭民眾卻仍然未有散去，並舉起雨傘抵擋警察的槍林彈雨：這場抗爭亦因為這樣的場景而被稱為「雨傘革命」[128]。此後抗爭者擋住警察的攻擊，並堵塞夏慤道這條進出中環的主要幹道。而部份抗爭者則決定轉移陣地：他們有的去堵塞 2 公里外的怡和街，另一些人則渡過維多利亞港，在彌敦道和亞皆老街交界留守下來。這兩個地點都處於主要的交通幹道，其身處的銅鑼灣和旺角亦是香港的主要商業購物區[129]。這場為時 79 日的抗爭基本上是由後八九世代主導：根據一項在 10 月底進行的調查，有 60.7% 的抗爭者年齡少於 30 歲，此外亦有 26% 是仍在求學的學生[130]。

雖然抗爭者在 9 月 28 日成功擋住警察的暴力襲擊，可是佔領運動很快就淪為曠日持久的陣地戰。雖然鄰近黑道地盤的旺角佔領區，曾經受到親中可疑人士的暴力襲擊[131]，可是在金鐘和銅鑼

cupy_central）。

127 Kong 2017, pp.38-40.

128 Kong 2017, pp.46-62.

129 Kong 2017, p.186.

130 鄭煒、袁瑋熙，〈後雨傘運動：告別政治冷感的年代〉，《明報》，2014 年 11 月 29 日。

131 〈香港佔中示威第七天 旺角仍現兩派爭執〉，BBC 中文網，2014 年 10 月 4 日（https://www.bbc.com/zhongwen/trad/china/2014/10/141004_hongkong_occupy_7th_day）；〈佔中進入第三周 旺角衝突「多人受傷」〉，BBC 中文網，2014 年 10 月 17 日（https://www.bbc.com/zhongwen/trad/china/2014/10/141017_

灣的抗爭卻相對比較平靜：特區政權顯然想消耗抗爭者的耐性，
也無意作出任何的讓步。不過在中間人牽頭下，政務司司長林鄭
月娥還是於10月21日，與周永康、鍾耀華、羅冠聰、岑敖暉和
梁麗幗這五位學聯代表召開直播對談會：不過林鄭月娥無意與對
方談判，使這場對談會淪為各自表述，並未有帶來任何實際的成
果[132]。此後學聯決定繞過特區政權，在11月15日嘗試前赴北京與
中國直接談判，可是北京政權卻臨時注銷他們的簽證，使他們無
法登機[133]。

　　雨傘革命最終因為抗爭者不敵消耗戰的煎熬紛紛退場，從而
陷入無以為繼的局面。學聯和學民思潮為扭轉形勢，在11月30
日晚上宣布把行動升級，號召民眾包圍添馬艦政府總部癱瘓特區
政權的運作：可是此時民心早已渙散，少數堅持到底的抗爭者也
沒有足夠的人力去抵抗政權暴力[134]。在這次升級失敗後，雨傘革
命的結束就只是時間的問題：而親中份子也紛紛到法庭申請禁制
令，透過司法手段給予特區政權清場的理由。此時抗爭者也無心
戀戰，開始有秩序地撤離各個佔領區[135]：當銅鑼灣怡和街的民眾

hk_mongkok_later）。

132 Kong 2017, pp.324-326.

133 Kong 2017, p.349.

134〈香港佔領中環：金鐘政府總部被堵警民徹夜衝突〉，BBC中文網，2014年12月1日（https://www.bbc.com/zhongwen/trad/china/2014/12/141201_hongkong_occupy_morning）。

135 廖美香，〈隨筆：佔領旺角的回憶與反思〉，BBC中文網，2014年11月26日（https://www.bbc.com/zhongwen/trad/china/2014/11/141126_hk_mongkok_

在12月15日自行散去後，這場主權移交以來最大規模的社會抗爭，也終於黯然落幕[136]。

後八九世代的本土政治運動

在雨傘革命醞釀之際，後八九世代的知識人也積極尋索新的意識形態，藉此為未來的社會抗爭帶來指引。他們認為民主回歸世代提倡的「民主回歸論」，既是不合時宜、也是香港民主發展困局之根源。而陳云根的《香港城邦論》，亦不合年輕知識人的脾胃：香港人既然不是中國人，就不應該死抱「華夏道統」的神主牌不放。而且像「地獄鬼國」或「風水毒蛇陣」這類的詞彙，雖然有助陳云根招募少數忠誠的信眾，可是卻顯然不符公共領域的體統。為此年輕知識人嘗試通過社會理論和歷史經驗，提出一套建基於公民集體參與的本土論述。

香港大學的學生報《學苑》，在2014年2月號以《香港民族：命運自決》為題，明確指出香港是個擁有獨特文化的族群。《學苑》總編輯梁繼平主張香港必須以自己為主體，「發展出獨立自主的歷史觀、身份認同及政治原則」，並「以包含主權、自治、

---

life）；〈香港佔中清場：最後一批佔中人士被捕〉，BBC中文網，2014年12月11日（https://www.bbc.com/zhongwen/trad/china/2014/12/141211_hk_pro-tests_end）。

136〈銅鑼灣清場 香港79天佔領行動結束〉，BBC中文網，2014年12月15日（https://www.bbc.com/zhongwen/trad/china/2014/12/141215_hongkong_clearance_occupy）。

平等公民概念的民族去形容香港」。他根據美國歷史社會學家管禮雅的學說，主張「民族主義與民主政治是內在地互為聯繫」，如此香港民眾爭取民主權益的集體經驗，將會使他們進化成擁有自主意識的國族（nation）。

就在雨傘革命即將爆發之際，《學苑》編輯團隊把 2 月號的內容整輯為《香港民族論》一書。這本提倡香港國族主義（Hong Kong Nationalism）的著作，除收錄總編輯梁繼平、副總編輯王俊傑的序言，以及 2 月號其中四篇文章外，還邀請同情香港本土運動的校外人士撰稿：他們包括曾任職中央政策組的經濟學家練乙錚、美國約翰斯·霍普金斯大學社會學教授孔誥烽、經營新亞書店的文化人蘇賡哲、臺灣獨派政治學者吳叡人、以及身為本土民間學者的筆者。

梁繼平在《香港民族論》的序言中，指出「中共及港府一直具策略地瓦解香港人的身份」，如此「單把落實普選的正當性，建立在『《基本法》如此承諾』的委婉理由」，將無法抗衡隨著「中國化」而來的「一體化」壓力。而過往香港「所靠賴的制度優勢及文明質素，未能如願抵抗『一國』的侵蝕和壓迫」，乃是北京政權干預政策的的政治現實。如此香港必須建構一套屬於自己的國族主義，方能夠抵抗中國帝國威權日益囂張的脅迫：而陳云根那種「以華夏文化為主軸的城邦自治論」，卻因未能擺脫「文化中國」的顛倒夢想，無法承擔帶領香港人對抗中國的歷史重任。這樣香港社會當務之急，就是要趕快「重新審視、挑選並演繹香港的本土歷史與文化內涵，建構出一套具主體意識的民族

論述」[137]。

《學苑》副總編輯王俊杰則批評那些質疑香港獨立講法，認為論者既對世界潮流一無所知、也無法以理性的覺悟克服虛無的恐懼。因為「從世界潮流來看，數個世紀以來，陸續有帝國分崩離析」，而北京中國共產黨那名為「中國」的帝國，就如歷代的君王與其欺凌弱勢的審判官那樣，終有一日淪為枯黃的落葉隨風而逝。與其受制於虛無，香港人反倒應當為家邦克盡己職，堅定謹守身為香港人的召命：「追求獨立是因為我們要**做自己的主人**，**在自由民主時代，國家主權當在人民身上**」。香港民眾基於抗爭過程確立主權在民的原則，他們就「理應擁有自己國家的權力，**與世界其他各國平起平坐**」[138]。

隨著後八九世代確立屬於自己的意識形態，其後又積極參與社會運動和選舉政治，這無可避免將會使他們與民主回歸世代出現衝突。事實上後八九世代對民主回歸世代素有積怨：他們對「民主回歸論」至為反感，認為那是禍延至今的錯誤判斷。而民主回歸世代主流的溫和作風，則被後八九世代嘲為「和理非非」：和平、理性、非暴力、非粗口（禁說髒話）。後八九世代認為面對日益霸道的政權暴力，該是時候進取地採取武力作出抗衡。而在2010年「五區公投」一役，後八九世代更懷疑民主回歸世代的腰樑是否能夠挺直。在雨傘革命的經歷當中，後八九世代發現自

---

137 梁繼平，〈序一〉，《香港民族論》。頁10至11。
138 王俊杰，〈序二〉，《香港民族論》。頁19至20。

己才是真正的主導者，反倒戴耀廷等「佔中三子」只能後知後覺地在抗爭爆發後宣布啟動「佔領中環」。此後部份溫和民主派，亦不時到抗爭前線呼籲年輕抗爭者盡早撤退。而留守在金鐘的抗爭領袖，與前線抗爭者（特別是旺角前線）溝通不良，而被前線戲斥為「大台」：前線抗爭者認為「大台」上太多溫和派，以致抗爭運動屢失先機。他們認為這次民主運動未竟其功，部份原因是因為「大台」未能實行決策過程的內部民主化[139]。而以民主回歸世代為主的泛民主派，則因為中國情結而對「一國兩制」仍然抱有幻想、又會堅持「愛國民主運動」的行動綱領，使他們無法認清「中國帝國壓迫」的社會現實[140]。

不過後八九世代與民主回歸世代之間的世代之爭，卻也同時觸發後八九世代的內部矛盾。在雨傘革命無疾而終後，與學民思潮一同領導抗爭的專上學生聯會，成為後八九世代抗爭者眾矢之的：抗爭者認為學聯未能在民眾起義後一鼓作氣，在10月和11月花費太多時間嘗試與政權對話，一直拖到人心渙散時才發動包圍政府總部，導致整場革命功敗垂成。雖然時任學聯成員都是後八九世代的大學生，可是他們的同代人卻認為學聯過往「不光彩」的歷史為他們的抗爭行動帶來包袱：過往學聯曾經高調主張「民主回歸」、是「愛國民主運動」的領頭羊、以致如今受困於民主回歸世代「老鬼」定下的框架。

---

139 Kong 2017, pp. 478-479.

140 Kaeding, Malte Philipp (2017). "The Rise of 'Localism' in Hong Kong," *Journal of Democracy*, 28(1):165.

　　這樣香港各間大學都在2015年的爆發「退出學聯」的風潮：他們認為學生運動必須擺脫學聯的「大中華」遺毒，並擁抱《香港民族論》提倡的香港國族主義，方能為未來的抗爭找到出路。最終香港大學、浸會大學、城市大學和理工大學的學生會都在舉辦學生公投後，決定退出專上學生聯會[141]。可是「退聯派」對學聯的批評，只是尋找代罪羔羊的意氣之爭：以後八九世代抗爭者為主的學聯成員，與「退聯派」同樣主張學生運動的本土化。學聯秘書長周永康在雨傘革命尚未爆發時，就已經主張香港民主運動的綱領必須從「民主回歸」進化為**「命運自決」**。而學聯在雨傘革命時，也選擇以「命運自決、花開遍地」為抗爭的口號[142]。

　　與此同時，在校園外的後八九世代亦紛紛成立本土派政團，並為2016年立法會選舉磨拳擦掌：他們顯然不願意被主張「永續《基本法》」的半桶水「城邦派」所代表。這些猶如雨後春筍的新組織，都各自以自己的方式思索本土政治的前路。以梁天琦、黃台仰和李東昇為首的本土民主前線，根據《香港民族論》的論述提倡公民國族主義，主張以公民參與的集體經歷為香港身份認同的基礎。而陳浩天的香港民族黨則主張族裔國族主義（Ethnic Nationalism），認為香港是個獨特的文化族群，其本土身份則必須建基於對語言、歷史和文化的認同：在中國強鄰壓境的形勢下，香港必須確保其文化免受外來文化的侵蝕。而游蕙禎、梁頌恆和

---

141 Kong 2017, pp.507-511.
142 Veg 2017, p.340.

鄘葆賢的青年新政，則積極參與2015年的區議會選舉，最終鄘葆賢成功取得九龍城區議會黃埔西選區的議席、而游蕙禎則在附近的黃埔東選區高票落敗[143]。

公民黨的新界東議員湯家驊在2010年代起與戰友意見不合，準備從泛民主派轉向為親中的「中間派」，並於2015年10月宣布辭去議席。由此觸發的補選，則當局獲安排於翌年2月28日舉行。過往這種補選都是民主派與親中陣營一對一的對決，可是這次的候選人除公民黨的楊岳橋、以及民建聯的周浩鼎外，還有本土民主前線的梁天琦：雖然這場補選對本民前而言乃必敗之戰，可是他們還是可以趁機測試水溫，觀察選民對本土派是否接受。而這次補選的選舉動員，也可以視為同年9月換屆選舉的熱身賽。

梁天琦當時是香港大學文學院的本科生，其性格雖然靦腆內向、待人處事卻真誠而坦率，使他能贏得後八九世代的信任。不過使他人氣急升的，卻是發生在2016年農曆新年的一場警民衝突。過往香港的食肆都會在除夕夜開始放假，直到農曆新年過後才陸續重新啟市。而在大年初一至初三的晚上，傳統上都會有攤販擺起臨時夜市，讓剛向長輩拜年的年輕人能消費紅包錢，一邊品嚐街頭小吃、一邊感受熱鬧的新年氣氛。過往小販管理隊亦會尊重民俗，於農曆新年期間暫停行動。可是在兩個市政局被廢除後，食物環境衞生署逐漸以官僚慣習凌駕民間風情，並於2010年

---

143 關於香港本土主義的內部流派，參：Carrico, Kevin (2022). *Two Systems, Two Countries: A Nationalist Guide to Hong Kong*. Berkeley: University of California Press.

代中開始從嚴執法。在2016年2月8日大年初一深夜，小販管理隊意圖向在旺角擺檔的攤販開罰單、並充公其謀生工具，使現場民眾群情洶湧。最終小販管理隊報警求助，使局勢演變成警民對峙的局面。

大批後八九世代的民眾聞訊後趕赴現場：如今整件事情的本質，已經不只是攤販和顧客與執法人員的矛盾。年輕民眾真正在意的，是平時對擾民的港中平行貿易愛理不理的特區政權官僚，偏偏要在喜慶節日展露政權暴力，對本土民間風俗毫無半點尊重。隨著民眾開始聚集，梁天琦也趕赴現場，並運用候選人權力宣布即場舉辦競選集會：他認為這樣可以為民眾帶來法律上的保障。可惜即使梁天琦和黃台仰都呼籲民眾克制，最終警察還是向現場民眾動手，而其後引發的暴力衝突一直維持到大年初二清晨：警察起初施放胡椒噴霧、又用警棍毆打民眾，其後甚至有情緒失控的警員鳴槍示警。民眾在槍聲過後情緒激動，他們不斷向警察投擲磚塊、並沿途焚燒雜物，直到日出之後才逐漸散去[144]。

雖然在農曆新年期間鬧出血光之災，顯然會冒犯民間的節日禁忌，可是民眾卻未有和抗爭者劃清界線。在這場被戲稱為「魚蛋革命」的衝突過後，「中間派」政團「新思維」曾調查香港民眾對抗爭者的態度：我們不要忘記這個政團的政治立場，與本土派和後八九世代大異其趣，對街頭抗爭也完全沒有好感。雖然調查

---

144 趙燕婷，〈12小時旺角黑夜全程還原，通宵騷亂如何發生？〉，《端傳媒》，2016年2月10日（https://theinitium.com/article/20160210-hongkong-MKPolice-02/）。

顯示大部份受訪者都反對暴力，亦有45%的受訪者譴責當日的抗爭者。可是除此以外，有43%的受訪者雖不認同抗爭者的做法、卻體諒他們背後的苦衷，亦有12%的受訪者贊同抗爭者的做法：這就是説有超過一半的受訪者對年輕抗爭者感到同情。雖然此時香港民眾大體而言，仍未能接受激烈的抗爭手段，可是他們早就對社會現狀深感不滿[145]。這樣即使年輕人決定發起武力抗爭，香港民眾也不會引以為怪。而2月28日的初選結果，亦證明香港人心思變。泛民主派的楊岳橋取得37.2%的選票成功當選，而初出茅廬的梁天琦則得到15%的選票：倘若梁天琦能夠參與九月的換屆選舉，他就很有可能跨過當選門檻穩奪一席[146]。

如前所述，由嬰兒潮主導的「熱普城」聯盟乘著梁天琦帶來的本土熱潮，高調宣布出選9月4日的立法會大選：他們選擇在補選翌日即時召開記者會，顯然是要趁機在後八九世代開拓的「政治市場」中分一杯羹[147]。不過後八九世代顯然不願讓這些叔伯輩代表本土政治運動：其他後八九世代的抗爭者雖然未有自稱為「本土派」，可是他們對本土身份的委身也遠比那些前輩來得真誠。包括黃之鋒和周庭在內的學民思潮成員，於同年4月與學聯前秘書長羅冠聰組織名為「香港眾志」的新政黨，並為9月的選舉

---

145 〈「新思維」民調倡尋解決方法 近九成受訪市民反對旺角暴力行為〉，《星島日報》，2016年2月15日。

146 Yuen, Samson and Sanho Chung (2018). "Explaining Localism in Post-handover Hong Kong: An Eventful Approach," *China Perspectives*, 2018/3:24.

147 〈本土派豐收 陳雲黃毓民組陣線戰立選〉，《明報》，2016年3月1日。

積極籌謀。這個於四月成立的新政黨以「民主自決」為綱領，提出要「策動公投和非暴力抗爭，推動政經自主；以香港本位，抗擊天朝中共和資本霸權，實踐民主治港的理想願景」[148]。

本土派的崛起與香港眾志的成立，使「**自決**」兩個字成為2016年立法會選舉的關鍵詞。劉小麗、朱凱迪和姚松炎這三位社會運動出身的政治素人，亦因此決定與香港眾志合作，成立被稱為「自決派」的選舉聯盟。而主流泛民主派政黨內的八十後和後八九世代，亦認為他們應該更積極擁抱香港本土認同，而不是像民主回歸世代的前輩那樣圍於大中華情結。他們當中有30人於4月21日在學者方志恆和王慧麟牽頭下簽署《香港前途決議文》，開宗明義宣告「『民主回歸』之路，至今已經走到盡頭」，因為「中港良性互動的願望」，「在2014年被『人大831決定』無情地壓碎」。亦因如此，他們倡議根據《公民權利及政治權利國際公約》和《經濟社會及文化權利國際公約》的規定，在香港落實「內部自決權」：在2047年「50年不變」的承諾過後，香港的政治前途「必須經由香港人民透過充份民主授權、以及有約束力的機制，自行決定」。為求落實民主自決，他們主張透過「包括議會抗爭、佔領、抵制、罷工、罷課、罷課等」方法，「真正確立香港人民的**主體性**」[149]。

---

148 蔡曉穎，〈學生領袖黃之鋒成立新政黨「香港眾志」〉，BBC中文網，2016年4月10日（https://www.bbc.com/zhongwen/trad/china/2016/04/160410_hong-kong_joshua_wong_demosisto）。

149 麥燕庭，〈泛民議會接棒者聯署香港自決 北京憂港獨惡化〉，RFI 中文網，

　　香港本土政治的急速崛起觸動特區政權的敏感神經：他們決定通過行政手段，授權選舉主任審核候選人的參選資格。選舉管理委員會在7月提名期開始前，宣布自今屆選舉起所有候選人都必須簽署聲明確認書：他們需要在確認書中，承認香港是中國不可分割的一部份、特區直轄於中央人民政府、而任何對《基本法》的修訂都不能違背中國的政策方針。泛民主派、本土派和自決派的候選人，起初都一致拒絕簽署確認書：不過「熱普城」聯盟以及與城邦派友好的中出羊子（原名鍾銘麟），就像親中派候選人和權貴代表那樣，毫不猶豫地在確認書上簽上自己的名字[150]。

　　梁天琦其後收到新界東選舉主任何麗嫦的電郵，並根據新聞報導和社交媒體的內容，要求他交代自己是否支持香港獨立，從而未能達到效忠《基本法》的要求。梁天琦為此向高等法院提出司法覆核，不過他的法律代表卻認為官司的發展不容樂觀：高等法院其後也拒絕在提名期內緊急審訊此案，這樣即使梁天琦能夠勝訴，也將會錯失參與9月立法會選舉的機會。梁天琦在幾番掙扎後於28日決定補簽確認書，並宣布放棄過往主張香港獨立的立

2016年4月22日（https://www.rfi.fr/tw/政治/20160422-泛民議會接棒者聯署香港自決-北京憂港獨惡化）。

150 黃雲娜、葉鈞頌、金芷靈，〈泛民拒簽確認書獲放行　熱普城鄭錦滿：不以參選人身分推動建國〉，《香港01》，2016年7月26日（https://www.hk01.com/article/33663 ）；〈政治篩選：第三名立法會參選人被取消資格〉，《自由亞洲電台》，2016年8月1日（https://www.rfa.org/cantonese/news/htm/hk-candi-date-08012016085903.html）。

場，改為擁護《基本法》和特區政權[151]。不過當局從一開始就沒有打算容許梁天琦參選：他們只是想誘使他以今日的我打倒昨日的我，從而羞辱香港的本土運動。最終本土派的陳浩天、陳國強和賴綺文，以及與熱普城友好的中出羊子，都像梁天琦那樣被選舉主任剝奪參選資格。

　　以後八九世代為主的本土派，卻未有因選舉主任的打壓而灰心喪志。香港民族黨的陳浩天在其參選資格被剝奪後，號召本土派同仁於8月5日晚上到添馬公園集會，並開宗名義以「捍衛民主、香港獨立」為大會主題：這是香港有史以來第一場以獨立建國為訴求的集會。陳浩天在逾萬名與會民眾面前，直指香港民主進程的障礙正是中國，而非猶如傀儡的特區政權：若然中國繼續橫加干涉，香港理所當然就應該與中國各行各路。而梁天琦則在會中呼籲本土派必須不惜一切「攞返社會上應有嘅權利……呢個社會主權係屬於香港人，主權永遠應該在民」[152]。

　　在一番擾攘過後，青年新政的候選人游蕙禎和黃俊傑，卻出乎意料地未有被選舉主任刁難。這樣梁天琦於提名期結束前，就決定讓青年新政的梁頌恆與本土民主連線的黨友李東昇合組參選名單，代替他競選新界東的立法會議席。此後選舉主任亦未有對

---

151 關於梁天琦的心路歷程，參：《地厚天高》，林子穎導演，影意志影院發行，2017年11月23日首映。

152〈民族黨港獨集會　稱逾萬人出席　梁天琦：奪回香港主權，革命必流血，勿跟政府講仁義道德〉，《立場新聞》，2016年8月5日。收錄於網民收藏的電子備份。

這個「備胎名單」再加阻攔[153]。不過特區政權三番四次的打壓，反而炒熱這次立法會選舉的競選氣氛，使自決派和本土派都能取得亮麗的成績。代替梁天琦出選的梁頌恆、他在青年新政的黨友游蕙禎、以及「自決派」的羅冠聰、朱凱迪、劉小麗和姚松炎都在這次選舉成功當選。而有份簽署《香港前途決議文》的楊岳橋、譚文豪和陳淑莊，以及毛孟靜這位少數同情本土派的民主回歸世代成員，亦能通過選舉的考驗。不論泛民主派主流的嬰兒潮世代是否樂意，「本土」和「自決」的理念已經在香港民主運動深深扎根。

不過「熱普城」聯盟卻幾乎全軍覆沒。黃毓民過往在2008和2012年的選舉都能高票當選，其競選名單曾在九龍西選區先後取得16.6%和18.2%的選票。可是這次他只能取得7.25%的選票，因為略少於游蕙禎的7.4%而陰溝裏翻船。在新界東出選的陳云根名單，更羞辱性地取得4.07%的選票，遠低於梁頌恆名單的6.55%。熱血公民的黃洋達在九龍東選區取得10.11%的選票，可是由於該區議席數目遠少於其他區域，使他未能成功跨越當選的門檻。不過鄭松泰卻能夠在新界西選區取得9.03%的選票成功當選，算是為整個聯盟挽回一點面子[154]。這說明後八九世代這時候已經有自

---

153 許創彥、趙燕婷，〈「港獨」如何「確認」？本土派與港府的立法會博弈〉，《端傳媒》，2016年7月27日（https://theinitium.com/article/20160727-hong-kong-notice/）；趙燕婷、許創彥，〈選舉審查背後：當多米諾骨牌從執政者倒向公務員和法官〉，《端傳媒》，2016年8月4日（https://theinitium.com/article/20160804-hongkong-civilservant/）。

154 Kaeding 2017, p.164.

己的政治主張，甚至已發展成一股不容忽視的政治勢力。叔父輩借用「本土」修辭的語言藝術，想以眩目的術語掩飾其歌頌大一統「文化中國」的立場，此刻卻再也無法逃得過後八九世代的法眼。

不論如何，包括本土派、「自決派」和「熱普城」的「泛本土陣營」，在這次選舉總共獲得17.7%的選票，也就是說全香港220萬位選民之中，有39萬人把選票投給高舉「本土」旗幟的候選人，使他們能在這次選舉取得6個直選議席、以及1個功能組別議席。如此再加上同情本土的泛民主派當選人，在反對陣營取得的29個議席中，就有10席能夠與「本土」扯上關係[155]。這對於後八九世代而言，無疑是一場令人振奮的逆轉勝體驗：可是特區政權又豈會讓他們品嚐勝利的果實？

威權逆襲的反高潮

2016年的新一屆立法會於10月12日召開首次會議，安排讓各位新當選議員宣誓就職。過往比較基進的泛民主派議員，都會在宣誓期間以各種方式，控訴缺乏民主的既有政治制度。「長毛」梁國雄在2004年首次選立法會議員後，在宣誓前後高呼「平反六四、還政於民、結束一黨專政」和「人民萬歲、民主萬歲，權力

---

155 許創彥、陳嘉茵、趙燕婷、何錦源，〈本土自決派共得39萬選票，學者：民主自決成香港重要議程〉，《端傳媒》，2016年9月5日（https://theinitium.com/article/20160905-hongkong-legco-analysis/）。

歸於人民」等口號，又以斷斷續續的方式宣讀誓詞，把「定當擁護中華人民共和國香港特別行政區」等內容，唸成像「**定當擁護中華人民**……共和國……香港……特別……行政區」這樣的句子。不過時任立法會主席范徐麗泰，認為「長毛」的做法未有觸犯法律的規定，立法會秘書長馮載祥亦沒有就此作出評論，使這位新晉議員能夠成功過關[156]。其後即使曾有議員因宣示立場而被裁定宣誓無效，立法會主席還是會讓涉事議員重新宣誓了事[157]。這樣藉宣誓儀式表達政治立場，就成為立法會內的傳統。

不過梁頌恆和游蕙禎當日的宣誓方式，卻觸碰到特區政權的底線：或者我們應該說，如今已淪為「第二支管治隊伍」合作夥伴的特區政權，已經不需要再擺出開明的姿態。梁游二人當日故意選擇用英文宣誓，把誓詞中的「People's Republic of China」唸成「People's Re-fxxking of 支那」，並同時高舉「Hong Kong is not China」的標語。不過這次立法會秘書長陳維安卻不接納兩人的宣誓，而在誓詞中間加插口號的姚松炎、以及用緩慢語速宣讀誓詞的劉小麗，亦被裁定宣誓無效。

見獵心喜的親中陣營群情洶湧，指責其他泛民主派議員都未有按程序宣誓，並主張梁國雄和羅冠聰的宣誓都不應被採納。而劉智鵬、丁新豹、周子峯、趙雨樂、林啓彥、李金強、吳軍捷、

156〈自稱：冇令選民蒙羞 反令香港爭光 長毛立法會宣誓玩「加料」〉，香港《蘋果日報》，2004年10月7日。收錄於筆者私藏的電子備份。

157〈黃毓民大細聲宣誓過關〉，《明報》，2018年10月18日。

杜礎圻和何漢權等親中媚共的學者和教師[158]，亦發起聯署要求梁游二人道歉、辭去議席，並呼籲立法會主席「堅拒那些於誓詞內**蓄意包含辱華言辭的人士成為立法會議員**」。他們亦趁機建議把中國歷史科定為「必修的國史科」、並為「開展民族教育」和「說明中國文化傳承的要義」設立「抗戰歷史紀念館」[159]。雖然立法會主席梁君彥之後讓姚松炎重新宣誓，可是親中派議員卻在儀式進行中便挾著輿論攻勢集體離場，使立法會會議流會：這樣梁頌恆、游蕙禎以及劉小麗都無法按計劃再次宣誓。在梁君彥決定調動議程、延遲梁游二人重新宣誓的時程後，特區政權卻於10月18日向高等法院提交司法覆核，要求否決立法會主席安排重新宣誓的權力[160]。

北京政權也決定親自出手，要把本土政治力量從立法會連根拔起。人大常委會於11月5日再次詮釋《基本法》，指出根據第104條的規定，「宣誓人故意以行為、語言、服飾、道具等方法違反、褻瀆宣誓程序和儀式，或者故意改動、歪曲法定誓詞或宣讀與法定誓詞不一致的誓詞」，其宣誓就不能視之為有效。當

---

158 發起人名單中的羅永生是樹仁大學歷史系主任，而非曾向柴契爾夫人抗議的文化研究學者。

159 〈200名學者文化工作者聯署要求游梁向全球華人道歉〉，《文匯快訊》，2016年10月17日（http://news.wenweipo.com/2016/10/17/IN1610170034.htm）。

160 許創彥，〈梁君彥改變初衷，反成宣誓風波最大輸家？〉，《端傳媒》，2016年10月25日（https://theinitium.com/article/20161025-hongkong-legco-chairman/）。

事人此後不得重新宣誓，只剩下辭去議席的選項[161]。高等法院隨後於11月15日根據人大常委會的詮釋，裁定梁頌恆和游蕙禎不得重新宣誓。食髓知味的特區政權其後於12月2日再次提交司法覆核，質疑劉小麗、姚松炎、梁國雄和羅冠聰的議員資格：他們其後於翌年7月14日，都像梁游二人那樣遭法院剝奪其議席[162]。在中國的絕對主權和特區政權「三權合作」的行政獨裁下，香港民眾的選票授權遭到全然的藐視。

　　在2016年最後那三個月，香港本土運動遭到政權的全方面攻擊，使人生經驗尚淺的後八九世代完全無力招架。可是民主回歸世代卻未有對後輩有太多的同情：他們反倒埋怨年輕人衝動冒進、魯莽行事，為民主運動帶來不必要負累。主流的泛民主派認為，雖然北京政權刻意拖延香港的民主進程，可是和1980年代之前相比還是有一定的進步：後八九世代因提倡本土思潮而「惹怒」中國，只會對僅有的民主空間構成危害。民主回歸世代圍於大中華情結，認定自決或獨立的主張都是天方夜譚：他們認定年輕人執迷於鏡花水月的追求，缺乏歷史常識、沒有大局觀念、自私自利並缺乏責任心。民主回歸世代因年輕人「惹是生非」而心懷怨懟，後八九世代亦因前輩們急速割蓆而耿耿於懷。世代之間沒完沒了的爭辯，令疲憊的香港民眾無意再理會政壇的種種風雨[163]，

161〈全國人大常委會全票通過《基本法》104條釋法〉，《端傳媒》，2016年11月2日（https://theinitium.com/article/20161102-dailynews-National-Peoples-Congress/）。

162 Yuen and Chung 2008, pp.25-26.

使香港的民主運動陷入低谷。

　　不過被憤怒蒙蔽雙眼的民主回歸世代，卻不知道中國在經歷中國共產黨六十多年的統治後，早就不可能再有「愛國民主」的空間。後八九世代忠於自身的身份認同，固然是名副其實的「港獨」；嬰兒潮民主人士自詡熱愛祖國、卻以「愛國不愛黨」為由抗拒黨國，最終也會在北京政權的論述中「被港獨」。對於北京政權而言，嬰兒潮民主人士和後八九世代的本土派，乃是一體兩面的敵人。在人大常委會於11月5日詮釋《基本法》第104條後，人大常委副秘書長李飛在隨後的發言，表示「回歸之前，香港就存在著一股企圖顛覆中央政府、推翻中華人民共和國的反動勢力和反對勢力」，並清楚表明關心中國民主進程的民主派就是「隱性港獨」，又指責他們通過「非常險惡的辦法……挑動年輕人」：即使民主回歸世代想要與後八九世代劃清界線，可是在「黨國主權」至上的觀點中，任何民主意識的傳承都是兩個世代「沆瀣一氣」的證據[164]。

　　不論是「港獨」還是「被港獨」，對北京政權而言並無任何分別：任何不以黨國為效忠對象的「愛國」言行，都只能坐實「欺君犯上」的指控。在中國早被黨國完全吞噬的形勢下，「港獨份子」

163　亞裏，〈【逃避新聞的人・3】由自信可改變未來到無力感彌漫　一班香港人的2014至2018〉，《立場新聞》，2018年5月14日；亞裏，〈【逃避新聞的人・4】意見偏頗、資訊氾濫、口水太多…　一班平民對香港媒體的不滿〉，《立場新聞》，2018年5月18日。收錄於網民蒐集的電子備份。

164　〈李飛：不符合基本法解釋的宣誓無效且不得重新安排〉，人民網，2016年11月7日（http://npc.people.com.cn/n1/2016/1107/c14576-28841248.html）。

和「被港獨份子」若不願意選擇投誠，就只能放下歧見團結追尋命運自決的「港獨」出路。可是民主回歸世代和後八九世代還要走上一些冤枉路，才能夠省悟到「團結就是力量」的大道理。

CHAPTER 9

民主回歸世代的雲隱

　　民主回歸和愛國民主運動都是民主回歸世代的基礎主張，可是這兩條支柱在2010年代都分崩離析。隨著香港與中國的不對稱融合日益惡化、「第二次管治隊伍」的干預又愈發高調，「民主回歸」的願景已被證明只是一廂情願的迷夢。民主回歸世代曾經寄望中國的經濟改革會促使中國走上自由化的道路：不過我們之前在第七章末段已經提到，中國在1990年代已透過愛國教育和尋租經濟，成功壓下民間社會的自由訴求，而碩果僅存的自由派亦於政權暴力下潰不成軍。「愛國民主運動」過往一直認為在威權統治下的中國民眾，都會暗中渴望國家能走上自由民主的道路：可是這種想像的空間，卻隨著「自由行」政策的實施而被打破。除卻少數心地善良的有心人，在香港民眾眼前的中國人多會拖著黨國的身影，對香港人對自由民主的堅持嗤之以鼻[1]。

1　那些同情香港自由民權訴求的旅港中國人，往往需面對本國人的排擠以至是舉報，陷入內外交困之境。參：苗碩，〈香港十年：一位「中間派」港漂的自述〉，《端傳媒》，2019年11月15日（https://theinitium.com/article/20191115-mainland-hk-drifter/）。

　　中國民主運動在1990年代受困於自由派的衰敗，在2000年代以後還要面對擁護威權的主流民眾：中國的自由派多是中老年人，年輕世代卻反倒比較多擁抱威權的「小粉紅」，與香港的情況剛好相反。在開放改革後出身的新世代擁有前輩沒有的購買力，使他們容易受到西方物質文化影響：他們抱有個人主義心態、寄望能透過炫耀性消費突出自我。可是支撐著這種個人主義的，**是消費主義而非自由主義**：這些年輕人知道他們的消費力都源自黨國主導的尋租經濟，使他們傾向成為擁抱毛澤東思想的狂熱國族主義者[2]。北京政權自然亦樂於運用民粹政治的手法，鼓動群眾的排外情緒和國家自豪感，為其威權政體贏得主流民意的認受[3]。

　　雖然中國的民意調查都反映受訪者對民主有一定的期望，可是魔鬼卻藏於這些調查的細節當中：與一般民眾相比，中國共產黨的黨員反倒比較「偏好民主」，而這個現象在農民和勞工之間尤其明顯。而這些「支持民主」的受訪者，對集會、抗爭和罷工都沒有好感：而這些都是自由民主國家內最基本的政治行為。事實上這些以基層黨員為主的「民主支持者」，是因為市場經濟的現狀與共產主義理想差距越來越大，才會用「民主」兩個字來表達對社會現狀的不滿：這些真誠相信馬列主義和毛澤東思想的人，才

2　Shan, Wei and Chen Juan (2020). "Westernised but Not Yet Pro-democracy: The Younger Generations in China and Implications for Future Leadership," *China: An International Journal*, 18(1):46-62.

3　Tang, Wenfang (2016). *Populist Authoritarianism: Chinese Political Culture and Regime Sustainability*. New York: Oxford University Press.

不會渴望中國共產黨結束一黨專政[4]。

對於天安門大屠殺的歷史悲劇，中國民眾早已選擇集體失憶：「就算真的政府是錯的，那也已經過去了，大家會理解的[5]。」歸根究柢，在1990年代開始主導開放改革的意識形態，**乃新自由主義而非古典自由主義**。中國共產黨無疑曾於鄧小平南巡後作出180度的轉變，全面擁抱市場經濟的邏輯：北京政權甚至把市場邏輯推到極致，將其從經濟領域推展到社會每個角落。這種邏輯把中國民眾都當成是「經濟人」，既是一群在「自由市場」中汰弱留強的個體、也是黨國體系掌控的「人力資源」。而國民與國家之間也只存在市場上的買賣關係：國民能夠證明自己的市場價值就可以從國家那邊「購買」權利和服務，而國家卻毋須對缺乏身價的「低端人口」肩負任何責任。在這種絕對「自由」的市場體系中，國民並無法擁有任何天賦的公民權，而國家卻可以透過**「販賣」尋租機會**掌握國民的生死大權：這種新自由主義提倡的**「市場自由」**，反倒與中國黨國體系的脾性相當契合[6]。關乎是非對錯

4   Wang, Gang (2016). "Who Wants Democracy in China? An Empirical Analysis of Chinese Democratization in Perspective," *Asian Journal of Social Science Studies*, 1(1):1-12.

5   林慕蓮 2019，頁168。

6   Brown, Wendy (2005). "Neoliberalism and the End of Liberal Democracy," *Edgework: Critical Essays on Knowledge and Politics*. Princeton: Princeton University Press. pp.37-44; Wu, Guohuang (2017). *Globalization Against Democracy: A Political Economy of Capitalism after its Global Triumph*. Cambridge: Cambridge University Press.

的回憶，在這種體系中非但無法賣個好價錢，反而是一種帶來麻煩的負資產。

這就是說，在2010年仍舊熱心於「愛國民主運動」的，除少數堅持到底的中國異見人士外、就只剩下香港的民主回歸世代。不過中國民主運動的消亡，反倒令民主回歸世代下定決心，立志要成為守護記憶的最後一人。他們在香港繼續支持支聯會的運作，年復一年在6月4日晚上留守維多利亞公園，以燭光悼念六四慘案的亡魂。這場追悼鄰國人道悲劇的集體禮儀，參與者卻都是以香港人為主，而且亦成為民眾向北京政權**或特區政權**抗議的場域。

支聯會在2003年的燭光晚會把大會主題定為「毋忘六四、反對廿三」，而與民主派仍然友好的黃毓民，則在6月3日於商業電台《政事有心人》政評節目中呼籲民眾參與燭光晚會，藉此反對《基本法》第23條立法[7]：這次把本土政治訴求與「愛國民主運動」結合的做法，有助壯大同年七一大遊行的聲勢。自此六四晚會和七一遊行，就成為香港民主政治的「宗教節期」：就像基督教會在聖誕節和復活節之間回顧基督生平那樣，香港民主派也在每年6月4日至7月1日之間，讓民眾回顧香港民主運動的歷史，並藉著濃厚的「節日氣氛」進行宣傳、動員和募款。

在1990至1992年的六四燭光晚會，其參與人數從15萬人逐

---

7 〈【「六四」三十年 中生代重組記憶碎片】口號解碼：誰創造了口號 誰就創造了視點〉，《明報周刊》，2019年5月31日。

漸減少到8萬人。自1993年起，參與燭光晚會的人數大概徘徊在3.5萬到4.8萬之間：1999年因為是六四慘案10周年的關係，當年的晚會意外地吸引到7萬名民眾參加。2003和2004年的晚會，則分別因為反對23條立法和爭取07、08雙普選的運動，其參與人數分別增加到5萬和8.2萬人。可是自2005年起燭光晚會參與人數的增長放緩，並徘徊在4.4萬至5.5萬的水平。這個數字要到2009年，才重新回復到15萬人的水平：當年立法會內的泛民主派議員一如既往，動議辯論關於六四慘案的議題。行政長官曾蔭權卻於會上表示，「事件發生咗到依家已經好多年，其間國家喺各方面的發展，都得到驕人成就，亦都為香港帶來經濟繁榮，我相信香港人對國家的發展，會作出客觀評價」，並宣稱他的講法「代表整體香港人嘅意見」[8]：這番以經濟成就凌駕倫理判斷的言論，顯然觸犯到香港民眾的底線。

自2009年起，支聯會和警方對燭光晚會參與人數的統計的差距越來越大，雙方都分別高估和低估真實的出席人數。不過兩組數字以及其平均值，還是能反映晚會出席人數的演變趨勢。在2009至2014年期間，是六四燭光晚會參與人數的巔峰期：這幾年人數統計的平均值都超過十萬。而相對而言，2015至2018年則是晚會參與人數的低潮：2015年的人數統計平均值略多於9萬，而其後三年再下降至6.4萬至7.3萬的水平。其後燭光晚會的參與人

8　〈稱代表全港市民 掀起怒潮 特首六四謬論 議員離場抗議〉，香港《蘋果日報》，2009年5月15日。收錄於筆者私藏的電子備份。

數在2019年起義前夕再度反彈，而人數統計平均值也再次超越十萬人的水平（圖9.1）。

而在2000年代至2010年代中，香港民眾對特區政權的滿意度，剛好與燭光晚會的出席人數呈現反比。在2005年下半年至2008年上半年之間，正值曾蔭權政權的蜜月期，而這亦是六四燭光晚會人數增長停滯的那幾年。特區政權的民望在2008年下半年起急速下滑，此後在2010年代一直維持低迷：而2009至2014年的晚會參與人數亦暴增至逾十萬人的水平。而香港民眾對北京政權的好感度，在這段期間雖然也與晚會出席人數呈現反比，可是其效應相對而言卻不太強烈。雖然香港民眾經歷過2008年北京奧運會前後的反高潮，對所謂的「胡溫新政」感到失望，可是他們對北京政權好感度的下降卻相對平緩：畢竟與特區政權相比，北京政權是個比較「不貼身」的鄰國政權。香港民眾對北京政權的評價，要待2011年開始才全面轉為負面：此時香港已經連續三年舉辦逾十萬人參與燭光晚會。雖然六四燭光晚會悼念的是中國的悲劇，可是其參與人數的增長，卻比較貼近香港特區政權民望的變化。

不過六四燭光晚會的參與人數，於2015年開始就與特區政府民望失去關連。雖然2015和2016年特區政權的聲望持續低迷，可是燭光晚會的參與人數卻持續下跌，到2017年人數統計平均值已降到6.4萬人的低位。雖然特區政權的民望在2017年下半年，曾隨著林鄭月娥接任行政長官而短暫回升，可是其微弱的增幅卻只能稱得上是迴光返照，而翌年燭光晚會的參與人數亦與2017年

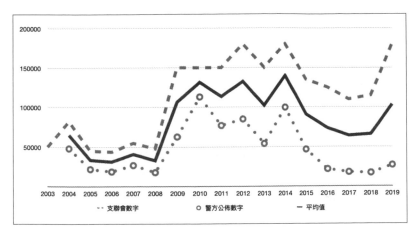

圖9.1：支聯會六四燭光晚會的參與人數，2003至2019年。

（資料來源：《明報》、《蘋果日報》）

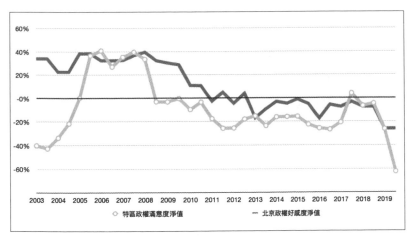

圖9.2：特區政權和北京政權的滿意度和好感度淨值，2003至2019年。

（資料來源：香港大學民意研究計劃／香港民意研究所）

相若（圖9.2）。這說明在2015到2018年這四年期間，在特區政權的民望以外還有其他影響晚會參與人數的因素。而剛好在這段時期，在後八九世代本土運動與民主回歸世代之間有過異常激烈的互動。

抗拒「愛國民主」的後八九世代

支聯會的六四燭光晚會，過往一直未能擺脫濃厚的大中華情結：之前在第六章我們曾提及支聯會在鄧小平南巡後，就擺著為中國著想的姿態，提醒北京政權自由民主能夠確保國家的富強。可是這種近代化迷思，早就被中國在2000年代的急速發展否定。更重要的是，中國的富強並未有讓世界變得更加美好：北京政權憑藉其經濟實力，在國際社會上咄咄迫人地展露「大國崛起」的實力，又盡情欺壓香港和臺灣這兩個芳鄰。支聯會在民主回歸世代主導下，不單要守護見證自由夢受挫的六四回憶，也堅持香港要承擔「建設民主中國」的歷史責任。

可是對於未曾經歷天安門學運的後八九世代來說，中國就只不過是一直欺壓香港的惡鄰：在日常生活與中國人交手的經歷，既讓整個世代的人都厭惡中國、也使他們發現大部份中國人都只會戀慕帝國的榮光。中國在1989年之後的演變，早已斷絕這個國家民主化的希望。後八九世代覺得自己與充滿中華氣息的晚會格格不入，也認為民主回歸世代為「建設民主中國」這個不可能的目標，「行禮如儀」地複述蒙難者的悲情，是站在道德高地上的情

緒勒索。他們認同自由民主是放諸四海而皆準的普世關懷，卻抗拒前輩去強迫他們流露「愛國」的情感：因為中國這樣的**敵國**，絕非後八九世代可以認同的國家。

　　雖然過往不同世代的香港人，都會選擇透過參與六四燭光晚會，表達對香港本土政治的不滿：可是後八九世代卻認為燭光晚會與本土政治風馬牛不相及。他們認為中國既是欺負香港的惡鄰，香港人就沒有必要去投桃報李，幫助本身就敵視民主的中國人爭取「建設民主中國」。根據香港大學民意研究計劃的調查，認為香港人對中國的民主發展和經濟發展有**責任**的受訪者，其比率在2010年代持續下滑。主導六四燭光晚會的民主回歸世代，對年輕人這樣的心態極為不滿。他們認為後八九世代想脫離中國獨立，只是一種逃避現實的鴕鳥心態。而年輕人不能投入六四晚會，是因為他們自私自利而缺乏良知，無法對他人的苦難感同身受：民主回歸世代忘記後八九世代從未親身經歷天安門學運，並不可能擁有上一代人目睹血腥屠城的創傷經歷。事實上年輕人對天安門學運**仍然有強烈的是非價值判斷**：在2010年代始終有接近七成的受訪者，認為北京政權在面對天安門學運時犯錯（圖9.3），而18至29歲的年齡層的是非價值判斷，也比他們的前輩來的強烈（圖9.4）。

　　而首先在六四悼念議題上挑撥世代矛盾，並對支聯會悼念晚會打響第一槍的，則是陳云根這位嬰兒潮世代的叔父輩。他在2011年6月4日清晨，在臉書指出「被中共殘害幾代的大陸人，都因為幾代人啞忍暴虐而扭曲本性，**成為中共的合謀**、賊夥

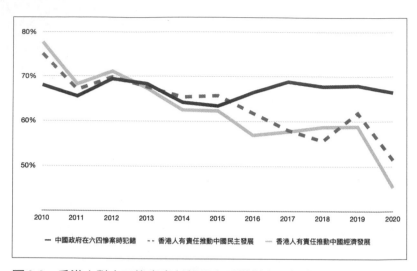

圖9.3：香港人對六四慘案責任歸屬和香港對中國的責任的看法，2010 至2020年。（資料來源：香港大學民意研究計劃／香港民意研究所）

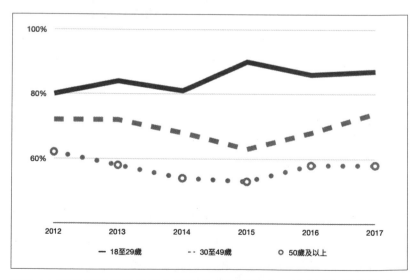

圖9.4：不同年齡層的香港人認爲北京政權於六四慘案時犯錯的比率， 2012至2017年。（資料來源：香港大學民意研究計劃）

……不會開出民主憲政的，請為中國死了心」[9]。到中午時分，他則再進一步說明「支持大陸正義人士的鬥爭，香港不要貿然採取整體名義，將香港押上」，反倒要讓「大陸人認識香港的自治地位，尊重香港人有自己盤旋的權利」[10]。

陳云根在 2011 年的呼籲倒算是合符理性的分析，姑且稱得上是對支聯會的善意提醒。可是這位想透過「虛擬本土主義」撈取政治資本的叔父輩，其後對支聯會的批判卻變得粗鄙不文，顯然想在後八九世代和民主回歸世代之間挑起事端。他在 2013 年開始呼籲杯葛六四燭光晚會，主張「打破支聯會的祭壇，抵制支聯會的壟斷」，藉此抗議「支聯會腐敗不堪，侮辱六四烈士」[11]。他甚至警告中國若然成功民主化，將反倒會禍害香港。他認為「中國人民普遍對香港仇視，認為香港欠了中國」，若然香港無法實踐真正的自治，「必會被民主中國的議會剝削殆盡」[12]。此外他亦刻意侮辱參與燭光晚會的民眾，宣稱「支聯會六四晚會顯示，香港**政治愚昧**指數仍高，邪神祭壇依然擠擁」。而當日燭光晚會舉行期間，剛巧遇上傾盆大雨，陳云根即嘲笑晚會遭受天譴，「今年大雨淋邪神，出年五雷劈祭壇」[13]。

9　陳云根臉書（wan.chin.75），2011 年 6 月 4 日，04:15:56（UTC +8）。

10　陳云根臉書，2011 年 6 月 4 日，11:40:03（UTC +8）。

11　陳云根臉書，2013 年 5 月 31 日，13:16:56（UTC +8）。

12　陳云根臉書，2013 年 6 月 2 日，22:45:44（UTC +8）。

13　華語翻譯：這年天降大雨，淋濕（支聯會的）邪靈；明年上天也會降雷，轟炸（支聯會的）邪惡祭壇。
　　陳云根臉書，2013 年 6 月 4 日，22:31:55(UTC +8)。

　　就政治學學理而言，中國的民主化確實有可能會對周邊國家造成威脅。特別是在中國這類缺乏公民傳統的多民族國家，選舉政治的動員往往會淪為族群間的對壘：隨之而來的族群衝突若未能獲得妥善處理，將可能導致釀成種族滅絕的悲劇[14]。而中國自由派作家王力雄，亦曾警告中國若在民主化後淪為「**數量民主**」，將會令國內少數族裔和周邊國家陷入危險的處境[15]。不過陳云根卻無意與支聯會探討學理，而是從一開始就以「漢賊不兩立」的姿態盡情辱罵，把支聯會描述成「腐敗」和「愚昧」，又把六四燭光晚會說成是「邪神祭壇」。主導支聯會的民主回歸世代，本身已經懷抱濃厚的大中華情結，遇到這樣的辱罵自然亦會進入自我防衛模式。隨著民主回歸世代對「本土」的成見日積月累，此後當後八九世代嘗試提出不同的見解時，雙方都只能自說自話地情緒大爆發。

　　就在2013年六四燭光晚會舉行前，後八九世代與民主回歸世代之間爆發了一場前所未見的激烈論戰。而這次論戰爆發的主因卻不是陳云根的酸言酸語：這位一直都處於社會運動邊緣的叔父輩才沒有這樣的能耐。這一年的爭執之所以一發不可收拾，起因還是源自支聯會的袞袞諸公：這群民主回歸世代無視近年茁壯的

14　Mann, Michael (2005). *The Dark Side of Democracy: Explaining Ethnic Cleansing*. Cambridge: Cambridge University Press.

15　〈中國作家王力雄訪談錄（2）：遞進民主〉，BBC中文網，2015年2月10日（https://www.bbc.com/zhongwen/trad/china/2015/02/150210_iv_wanglixiong_2）。

本土政治意識，把當年大會主題定為「**愛國愛民，香港精神**」。他們基於一己的大中華情結，深信自己有責任要從中國共產黨那邊奪回「愛國」的話語權：任何人想要放棄「愛國」的話語權，就是想要讓中共的陰謀得逞。在他們心目中，任何高舉「本土」反對「愛國」的後八九世代，都是陳云根那些暗中「與中共合謀」的「徒子徒孫」。可是後八九世代卻只想哀悼過往失落的自由民權運動，藉此宣示對自由民主普世價值的認同，並抗議香港了無寸進的民主進程：他們認為民主回歸世代在晚會中流露大中華情懷，是要騎劫建基於普世價值的民主運動。後八九世代在日常生活中就飽受來自中國的欺凌，如今想要為自由民主發聲卻還要「被中國化」，難免會令他們憤恨難平：他們認為民主回歸世代只想虛偽地展露自己的「愛國心」，卻對年輕世代的生活困局漠不關心。

本名劉耀文的本土派作家盧斯達，向來擅於以直接得近乎犬儒的文風，運用二元對立的修辭道出同代人的鬱悶。他認為嬰兒潮民主運動為求「顧全人家的普世道義，卻令香港越來越糟糕」。雖然世界大同的理想看似動人，可是在一直活在強鄰陰影下的香港，卻不得不確立自我防衛的能力：

> 誰不想和和氣氣，大唱 We Are the World？香港的新一代怎麼辦？當出路已經極窄，生活環境已經擠迫，已經受不起更多「中港交流」[16]。

16　盧斯達（劉耀文），〈年輕人唱不起 We Are the World〉，香港《蘋果日報》，

　　盧斯達基於親身與中國人交往的負面經歷，認定香港與中國之間的矛盾，已不只是自由價值與威權主義的衝突，更是涉及利害關係的國際衝突。中國本來就是一個帝國主義霸權，也一直把香港視為予取予求的殖民地。既然中國民眾是這種殖民主義剝削的得益者，那我們就沒有理由相信他們會在中國民主化後，就能輕易基於自由價值放棄已到手的特權。因此「中國民主化，也只是政體改變。主從關係一面倒，香港仍然會被它剝削壓迫的」[17]。

　　而另一些比較偏激的年輕人，甚至認為六四燭光晚會與自由民主的普世價值完全無關。他們認為因為香港早已為中國所侵佔，任何在這個地方悼念六四慘案的舉動，都必然是在「哀悼因『自己國家』政權的暴行而喪失的『同胞』」：而這只會「間接鞏固香港人『心繫家國』的霸權論述」[18]。在民主回歸世代的主導下，把悼念六四當作是「愛國民主運動」不可或缺的一環，已經成為難以憾動的主流論述。這樣香港人即使只是出於對普世自由

2013年5月20日。收錄於筆者私藏的電子備份。

盧斯達擅於揭露那些反對本土政治的論者，雖然整天把進步主義的術語掛在口邊，可是他們若非在逃避現實、就是在掩飾心底裏的極端保守主義。這是香港同代作家難見的洞察力。可是他亦因為看透「偽進步主義」的虛無，失去對「社會進步」的想像力，淪為完全否定人性光明面的犬儒。如何在絕望的境地中保持盼望，乃香港未來必須苦修的功課。

17　盧斯達（劉耀文），〈語大中國主義者〉，香港《蘋果日報》，2013年5月24日。收錄於筆者私藏的電子備份。

18　Quenthai，〈在香港紀念六四：從自我邊緣化說起〉，《關於我的一個後設文本：一些可能帶動機的自說自話》，2013年5月25日（https://quenthai.wordpress.com/2013/05/25/self_marginalization/）。

民主價值的關懷,而選擇參與悼念六四慘案的活動,「也會因『*血濃於水*』的根深蒂固而被社會如此詮釋……成為繼續鞏固『*血濃於水*』的論述的幫兇」[19]。

不過即使在香港悼念六四慘案的人,有不少都抱有濃烈的大中華情懷,可是六四燭光晚會過往確實亦見證著本土民主運動的進化。早前在第六章我們已提到香港民眾在1989年天安門學運剛剛爆發時,就已經基於本土民主發展的挫折經歷,自發地移情於天安門學運。民主回歸世代對這樣的民情反倒是**後知後覺**:待他們於5月中緊急決定介入後,才開始把事件定性為「愛國民主運動」。這就是說,遠在六四慘案尚未發生之時,香港人對天安門學生運動的關注,從一開始就是本土關懷的延伸。亦因如此,有不少後八九世代的抗爭者並未打算放棄悼念六四慘案,反倒主張要跳出「愛國民主運動」的框架,重新發現悼念集會的本土政治意義。

曾於2012年參與反國教運動的後八九世代,則依照當年的抗爭原則,反對民主回歸世代以情感灌輸、鞏固認同的方式看待六四。他們堅持要透過知性的認知和理性的批判,從而認識真正的中國:香港人該如何應對中國,應當取決於「現實中國」對香港的實際衝擊,而不應執迷固有的「中國想像」而感情用事。反國教運動的參與者既否定「德育及國民教育科」內的情感灌輸,

---

19 Quenthai,〈應該參加紀念六四的理由及回應──簡短Q&A〉,《關於我的一個後設文本:一些可能帶動機的自說自話》,2013年5月28日(https://quenthai.wordpress.com/2013/05/28/64qa/)。

如今他們面對支聯會訴諸情緒勒索推銷「中港命運共同體」的論述，也決意不會採取雙重標準以息事寧人：因此支聯會和教育局一樣，都得接受後八九世代的嚴格檢視。為此學民思潮召集人黃之鋒強調空談愛國，只會令香港人忽略天安門學運遺下的進步遺產：他主張天安門學運的意義「絕不限於對國家的認同及情懷，更有著我們對普世價值的渴求」。因此「給予八九學運最佳的回應便是**超越儀式繼承學運精神**」：要傳承天安門學運的精神，不應該淪為對中國認同的灌輸，反倒是要「『在地』抗擊中共在港形成的犬儒思想，讓公民重奪均等的政治權力」[20]。

不過民主回歸世代對後八九世代的主張，卻是完全無法理解。他們堅持「國和黨原是兩個不同概念」，即使黨國不分在當代中國已經是無法逆轉的現實，民主回歸世代仍然幻想可以有「愛國不愛黨」的空間，也認為「若中國沒有民主，卻認為香港可以獨立於中國而進行自治，無異是鴕鳥政策」[21]。民主回歸世代認為中國共產黨再是不堪，香港人對中國依然有「愛國」的責任。就如工業傷亡權益會總幹事陳錦康所言：

愛國係每一個人都應該，我都日日話政府不是，但政府有不是咪提出反對聲音，希望佢改善囉，唔係話唔認同自

20　黃之鋒，〈始於承傳〉，《明報》，2013年5月25日。
21　彭令昭，〈怕黨而棄國是自欺欺人〉，香港《蘋果日報》，2013年5月27日。收錄於筆者私藏的電子備份。

己係中國人[22]。

　　而同情民主回歸世代的論者，甚至認為比起自由和民主，「愛國」才是天安門學生運動的基本精神。當時《明報》的編採立場比較貼近保守的民主派，他們於2013年6月1日的社論中，聲稱「八九民運的最基本精神，就是『愛國』」，認為「香港人支援學生，屬於愛國，持續要求平反六四，也是出於愛國」。這篇社評的撰稿人甚至反問：「若六四事件抽走愛國，則八九民運算什麼呢」[23]？這種被憤怒蒙蔽雙眼論調顛倒基本事實，忽視天安門學生運動把重點放在民主自由之上，與中國在20世紀的「愛國運動」有著根本上的差異。部份論者甚至利用香港人的正義感，以情感勒索的方式「證明」他們的中國心：這些評論認為「港人對六四悼念的執著，其實正是因為他們自覺不能與大陸區隔」，因此香港人不單有責任悼念六四慘案，也必須反對悼念儀式的本土化[24]。

　　而部份民主回歸世代的論者甚至訴諸陰謀論，把後八九世代的反對聲音，視為與中共暗通曲款、裏應外合的陰謀，目的只是為騷擾支聯會的六四燭光晚會。這種毫無根據的指責，無視後八

22　〈愛國口號不是第一次喊〉，香港《蘋果日報》，2013年5月30日。收錄於筆者私藏的電子備份。

23　〈「愛國愛民」讓路給「愛國愛黨」？荒謬！〉，《明報》，2013年6月1日。

24　李德成，〈本土化悼念就是沒悼念〉，香港《蘋果日報》，2013年6月3日。收錄於筆者私藏的電子備份。

九世代面對的處境，把提出質疑的年輕人與中共黨官直接類比：

> 這種說法，何其巧合，**聽起來相當耳熟**：井水不要犯河水，香港人不要干預大陸的內政……這番話中國大陸的黨官重複又重複的說了二十多年，今天只換了一些詞彙[25]。

嬰兒潮民主人士對本土政治運動不理性的仇恨，最終使他們自取其辱。在世代之爭方興未艾之際，支聯會常委多次向六四慘案死難者親屬發出電郵，要求他們以「天安門母親」的名義發聲批評本土派。不過身為「天安門母親」的丁子霖卻不為所動：雖然她不認同陳云根之流杯葛晚會的做法，可是她卻清醒認識到「愛國」一語，在中國早被政權濫用到無法修復的地步。丁子霖在5月30日接受長途電話訪問時，驚訝地表示：「我不了解支聯會提出這個口號，這麼愚蠢！」她呼籲支聯會要「把香港精神的主動權，掌握在手裏」，並勸告發電郵給她的常委「真是需要好好反思一下」[26]。

既然六四慘案的受害者本身，也願意理解後八九世代對「愛國民主運動」質疑，支聯會的成員亦該是時候思考世代和解的問

---

25 吳志森，〈杯葛燭光晚會是歪理〉，香港《蘋果日報》，2013年5月29日。收錄於筆者私藏的電子備份。

26 〈導火線「愛國」口號〉，《明報》，2013年5月31日；〈為「愛國」與丁子霖罵戰 徐漢光辭職〉，香港《蘋果日報》，2013年5月31日。收錄於筆者私藏的電子備份。

題。可是支聯會常委徐漢光卻抱怨丁子霖未有依隨「劇本」發言，甚至因而出口傷人。他認為丁子霖對香港的論戰缺乏瞭解，而她未有主張把「愛國愛民」的口號堅持到底，是患上「斯德哥爾摩症候群」的徵兆：徐漢光言下之意，就是認為丁子霖長期受北京政權迫害，以致她早已不經意地跟隨著中國共產黨的立場。丁子霖在1989年後就一直承受來自政權的壓力，鍥而不捨地守護六四慘案的記憶，如今卻因為香港的黨爭而被支聯會常委侮辱。為此徐漢光被迫在群情洶湧的情況下公開道歉，並宣布辭去常委一職[27]，而支聯會亦於該年晚會撤去「愛國愛民」的主題[28]。

公民社會的大混戰

不過民主回歸世代與後八九世代之間的不和，並未因為天安門母親對年輕世代的諒解而平息。在其後幾年的六四燭光悼念晚會舉行前，都必然伴隨著本土派和「大中華膠」的激烈爭辯。這時候後八九世代因雨傘革命未竟其功，不斷思索引致抗爭失敗的成因：而這種探索很多時候會變成尋找代罪羔羊的爭執，使民主回歸世代經常成為年輕人怪罪的對象。而梁天琦參與2月28日新界東初選的決定，亦被民主回歸世代的陰謀論者指責，認為他是要幫助北京政權打擊公民黨楊岳橋的選情。而本土政治在2月28

27 〈支聯會常委冒犯丁子霖請辭〉，《明報》，2013年5月31日。

28 〈支聯會認衰 六四不提「愛國」〉，香港《蘋果日報》，2013年6月1日。收錄於筆者私藏的電子備份。

日初選後蔚為風潮,亦觸動民主回歸世代的敏感神經。在這樣的背景下,2016年六四前夕的世代論爭也因此一發不可收拾。

隨著後八九世代踏入大學校園,各大專院校的學生會與民主回歸世代的「老鬼」越走越遠,其幹事會亦多傾向投入本土政治運動:即使在過往曾被指責為「大中華膠大台」的專上學生聯會,其立場也隨著世代交替而變得偏向本土派。他們在2013年的爭議過後,陸續停止參與維多利亞公園的六四燭光集會,並決定自行舉辦六四論壇。在2016年5月底,時任香港大學學生會會長孫曉嵐在電台節目,向聽眾說明這年六四論壇的安排。她表示港大學生會之所以自行舉辦論壇,是因為香港正處於爭取自決的關鍵時刻,而支聯會的晚會卻未能帶來相關的啟示。不過她隨後兩句隨心之言,卻使民主回歸世代的前輩情緒大爆發。她認為隨著香港抗爭形勢的改變,學界對於六四慘案「不應該再投放好多心力,和視為理所當然的責任」,並反問:「悼念六四是否應該有個完結呢」[29]?

後八九世代對天安門學生運動並不可能有切身的感受:因為事發時他們尚未出生。亦因如此,他們認為在爭取自由民權的大前提下,學生運動必須作出取捨:既然他們認為本土抗爭比悼念六四對香港民主發展更為有利,那麼他們把焦點放在本土抗爭、並以比較抽離的角度分析六四,乃是理所當然的理性選擇。他們未曾經歷過1989年6月4日凌晨那個徬徨的凌晨,因此無法理解

---

29 〈11學生會批支聯僵化 六四另辦論壇〉,《明報》,2016年5月26日。

鄰國對抗爭者的血醒屠殺，是前輩們一生難以磨滅的傷痛。可是政治除卻目標為本的理性計算，也無可避免有涉及情感的一面：民主回歸世代認為自身的六四創傷，是不容討論、不可懷疑的大是大非，就歇斯底里地把年輕世代罵得一文不值。

而部份本土派人士對民主回歸世代的回應，更讓惱怒的前輩們無法克制自己的情緒。本土派政團青年新政，於6月1日在臉書專頁上批評燭光晚會的參與者。他們認為香港正處於水深火熱的境地，「站在火場裏卻去關注鄰居廢墟重建便是不分輕重」，並不客氣詰問他們如果「仍然只願垂下頭跪著乞討『平反』的話，請自便」[30]。時任樹仁大學學生會編委會總編輯吳桂龍，更是陳云根的狂熱支持者。他模仿陳云根的口吻，以粗鄙不堪的語言批評泛民主派和支聯會之所以對六四如此執著，是因為他們都與中國共產黨暗通曲款，要以陰謀詭計欺哄香港人繼續「愛國」。他聲稱「支聯會，就是被施暴遭厄後，成為妓院的鴇母龜公」，是因心理扭曲而戀慕施暴者的奴隸。如今他們堅持舉辦「六四晚會，就是（本於）乞求平反的無力心態……上貢少女受虐的邪壇」[31]。

這樣在隨後的幾個星期，民主回歸世代及其同情者群情洶湧，使輿論充斥批評以至是辱罵後八九世代的言論。比較能夠沉

30　青年新政臉書（youngspiration），2016年6月1日，13:30（UTC +8）。

31　吳桂龍，〈寫在六四前夕：五雷碎邪壇，中大、尖東斬情花〉。原文刊登於香港樹仁大學學生會編輯委員會的臉書專頁（hksyusuedb），現已被網絡編輯撤下。電子備份收錄於：https://www.symedialab.com/talk/92350-2/

得住氣的論者，則會以裝作中肯的理據，全盤否定本土政治運動的訴求。我們之前在導論已看到公民黨前黨魁余若薇曾以奇怪的邏輯，認為後八九世代的抗爭者討論本土自決的問題，是「間接承認中國是迴避不了的因素」、並證明香港「在地理上與中國大陸不能切割」[32]。而另一些論者則在反芻固有的成見，宣稱「主觀情緒是一回事，客觀事實卻不用爭辯，中國跟香港的關係，**水洗都唔清**」，並質問「倘若維園從此無燭光，就能令本土派口中的『自決』更早登岸嗎」[33]？他們忽視香港的文化風俗和生活模式，其異乎中國的特性同樣也是「水洗都唔清」。

　　不過上述的論者雖然思維不清，卻已盡力壓抑心裏的不滿情緒，不慍不火地展現其良好的個人修養。而此時大部份民主回歸世代的言論，盡是失控的人身攻擊、情緒勒索和人格謀殺。有的論者刻意講述天安門學生被中國軍人虐殺的往事，形容其死狀猶如近日在香港被虐殺的流浪貓，然後趁機批評「連龜公也說出口的學生會，會不屑這種貓事」。她其後再把筆鋒指向港大學生會會長孫曉嵐，指出六四慘案的遇害者受到慘無人道的虐待，「叫天地如何替他們畫上句號？讓鬼神怎樣替他們剔出議程」[34]？另一些論者則猶如掌握著絕對真理，批評「本土製造出這一班新的品種，內鬥基因與香港逐利社會雜交」，一竹篙打一船人地把

32　余若薇，〈六四和本土並不對立〉，《明報》，2016 年 5 月 29 日。

33　黃明樂，〈有無責任追究屠城責任〉，《明報》，2016 年 6 月 1 日。

34　陳也，〈替 20 歲的吳國鋒劃上句號〉，香港《蘋果日報》，2016 年 6 月 2 日。收錄於筆者私藏的電子備份。

心繫本土的後八九世代，都說成是「只求鍾意啱聽，懶分是非」、立心「要用人家的血去塗他們本土臉上的胭脂」的一群[35]。

在這種情緒化的輿論氣氛下，陰謀論也自然不會缺席：面對同年9月的立法會選舉，嬰兒潮民主人士也有動機要把陣營的政治利益，與六四慘案的「大是大非」混為一談。中文大學政治與行政學系高級講師蔡子強，就把大學學生會自辦六四論壇的決定，詮釋為本土派的選舉策略。他認為「本土派的策略主要是鞏固既有的年輕選民票源，而不是嘗試與中生代加強溝通，拉近距離爭取新票源」[36]。而親近主流泛民主派的香港《蘋果日報》，甚至於社論斷言「那些學生代表沒說錯，我們跟他們**的確不是同路人**」[37]。而另一些評論員則以近乎誹謗的論調，認為後八九世代主張「六四只是中國人的事，與港人無關」，「如果不是無知，就是把頭埋在沙堆的鴕鳥；更大的可能，**是有任務在身**」[38]。

在2016年立法會的宣誓風波後，民主回歸世代多認定後八九世代是麻煩製造者。而隨之而來的世代矛盾，也在2017年六四前夕重新浮現。這一年中文大學學生會宣布不再悼念六四慘案，藉

---

35 陳寶珣，〈本土胭脂〉，香港《蘋果日報》，2016年6月3日。收錄於筆者私藏的電子備份。

36 〈本土派拒赴維園 學者：為箍選票〉，香港《蘋果日報》，2016年5月31日。收錄於筆者私藏的電子備份。

37 盧峯（馮偉光），〈鼓吹遺忘六四的當然不是同路人〉，香港《蘋果日報》，2016年6月2日。收錄於筆者私藏的電子備份。

38 吳志森，〈本土大學生是董建華江澤民的忠實追隨者〉，《明報》，2016年6月1日。

此「將心力重新投放於切身之患，而非悼念20多年前中國所發生之慘劇」[39]。香港《蘋果日報》於6月5日再次發表社論抨擊，批評年輕人「自以為可以本城本國可關起門來爭民主，或以為民主只是世代的功勞，不是淺薄無知，就是在混淆視聽」[40]。而泛民主派的政治人物，亦發聲批評中大學生會的決定。曾擔任民主黨立法會議員的支聯會主席何俊仁，感嘆「當年董建華叫大家唔好搞咁多嘢，今年就到中大學生會講」[41]。而社會民主連線的「長毛」梁國雄，甚至粗鄙地怒斥學生「你係咪白痴㗎」[42]。不過這一年與六四慘案相關的爭論，卻沒有像上一年那般激烈：因為這年春季的行政長官選舉，已造成**世代之間以及民主回歸世代內部**的嚴重分化。

在立法會宣誓風波於2016年底稍為平息後，行政長官換屆選舉的提名期亦即將開始。這一次梁振英以家庭因素為由，宣布不會競逐連任：部份泛民主派認為在梁振英這位強硬派下台後，若然改由能與反對陣營對話的溫和派上台，或許能夠舒緩香港江河日下的形勢。在泛民主派積極動員下，12月12日的選舉委員會

39　香港中文大學學生會臉書專頁（CUHK.SU），2017年6月3日，20:55（UTC+8）。

40　盧峯（馮偉光），〈悼念六四是民主的堅持與承傳〉，香港《蘋果日報》，2017年6月5日。收錄於筆者私藏的電子備份。

41　〈何俊人斥學生口吻如董建華〉，香港《蘋果日報》，2017年6月6日。收錄於筆者私藏的電子備份。

42　〈梁國雄轟中港切割論白癡〉，香港《蘋果日報》，2017年6月5日。收錄於筆者私藏的電子備份。

選舉投票率達到破紀錄的46%。泛民主派亦於選委會取得327席：
這也是在不公平的選舉制度下，泛民主派有史以來的最佳成績。
而部份泛民主派人士，甚至樂觀地認為他們將會成為左右選情的
「關鍵少數」[43]。

2017年的行政長官選舉，可以說是政務司司長林鄭月娥和財
政司司長曾俊華的對壘。曾俊華雖然也是建制中人，可是他人緣
較佳而且有親和力，比起「好打得」的林鄭月娥更願意放下身段
與反對派溝通：由於他的八字鬍造型酷似某洋芋片品牌的商標，
故此又被支持者暱稱為「薯片叔叔」。除此以外，曾俊華亦聘請知
名政治公關羅永聰擔任選舉助理，又以普選的規格展開其選舉工
程：這樣使他爭取到大批被稱為「薯粉」的支持者，當中也不乏
泛民主派的知名人士[44]。

不過泛民主派內部，卻對是否應該投票支持曾俊華意見分
歧。大部份泛民主派選委都是傾向支持曾俊華的「策略派」：他們
當中有少部份是熱情擁護曾俊華的「薯粉」，其餘都認為這是「兩
害取其輕」的無奈抉擇。與他們相對的「原則派」，多為基進民主
派和後八九世代的「自決派」：他們認為泛民主派必須守住原則，
不能夠把選委票交給任何未能對民主發展作出承諾的人士。

---

43 〈香港特首選委會選舉：非建制奪327席 投票率46%破紀錄〉，《端傳媒》，2016
年12月12日（https://theinitium.com/article/20161212-dailynews-hk-elec-tion/）。

44 〈夢醒時分，曾俊華會如何被記得？〉，《端傳媒》，2017年3月26日（https://theinitium.com/article/20170326-hongkong-small-potatoes/）。

　　究竟民主運動應當如何面對不自由的選舉，本來就沒有絕對的是非對錯，基本就是判斷和策略的問題。可是在2017年行政長官選舉期間，部份泛民主派人士卻把一己之抉擇視為絕對的是非對錯，使策略上的分歧淪為情緒化的意氣之爭。身為黃大仙區區議員的「薯粉」選委譚香文，毫無修養地把「自決派」斥為「冚家富貴」[45]，又認為投白票的泛民主派選委都是「戇居居」[46]。部份泛民主派因為主流民意抗拒林鄭月娥，才決定成為「策略派」：不過他們也害怕若不表態支持曾俊華的話，就會被變身為「薯粉」的同路人指責「你係鬼，出賣泛民、出賣選民」。他們感嘆「如果我現在出街遊行，嗌『我要真普選』，仲有冇人跟我嗌呢？我都好懷疑」。身為教育專業人員協會理事的教育界八十後選委田方澤，與其他教協選委均為「策略派」的一員，他中肯地評價這一屆選舉的「薯粉」現象：

　　　　就算 John Tsang（曾俊華）有好多野我超級不同意，但事實上他就是 lesser evil（兩害取其輕的選擇）⋯⋯係人都知佢講廢話，係公關策略啫，拍手都算表示禮貌，但仲企埋身鼓埋掌，係咪over（逾矩）咗[47]？

---

45 「冚家富貴」是「冚家剷」的委婉語，是詛咒他人全家滅門的意思。

46 〈【326人3.26抉擇・上】為了當下，他們不介意做「薯粉」〉，《立場新聞》，2017年3月26日。收錄於網民搜集的電子備份。

47 〈【326人3.26抉擇・中】向現實低頭前，還有好多好多事要做〉，《立場新聞》，2017年3月23日。收錄於網民搜集的電子備份。

香港眾志的羅冠聰是堅定的「原則派」，他在臉書表示他「不反對民主派人士支持薯片，但 all In（按：把所有希望都寄托在）薯片更有可能讓民主運動的力量一鋪清袋」[48]。「原則派」在這次行政長官選舉中，並非沒有可以指責的地方：當民眾普遍抗拒林鄭月娥上台時，「原則派」堅持投棄權票或不投票的做法，並未有正視和安撫民眾的不安。可是在3月26日的選舉中，林鄭月娥毫無懸念地在第一輪投票，就以777票穩奪行政長官的寶座；而泛民主派就如羅冠聰預言那樣，陷入一無所得的窘境。「薯粉」對泛民主派「關鍵少數」的角色，抱有不切實際的虛假期望：當事態發展一如所料地不符預期，他們就會因為幻想破滅而士氣低落。而「薯粉」與「原則派」在行政長官選舉期間的罵戰，亦損害反對陣營的內部團結，而雙方的不滿情緒亦未有隨選舉結果塵埃落定而得以平復。

反對陣營在2018年的3月和11月，就要面臨立法會補選的挑戰。在3月11日舉行的選舉，將會替補羅冠聰在香港島、梁頌恆在九龍東和游蕙禎在九龍西的三個議席。而替補劉小麗九龍西議席的補選，則在她決定放棄上訴後確定在11月25日舉行。不過反對陣營內部的互不信任，卻使他們的選舉動員大打折扣。在3月初選提名期前，反對陣營決定優先讓議席被剝奪的政團優先參與補選。香港眾志起初打算推出周庭參與香港島的補選，可是選舉主任鄧如欣卻以香港眾志提倡「民主自決」為由，剝奪周庭的參

48　羅冠聰臉書專頁（NathanLawKC），2017年3月24日，00:22（UTC +8）。

選權[49]：最終剛剛退出民主黨的南區區議員區諾軒，就在香港眾志的要求下代替周庭出選[50]。由於青年新政未有打算派員參與補選，反對陣營則決定透過民意調查、1月14日的民間選舉、以及和政黨代表的內部選舉，以45%、45%、10%的比重決定人選[51]。最終姚松炎和范國威分別贏得九龍西和新界東的初選，取得為反對陣營出選的資格[52]。

　　不過由於姚松炎被剝奪議席的是功能組別議員席，其團隊並不肯定選舉主任會否確認其地區補選的參選資格。而九龍西初選的第二順位，正是民主民生協進會的馮檢基：由於他一直主張以「又傾又砌」（按：又妥協又批評）的溫和態度面對中國，使自決派對他極為猜疑。姚松炎在初選後即表明萬一自己無法參選，就希望能讓自己團隊的成員頂替，不願意把參選資格讓給第二順位的馮檢基。而與自決派友好的網上輿論，則貶斥馮檢基「戀棧權位」，並鞭撻其保守妥協的「往績」。馮檢基在輿論壓力下被逼宣布放棄頂替參選的資格，並承諾如果姚松炎無法取得參選資格，就會把參選資格讓給第三順位的袁海文[53]。不過其選舉主任這次

49 〈曾有望成香港史上最年輕議員 香港眾志周庭因主張「民主自決」失參選資格〉，BBC中文網，2018年1月27日（https://www.bbc.com/zhongwen/trad/chinese-news-42817043）。

50 〈曾倡自決 區諾軒入閘有隱憂〉，香港《蘋果日報》，2018年1月28日。收錄於筆者私藏的電子備份。

51 〈民主派公布初選三部曲 曾健超退選讓路姚松炎〉，《明報》，2017年12月5日。

52 〈立會補選今起提名 勝出泛民初選 范國威戰新東 姚松炎征九西〉，香港《蘋果日報》，2018年1月16日。收錄於筆者私藏的電子備份。

卻未有從中作梗，反倒讓姚松炎順利取得參選資格：這樣他的團
隊早前對馮檢基的人身攻擊，如今就看似「枉作小人」。

姚松炎在參與初選時，就豪言自己是「民主派最強公約數」[54]：
可是他如今雖然於初選大勝，卻把民協的支持者都得罪了一遍。
姚松炎在2016年出選建築、測量、都市規劃及園境界選舉時，
以環境保育和城市規劃等議題為主題，既能針對功能組別內的
選民、又能以「本土保育」的主張加入自決派的同盟。可是九龍
西的階級組成相當多元，在大角咀、深水埗、長沙灣和石硤尾這
類社區，其住民都是比較關心實質民生議題的基層民眾：幸虧民
協自創立以來就在這些地區經營，這些基層社區才沒有全面倒向
親共派那邊。結果姚松炎無法成功動員選民，使九龍西的泛民主
派和本土派支持者失去出來投票的意願：最終姚松炎只能爭取到
105,060張選票，並而以2,419票之差把議席拱手相讓與民建聯的
鄭泳舜。過往泛民主派一直都能在九龍西選區佔得優勢，在2016
年選舉中泛民主派、自決派、本土派和「熱普城」聯盟總共獲得
160,678票，佔所有選票的57.6%：也就是說至少有三分之一曾於
2016年投票的九龍西選民，在這次補選都沒有出來投票[55]。

---

53 〈馮檢基棄做後備 倡袁海文頂上 九西新Plan B自決派謀推曾健超〉，香港《蘋
果日報》，2018年1月23日。收錄於筆者私藏的電子備份。

54 〈九西初選 與馮檢基隔空過招 姚松炎：我是民主派最大公約數〉，香港《蘋果
日報》，2017年12月6號。收錄於筆者私藏的電子備份。

55 楊子琪，〈民主派關鍵一敗：困棋中的姚松炎與建制黑馬鄭泳舜〉，《端傳媒》，
2018年3月15日（https://theinitium.com/article/20180316-hongkong-leg-
co-election-311/）。

　　雖然區諾軒和范國威，都各自在香港島和新界東成功當選，可是卻無法彌補九龍西選區敗選帶來的衝擊。過往泛民主派從未在領先者當選的立法會地區補選中，淪為親中派的手下敗將；而這一次的選舉結果，說明反對陣營中的各種爭議已經動搖到香港民主運動的根基。在六四慘案、宣誓風波、「薯粉」和「原則派」之爭、以及隨著2018年補選而來的爭議，使心結難解的民眾不願再過問政壇之動向[56]，傾向以事不關己的心態看待補選。在2018年的六四前夕，雖然專上學生聯會宣布不會再舉辦悼念六四慘案的活動，可是卻未有造成太大的漣漪[57]。事實上學聯這年之所以停辦六四活動，並非為了與社運前輩爭論「愛國民主」是否可取的問題，而是因為其成員學生會多未能成立幹事會；後八九世代因為抗爭屢戰屢敗、又會動輒得咎，因而不再願意投身學生運動。而民主回歸世代亦未能消化九龍西敗選的噩耗，也沉溺在充滿無力感的抑鬱之中，再無氣力與年輕人辯個你死我活。

　　泛民主派尚未從3月的挫敗中恢復元氣，就要準備迎接11月的另一場九龍西初選。自決派的劉小麗決定放棄上訴參加初選後，就決定加入左翼民主派的工黨：這樣要是她自己無法參選的話，就可以讓黨內前輩李卓人代其出陣[58]。可是對於後八九世代

56　亞裏，〈【逃避新聞的人・3】由自信可改變未來到無力感彌漫　一班香港人的2014至2018〉，《立場新聞》，2018年5月14日；亞裏，〈【逃避新聞的人・4】意見偏頗、資訊氾濫、口水太多…　一班平民對香港媒體的不滿〉，《立場新聞》，2018年5月18日。收錄於網民蒐集的電子備份。

57　〈學聯促改革綱領解決分歧〉，香港《蘋果日報》，2018年5月29日。收錄於筆者私藏的電子備份。

來說，劉小麗與李卓人的形象可謂**風馬牛不相及**：劉小麗是在雨傘革命期間冒起的政治素人，本身也是位比較年輕的八十後青年。而李卓人卻是於 1957 年出生的民主回歸世代，在 1989 年曾經親赴北京聲援學生運動，並於準備搭機離開時被中國公安禁錮，直到被迫簽下「悔過書」後才獲准回國[59]：儘管他本身是相信世界大同的基督教社會主義者，卻還是被後八九世代視為「大中華膠」的中堅份子。在選舉主任郭煒勳於 10 月 12 日決定剝奪劉小麗的參選權後[60]，究竟李卓人能爭取到多少曾投給她的選票，實屬未知之數。

而於年初受到姚松炎侮辱的馮檢基，則認為劉小麗把替代出算的機會以私相授受的形式讓渡予李卓人，代表泛民主派想要以「欽選」的方式封殺自己。他這次不甘再次受辱，於 10 月 1 日宣布參選，並承諾若劉小麗能夠成功參選就會自動退選[61]：縱使他明白自己若決定與李卓人同門內訌，最終必須退出自己親手創辦的民協，並轉向走到泛民主派的對立面[62]。結果這次選舉不單是與親

58　戴晴曦，〈劉小麗加入工黨 積極考慮成九西補選 Plan A〉，《眾新聞》，2018 年 6 月 28 日。收錄於網民蒐集的電子備份。

59　〈林耀強：1989 年的飛機上，李卓人站起來走出去的那一刻〉，香港《獨立媒體》，2018 年 11 月 24 日（https://www.inmediahk.net/ 社運 / 林耀強：1989- 年的飛機上，李卓人站起來走出去的那一刻）。

60　〈無申辯機會 劉小麗被 DQ〉，《明報》，2018 年 10 月 13 日。

61　〈馮檢基今報名選九西 稱劉小麗入閘便退出〉，《明報》，2018 年 10 月 2 日。

62　馮檢基最終於 2018 年 7 月 11 日決定退出民主民生協進會。參：羅家晴，〈民協馮檢基宣布退黨　批民主派「公開地不民主」〉，《香港 01》，2018 年 7 月 12 日（https://www.hk01.com/article/209827）。

中派政客陳凱欣的決戰，也是李卓人與馮檢基之間的手足相殘。結果親中派成功再下一城，先後連續取得兩個九龍西的議席。而令人震驚的是，即使便把李卓人所得的93,047票再加上馮檢基的12,509票，合起來仍然比陳凱欣少901票[63]。這次補選的投票率與3月那次補選同樣低迷，亦無法動員後八九世代的積極參與[64]。

2010年代香港公民社會內部的混戰，顯然已對在野陣營的選情構成損害。在野陣營在2010年代的催票率[65]，也隨著內部論戰和民心渙散江河日下。以九龍西選舉為例，主要在野陣營的催票率從2012和2016年立法會大選的33.4%和28.6%，急降至2018年兩次補選的21.4%和19.1%；相比之下親中陣營的催票率卻拾級而上，先從2012年的19.6%提升到2016年的21.0%，到兩次補選時再增加到21.9%和21.8%，使在野陣營遭遇前所未見的兩連敗（圖9.5）。而在野陣營獲得的選票數目，從兩次大選的146,424和

---

63 〈李卓人雨中苦戰 點票結果：陳凱欣穩勝〉，香港《蘋果日報》，2018年11月26日。收錄於筆者私藏的電子備份。

64 蔡子強、陳雋文，〈九西補選：當鐘擺效應並沒有出現〉，《明報》，2018年11月27日。

65 以選民人數為分母的催票率，比以投票人數為分母的得票率，更能代表相關政團或政治人物在社會上的支持度。不過香港的選民登記制度，卻要求民眾主動申請選民資格；選舉事務處未有根據人口登記資料替民眾自動登記。這樣香港選舉的催票率，雖然遠比得票率更能反映民情，理論上卻仍會與政團或政治人物在社會上的支持度有所距離。亦因如此，本人亦會比較在野陣營和親中陣營的得票數目。關於催票率和得票率的討論，參：葉高華，〈「得票率」如何誤導人：從催票率看藍綠政黨版圖重組趨勢〉，《菜市場政治學》網站，2020年1月17日（https://whogovernstw.org/2020/01/17/kohuayap2/）。

139,380票，大幅收縮至兩次補選的105,060和93,047票。反觀親中陣營獲得的選票卻穩定地從2012年的85,657票，亦步亦趨地增長為2018年11月的108,107票（圖9.6）。當在野陣營原有的支持者因各種爭議產生無力感，未有再積極參與投票之時，親中派卻藉

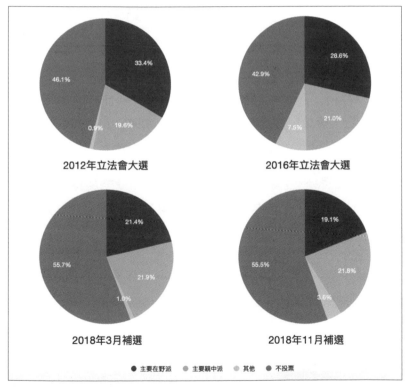

圖9.5：九龍西選區立法會選舉催票率，2012至2018年。

（資料來源：香港選舉管理委員會。2016年的主要在野派不包括普羅政治學苑，而2018年的主要在野派不包括馮檢基。）

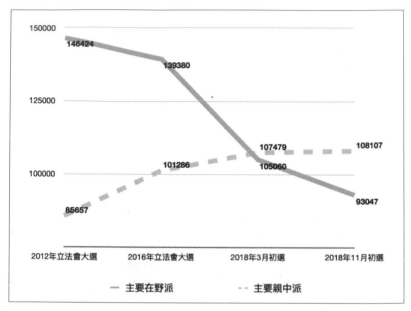

圖9.6：九龍西選區立法會選舉主要陣營得票，2012至2018年。
（資料來源：香港選舉管理委員會。2016年的主要在野派不包括普羅政治學苑，而2018年的主要在野派不包括馮檢基。）

著深化統一戰線工作鞏固組織票，並在直接選舉中交出亮麗的成績。以爭取民權為己任的在野陣營，如今再也無法繼續依據選民認受代表主流民意。

在野陣營在2018年差強人意的表現，說明香港民主運動已經陷入苦無出路的困境[66]。倘若泛民主－本土的在野光譜仍然未能

---

[66] 〈全方位失語：李卓人與香港民主派難以言喻的困局〉，《端傳媒》，2018年11月29日（https://theinitium.com/article/20181129-hongkong-lee-cheuk-yan/）。

整合，為時幾十年的香港民主運動就只能一直萎縮下去。

香港野豬精神不死！

不過就在世代論爭於2016年鬧得不可開交之際，已有來自不同世代的學者主張必須超越情緒化的對罵，理順民主回歸世代與後八九世代之間的矛盾。雖然這些曠野之音在當時無人理會，可是在2018年在野陣營的低潮期，卻成為促成世代和解的思想資源，好讓戰前民主運動與民主回歸世代之間的斷裂不致歷史重演。最終隨著2019年的起義爆發，民主回歸世代和後八九世代之間達成「保港抗中」的基本共識，在跌跌碰碰中摸索出一條世代交替的路。

筆者在2016年論戰期間，曾撰文指出天安門學生運動的根源，必須追溯到1980年代中國知識人的開放思潮。那一代的知識人愛國熱情雖然毋庸置疑，可是他們真正的長處卻在於對中國政治文化的深刻反省：為此他們擁抱自由民主的普世價值、並藉此批判各種大陸帝國遺下的專制承傳（參第六章的討論）。基於對這段歷史的理解，筆者主張六四的悼念儀式應該「對焦普世本土皆通行的民主與自由，奠定去除大中華『愛國』元素的新禮儀」，「讓『愛國民主運動』成為過去，將之昇華為『自由和平紀念日』」[67]。中大社會學系講師張彧暋，則指出後八九世代是要以「個

67　徐承恩，〈讓六四記憶與大中華觀念脫鈎〉，《明報》，2016年5月31日。

人的、公民的價值去建構國族」，挑戰民主回歸世代以血緣和文化與中國捆綁的做法，使悼念六四慘案的意義「從浪漫主義式的悲壯，變成自由主義與個人主義的公民覺醒」[68]。也就是說，後八九世代對嬰兒潮民主運動的挑戰，反倒是要成全前輩們對民主的追求，讓六四紀念儀式能返回自由價值的根源（radix）。

而溫和民主派出身的政治學家方志恆，此時亦開始同情後八九世代的本土政治運動：他希望世代論戰的雙方都能嘗試找出中間的共通點。他認為「上一輩總不能將自己的中國民族意識，強行給硬塞給年輕一代」，而後八九世代也必須擺脫意氣之爭，「在『愛國民主觀』和『中國無關論』之間，認真思考中國因素與香港前途的關係」[69]。此後部份民主回歸世代也開始反省2016年的爭執。筆名安裕的資深傳媒人姜國元，在2017年六四前夕坦言「對於一個長達幾近三十年的活動而言，無論**形式與內涵的**調整皆有必要」[70]。而已轉型為網台主播的前民主黨成員劉細良，則指出往年的爭論「背後其實非關學生個人道德取向」，而主流泛民主派反倒是時候反思「爭取中國民主同本地民主化的關係」，並檢討「和理非路線是否已經走到了盡頭」：因為如今香港的政治局勢，早已證明「和平演變中國」是行不通的路[71]。

---

68 張彧暋，〈從「民族的」到「公民的」六四紀念〉，《明報》，2016年5月28日。

69 方志恆，〈香港中國人與純粹香港人的碰撞〉，香港《蘋果日報》，2016年6月3日。收錄於筆者私藏的電子備份。

70 安裕（姜國元），〈人民不會忘記〉，香港《蘋果日報》，2017年6月2日。收錄於筆者私藏的電子備份。

71 劉細良，〈悼念應連結本地抗爭〉，香港《蘋果日報》，2018年6月4日。收錄

　　不過最終能夠一錘定音的，卻是率先倡儀「佔領中環」的戴耀廷。這位虔誠的基督徒在雨傘革命無功而還後，於靈性低潮中不斷拷問自己的靈魂，痛苦地思索香港未來的出路。最終他決定要努力彌合遍體鱗傷的公民社會，促成嬰兒潮世代與後八九世代之間的復和，並把民主運動和本土運動整合為**跨世代的自決運動**。他在2016年世代論戰方興未艾之際，就以先知的洞察力提出嬰兒潮民主運動、以及後八九世代的本土政治運動，乃同一場民主自決運動的不同階段。嬰兒潮世代雖然未能擺脫大中華情結，卻是「港人治港」和「民主治港」原則的奠定者；後八九世代在嬰兒潮民主運動的基礎上，擺脫「中國結」對香港人的枷鎖，開宗明義地主張「香港是香港人的香港」。

　　不過戴耀廷也強調後八九世代的本土運動，仍處於民主自決運動的過渡狀態：他預言在可見的將來，香港將會迎來第三代「究極體」的民主自決運動。戴耀廷認為當「中國再次出現危機之時」，「香港人在面對來自中國危機的威脅時，為了保護香港的本土利益，將會有更多人捲入第三代的本土運動」。而後八九世代的年輕人為承擔香港的未來，就必須「總結第一代的得失，為第三代本土運動能**最後收割成果**做好準備」[72]。天安門學生運動的本質，就是民眾為抵抗東亞大陸帝國遺緒導致的壓迫，團結一致為自由民權逆天抗命的世界史時刻。而這樣的歷史性時刻，

於筆者私藏的電子備份。

72　戴耀廷，〈三代本土意識 不應切割〉，香港《蘋果日報》，2016年5月31日。收錄於筆者私藏的電子備份。

亦即將在香港在再次上演。

　　有異於民主回歸世代的同代人，戴耀廷從後八九世代的分析得到啟示，認識到過往被奉為圭臬的近代化理論，歸根究柢不過是一廂情願的迷思。他在2018年6月指出「中共在習近平領導下，已明顯想把專制統治永遠延續⋯⋯自由化不會隨經濟發展而出現」。香港人的唯一出路，是丟掉幻想準備長期抗爭：中國共產黨必然會延續「現在這種粗暴，粗獷及粗糙的統治模式」，而香港亦因此「會面對差不多是**滅頂的危機**」。香港在盼得中國霸權崩解前，無可避免要經歷等同沒頂之災的黑暗時代，民眾必須苦撐到底靜待黎明，「才有真正的機會實現民主」[73]。

　　雖然戴耀廷的「終末論」預言香港劫數難逃，可是他對於香港人能否通過黑暗時代的試煉，抱有**神秘樂觀**的堅定信心。過往香港人曾經是政治冷感的經濟動物，因而被社會運動的參與者戲稱為「港豬」：可是戴耀廷卻相信香港人將逐漸覺醒，決志不再自甘墮落做被豢養的家豬，反倒學效在香港山頭自食其力的山豬。他認為香港人已經學會「堅持要做野豬，以野豬精神去想方法突破家豬的專制統治」，而這種野豬精神既然已經在香港落地生根，將來也不會輕易被威權徹底消滅[74]。香港人只要忍耐到底，就必定可以迎來光復得救的一天，見證香港透過民主自決「建立一

73　戴耀廷，〈兩代人的共同危機〉，香港《蘋果日報》，2018年6月4日。收錄於筆者私藏的電子備份。

74　戴耀廷，〈野豬精神不死〉，香港《蘋果日報》，2019年2月18日。收錄於筆者私藏的電子備份。

個民主的國家和民主的社會」。而後極權中國內不同的族群，則
「可以考慮成為獨立的國家、一個聯邦的部份，也可以考慮像
歐盟的邦聯⋯⋯這就是民主自決」[75]。

　　身為雨傘革命的「首謀」，戴耀廷被特區政權控以「串謀犯公
眾妨擾罪」和「煽惑他人犯公眾妨擾罪」。他於2019年4月9日被
裁定罪名成立，並於4月24日被判處16個月的刑期[76]。不過在特區
政權的司法迫害當前，他依然堅信在黑暗時代過後，香港將會迎
來真正的黃金時代。戴耀廷在2019年3月的一篇文章，預言香港
的未來將會迎來一片新天新地：

　　　　以港人一向展現的靈活多變和堅毅，加上醒覺了的公義
　　之心，若我們可以自主命運，建立起一個**真正的黃金時
　　代**，絕不是痴人說夢[77]。

　　雖然戴耀廷想法一直被批評為過份粗糙，可是他誠實無偽的
信心，卻有著移山倒海的道德感召力。當反對陣營陷入亂作一團
的低潮期，部份民主回歸世代和後八九世代受到戴耀廷的激勵，

75　林祖偉，〈戴耀廷：「港獨」言論引陸港官方抨擊 冀成銅鑼灣書店翻版〉，
　　BBC中文網，2018年4月6日（https://www.bbc.com/zhongwen/trad/chi-
　　nese-news-43667448）。
76　〈4人收監 戴耀廷陳健民囚16月 3人緩刑1人社服令 官指眾人無悔意〉，《明
　　報》，2019年4月25日。
77　戴耀廷，〈香港的黃金時代還未來臨〉，香港《蘋果日報》，2019年3月18日。
　　收錄於筆者私藏的電子備份。

開始嘗試向對方伸出橄欖枝。嬰兒潮世代的民主派學者鍾劍華，在2017年六四期間為後八九世代說話，認為他們之所以抗拒悼念六四，並不是為了與嬰兒潮民主運動對著幹：他指出年輕世代的真實動機，是要「對整個極權政府以至中國社會的徹底拋棄」，因此「真正失去香港年輕一代的不是支聯會，而是以中共政權為代表的中國」[78]。而部份本土派年輕人，亦於2018年主動參與支聯會燭光晚會，表示要尋索六四悼念傳統背後的本土意義。他們一方面認為「前年各大學生會在中大舉辦了聯合六四論壇」是「挺有啟發」的事，可是也承認「六四維園燭光晚會其實匯集了好多人，凝聚了好大能量」。他們認為不論是嬰兒潮世代還是後八九世代，都擁有值得運用的抗爭資源，因此兩個世代的經驗都值得好好珍惜[79]。

到2019年六四晚會前夕，世代和解已經成為反對陣營內部的共識。後八九世代決定收起過往的鋒芒，不再嚴辭斥責見解不同的前輩。雖然中文大學學生會仍然未有出席支聯會舉辦的燭光晚會，可是也公開承認「冇辦法將佢完全同香港嘅歷史，以及未來嘅民主發展完全切割」。雖然他們決定以自己的方式悼念六四，可是亦強調要「尊重每一個香港人對於六四事件嘅紀念，或者佢哋想傳遞呢個歷史知識、想安放自己情感嘅方式」[80]。而香港

---

78 鍾劍華，〈要拋棄的不是支聯會 是中共〉，香港《蘋果日報》，2017年6月6日。收錄於筆者私藏的電子備份。

79 〈遭打壓「多了一份領會」浸大山神兜兜轉轉 六四重返維園〉，香港《蘋果日報》，2018年6月3日。收錄於筆者私藏的電子備份。

眾志的何嘉柔則坦誠「如果我有接觸六四依樣野，雨傘運動出現嘅時候，可能嗰個意識未必有咁強」，因此「雖然事件可能好遠，但當中嘅意念同價值好需要我哋秉承落去」[81]。大專學界雖然決定自行舉辦六四論壇，可是他們亦不忘向支聯會的前輩釋出善意：於2016年擔任中大學生會外務秘書的袁德智，在公布大專學界論壇的安排時，滿懷期望地表示「好希望重新尋覓六四對本土嘅啟示」[82]。

而民主回歸世代雖然對本土派仍有一定的意見：可是他們批評歸批評，卻始終強調反對陣營內的不同世代和派系，都只是採用不同的策略去追求民主自由。他們願意「相信所謂本土派裏面有很多朋友其實是真心，香港人應該更好，現在問題是這顆仍然不肯認命的心，怎樣變成真正推動改變的力量」[83]。而泛民主派的政治人物，早在2019年年初就願意承認過往的失誤。屬於戰前世代的李柱銘在2月接受訪問時，坦承「一國兩制已經過去咗喇，仲未完就係仲有蘇州屎」[84]：他默認自己在驀然回首時，發現

---

80 〈年輕人：支聯會悼念方式要改變 中大學生會：不去集會不等於遺忘〉，香港《蘋果日報》，2019年5月8日。收錄於筆者私藏的電子備份。

81 〈香港眾志：從維園找到港人力量〉，香港《蘋果日報》，2019年5月8日。收錄於筆者私藏的電子備份。

82 〈學界復辦六四論壇 冀港人本位悼念〉，香港《蘋果日報》，2019年6月3日。收錄於筆者私藏的電子備份。

83 〈本土派留白 陳清華不留手〉，香港《蘋果日報》，2019年5月10日。收錄於筆者私藏的電子備份。

84 華語翻譯：能剩下的都只有風流帳。

一生追求的目標原來只是空中樓閣[85]。曾擔任民主黨主席的李永達，則坦承在2010年決定就政改問題與中聯辦談判，「犯了我們在中英聯合聲明及草擬基本法時所犯的錯誤，就是對共產黨仍然有一點寄望」：如此他也間接否定民主回歸世代當初推動「民主回歸」的做法。

泛民主派經歷過2018年的低潮，開始意識到過往民主回歸世代的處事方式，不應是香港民主運動獨一的主流：畢竟香港局勢的發展，早已超乎所有人的預期，亦因此沒有人能聲稱自己擁有什麼獨步單方。如公民黨主席梁家傑所言，在香港爭取自由民主抗爭者應該「就自己相信嘅、對香港係最能夠有利嘅，點樣保持香港自由人權法治，同埋其他制度及價值觀嘅方法，咪去做咯」[86]。這種強調「**兄弟爬山，各自努力**」、而不同世代和派系都必須「不割蓆、不分化」的精神，就這樣於2019年成為反對陣營和香港民眾的共識。

負隅頑抗的時代革命

反對陣營之所以會於2019年初，達成世代和派系和解的共識，這背後固然是出於民主運動低潮期的深刻反思。可是北京政

---

85 〈李柱銘：一國兩制已過去〉，香港《蘋果日報》，2019年2月22日。收錄於筆者私藏的電子備份。

86 〈曾錯信中共 民主黨盼團結本土抗23條〉，香港《蘋果日報》，2019年3月26日。收錄於筆者私藏的電子備份。

權和特區政權也於這個關鍵時刻，在反對陣營潰不成軍時乘人之
危，肆無忌憚地準備乘勝追擊：面對這種咄咄逼人的姿態，即使
再是固執自負的民主人士，也不會再有剛愎自用的膽量。

中國國務院在2019年2月，把「十二五」規劃的大綱進一步
整合，正式公布《粵港澳大灣區發展規劃綱要》[87]。香港片面地被納
入強鄰的發展規劃，已經是對其自主權和自治權的嚴重侵犯：可
是如今香港將要面臨的威脅，卻已經遠遠超過「被規劃」的層次。
行政長官林鄭月娥在2月13日公布國務院的決定時，除卻為「粵
港併合」的發展規劃塗脂抹粉，也同時宣稱要在香港建立「**憲制
新秩序**」。她認為「部份市民不能夠完全理解這個憲制新秩序」，
因而「無可避免地有一些惡意的攻擊」，可是林鄭月娥卻嚴厲地
宣告特區政權將不會向無知的民意屈服。她以毫無轉圜餘地的口
吻，高呼「為了維護『一國兩制』，為了香港的長治久安，恐怕
難有妥協空間」[88]。林鄭月娥的詮釋，正好說明「大灣區」規劃背後
的真正動機：中國在意的並不只是區域規劃和經濟發展的問題，
而是想透過消滅香港和中國之間的物理邊界，藉此為香港憲政的
「中國化」鋪平道路。

就在林鄭月娥公布「大灣區」規劃當天，特區政權亦宣布修

87　中國共產黨中央委員會、中華人民共和國國務院（2019），《粵港澳大灣區發
　　展規劃綱要》，北京：人民出版社。

88　〈行政長官出席2018年特區政府施政十件大事評選頒獎典禮發言〉，香港特別
　　行政區政府新聞公報，2019年2月13日（https://www.info.gov.hk/gia/gener-
　　al/201902/13/P2019021300773.htm）。

訂《逃犯條例》和《刑事事宜相互法律協作條例》[89]：這條俗稱《送中條例》的修訂案若然成為法例，勢必對香港原有法律體制帶來全面衝擊。這條修訂案的相關規定，容許中國法庭申請引渡身處香港的「疑犯」，而香港法庭對相關申請的審核權卻相當有限：只要中國法庭能夠出示合乎規定的文件，香港法庭即無權過問相關的案情，只能按照規定把「疑犯」押解到中國。這條修訂案顯然未有顧及中國的法治水平和人權保障，都遠低於香港固有的標準。雖然這條修訂案清楚列出可申請引渡的罪行名單，當中並未有與政治相關的罪行，而特區政權其後也在權貴施壓下移除部份商業罪行：不過中國的執法機關慣常會替異議者安插刑事罪行，甚至以這種方法介入涉及地方政府或國有企業的錢債糾紛[90]。

民主回歸世代和後八九世代之間之所以會決定和解，在於他們意識到香港即將面臨生死存亡的世界史時刻。而這一年的六四燭光晚會，也進一步彰顯天安門學運的核心意義，就是要抵抗強權為自由民權團結自救：而就實際果效而言，這年的燭光晚會基本上就是向《送中條例》宣戰的誓師大會[91]。在晚會舉行後的第五

---

89 〈香港與其他地方在刑事事宜相互司法協助方面的合作〉，香港特別行政區政府新聞公報，2019年2月13日（https://www.info.gov.hk/gia/general-al/201902/13/P2019021300331.htm）。

90 張詩芸，〈台灣人一定要知道的香港《送中條例》修法五大爭議QA〉，《報導者》，2019年6月11日（https://www.twreporter.org/a/about-hong-kong-china-extradition-law-qanda）；馬嶽（2020），《反抗的共同體：二〇一九香港反送中運動》，新北：左岸文化。頁45至52。

91 〈反惡法抗極權守衛我城〉，香港《蘋果日報》，2019年6月5日。收錄於筆者

天，逾百萬名香港民眾上街反對特區政權的修例草案，為其後延續至 2020 年初的起義掀開序幕[92]。面對洶湧澎湃的民意，特區政權卻毫無解決問題的誠意，使其後的抗爭不斷升級。民眾意識到《送中條例》只是香港當前困局的表徵，決心要從根本解決問題：他們認為特區政權除撤回條例外，還必須正視警察濫用暴力的惡習、並在香港落實真正的民主自治[93]。

在這場全民動員的起義之中，民主回歸世代亦開始察覺到自己是時候學習放下，讓後八九世代接過香港民主運動的大旗。民間人權陣線在 7 月 1 日，一如既往舉辦七一大遊行，從維多利亞公園一路遊行到中環遮打道。不過大批後八九世代的抗爭者，卻選擇在金鐘中途脫隊，甚至決定略過遊行直搗金鐘：他們想要衝進立法會大樓，以損毀器物的方式癱瘓議會，藉此中斷《送中條例》的立法過程[94]。泛民主派的立法會議員擋在立法會大樓門外，

私藏的電子備份。

92 〈香港人漂亮的固執 1,030,000〉，香港《蘋果日報》，2019 年 6 月 10 日。收錄於筆者私藏的電子備份。

93 筆者無法在此詳述 2019 年起義的整個過程。關於這場起義的過程，以及其後續的發展，請參考以下資料。
關於 2019 年起義的詳細過程，參：馬嶽 2020；李雪莉、楊智強、陳怡靜（2020），《烈火黑潮：城市戰地裡的香港人》，新北：左岸文化。
關於這場起義的時代背景，以及直到 2021 年初的發展，參：Vines, Stephen 著、徐承恩譯（2022），《逆天抗命：香港如何對世界上最大的獨裁者說不》，新北：左岸文化。
關於起義過程的紀錄片：《時代革命》，周冠威導演，2021 年 7 月 16 日首映。

94 〈香港反逃犯條例抗議：示威者破壞立法會背後的考量〉，BBC 中文網，2019 年 7 月 3 日（https://www.bbc.com/zhongwen/trad/chinese-news-48842838）。

勸喻年輕抗爭者不要衝動行事：不過後八九世代的抗爭者，卻表示自己早已有坐牢的心理準備。此時一位抗爭者突然衝上議員的防線，推走街坊工友服務處的議員梁耀忠，騰出空間讓夥伴嘗試撞開立法會大樓的玻璃大門。最終抗爭者成功衝進大樓，並曾一度考慮長期佔領議會。曾編纂《香港民族論》的《學苑》前總編輯梁繼平，此時已考上華盛頓大學政治學系的博士課程，他於議事廳內拉下口罩發表宣言：

> 我除低口罩，係想畀大家知道，**其實我哋香港人真係冇得再輸架啦**……再輸，係十年，你諗嚇係十年，我哋嘅公民社會就會一沉百踩[95]。

他這一番發言，正好道出後八九世代對香港的委身：為了香港的自由自主，他們願意犧牲一切，甚至奉獻上自己的生命。可是警察於7月2日凌晨，卻已做好反攻的準備，使抗爭者不得不迅速逃離現場：而梁繼平此後亦得流亡海外。雖然在這次佔領立法會的行動，勇武抗爭完全取代「和理非」而成為主流，可是這次民主回歸世代卻**選擇體諒**，並**退居幕後**默默支援前線。在佔領立法會前被抗爭者推走的梁耀忠，於事後收到來自為抗爭者的短訊：

95　關於2019年7月1日佔領立法會行動的經過，參：《佔領立法會》，香港紀錄片工作者導演，影意志影院發行，2020年1月首映。

雖然本人從來不是你的支持者，就昨天有兄弟將你拉走的事，希望你沒有受傷，知道你頸部有舊患，就此代嗰位兄弟講聲對唔住。

雖然這條短訊的第一句頗為突兀，可是這位心地善良的發訊者，卻表露出真誠的歉意。而梁耀忠非但沒有責怪年輕人，反倒鼓勵他們務要努力堅持下去：

謝謝你的關心，只是撞到下，沒甚麼事。明白年輕人的心情，面對如此厚顏無恥的政府，大家都很無力、很無助，**但大家要繼續堅持下去**[96]。

民主回歸世代在 1989 年 6 月 4 日凌晨，目睹中國軍隊在北京殘殺民眾，使他們產生倖存者的罪疚感，支撐著他們對「愛國民主運動」的堅持。如今他們再次旁觀他人的痛苦，只是如今民主回歸世代都身處事發現場，而非隔著電視屏幕遠遠遙望：他們在抗爭現場與後八九世代同呼同吸，同樣需要面對催淚彈、胡椒彈、布袋彈、橡膠子彈和水炮車的傷害。他們親眼看到警察用警棍把抗爭者打得頭破血流，親耳聽到執法者以各種粗言穢語侮辱被捕人士，偶然也得承受年輕人那種皮肉之傷。而遭暴虐侵害的

---

96 〈【專訪】梁耀忠阻示威者遭抱走 理解年輕人情緒 嘆衝擊令親者痛〉，《香港01》，2019 年 7 月 4 日（https://www.hk01.com/ 政情 /348227/ 專訪 - 梁耀忠阻示威者遭抱走 - 理解年輕人情緒 - 嘆衝擊令親者痛）。

年輕人，與民主回歸世代的旁觀者活在同一個家邦、說著同一樣的語言：隨之而來的倖存者罪咎感，也遠比1989年的體驗來得真實。雖然民主回歸世代人生經驗豐富，也未能完全擺脫多年來的情意結，可是他們對後八九世代的本土政治主張，卻不免多加幾分同情[97]。這種跨世代的全民抗命，無可避免地促成香港的國族自醒，使香港從「自在的國族」進化成「自為的國族」。化名 thomas dgx yhl 的音樂人在2019年夏天與香港網民合作，譜撰題為《願榮光歸香港》的歌曲：這首歌曲於8月底公布後，即為各抗爭現場的民眾廣為傳頌，成為香港事實上的「準國歌」。這首讚歌的歌詞，精要地解釋香港在國族建構過程中的時代精神：

> 何以 這土地 淚再流
> 何以 令眾人 亦憤恨
> 昂首 拒默沉 吶喊聲 響透
> **盼自由 歸於 這裡**

> 何以 這恐懼 抹不走
> 何以 為信念 從沒退後
> 何解 血在流 但邁進聲 響透
> **建自由 光輝 香港**

---

97 Tang, Gary and Edmund W. Cheng (2021). "Affective Solidarity: How Guilt Enables Cross-Generational Support for Political Radicalization in Hong Kong," *Japanese Journal of Political Science*, 22(4):198-214.

在晚星 墜落 徬徨午夜
迷霧裡 最遠處吹來 號角聲
捍自由 來齊集這裡 來全力抗對
勇氣智慧 也永不滅

黎明來到 要光復 這香港
同行兒女 為正義 時代革命
祈求 **民主與自由 萬世都不朽**
我願榮光歸香港

　　而2019年的起義有否令香港民眾更傾向獨立建國，則是一個值得探究的問題。根據路透社於2019年12月委託香港民意研究所進行的調查，香港人在統獨問題上的偏好似乎並未有顯著的改變：當時有68.3%的受訪者支持維持「一國兩制」[98]，而支持香港獨立的則只有16.9%。雖然在翌年3月和6月的跟進調查中，支持香港獨立的受訪者比率分別攀升至19.6%和21.2%[99]，可是寄望能在「一國兩制」的框架下推動改革，似乎仍是主流民意的大格局（至於8月最後一輪跟進調查的結果，因為無法排除《國家安全法》實

98　香港民意研究所民意研究計劃，《香港市民對「反對修訂逃犯條例運動」意見調查（第一輪）》，2020年1月3日，頁5（https://www.pori.hk/wp-content/uploads/2021/01/reuters_anti_elab_round1_CHI_v1_pori.pdf）。

99　香港民意研究所民意研究計劃，《香港市民對「反對修訂逃犯條例運動」意見調查（第四輪）》，2020年10月31日，頁5（https://www.pori.hk/wp-content/uploads/2021/01/reuters_anti_elab_round4_CHI_v1_pori.pdf）。

施後引致的寒蟬效應，在此略而不談）。不過對於香港獨立這類涉及政治禁忌的議題，民意調查一直有其難以逾越的局限：受訪者未必願意向調查機構坦承「政治不正確」的偏好。而於2019年秋冬在抗爭現場進行的調查，都發現六成以上的抗爭者都認同香港應該脫離中國獨立[100]：這批受訪者顯然不會有「政治正確」的忌諱，可是他們也無法代表香港的主流民意。不過即使主流民眾與前線抗爭者真是如調查數據那樣，在統獨問題上有著南轅北轍的分歧，但兩者之間並未有像在2010年代中期那樣議論紛紛。主流民眾對這場起義的支持倒是頗為堅定：在2019年12月，有59.2%的受訪者表示自己支持抗爭，到翌年3月相關的比率仍維持在57.7%。相關比率要到2020年6月，才顯著下降到51.1%[101]：不過此時抗爭活動早已隨COVID-19疫情而消聲匿跡。

主流民眾非但未有因為統獨問題而與抗爭者衝突，他們甚至頗為接納那些蘊含獨立意涵的符號：民眾可以毫無違和感地高呼「光復香港、時代革命」或「香港獨立、唯一出路」，也喜歡高歌《願榮光歸香港》這首具有「準國歌」性格的頌歌。雖然我們無法精準測量主流民眾是否真的支持香港獨立，但是他們對統獨問題的態度，顯然遠比起義爆發前**更為開放**。部份民眾雖然仍然不希望脫離中國，但是他們似乎都**自願退出討論**（opt-out），放手把香港的前路交予未來的主人翁。

---

100 馬嶽 2020，頁314。
101《香港市民對「反對修訂逃犯條例運動」意見調查（第四輪）》，頁6。

　　戴耀廷早於2016年，就預言這場全民動員抗爭的「第三代本土運動」即將爆發。在他的預言成真後，這位時代的先知就履行他蒙召的使命，努力整合民主回歸世代和後八九世代的抗爭者，引領他們前往民主自決的新天新地。他在2019年8月15日成功申請保釋，並開始為同年11月的區議會選舉積極籌謀：在戴耀廷的積極推動下，不同世代、各個陣營的候選人很快就協調出參選名單，而部份民主回歸世代亦決定退下火線，讓後八九世代的本土派素人競逐議席。而每一個規模與臺灣的「里」相若的選區，在這屆選舉都有反對陣營的候選人參與競逐：過往由於泛民主派政黨在人力資源上的匱乏，只得放手讓親中派在「鐵票區」的候選人自動當選。而這些來自不同派別的候選人，亦會在聲援抗爭的旗幟下互相支援，從而整合反對陣營的競選工程。戴耀廷在2017年曾經提倡「風雲計劃」，提議召集泛民主派和本土派的志士參與區議會選舉，藉此爭取各區區議會逾半議席[102]：這個想法在當年被嘲為痴人說夢，如今卻在時代革命的巨輪下成為事實。

　　香港的抗爭於2019年11月進入準戰爭狀態，抗爭者嘗試以中文大學和理工大學的校園為據點堵塞香港的交通幹道，促使民眾下定決心發起全民大罷工。警察執意要用暴力對付抗爭者，又出動水炮車和裝甲車等重型武器，誓要把抗爭者一網成擒。雖然中文大學的抗爭者成功擋住警察的攻擊[103]，可是這次小勝卻使部

---

102 〈「風雲計劃」倡百志士參加2019區選〉，香港《蘋果日報》，2017年9月29日。收錄於筆者私藏的電子備份。

103 參：《中大保衛戰》，關鎮海監製，《誌》傳媒有限公司製作，2020年1月首映。

份抗爭者高估自己的實力。他們其後在理工大學校園發起武裝抗爭，想要堵塞校園旁邊的海底隧道，卻不幸於11月17日被精銳盡出的警察圍困。他們在連續13日的消耗戰後潰不成軍，在部份抗爭者通過各條暗道逃離現場後，就只剩棄守投降的唯一選項：在事件中最終至少有1,377名抗爭者被捕，亦有多人於抗爭中受傷[104]。

　　區議會選舉在11月24日舉行時，理工大學仍然烽煙四起：反對陣營亦因此擔心選情，恐怕抗爭者以武力對抗政權暴力的畫面，會為選民帶來不良的觀感。不過其後的發展，卻說明香港主流民眾都決定與抗爭者站在同一陣線：這一屆區議會選舉的投票率是破紀錄的71.23%，遠高於香港過往任何一場選舉。而反對陣營則一舉奪下388個議席，佔各區區議會所有議席的81%：而過往一直靠基層社區統一戰線取得優勢的親中派，於選舉後則只剩下86個議席。特區政權過往一直聲稱香港沉默的大多數，都反對抗爭並期望「止暴制亂」：可是香港人卻以一張張堅實的選票，打破這種老掉牙的謊言[105]。

---

104 Sheridan 2021, pp.388-389；楊智強，〈香港理工大學13日圍城：1,377人遭逮捕，被控人數創反送中新高〉，《報導者》，2019年11月29日（https://www.twreporter.org/a/hong-kong-extradition-law-protest-in-the-hong-kong-poly-technic-university）；《理大圍城》，香港紀錄片工作者導演，影意志發影院發行，2020年1月首映；《時代革命》，周冠威導演，2021年7月16日首映。

105 〈香港區議會變天，這場創造歷史的選舉將如何改寫本城的政治權力版圖？〉，《端傳媒》，2019年11月26日（https://theinitium.com/roundta-ble/20191126-roundtable-hk-district-council-election/）。

　　這一屆當選的新晉議員，有不少是支持本土派和自決派的政治素人，而當中身為後八九世代不在少數。有七位當選區議員甚至只有21歲，剛好符合法定的最低參選資格。這顯示香港民主運動已展開世代交替的過程：民主回歸世代在「齊上齊落」的前提下，讓勝選的光芒到都投射在新生代身上。大部份民主回歸世代都察覺到自己的歷史角色，決定放手讓後八九世代接棒，並理解到這場「時代革命世代」就是香港民主運動的未來。各派別的區議員在就職後，都善用自己的公職繼續支援抗爭：他們以議員身份監察警察的行動，並讓議員辦事處的團隊協助分發抗爭物資。而香港民眾在半年來的抗爭過後，亦逐漸擺脫過往的「港豬」性格，開始展現出戴耀廷稱頌的「野豬精神」：如今有良知的香港人都已成為新造的人，舊事已過、都變成新的了。而就如戴耀廷預言那樣，當香港的國魂甦醒、走上公義的路途，就會進入死蔭的幽谷：香港人需要學會在沒頂之災中，憑著信念在敵人的面前擺設筵席。

黑暗時代，抑或光輝歲月？

　　雖然2019年的起義在理工大學圍城戰後元氣大傷，可是接連不斷的抗爭還是延續到2020年初。最終為這場起義畫上句號的，並不是警察濫用的各種致命武器，而是白馬騎士手上的弓箭[1]：位於長江和漢水交匯處的中國城市武漢，在2019年11月開始出現似曾相識的肺炎案例。中國疾病預防控制中心在12月28日，證實這是由變種新型冠狀病毒引起的疾病。可是中國卻未有從2003年的SARS疫情吸取教訓：武漢地方部門一直向中央隱瞞實況，而北京政權在知情後又向國際社會三緘其口。當中國在1月11日正式承認疫情已經出現死亡個案時，COVID-19疫情的全球散播早已無可避免[2]。

　　當香港民眾從社交媒體等非正式管道得知武漢疫情的實況，就基於SARS疫潮的慘痛經驗變得高度警覺：抗爭者於一月底停止上街抗爭，而過往一直向前線提供抗爭物資的民間後勤網絡，

1　《聖經》和合本〈啟示錄〉，第六章2節。〈啟示錄〉第六章描述的四騎士，分別代表瘟疫、戰爭、飢荒和死亡。

2　Stephen Vines 2022，頁273至283。

則改為協助民眾搜購和分發醫用口罩等防疫用品。相比於民間的積極防疫，特區政權對COVID-19的準備卻後知後覺：他們非要等到醫院管理局員工在2月初發起罷工後[3]，才願意在3月底姍姍來遲地限制中國旅客入境[4]。

不過林鄭月娥政權雖然對防疫滿不在乎，對政治鬥爭仍是充滿熱誠：根據從特區政權內部洩漏的文件，林鄭月娥曾向北京政權稟告COVID-19疫情是「難得可扭轉形勢的契機」：只要北京政權全力支援香港的「防疫」工作，她就可以讓香港的局勢「轉危為機」[5]。特區政權其後以防疫的名義，限制香港民眾自由集會的權利：食物及衞生局局長陳肇始於3月28日，宣布在行政會議同意下修改《預防及控制疾病條例》的附例，禁止四人以上的公眾聚集[6]。這條「限聚令」其後一直維持到2022年末[7]，而擅長濫用權力的香港警察，亦沒有忽視限聚令侵害集會自由的潛能：他們

3　〈武漢肺炎：香港醫護人員罷工升級強迫政府「封關」引起的兩極反應〉，BBC中文網，2020年2月4日（https://www.bbc.com/zhongwen/trad/chinese-news-51368990）。

4　〈肺炎疫情確診個案陡升，香港政府宣布「封關」，停轉機服務及擬推售酒禁令〉，BBC中文網，2020年3月23日（https://www.bbc.com/zhongwen/trad/chinese-news-52002524）。

5　〈林鄭呈中央報告曝光 藉抗疫圖翻盤 篤背脊 泛民：令人作嘔 建制：佢有得救〉，香港《蘋果日報》，2020年2月23日。收錄於筆者私藏的電子備份。

6　〈食物及衞生局局長於簡報會開場發言〉，香港特別行政區政府新聞公報，2020年3月28日（https://www.info.gov.hk/gia/general/202003/28/P2020032800570.htm）。

7　布萊恩，〈疫苗通行證、限聚令明起取消　網民卻最關注呢樣措施：仍然嘥氣〉，《香港01》，2022年12月28日（https://www.hk01.com/article/851392）。

甚至以防疫的名義，首度禁制被視為香港自由指標的六四燭光晚會[8]和七一遊行[9]。

　　而中國也決定要永久改變香港的憲政秩序：人大常委會於5月宣布將會為香港制訂《國家安全法》，並會把法案列入《基本法》附件三「在香港特別行政區實施的全國性法律」名單，徹底繞過香港本身的立法過程[10]。最終這條法案於6月30日早上獲人大常委會全體通過，並於翌日正式生效[11]。該法案把「分裂國家」、「顛覆國家政權」和「勾結外國或者境外勢力危害國家安全」定為刑事罪行，又以寬鬆的準則定義「恐怖活動罪」。北京政權將會派員到香港設立國安公署，而警隊內部則會成立國家安全處，成為負責執行《國安法》的「特別高等警察」。與《國安法》相關的案件，只能交予由行政長官指定的法官審議，而法庭也沒有向外公開審訊過程的義務。

　　除此以外，特區政權亦增設凌駕既有體系的維護國家安全委員會，其成員包括行政長官、政務司司長、財政司司長、律政司司

8　〈晚報：港警引用「限聚令」禁辦今年「六四燭光晚會」，為1990年以來首次〉，《端傳媒》，2020年6月1日（https://theinitium.com/article/20200601-evening-brief/）。

9　〈在國安法生效後的香港回歸「嚴峻」日〉，RFI中文網，2020年7月1日（https://www.rfi.fr/tw/港澳台/20200701-在國安法生效後的香港回歸日）。

10　〈香港《國安法》：國際輿論感嘆「香港的終結」〉，BBC中文網，2020年5月22日（https://www.bbc.com/zhongwen/trad/chinese-news-52772316）。

11　〈香港《國安法》通過「一國一制」時代正式來臨？〉，BBC中文網，2020年6月30日（https://www.bbc.com/zhongwen/trad/chinese-news-53230555）。

長、保安局局長以及各執法部門的首長，以及由北京政權直接指派的國家安全事務「顧問」（現由中聯辦主任兼任）：這事實上是要以國家安全之名，讓特區政權高層直接接收來自中國的指令，把他們從決策官員降格為中央指令的執行者[12]。

　　不過面對北京政權和特區政權的鎮壓，戴耀廷還是無畏無懼地領導包括民主派、本土派和自決派在內的反對陣營，計劃在原定在9月舉行的立法會選舉取得半數議席。他們打算透過民間初選建立最強的陣容，繼而用選票展現香港主流民眾的集體意志，實踐以民為主的政治公義。反對陣營在戴耀廷牽頭下，在7月11至12日於互聯網和實體票站舉辦民間初選：他們原先預計只會有17萬人參與投票，可是卻迎來逾60萬民眾的熱心支持。最終在初選獲得參選資格的候選人，只有略多於三分之一是來自傳統的民主派，而餘下大部份候選人都是本土派、自決派和基進民主派的成員，並以後八九世代的年輕人為主。就政治效果而言，民主回歸世代在這次初選以**大雞帶小雞**的方式，讓後八九世代的新人繼承他們過往的主導權，而香港民主運動的世代交替也近在咫尺[13]。

　　不過特區政權卻未有因此而坐以待斃：他們首先讓選舉主任

---

12 〈香港《國安法》細節夜間出爐：重點條款和國際反應〉，BBC中文網，2020年6月30日（https://www.bbc.com/zhongwen/trad/world-53237511）。

13 〈香港選舉：本土陣營立法會民主派初選大勝，北京譴責初選違反《國安法》〉，BBC中文網，2020年7月14日（https://www.bbc.com/zhongwen/trad/chinese-news-53401325）；李慧筠、鄭佩珊，〈民主派立法會初選結果出爐，抗爭派16人大勝，望與泛民謀合作〉，《端傳媒》，2020年7月15日（https://theinitium.com/article/20200715-whatsnew-hongkong-democrats-primaries/）。

一次剝奪12位候選人的參選權利[14]，然後到7月31日更乾脆宣布以疫情為理由把選舉延後一年，並把已收到的參選申請作廢[15]。雖然仍然在任的泛民主派議員，曾經對於應否參與未來一年的違憲議會莫衷一是。不過其後人大常委會在11月11日應行政長官的要求，宣布規範立法會議員的適任資格，而特區政權亦即時把四位泛民主派議員逐出議會：餘下15位泛民主派議員見議會再無可作為，也決定集體辭職抗議[16]。到2021年1月6日清晨，國家安全處的「特別高等警察」率領千餘位警員，於全港各地搜捕7月初選的參選人，以及戴耀廷等負責統籌的同工[17]。其後當中47位被捕人士，在2月28日被當局控以「串謀顛覆國家政權罪」，而他們大部份都未能獲得保釋。此後全國人民代表大會於3月11日，通過《關於完善香港特別行政區選舉制度的決定》，透過修訂《基本法》附件一和附件二取消僅有的自由選舉：此後立法會選舉的參與者，都必須**通過「參選資格」和「國家安全」審查**方能正式成為候選人，而「直選」議席的比例也大幅縮減至不足四分之一[18]。香

---

14 〈欲加之罪 何患無辭 DQ12人 屠殺泛民第一刀〉，香港《蘋果日報》，2020年7月31日。收錄於筆者私藏的電子備份。

15 〈藉疫引緊急法 押後立會選舉一年 真空期安排 北京話事〉，香港《蘋果日報》，2020年8月1日。收錄於筆者私藏的電子備份。

16 〈中共僭建議員愛國標準 立會永久廢武功〉，香港《蘋果日報》，2020年11月12日。收錄於筆者私藏的電子備份。

17 〈香港《國安法》：警方出動千餘警員 拘捕逾50名參與民主派初選人士〉，BBC中文網，2021年1月6日（https://www.bbc.com/zhongwen/trad/chinese-news-55555656）。

18 〈「愛國者治港」為民主上鎖：47位泛民派被控顛覆政權，中國人大改變

港自1980年代開始龜速緩行的民主進程，在此刻也正式宣告壽終正寢。

　　已經淪為北京政權傀儡的特區政權，在徹底粉碎「民主自治」的盼望後，自然也不會對「愛國民主運動」輕輕帶過。特區政權於在2020年以防疫為藉口，禁止支聯會在維多利亞公園舉行六四燭光晚會。可是香港民眾卻無視警察的禁令，紛紛湧到現場以自己的方式紀念六四慘案：不過這一年參與悼念的抗爭者，除默哀紀念六四慘案的受難者外，也同時高呼「光復香港，時代革命」和「香港獨立，唯一出路」等口號，並合唱已經成為香港非正式國歌的《願榮光歸香港》。政權暴力的迫壓，反倒幫助抗爭者煉淨天安門學生運動的核心精神：如今八九民運已割去大中華情結這條發炎的闌尾，脫胎換骨為對東亞大陸的專制帝國文明之徹底批判，並成為凝聚民眾抗擊天朝、捍衛自主、追尋自由的道德力量[19]。

　　在《國家安全法》通過後的2021年，特區政權繼續禁止支聯會舉辦六四燭光晚會，並派警員封鎖維多利亞公園的會場。不過支聯會副主席鄒幸彤，卻選擇為公民抗命而以身試法，呼籲民眾於6月4日晚無視禁令到維園集結，結果她在4日清晨遭警察拘押[20]。鄒幸彤乃支聯會常委會中最年輕的八十後，是位熱心於社會

香港選制〉，《報導者》，2021年3月12日（https://www.twreporter.org/a/hong-kong-47-democracy-activists-charged-under-national-security-law）。

19 〈不畏限聚令的六四：萬名港人點起遍地燭光，台灣自由廣場3千人跨海呼應〉，《報導者》，2020年6月5日（https://www.twreporter.org/a/tianan-men-june-fourth-incident-31-hongkong-and-taiwan）。

20 〈警拘鄒幸彤「fb宣傳集結」拒解釋具體準則 支聯會：震懾港人〉，香港《蘋果

運動的訟務律師。她亦坦言自己並非「大中華膠」：在早幾年香港民主運動陷入低潮時，她力排眾議堅持與本土派的後八九世代和解，最終得以修成正果[21]。

鄒幸彤深知支聯會即將無以為繼，就決定趁最後的時刻克盡其歷史責任。香港國安處的「特別高等警察」在9月8日終於展開行動，於清晨拘捕鄒幸彤、李卓人和何俊仁等支聯會高層[22]，並於兩日後根據《國家安全法》「煽動顛覆國家政權」的罪名作出起訴：控方指控在他們在2020年7月1日至2021年9月8日期間煽動他人顛覆中國政權，也就是說支聯會之存續，本身就已經是危害「國家安全」的罪名[23]。在政權前所未有的壓力下，支聯會也只得於9月25日召開的會員大會中決議解散[24]。不論在本土民主運動、還

日報》，2021年6月5日。收錄於筆者私藏的電子備份。

21 〈【六四31周年】大中華與本土命運共同體　支聯會鄒幸彤：國安法後自我審查危險過組織消亡〉，《眾新聞》，2020年6月1日。收錄於網民收藏的電子備份；〈香港《國安法》下紀念「六四」，傳承者鄒幸彤談「堅持底線和拒絕紅線」〉，BBC中文網，2021年6月3日（https://www.bbc.com/zhongwen/trad/chinese-news-57226715）。

22 〈鄒幸彤被捕：香港警方指支聯會為「外國代理人」並拘多名高層〉，BBC中文網，2021年9月8日（https://www.bbc.com/zhongwen/trad/chinese-news-58484215）。

23 〈支聯會與鄒幸彤等人被控違反《香港國安法》案件開審，全部不獲保釋〉，BBC中文網，2021年9月10日（https://www.bbc.com/zhongwen/trad/chinese-news-58511517）。

24 〈香港支聯會通過解散，《國安法》下又一「陣亡」的民主派團體〉，BBC中文網，2021年9月25日（https://www.bbc.com/zhongwen/trad/chinese-news-58674625）。

是「愛國民主運動」，其成員不分世代和派系，如今都要面臨共同的命運：他們有的身陷囹圄、有的被迫流亡海外、也有的選擇在威權統治下忍辱負重。不論是嬰兒潮世代、還是後八九世代，在強鄰侵略的處境下都只能無分你我：他們只能於捍衛香港自主的信念下合而為一，讓過去的世代之爭成為過去。

　　隨着香港淪入絕對的威權殖民統治，西方國家也對香港人開放逃生門。即使過往以抗拒移民著稱的英國政府，也於《國家安全法》生效後決定容許擁有英國國民（海外）身份的香港人申請到英國居留：他們可以於居留滿五年後正式申請定居，並於定居一年後申請入籍為英國公民[25]。其後倫敦政府再把申請資格放寬，容許 BNO 身份持有人在 1997 年 7 月 1 日後出生的成年子女，無須父母同意即可自行申請到英國居留權[26]。香港自 2019 年起就出現持續的人口淨流出[27]，而自《國家安全法》生效到 2022 年 11 月底，香港國際機場在這兩年零五個月，已紀錄得逾 40.3 萬的人口淨流出[28]。而英國當局在 2021 年初到 2022 年中，就已批准逾 11 萬

25　參英國政府網站公開資訊：https://www.gov.uk/british-national-over-seas-bno-visa/living-permanently-in-the-uk（於臺北時間 2022 年 6 月 15 日下午 1:31 擷取。）

26　〈晚報：英國再放寬 BNO 簽證資格，中國外交部駐港公署強烈譴責及堅決反對〉，《端傳媒》，2022 年 2 月 25 日（https://theinitium.com/article/20220225-evening-brief/）。

27　〈【新‧移民潮（一）】港頭三個月淨移出人口逾 14 萬　移民人數有升無減人才持續流失〉，自由亞洲電台，2022 年 3 月 30 日（https://www.rfa.org/cantonese/features/hottopic/emigrate-03302022095747.html）。

28　梁啟智，〈兩年半內，逾 40 萬名香港居民經機場離港，對香港造成什麼

人透過 BNO 簽證在英國申請居留[29]。

　　而移民或流亡海外的香港人，則設法透過海外運動持續抵抗中國的帝國主義擴張：而這些運動大都是由後八九世代主導。出生於 1990 年的鄭文傑原為英國駐香港總領事館的職員，他在 2019 年起義期間到中國出差，於 8 月回程時在西九龍高鐵站內的中國管轄區被便衣人員拘押：他在其後 11 日的「行政拘留」受到國安人員虐待，並被逼承認「嫖娼」的罪名[30]。鄭文傑於獲釋後流亡英國，並獲得工作簽證和政治庇護[31]。他在英國推出 BNO 簽證居留計劃後，於 2020 年 7 月創立英國港僑協會（Hongkongers in Britain, HKB）：這個協會除協助港裔新住民融入主流社會外，還會動員港裔新住民就香港人權問題和中國帝國擴張等議題持續抗爭[32]。

　　而設於華盛頓的國際游說組織香港民主委員會（Hong Kong

長遠影響？〉，《端傳媒》，2022 年 12 月 23 日（https://theinitium.com/article/20221223-hongkong-net-outflow-of-hong-kong-residents-over-4-hundred-thousand/）。

29 〈今年首季 BNO 簽證申請人數環比增 25% 去年初至今已逾 11 萬人獲批〉，自由亞洲電台，2022 年 5 月 27 日（https://www.rfa.org/cantonese/news/htm/uk-bno-05272022105922.html）。

30 〈鄭文傑：英國駐港領館前僱員披露被捕細節，西九龍站被拘，遭中國「國保」虐待〉，BBC 中文網，2019 年 11 月 20 日（https://www.bbc.com/zhongwen/trad/chinese-news-50484844）。

31 〈鄭文傑證實英國給予政治庇護 誓言繼續抗爭〉，美國之音粵語網，2020 年 7 月 2 日（https://www.voacantonese.com/a/former-british-consulate-staff-in-hk-granted-political-asylum/5484869.html）。

32 〈替港人重建生活 鄭文傑創立英國港僑協會〉，中央通訊社，2020 年 7 月 16 日（https://www.cna.com.tw/news/aopl/202007160004.aspx）。

Democracy Council, HKDC），亦於2021年起交由後八九世代接棒。曾編纂《香港民族論》的梁繼平於交接後出任執行總監，而於2020年初選贏得九龍西選區出選權的張崑陽亦擔任顧問：他們都是流亡海外的本土派代表人物。而自決派前香港島立法會議員羅冠聰，則獲選為香港民主委員會召集人。前任學聯秘書長周永康曾於雨傘革命失敗後，受到本土派的猛烈抨擊：可是如今他卻與本土派並肩作戰，擔任董事會主席一職[33]。

　　要於此時評價後八九世代主導的海外運動，究竟將會取得怎樣的成就，似乎實在是言之過早：畢竟海外運動勢必面臨排山倒海的挑戰，而且也不可能於短期內取得可見的成果[34]。不過我們還是能在他們的抗爭行動中看到端倪：香港於2022年隨着支聯會瓦解、以及警察高調的清場行動，使抗爭者無法再舉行悼念集會，而只能透過「散步」和行為藝術作出不平之鳴[35]。不過海外香港人卻於世界各地，一如以往地以燭光延續抗爭之火：不過比起支聯會曾舉辦過的31次燭光晚會，這些抗爭在形式和精神上都比較貼近2020年那次「無人駕駛」的維園集會。海外抗爭者把過往的「愛

---

33 〈香港民主委員會（HKDC）換班 周永康、梁繼平、羅冠聰重燃國會游說熱情〉，自由亞洲電台，2021年9月22日（https://www.rfa.org/cantonese/news/htm/hk-hkdc-09222021140459.html）。

34 練乙錚，〈給海外翼朋友淋六桶冷水〉，香港《蘋果日報》，2021年1月2日。收錄於筆者私藏的電子備份。

35 〈不想回憶、未敢忘記：在香港、在台灣、在海外，看到悼念六四的那點光〉，《端傳媒》，2022年6月4日（https://theinitium.com/article/20220604-whats-new-hongkong-taiwan-world-june-fourth/）。

國民主運動」，昇華為中國大一統威權傳統的徹底批判：海外香港人高呼「光復香港，時代革命」的口號，與圖博和東突厥斯坦的流亡者一起挽手，在中國大使館外義正詞嚴地譴責中國霸道的擴張主義[36]。沒有人能確定香港能否脫華重光的一天，可是至少在那短短的一剎之間，香港人已經尋獲到自己的靈魂。

誠然在香港七百萬國民之中，無可避免總會有人選擇出賣自己的靈魂。即使經歷過 2019 年起義的洗禮，部份民主回歸世代依舊死抱昔日的中國情懷，甚至為展露所謂的「愛國熱情」而置自由價值於不顧。比如匯點出身的民主黨黨員李華明，其立場在 2010 年代明顯向北京政權靠攏。自決派立法會議員朱凱迪、陳志全和羅冠聰於 2017 年 6 月造訪臺灣，出席臺灣國會關注香港民主連線的活動，與關注香港局勢的臺灣立法委員交流。此時李華明即投書報章，高調指責三位議員「過往的言論及思維」都顯示「他們絕不承認自己是中國人」，而與他們交流的臺灣本土政治人物則「司馬昭之心，路人皆見」。他甚至無限上綱，認為陳志全及黃之鋒採用「主權移交」一語，「不喜歡用『回歸』這兩個字，內裡的意思十分明顯[37]」。他在 2021 年立法會舉行「完善選舉」前，不顧黨友的反對和黨紀的規範，執意要替中間派政團新

---

36 〈六四屠城 33 周年：流亡港人使海外華人紀念活動人氣大增口號有變〉，RFI 中文網，2022 年 6 月 6 日（https://www.rfi.fr/tw/ 專欄檢索 / 要聞分析 /20220606-六四屠城 33 周年 - 流亡港人使海外華人紀念活動人氣大增口號有變）。

37 李華明，〈和台獨人士連結幫倒忙〉，《am730》，2017 年 6 月 16 日。

思維的主席狄志遠助選[38]：過往狄志遠與李華明同樣是匯點出身的民主黨員，不過他卻於2015年決定轉向自立門戶[39]。在2018年末與民主派反目成仇的馮檢基，則決定重蹈1996年「又傾又砌」的覆轍，執意參與這場非自由的選舉[40]。不過於2010年代轉向的湯家驊，卻於選舉提名期遇到困難：他支持的民主思路候選人在爭取提名時，選舉委員會內的權貴和黨國代表卻反應冷淡，使他們幾乎無法取得參選資格[41]。2021年12月19日的選舉結果，更反映這些民主回歸世代在轉向後的尷尬景況：他們自詡為鳳毛麟角的「理性民主派」，卻在「地區直選」中全軍盡墨，而狄志遠則只能憑藉功能組別的「保護」穩奪一席[42]。香港民眾對這場不自由的選舉興趣缺缺，使投票率急降到29.28%的歷史低點：那些無法適應時代的民主回歸世代已淪為遭民眾唾棄的國賊，但他們對民主的背叛卻未有換來黨國「恩賜」的組織票[43]。「中間派」低迷的得票率，

---

38 〈李華明遭凍結黨籍或退黨 斥民主黨如偏激後生：玩政治唔係咁玩！〉，《香港01》，2022年1月20日（https://www.hk01.com/政情/726610/李華明遭凍結黨籍或退黨-斥民主黨如偏激後生-玩政治唔係咁玩）。

39 〈狄志遠退黨 劉慧卿：祝他好運〉，《明報》，2015年9月10日。

40 〈馮檢基已報名參選九龍西 明召開記者會交代〉，《香港01》，2021年11月10日（https://www.hk01.com/政情/699403/立法會選舉-馮檢基已報名參選九龍西-明召開記者會交代）。

41 〈出帖求票8小時 民主思路1人夠票 李華明冀公開支持狄志遠 稱待民主黨批准〉，《明報》，2021年11月8日。

42 〈非建制直選盡墨 狄志遠1:89 盧文端稱感失望「建制直選贏晒但都係輸」〉，《明報》，2021年12月21日。

43 〈新制立選投票率三成 歷來最低 新華社：百萬港人用行動粉碎污衊 學者：假的真不了〉，《明報》，2021年12月20日。

反映那些在2019年起義後仍舊食古不化、仍然相信「答案恐怕還是一國兩制」的民主回歸世代，已經陷入兩面不是人的窘境：這些被時代拋棄、遭黨國利用的老頑固，對歷史的發展早已是無關宏旨。

香港在《國家安全法》實行後的遭遇，說明這片三十里的袖珍江山，已經陷入威權橫行的黑暗時代：如此也應驗了戴耀廷預言的**沒頂之災**。可是香港遭逢浩劫，卻也是一種**「回歸平均值」**（regression to the mean）**的體驗**：東亞沿海世界的自由民權，都是在威權壓迫的處境下，在國族自決的覺醒中以血汗爭取而得來[44]。可是過往香港嬰兒潮世代卻能在帝國之間的狹縫中，一邊死抱與本土沒有關連的「中國結」、一邊享有相對的自由和繁榮，毫無代價唱最幸福的歌。民主回歸世代幻想可以民主地「回歸祖國」，可是強權的壓迫與新世代的挑戰，最終促使他們於2019年的起義過後「回歸現實」：香港終於**成為一個正常的東亞沿海國家**，走上友

---

44 日本的自由民主，看似是美國於戰後的「恩賜」，可是日本自明治維新起，就接連出現民主運動的浪潮。參：Bowen, Roger W. (1980). *Rebellion and Democracy in Meiji Japan: A Study of Commoners in the Popular Rights Movement*. Berkeley: University of California Press; Gordon, Andrew (1991). *Labor and Imperial Democracy in Prewar Japan*. Berkeley: California University Press; Takenaka, Harukata (2014). *Failed Democratization in Prewar Japan: Breakdown of a Hybrid Regime*. Stanford: Stanford University Press.

關於韓國的民主運動，參：Namhee, Lee (2007). *The Making of Minjung: Democracy and the Politics of Representation in South Korea*. Ithaca, NY: Cornell University Press；《朝鮮半島現代史》。頁411至484。

關於臺灣的民主運動，參：陳翠蓮 2008，吳乃德 2013，胡慧玲 2013。

鄰曾經踏上的艱辛路途，**重修過往幾十年來一直迴避的課業。**

2019年以來浩浩蕩蕩的天下大勢，使絕大部份的民主回歸世代醒悟時代早已改變。他們放手讓後八九世代承傳民主運動的薪火後，雖然失去運動的主導權，可是卻得以救回自己的靈魂。凡是良心未泯的香港人，在經歷過2019以來的風風雨雨後，都必然會得出這樣的結論：香港人必須憑良心尋回自己的主體，拒絕任何事大主義的顛倒夢想，誠實無偽地面對自身的靈魂。一身獨立而一國獨立（一身独立して、一国独立す），香港人必須守護好自己的靈魂，方能拯救這個國家的國魂。**讓每一位香港人都能自由自主、並捍衛共生社群的公民主權，理當是這個國家的絕對道德使命，**也應該成為香港全體國民的信仰。若非如此，香港就無從獲得真正的自由、幸福和尊嚴。

北京政權曾經在《聯合聲明》承諾香港在主權移交後實行「高度自治」，然後在1997年簽署《經濟、社會及文化權利國際公約》：此條國際公約其後並於2001年獲全國人大批准。其後中國亦於1998年簽署《公民權利和政治權利國際公約》，只是其後一直未有交予立法機關核准，因而未有受到這條公約約束。不過就如之前在導論提及那樣，北京政權在主權移交後跟隨英國過往的做法，宣布這兩條人權公約將繼續適用於香港。而「人民」（peoples）和「自治」（self-government），則是這兩條人權公約共有的關鍵詞。任何自覺為獨特群體、並且有能成組成政治實體的人群，即符合兩條人權公約對「人民」的定義，從而擁有「自治」的國際法權利。雖然因為在導論曾提及的理由，香港在主權移交

前後只能享有「內部自決」的權利，可是依照兩條人權公約的邏輯，任何擁有香港主權的宗主國都必須在香港推動民主自治：這不只是該宗主國的內政，也是國際法對此等國家的規範。

過往北京政權雖然一直妨礙香港的民主改革，可是他們仍然能夠透過各種小修小補，宣稱自己一直都根據《基本法》第45和68條的規定，朝著「最終達至普選」的目標邁進：畢竟究竟應當用甚麼節奏推動「民主自治」的改革，仍是主權國家可以自行決定的選項。不過中國在2020年以《國家安全法》侵害香港的基本公民權利，又在2021年通過《關於完善香港特別行政區選舉制度的決定》廢除香港原有的自由選舉，**這顯然已是背離「民主自治」目標的違約行為**。中國既然漠視國際法賦予香港的「內部自決」權，就法理而言香港已經自動獲得**「外部自決」的權利**，得以透過「國族自決」的原則推動獨立建國的進程。

只是過往國際社會基於各種理由，並不願意採取以「內部自決」受阻為理由，繼而肯定「國族自決」的進路。在1990年代蘇聯向南斯拉夫先後解體時，國際社會亦把新興國家的成立詮釋為「原有主權的恢復」而非「國族自決」。不過到2010年代後期，中國與西方主要國家的關係，因中國的野心圖窮匕現而急速惡化。中國對香港起義的鎮壓、以及在COVID-19疫情爆發時不負責任的行徑，更使中國與西方國家呈現新冷戰的局面[45]。習近平於2020年代以「防疫」之名，在中國實施彷如《一九八四》情節的全面社

45　Stephen Vines 2022，頁273至338。

會操控，並於2022年10月的中國共產黨第二十次全國代表大會後獨攬大權：由於習近平的權力認受，乃建基在「毋忘國恥」的極端國族主義、以及「全過程民主」的極端國家主義，使中國無可避免要與西方展開全方位的對決。就如吳介民所分析：

> 中國與美國在國際政治、經濟的戰略摩擦，有很多已經惡化成「結構性對抗」……現在美中對抗格局，已經越過了「不回歸點」（point of no return）。所謂「習總加速師」，就是習近平在加速塑造、凝結這個全球對抗構造，把中國自身轉圜的空間都阻塞了[46]。

面對自由民主／自由資本主義與發展型威權／國家資本主義[47]之間的全面對決，西方國家勢必以更嚴格的國際法標準審視

---

[46] 〈解析習近平「登基」後3種路徑發展，吳介民：新柏林圍牆就是台灣海峽〉，《報導者》，2022年10月25日（https://www.twreporter.org/a/analysis-20th-national-congress-of-ccp-interview-wu-jieh-min）。

[47] 筆者主張通過社會民主，達成經濟民主的社會主義理想。雖然國家在這種理想的制度中，必然會扮演一定的經濟角色，可是社會民主與國家資本主義之間卻有著天淵之別：而當中的關鍵就是主權歸屬的問題。革新自由資本主義的社會民主，是「主權在民」的「國民經濟」（national economy），其目標是要讓自由自主的國民共享公民社群的經濟成果。國家資本主義卻是「權在國家／黨國」的「國家經濟」（state economy），其目標是要把民眾動員為任國家／黨國差遣的人力資源，藉此讓國家／黨國壟斷經濟收益。兩者差之毫釐、繆以千里。延伸閱讀：林敏聰，〈邁向「台灣社會民主國」：「台灣因素」初探〉，《主權獨立的人間條件》。頁135至161。

中國，使「國族自決」變成對應「內部自決」受阻的可行方案。這樣香港未來能否走上獨立自決的正途，就要視乎香港民眾能否成為兩條人權公約所定義的「人民」。為此我們必須解答以下兩條問題：**究竟香港人是否自覺為獨特的社群？究竟這個社群能否形成自己的政治實體？**這一切都取決於香港人能否定下貫徹「**反中脫華**」的心志，拋棄昔日迷失而曖昧不明的國家認同，決志把香港建立為東亞沿海自由世界的獨立主權國家[48]。此刻香港人不論是留守家邦、還是到海外拚搏，擺在他們面前的就「只有一件事，就是忘記背後、努力面前的向著標竿直跑」[49]：香港人要立志成為香港共和國的模範國民，**丟棄昔日那種論資排輩、無視弱勢的階級主義陋習，把目光從個人利害轉移到手足和睦同居的共生社群，並與東亞沿海的自由國家攜手裂解東亞大陸的黑暗勢力。**香港國族之靈正在上空盤旋，竭力呼召每位香港人在自己的國民崗位上各就各位（Hong Kong expects that every human will do his/her duty）。

---

48 前文關於人權公約和國際法的討論，曾受益於台灣制憲基金會副執行長宋承恩老師的指教。王慧麟助理教授的見解雖與筆者南轅北轍，可是他的分析仍是令人獲益良多。參：王慧麟，〈周日話題：內部自決：維穩與不歸路？〉，《明報》，2016年5月1日。

49 《聖經》和合本，〈腓立比書〉，第三章13至14節。

左岸政治 352／中國因素系列 25

未竟的快樂時代
香港民主回歸世代精神史

作　　者　徐承恩
總 編 輯　黃秀如
編　　輯　蔡竣宇
封面設計　黃暐鵬
內頁排版　張瑜卿

社　　長　郭重興
發 行 人　曾大福
出　　版　左岸文化／遠足文化事業股份有限公司
發　　行　遠足文化事業股份有限公司
　　　　　231 新北市新店區民權路 108-2 號 9 樓
電　　話　02-2218-1417
傳　　真　02-2218-8057
客服專線　0800-221-029
電子郵件　rivegauche2002@gmail.com
左岸臉書　facebook.com/RiveGauchePublishingHouse
團購專線　讀書共和國業務部 02-22181417 分機 1124、1135
法律顧問　華洋法律事務所　蘇文生律師

印　　刷　呈靖彩藝有限公司
初版一刷　2023 年 3 月
定　　價　600 元
I S B N　978-626-7209-17-2（平裝）
　　　　　978-626-7209-16-5（EPUB）
　　　　　978-626-7209-15-8（PDF）

國家圖書館出版品預行編目（CIP）資料

未竟的快樂時代：香港民主回歸世代精神史
徐承恩作；-- 初版 -- 新北市：左岸文化出版，
遠足文化事業股份有限公司，2023.03
-- 面；公分 --（左岸政治；352）（中國因素系列；25）
ISBN 978-626-7209-17-2（平裝）
1.CST: 民主運動　2.CST: 歷史　3.CST: 香港特別行政區
571.6　　　　　112000850